Comptabilité financière en IFRS

4e édition actualisée et enrichie

Wolfgang Dick (ESSEC Business School)
Franck Missonier-Piera (université de Fribourg – Suisse)

Avec
Corinne Bessieux (Montpellier Business School)
Roger Dinasquet (ESSEC Business School)
Bernard Esnault (ESSEC Business School)
Jean-Luc Rossignol (Ministère de l'Éducation nationale, de l'Enseignement supérieur et de la Recherche)

Pearson

Mise en pages : Ma petite FaB – Laurent Grolleau

ISBN : 978-2-3260-0173-2

Table des matières

Avant-propos

Cet ouvrage est l'aboutissement de réflexions collectives et d'expériences de professeurs de plusieurs institutions d'enseignement supérieur. La responsabilité et la direction de ce livre incombent à Wolfgang Dick et Franck Missonier-Piera.

Wolfgang Dick est professeur à l'ESSEC Business School et Directeur académique des Mastères Gestion financière – Contrôle et Senior Management bancaire. Ses centres d'intérêt portent sur l'harmonisation comptable, les IFRS, les actifs incorporels et la gouvernance d'entreprise.

Franck Missonier-Piera est professeur à l'université de Fribourg (Suisse) et titulaire de la chaire Comptabilité et Analyse financière. Ses centres d'intérêt portent sur la gouvernance d'entreprise, l'analyse financière et les instruments financiers dans le cadre des IFRS et des IPSAS.

Outre l'introduction et la coordination générale de l'ouvrage, on doit à Wolfgang Dick et Franck Missonier-Piera les chapitres 1, 2, 5, 6, 10, 11 ainsi qu'une partie des chapitres 8 et 9.

Corinne Bessieux-Ollier est professeur de comptabilité à Montpellier Business School. Ses centres d'intérêt portent sur les normes comptables internationales, et plus particulièrement sur les pratiques de publication et de valorisation comptables des actifs incorporels. On lui doit le chapitre 3 de cet ouvrage.

Roger Dinasquet est professeur honoraire de comptabilité à l'ESSEC Business School. Outre l'information financière, ses centres d'intérêt portent sur la fonction comptable, l'audit et la politique comptable de l'entreprise, et les métiers de la comptabilité. On lui doit le chapitre 4.

Bernard Esnault a été professeur de comptabilité à l'ESSEC Business School. Ses centres d'intérêt portent sur la consolidation, les principes comptables et l'information financière de l'entreprise. On lui doit le chapitre 8.

Jean-Luc Rossignol était maître de conférences HDR à l'université de Franche-Comté et est maintenant inspecteur général de l'administration de l'Éducation nationale et de la recherche au ministère de l'Éducation nationale, de l'Enseignement supérieur et de la Recherche. Ses recherches et enseignements portent sur les relations entre le droit et plus particulièrement le droit fiscal et les sciences de gestion, l'analyse de la politique fiscale et comptable des organisations. On lui doit le chapitre 7.

Remerciements

Nous tenons à remercier les entreprises qui permettent à cet ouvrage d'être si richement illustré et de favoriser ainsi la compréhension de cette matière complexe que sont les IFRS. Il s'agit des groupes AccorHotels, Air France-KLM, Bouygues, Capgemini, Carrefour, Club Med, Groupe Casino, JCDecaux, LafargeHolcim, L'Oréal, Orange, Groupe PSA, Sanofi Avantis, Schneider Electric, Total, Unibail Rodamco et Vinci.

Nous tenons également à remercier monsieur Jérémy Borot pour sa contribution précieuse dans la rédaction d'exercices et madame Helga Kahr pour la gestion des relations avec les entreprises citées, ainsi que madame Laura Foti pour son travail de relecture.

Cet ouvrage bénéficie du support du Centre de recherche de l'ESSEC Business School Paris-Singapour-Rabat ainsi que de la chaire de Comptabilité et analyse financière de l'université de Fribourg. Nous remercions ces deux organismes très sincèrement.

Introduction

La Commission européenne impose aux entreprises de l'Union européenne (UE) qui recourent à l'épargne publique de présenter leurs comptes selon les normes de l'IASB *(International Accounting Standards Board)*. Cela n'est pas sans conséquences pour une majorité d'entre elles. Jusqu'en 2004, les entreprises cotées sur les places de l'Union européenne pouvaient utiliser les normes comptables nationales. En France, par exemple, la préparation et la présentation des comptes consolidés devaient suivre le Règlement 99-02 du CRC. L'introduction des normes de l'IASB, les IFRS *(International Financial Reporting Standards)* a imposé un changement majeur dans la présentation des comptes.

Les services comptables des sociétés cotées, ainsi que la plupart des utilisateurs des états financiers, doivent être en mesure de comprendre les principes des IFRS. Dans un premier temps, cet ouvrage a pour objectif de familiariser le lecteur avec la logique et le fonctionnement du langage comptable au sens général, non changé depuis plus de 500 ans. Dans un second temps, dès le chapitre 3, l'ouvrage se doit de faire le choix de se référer aux normes comptables internationales plutôt qu'aux normes nationales. Pour les divers acteurs de l'économie, cette harmonisation des règles d'évaluation et de présentation des états financiers va faciliter la comparaison de la situation financière et de la performance des entreprises entre différents pays. À titre d'exemple, en 1992, le groupe allemand Daimler-Chrysler avait publié ses comptes à la fois selon les normes allemandes, avec un bénéfice de plus de 600 millions de marks allemands (DEM), et selon les normes américaines, avec une perte dépassant largement les 2 000 millions de marks. C'était un écart énorme, pour le même groupe et dans la même année, seulement occasionné par l'application de normes comptables différentes. Sur quelle base comparer Daimler-Chrysler avec ses concurrents ? On comprend donc encore plus facilement la contribution des IFRS dans l'analyse des états financiers des groupes (presque) partout dans le monde – on applique les mêmes règles et les mêmes normes, et on est conscient des marges d'interprétation que ces normes permettent.

Toutefois, avant de présenter les principes d'établissement et de présentation de l'information comptable, il convient de comprendre le rôle de cette information et les objectifs de l'IASB.

Utilisateurs de l'information comptable et financière

Les états financiers satisfont les besoins d'information de nombreux utilisateurs, qui sont :

- **Les investisseurs** actuels (actionnaires) et potentiels. Premiers utilisateurs de l'information financière, ils sont concernés par le risque inhérent à leur investissement et par sa rentabilité. Ils recherchent des informations afin de déterminer s'ils doivent acheter, conserver ou vendre les actions de telle ou telle entreprise. Les actionnaires souhaitent aussi estimer la capacité de l'entreprise à payer des dividendes.
- **Les prêteurs de capitaux.** L'information qu'ils recherchent doit leur permettre de déterminer si leurs prêts et les intérêts qui y sont liés seront payés à l'échéance.
- **Les fournisseurs et autres créditeurs.** L'information qu'ils recherchent doit leur permettre de déterminer si les montants qui leur sont dus seront payés à l'échéance.
- **Les clients.** Ils recherchent une information sur la continuité de l'entreprise, en particulier lorsqu'ils ont des relations à long terme avec elle.
- **Le personnel de l'entreprise** (et ses représentants). Ils recherchent une information sur la stabilité et la continuité d'exploitation de l'entreprise qui les emploie. Ils s'intéressent aussi à la rentabilité de la société, qui reflète sa capacité à rémunérer les salariés, à procurer des avantages en matière de retraite et des opportunités d'emploi.
- **Les États et leurs organismes publics.** Ils se préoccupent notamment de la répartition des ressources générées par les entreprises. Ils déterminent ainsi des politiques fiscales appropriées sur la base de statistiques de produit national (et statistiques similaires). Il est donc nécessaire d'imposer des obligations d'information.
- **Le grand public.** Il s'intéresse à l'activité des entreprises, car celles-ci contribuent de façon substantielle à l'économie locale, notamment en employant un effectif important ou en accordant leur clientèle à des fournisseurs locaux. Les états financiers peuvent l'informer sur les tendances et les évolutions récentes de la prospérité de l'entreprise et sur l'étendue de ses activités.

Rôle de l'information comptable et financière

Les nombreux utilisateurs des états financiers ont des besoins d'information particuliers, que vient satisfaire l'information comptable et financière. Les états financiers remplissent deux fonctions principales – non mutuellement exclusives – et répondent ainsi aux besoins de la plupart des utilisateurs :

- **Un rôle informationnel**. De nombreux utilisateurs ont besoin d'estimer la valeur d'une entreprise. Ainsi, lors de l'évaluation, les investisseurs potentiels (compagnies d'assurances, sociétés d'investissement, fonds de pension, etc.), les analystes financiers et les autres acteurs du marché s'intéressent aussi bien aux résultats de la firme et qu'à sa performance future. Les résultats comptables sont l'une des variables utilisées par les investisseurs. De même, l'estimation du coût d'un crédit dépend en partie de la santé financière de l'entreprise. Ainsi, un endettement trop élevé et de faibles résultats comptables peuvent influer sur l'octroi de nouveaux crédits. De la simple évaluation de la situation financière d'une firme désireuse de recourir au crédit bancaire jusqu'au système complexe d'évaluation des agences de ratings (par exemple, Standards & Poor's, Moodys), les ratios de performance, d'endettement et de solvabilité sont au cœur du processus d'évaluation des prêteurs de capitaux. Ils reposent sur les données comptables publiées par l'entreprise.

- **Un rôle contractuel**. Les données comptables permettent aussi de contrôler la bonne exécution des contrats entre la firme et ses partenaires. Des contrats particuliers régissent les relations entre la firme et ses principaux partenaires (par exemple, créanciers, fournisseurs, personnel, direction de l'entreprise). Les contrats de la firme qui reposent sur des données comptables sont contingents aux particularités de chaque entreprise. Par exemple, les contrats de travail des dirigeants relient une partie de leur rémunération à des indicateurs de performance (rentabilité des fonds propres ou des actifs, etc.), afin de les inciter à maximiser la valeur de la firme. Les contrats de dettes contiennent, quant à eux, des clauses particulières visant à protéger l'intérêt des créanciers. Par exemple, certaines clauses contractuelles limitent le niveau d'endettement (mesuré sur des données comptables) et peuvent restreindre les distributions de dividendes.

Les états financiers ne répondent pas à tous les besoins d'information des utilisateurs. Cependant, ceux-ci ont des besoins communs. Les investisseurs sont les apporteurs de capitaux à risque de l'entité et l'IASB considère que si des états financiers répondent aux besoins de ces actionnaires, ils satisferont également la plupart des autres utilisateurs.

L'IASB et les IFRS

Les normes IFRS (*International Financial Reporting Standards*) sont élaborées par un organisme qui s'appelle IASB (*International Accounting Standards Board*) et dont le siège administratif se trouve à Londres. Ce comité est composé de seize membres sélectionnés en fonction de leurs origines à la fois géographiques et professionnelles. Son objectif est d'assurer la plus grande représentativité possible de ses membres et de faciliter ainsi l'acceptation des normes partout dans le monde et auprès de toutes les parties prenantes (préparateurs, utilisateurs, régulateurs, etc.).

Les premières normes s'appelaient IAS (*International Accounting Standards*). Quarante et une IAS ont en tout été publiées, mais seulement un peu moins d'une trentaine d'entre elles sont toujours en vigueur. Dans le cadre d'une réforme profonde de l'institution au début des années 2000, l'appellation des normes a été changée en IFRS afin de tenir compte du fait que certaines portent essentiellement sur des aspects d'information plutôt que sur des aspects comptables. À ce jour, au printemps 2018, on compte ainsi dix-sept IFRS publiées. Il y a donc à la fois des IAS et des IFRS en vigueur, mais l'ensemble de ces normes constituent ce qui est généralement appelé « les normes IFRS » (en y intégrant les interprétations de certaines normes).

L'élaboration des IFRS se fait selon un processus assez participatif. L'IASB s'efforce d'impliquer le plus possible toutes les parties prenantes tout au long du processus d'élaboration de ses normes. Chaque document publié (document de travail, exposé-sondage, etc.) est soumis au public, *via* Internet ou par envoi en version papier aux abonnés, qui disposent de plusieurs semaines ou mois pour faire part de leur avis, que ce soit en répondant à des questions posées par l'IASB au sujet de certains des points compris dans son projet ou de manière tout à fait libre. L'IASB prend le temps d'analyser les diverses réactions et intègre les suggestions qu'il juge pertinentes dans le document suivant. Cette démarche rallonge le processus, et la durée moyenne d'élaboration d'une nouvelle norme est d'environ trois ans, mais peut atteindre dix ans pour certaines.

Les objectifs de l'IASB

Afin de répondre aux besoins des actionnaires et des investisseurs en matière d'informations comptables et financières, l'IASB présente ses trois objectifs de normalisation, dans sa préface aux IFRS :

- Développer, dans l'intérêt public, un ensemble unique de normes globales de haute qualité, compréhensibles et applicables, qui doit offrir une information complète, transparente et dont les états financiers doivent être comparables aux autres données comptables. Cela aide ainsi les utilisateurs de l'information, notamment les acteurs des marchés des capitaux mondiaux, à prendre des décisions économiques.
- Promouvoir une utilisation et une application rigoureuses de ces normes.
- Travailler activement avec les normalisateurs des différents pays pour susciter une convergence des normes comptables des différents pays avec les IFRS afin d'obtenir des solutions de haute qualité.

Le cadre conceptuel de l'IASB (le *Framework for the Preparation and the Presentation of Financial Statements*) présente de façon plus élaborée les objectifs des états financiers, leurs caractéristiques qualitatives et leurs éléments. En théorie, lorsque des décisions de normalisation sont prises, l'IASB doit s'assurer du respect des exigences du *Framework*, qui stipule : « L'objectif des états financiers est de fournir des informations sur la situation financière, les performances et les changements dans la situation financière d'une entreprise qui soient utiles à un grand éventail d'utilisateurs dans leur prise de décisions économiques. »

Les décisions économiques prises par les utilisateurs des états financiers imposent une évaluation des capacités d'une entreprise à produire de la trésorerie et des équivalents de trésorerie, ainsi que leur échéance ou l'assurance de leur concrétisation. La situation financière d'une entreprise est affectée par les ressources économiques qu'elle contrôle, sa structure financière, sa liquidité et solvabilité, ainsi que sa capacité à s'adapter aux changements de son environnement.

Plan de l'ouvrage

Les états financiers sont donc déterminants dans la prise de décision et doivent refléter les ressources que l'entreprise contrôle. L'ensemble des éléments des états financiers s'explique en termes d'actifs et de dettes. Le bilan montre les actifs et dettes de l'entreprise, et la différence résiduelle représente l'intérêt pour l'actionnaire.

Le chapitre 1 (« États financiers et mécanismes comptables ») présente la structure et les mécanismes d'élaboration des états financiers. Le chapitre 2 (« Résultat des activités ordinaires ») aborde la performance de l'entreprise, mesurée par la différence entre les revenus/produits et les charges de l'entreprise pour une période donnée. Les produits et les charges sont présentés dans un état financier : le compte de résultat. Les revenus proviennent d'une augmentation des actifs ou d'une diminution des dettes. Quant aux charges, elles proviennent d'une baisse des actifs ou d'une augmentation des dettes. Tout concepteur de règles en comptabilité doit décider s'il part du compte de résultat en effectuant des mesures (c'est-à-dire en observant les transactions commerciales) et considère alors le bilan comme un reste, ou s'il part du bilan (quelles richesses l'entreprise a-t-elle engrangées et quelles dettes a-t-elle ?) avec des changements dans les postes du bilan exprimés dans le compte de résultat.

Les chapitres 3 (« Actifs courants ») et 5 (« Actifs non courants ») traitent des actifs utilisés pour les activités de l'entreprise. Celles-ci génèrent un certain nombre d'obligations envers des fournisseurs lorsque les marchandises ou les matières premières sont achetées à crédit et envers des salariés en termes de rémunération, mais aussi de cotisation de retraite (chapitre 4, « Obligations non financières »).

Le chapitre 6 (« Moyens de financement ») présente les principales obligations financières, par exemple vis-à-vis des organismes de crédit. Le chapitre 7 (« Fiscalité ») traite des obligations purement fiscales.

La présentation des états financiers d'un groupe d'entreprises requiert des traitements comptables particuliers, présentés aux chapitres 8 (« Regroupement d'entreprises ») et 9 (« Consolidation des entités »).

Le chapitre 10 (« Concepts de l'analyse financière ») propose une introduction aux concepts d'analyse financière reposant sur les états financiers. Dans cette perspective, les principes d'établissement du tableau des flux de trésorerie sont présentés.

Le chapitre 11 (« Analyse des états financiers ») analyse l'ensemble des informations ainsi fournies à la fois dans une perspective de risque crédit et de rentabilité pour les actionnaires.

Cette édition enrichie prend en compte les exigences récentes des IFRS 10, 11 et 12 applicables depuis 2013. D'autres innovations, comme celles des nouvelles normes IFRS 9, IFRS 13 et IFRS 15 et IFRS 16 sont également introduites dans cette 4e édition et ses supports digitaux. Enfin, les données chiffrées, les graphiques et les tableaux ont été systématiquement actualisés, et tous les exemples ont été soit remplacés, soit mis à jour.

Chapitre 1

États financiers et mécanismes comptables

La communication financière est devenue une fonction essentielle pour les entreprises. Sous la pression de divers acteurs (les marchés financiers, l'État, les consommateurs, les salariés, etc.), les entreprises sont engagées dans des politiques d'information afin de satisfaire à des exigences en évolution constante. Ainsi, on constate que les rapports annuels proposent une offre croissante d'information. Celle-ci couvre aussi bien les besoins en matière de gouvernement d'entreprise, avec l'établissement d'un rapport de gestion et la description des principaux organes de contrôle de l'entreprise (par exemple, structure du conseil d'administration et du capital de la firme, comité d'audit, de rémunération, etc.), que ceux relatifs à la responsabilité environnementale. Des documents et tableaux de synthèse – les états financiers – offrent aussi aux divers partenaires de l'entreprise un grand nombre d'informations sur la nature et la performance de ses activités. Ils remplissent diverses fonctions. D'une part, ils peuvent constituer des preuves ou servir d'outils de contrôle de la bonne exécution des contrats entre la firme et ses partenaires. D'autre part, ils fournissent aux investisseurs et autres utilisateurs une information utile à la prise de décision économique. Les états financiers sont donc censés refléter au mieux la situation économique de l'entreprise, afin que les investisseurs puissent en évaluer correctement la performance (section « États financiers »). Pour produire une information utile et pertinente, il est nécessaire que l'élaboration des états financiers repose sur un certain nombre de principes et utilise des mécanismes de traitement de l'information qui leur sont propres (section « Principes et mécanismes comptables ») et qui en autorisent une synthèse rigoureuse.

1. États financiers

L'objectif des états financiers est de renseigner tous les intéressés sur la situation de l'entreprise à une date donnée. Plusieurs groupes d'utilisateurs réguliers des états financiers sont identifiables. Les propriétaires actuels ou potentiels de l'entreprise (actionnaires, pour les sociétés anonymes) sont les premiers intéressés par les états financiers. Ils souhaitent connaître la performance de l'entreprise afin de mesurer la rentabilité de leur investissement. Dans une vision à plus long terme, il est utile de connaître également l'évolution des investissements de l'entreprise afin de savoir si celle-ci sera capable de générer des bénéfices dans le futur, et donc de distribuer des dividendes. Pour des raisons similaires, l'équipe dirigeante de l'entreprise est aussi concernée par l'information contenue dans les états financiers. En effet, les actionnaires lui ont délégué le soin de gérer leur capital investi. Les états financiers offrent ainsi un moyen de contrôler la performance financière de l'équipe dirigeante, en informant les propriétaires sur la qualité des réalisations. Dans cette perspective, les analystes financiers forment un groupe d'utilisateurs important. Ils ont pour objectif d'apprécier l'entreprise dans sa totalité et de formuler des recommandations sur l'opportunité d'y investir ou non. Beaucoup de banques et autres investisseurs – actuels ou potentiels – s'appuient sur les recommandations de ces experts pour la prise de décision. L'entreprise doit donc impérativement leur assurer un « approvisionnement » en information le plus complet possible. Bien que les analystes financiers ne fondent pas exclusivement leur jugement sur les états financiers, ces derniers représentent un élément fondamental de l'analyse.

Les autres utilisateurs des états financiers sont les banquiers, les fournisseurs et autres créanciers qui souhaitent savoir si l'entreprise est – et sera – en mesure d'honorer ses engagements financiers. Cela concerne à la fois le remboursement des dettes de l'entreprise, mais aussi le versement des intérêts des emprunts. Par ailleurs, l'État, les collectivités locales et les organismes sociaux s'appuient sur les documents comptables pour calculer les cotisations, impôts et taxes de l'entreprise. Enfin, les salariés et leurs représentants ont également besoin d'informations sur la situation de l'entreprise. Ils en déduisent des perspectives sur la sécurité des emplois et s'y appuient pour la détermination des revendications sociales.

Tous ces groupes d'utilisateurs ont besoin d'informations, quasiment en temps réel, sur la situation financière, la performance et l'état de la trésorerie de l'entreprise.

La **situation financière** consiste à recenser les biens utilisés dans l'entreprise (terrains, bâtiments, machines, véhicules, stocks, créances, trésorerie) et les sources financières, à les évaluer et à analyser l'évolution de leur valeur dans le temps.

La **performance** ou le **résultat** permet de constater si l'activité de l'entreprise dans son ensemble est rentable, ce qui est normalement l'objectif principal de l'équipe dirigeante.

La **situation financière** consiste, dans un premier temps, à recenser les biens utilisés par l'entreprise (par exemple, terrains, bâtiments, machines, véhicules, stocks, créances, trésorerie), à les évaluer et à analyser l'évolution de leur valeur dans le temps. Parallèlement, l'évolution des sources financières qui ont permis d'acquérir ces biens doit également faire l'objet d'un suivi rigoureux. Par exemple, plus l'entreprise s'endette et plus elle risque d'être dans l'incapacité de rembourser ses emprunts. Même une faible augmentation des dettes peut avoir des incidences graves sur l'entreprise quand une banque décide qu'un seuil de risque est franchi et augmente en conséquence le taux d'intérêt pour tous les emprunts à venir.

La **performance** ou le **résultat** de l'entreprise permet de constater si l'activité dans son ensemble est rentable, ce qui est normalement l'objectif principal de l'équipe dirigeante. Ici, « rentabilité » signifie que les sommes investies par les propriétaires permettent de dégager des bénéfices et d'augmenter ainsi leur richesse. Chargée par les propriétaires de tout mettre en œuvre pour atteindre cet objectif, la direction de l'entreprise suit l'évolution du résultat à l'aide des états financiers, afin de s'assurer que les décisions prises répondent bien à l'objectif fixé par les propriétaires. Dans le cas contraire, le suivi régulier du résultat permet éventuellement de prendre à temps des mesures correctrices, avant que la situation de l'entreprise ne se détériore.

La **trésorerie** est ce qu'on appelle dans le monde anglo-saxon le « cash ». Elle comprend l'argent liquide, les dépôts bancaires et un certain nombre d'autres éléments monétaires que l'entreprise pourrait liquider dans un délai très bref, généralement inférieur à trois mois. L'objectif est ici différent de celui du résultat, c'est-à-dire qu'il ne s'agit pas de la maximiser[1]. En revanche, il faut à tout moment avoir suffisamment de trésorerie pour répondre aux échéances financières, c'est-à-dire rembourser les emprunts, payer les factures des fournisseurs, les salaires et les impôts, etc. Le non-respect des échéances financières et l'incapacité de l'entreprise à faire face à ses engagements peuvent entraîner la cessation de paiement, voire la liquidation pure et simple de l'entreprise en quelques semaines. L'analyse de l'état et de l'évolution de la trésorerie est donc de la plus haute importance pour la survie de l'entreprise.

La **trésorerie** (ou « cash ») comprend l'argent liquide, les dépôts bancaires et un certain nombre d'autres éléments monétaires que l'entreprise pourrait liquider dans un délai très bref, généralement inférieur à trois mois.

Les normes d'informations financières internationales (IAS/IFRS) imposent notamment la publication d'au moins un état (ou tableau) dédié à l'analyse de chacun de ces éléments. Les trois sections suivantes expliquent le contenu et la présentation de ces tableaux, ainsi que les relations entre eux[2].

1.1. État de la situation financière (bilan)

1.1.1. Contenu

L'état de la situation financière ou **bilan** est le tableau de synthèse de base. Il présente la situation financière d'une entreprise à un instant donné. Elle se mesure par la différence entre tous les actifs de l'entreprise et tous ses passifs (obligations de faire, de payer) et représente la valeur nette de ce qui appartient aux propriétaires, les « capitaux propres ». Le bilan présente donc trois éléments principaux : les actifs, les passifs (ou obligations) de l'entreprise et ses capitaux propres.

Le **bilan** est le tableau de synthèse de base, qui présente la situation financière d'une entreprise à un instant donné.

- Un **actif** est un bien, une ressource (contrôlée par l'entreprise) dont l'entreprise attend des avantages économiques futurs et qui a une valeur positive pour l'entreprise[3]. L'avantage économique futur est le potentiel de cet actif à contribuer directement ou indirectement à des flux de trésorerie au bénéfice de l'entreprise. L'actif du bilan présente d'abord les « Biens » de l'entreprise, c'est-à-dire ce qu'est l'entreprise à un moment donné dans un sens purement « physique » du terme. On y trouve les terrains, les bâtiments, les équipements industriels, le mobilier, les stocks et l'argent liquide. Il y a également des éléments non physiques : soit des droits (brevets ou licences, par exemple), soit des éléments financiers (participations, créances, valeurs mobilières de placements ou dépôts bancaires).

Un **actif** est un bien, une ressource contrôlée par l'entreprise dont elle attend des avantages économiques futurs. Il a une valeur positive pour l'entreprise.

- Les passifs sont des **obligations** de faire ou de payer. Ils ont une valeur négative pour l'entreprise dans la mesure où, à l'échéance, il faudra les rembourser à des tiers. Ils comprennent notamment les emprunts bancaires et le découvert bancaire, les dettes fournisseurs et les dettes fiscales et sociales. S'y ajoutent

Un passif est une **obligation** de faire ou de payer. Il a une valeur négative pour l'entreprise.

1. Par exemple, trop de liquidités sur les comptes bancaires ne produisant pas ou peu d'intérêts pourrait signifier que la direction de l'entreprise a trop emprunté auprès des banques ou demandé trop de capital aux propriétaires et qu'elle ne sait plus quoi en faire. Ce serait le signe d'une mauvaise gestion. L'analyse serait toutefois différente dans la perspective du rachat d'une entreprise concurrente.
2. Le quatrième état, celui de la variation des capitaux propres de la période, est présenté au chapitre 11. Il en sera de même avec les informations générales contenues dans le document accompagnant et détaillant les états et qui s'appelle « Notes » ou « Annexe ».
3. Sous certaines conditions, certains biens sont également présents dans les actifs de l'entreprise alors qu'elle n'en a pas la propriété (voir chapitre 6).

des obligations dont on ne connaît pas encore exactement l'échéance ou le montant, mais dont l'existence est sûre et certaine, comme les engagements de retraites, les engagements pour prestations de garantie ou les provisions pour risques juridiques.

Les **capitaux propres** résultent de la différence entre les actifs et les obligations. Ils représentent la valeur nette de l'entreprise.

- La différence entre les actifs et les obligations donne les **capitaux propres**. C'est la valeur nette de l'entreprise : elle représente la valeur de ce que possèdent les propriétaires à la date d'établissement du bilan. Dans une situation normale, cette valeur doit au moins comprendre le capital souscrit. Il s'agit de l'apport initial des propriétaires, c'est-à-dire le capital investi au moment de la création de l'entreprise et les apports réalisés à chaque augmentation de capital. Dans la mesure où les bénéfices réalisés au fil du temps ne sont pas entièrement versés sous forme de dividende, on doit également y trouver cette partie non distribuée sous l'appellation « Réserves ».

Le **résultat** est le solde entre créations et consommations de richesses pendant une période (Produits – Charges).

- Les capitaux propres sont également touchés par chaque consommation (charge) ou création de richesse (produit) dans l'entreprise. Le solde entre créations et consommations de richesses pendant une période est le **résultat** (Produits – Charges = Résultat). S'il est positif, une création nette de richesse revient aux propriétaires et la valeur de leur investissement augmente : on parle alors d'un bénéfice. S'il est négatif, c'est le contraire : la valeur de l'investissement baisse et l'on parle d'une perte. Le résultat est ainsi l'indicateur de base de la création de richesse de l'entreprise.

1.1.2. Présentation

La norme IAS 1 n'impose ni d'intitulé ni de schémas obligatoires de présentation. L'appellation proposée est « État de la situation financière de la période », mais le choix d'un autre titre est admis explicitement par la norme. Le titre « Bilan » est cependant encore couramment utilisé.

En ce qui concerne les schémas de présentation, IAS 1 indique plutôt quelques principes à respecter :

- La présentation séparée des actifs, obligations et capitaux propres.
- La distinction, au sein des actifs et des obligations, des éléments courants et des éléments non courants. Dans la pratique, le seuil est le plus souvent d'un an – les éléments avec une durée résiduelle dans l'entreprise inférieure à un an sont considérés comme courants, les autres comme non courants.
- La distinction, entre autres, des :
  - terrains, constructions et équipements ;
  - biens incorporels, comme les licences, les brevets, les logiciels ;
  - biens financiers ;
  - stocks ;
  - créances ;
  - disponibilités et autres éléments de trésorerie ;
  - dettes fournisseurs ;

– provisions, c'est-à-dire des dettes dont l'échéance ou les montants exacts ne sont pas encore connus ;
– dettes financières (notamment emprunts financiers) ;
– capitaux propres, composés de l'apport initial des propriétaires (capital social), des résultats réinvestis (réserves) et du résultat de l'exercice.

- La possibilité d'un classement plus fin, s'il améliore la compréhension de la situation financière de l'entreprise.
- La présentation des valeurs pour au moins une année comparative, ce qui permet au lecteur de comparer les valeurs actuelles avec celles de la clôture précédente.

Pour la présentation concrète du bilan, deux solutions alternatives sont généralement retenues. L'une présente le bilan en liste. Ce bilan indique d'abord les biens ou actifs, puis les fonds propres et les obligations ou passifs et aboutit à un solde qui représente la valeur nette de l'entreprise. Il correspond à la valeur des capitaux propres (voir figure 1.1).

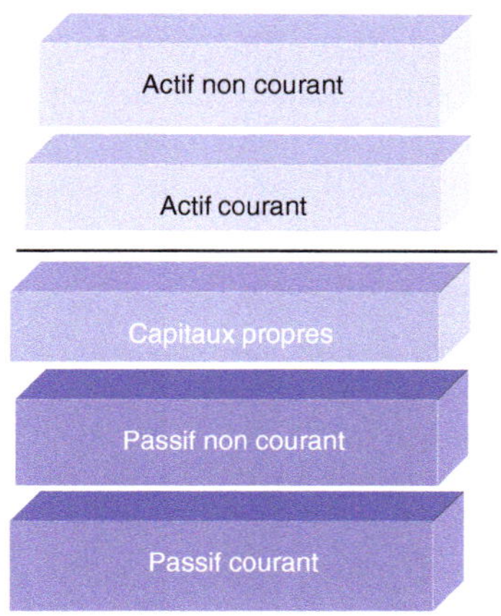

Figure 1.1 • Structure du bilan, présentation en liste.

L'autre approche présente les biens sous l'appellation Actif, d'un côté du bilan. Les obligations et les capitaux propres sont regroupés sous l'appellation Passif, de l'autre côté du bilan. Le Passif représente ainsi l'ensemble des moyens financiers investis dans l'entreprise, que ce soit à durée limitée (Obligations = Dettes + Provisions) ou illimitée (capitaux propres). L'Actif représente la forme sous laquelle les ressources financières sont investies et employées dans l'entreprise. Certes, il n'est pas toujours possible de créer un lien direct entre une ressource donnée et un emploi précis. Mais, à l'origine, tout actif a dû être financé d'une manière ou d'une autre et il y avait donc un passif de valeur correspondante. C'est la raison pour laquelle le total de l'Actif et celui du Passif présentent toujours le même montant (voir figure 1.2).

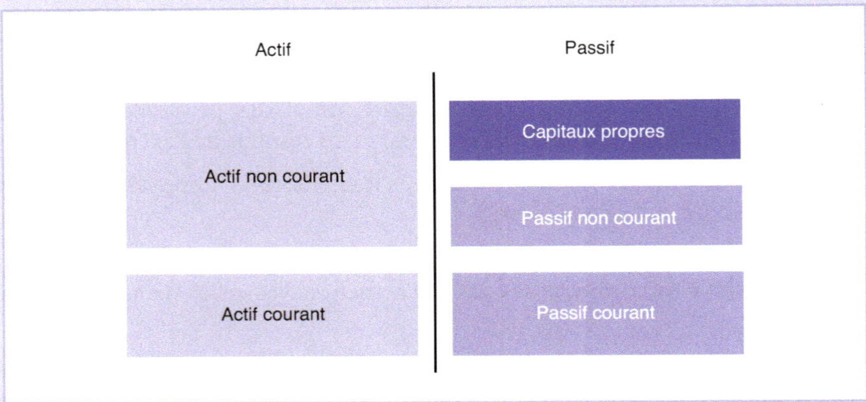

Figure 1.2 • Structure du bilan, présentation en deux colonnes.

Dans certains bilans, la notion « Passif » recouvre deux sens différents, ce qui peut prêter à confusion. Dans le sens précédemment indiqué, « Passif » correspond à l'ensemble des ressources financières dont l'entité dispose. Mais « Passif » peut aussi seulement désigner les obligations de l'entité envers les tiers, qu'elles soient courantes ou non courantes. Cette notion n'inclut alors pas les capitaux propres. Ces deux sens peuvent être utilisés parallèlement par la même entité dans le même bilan, comme l'illustre l'exemple du bilan annuel 2017 du groupe LafargeHolcim (voir figure 1.3).

Sur la figure 1.3, on identifie aisément la structure de base du bilan consolidé[4] : l'Actif en haut et le Passif en bas. Les deux grandes catégories d'actifs sont l'Actif non courant (51 061 MCHF) et l'Actif courant (12 618 MCHF), ce qui donne un total de l'Actif de 63 679 MCHF au 31/12/2017. Le Passif est structuré en trois sections : d'abord les capitaux propres (30 975 MCHF), ensuite les obligations non courantes, sous l'appellation « Passif non courant » (21 185 MCHF), et les obligations courantes, sous l'appellation « Passif courant » (11 519 MCHF). La dernière ligne du bilan, intitulée « Total passif », englobe à la fois le passif courant et non courant, ainsi que les capitaux propres (32 703 MCHF).

Cette présentation permet d'observer assez facilement, par exemple, si les valeurs réalisables à court terme (12 618 MCHF) sont suffisantes pour couvrir les obligations à court terme (11 519 MCHF). La situation de LafargeHolcim semble tout juste satisfaisante, puisqu'il n'y a qu'un relativement faible excédent de 1 099 MCHF (12 618 – 11 519).

L'approche courant – non courant va jusqu'à séparer au sein, *a priori*, d'un seul élément homogène la partie à court terme et celle à long terme. Ainsi, dans le bilan de LafargeHolcim, on trouve à la fois dans les passifs non courant et courant une ligne « Passifs financiers », qui désigne essentiellement des emprunts financiers du groupe. La partie de ces emprunts qui arrive à échéance dans moins d'un an

4. Lorsqu'une entreprise seule présente son bilan, on parle de bilan individuel. Cette même entreprise peut faire partie d'un groupe composé de plusieurs filiales. La situation financière du groupe dans son ensemble est présentée par le bilan « consolidé » (voir chapitre 8).

est affectée au Passif courant (3 843 MCHF) et celle qui arrive à échéance dans un délai supérieur à un an est affectée au Passif non courant (14 779 MCHF). La lecture d'états financiers requiert donc une grande vigilance. La plupart des appellations ne sont pas obligatoires et les entreprises peuvent en choisir d'autres.

État de la situation financière consolidée du Groupe LafargeHolcim (en millions de CHF)	Au 31 décembre 2017	2016
Trésorerie et équivalents de trésorerie	4 523	5 198
Créances clients	3 340	2 826
Stocks	2 870	2 645
Charges constatées d'avance et autres actifs courants	1 335	1 720
Actifs classés comme détenus en vue de la vente	550	2 046
TOTAL ACTIFS COURANTS	**12 618**	**14 435**
Actifs financiers non courants	1 114	1 287
Participations dans des entreprises associées et des coentreprises	3 120	3 241
Immobilisations corporelles	30 152	32 052
Goodwill	14 569	16 247
Immobilisations incorporelles	1 026	1 017
Impôts différés	758	1 060
Autres actifs non courants	322	277
TOTAL ACTIFS NON COURANTS	**51 061**	**55 182**
TOTAL ACTIF	**63 679**	**69 617**
Fournisseurs	3 715	3 307
Passifs financiers courants	3 843	4 976
Impôts à payer	765	641
Autres passifs courants	2 444	2 299
Provisions à court terme	592	575
Passifs directement associés aux actifs classés comme détenus en vue de la vente	160	711
TOTAL PASSIFS COURANTS	**11 519**	**12 509**
Passifs financiers non courants	14 779	14 744
Engagements de retraite à prestations définies	1 861	2 079
Impôts différés	2 744	3 533
Provisions à long terme	1 801	2 005
TOTAL PASSIFS NON COURANTS	**21 185**	**22 361**
TOTAL PASSIF	**32 703**	**34 870**
Capital	1 214	1 214
Primes	24 340	25 536
Actions propres	(554)	(72)
Réserves	2 787	4 144
TOTAL CAPITAUX PROPRES ATTRIBUABLES AUX ACTIONNAIRES DE LAFARGEHOLCIM LTD	**27 787**	**30 822**
Participations ne donnant pas le contrôle (intérêts minoritaires)	3 188	3 925
TOTAL CAPITAUX PROPRES	**30 975**	**34 747**
TOTAL PASSIF ET CAPITAUX PROPRES	**63 679**	**69 617**

Figure 1.3 • Extrait du document de référence 2017, LafargeHolcim (p. 125).

1.2. État du résultat global et compte de résultat

Une des deux zones du bilan qui méritent une attention toute particulière est la variation des capitaux propres entre deux dates de clôture. Ceux-ci peuvent augmenter ou baisser à la suite d'opérations particulières, comme le versement de dividendes ou comme des augmentations ou réductions de capital. L'émission de nouvelles actions est un exemple d'augmentation de capital dans une société anonyme. Hormis ces opérations, c'est principalement le résultat global de l'entreprise qui va expliquer les variations des capitaux propres. Le résultat global résulte de la prise en compte des produits et des charges de l'entreprise au cours d'un exercice comptable. Certains produits (et leurs charges correspondantes) sont effectivement réalisés pendant l'année et déterminent le « résultat net », alors que d'autres ne sont par exemple que latents ou potentiels et composent les « autres éléments du résultat global ». Ces autres éléments ont un caractère de produits ou de charges mais ne sont pas pris en compte dans le résultat lui-même, en application d'autres IFRS[5]. Ainsi, le résultat global comprend deux parties : le « résultat net » et les autres éléments du résultat global.

Résultat global = Résultat net + Autres éléments du résultat global

L'*État du résultat global de la période* peut être présenté de deux manières différentes :

- soit sous forme d'un seul tableau comprenant les éléments du compte de résultat, suivi des autres éléments du résultat global (*État unique du résultat global*) ;
- soit sous forme de deux états distincts, le premier détaillant la composition du résultat (*Compte de résultat séparé*), et le second commençant par le résultat et y ajoutant les autres éléments du résultat global (*État du résultat global*).

Les termes « État du résultat global », « Résultat global total », « Résultat », etc. ne sont pas imposés et l'entité peut en choisir d'autres, à condition qu'ils soient clairs et n'introduisent pas de confusion.

Quelle que soit l'approche, le résultat net et le résultat global sont les mêmes. Il ne s'agit que d'un choix de présentation de l'information.

Le résultat net annuel reflète le montant de la création ou la consommation nette de richesse de l'entreprise par son activité ou d'autres événements entre deux clôtures. Il mesure la performance économique de l'entreprise. Tous les utilisateurs des états financiers ont besoin d'un maximum d'informations sur la composition du résultat. Le second tableau de synthèse, le compte du résultat, fournit le détail des différents éléments de charges et de produits.

Un **produit** est une opération qui augmente la richesse de l'entreprise.

Une **charge** est une consommation de ressources qui appauvrit l'entreprise.

Suivant leur vocation à faire le lien entre deux bilans, donc entre deux dates de clôture, les valeurs du compte de résultat représentent exclusivement des flux enregistrés au cours de la période. Une opération qui augmente la richesse de l'entreprise s'appelle **produit** et une consommation des ressources appauvrissant l'entreprise est une **charge**. Par exemple, le produit généralement le plus important, le chiffre d'affaires, n'est donc pas le chiffre d'affaires réalisé le jour de la clôture, mais bien celui réalisé pendant toute la période à laquelle le compte de résultat fait référence. Il en est de même pour tous les autres produits et charges.

5. Les chapitres suivants détailleront ces autres éléments du résultat global.

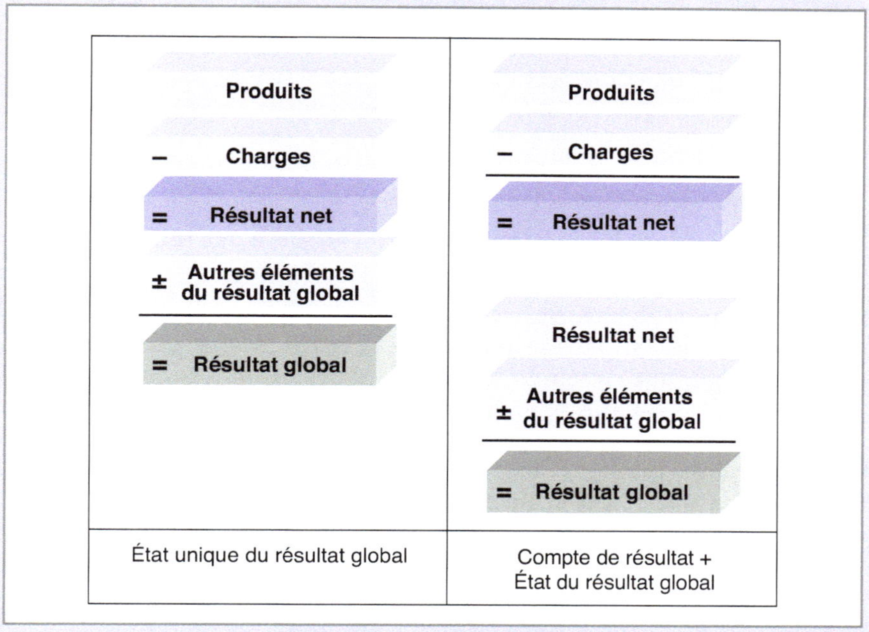

Figure 1.4 • État du résultat global.

Le contenu exact du compte de résultat n'est pas entièrement détaillé. Dans tous les cas, selon la norme IAS 1, il faut notamment y inscrire :

- les produits des activités ordinaires, c'est-à-dire les ventes et tous les autres produits que l'entité réalise dans le cadre de son activité ;
- les charges financières, représentant le coût du financement de l'entité ;
- l'impôt sur les bénéfices ;
- le résultat net de l'exercice ;
- le résultat net de l'exercice par action en deux variantes[6].

Ainsi, il n'est même pas obligatoire de présenter directement dans le compte de résultat le détail des charges liées à l'activité. Cependant, la norme recommande fortement de détailler selon un des deux classements suivants :

- Le classement des charges selon leur nature. On distingue notamment à ce titre :
  - la consommation de matières premières et autres stocks ;
  - les frais de personnel ;
  - la dépréciation et l'amortissement de la valeur des différents biens au cours de la période.

6. Le chapitre 11 détaille les deux types de résultats par action.

- Le classement des charges selon leur fonction. Dans cette logique, on identifie notamment :
  - le coût des ventes, correspondant au coût de production des produits vendus ou au coût d'acquisition des marchandises vendues ;
  - les frais d'administration de l'entité ;
  - les frais de distribution ;
  - les frais de recherche et développement, si l'entité a une activité correspondante.

Les deux schémas aboutissent nécessairement au même résultat comptable, la différence se situant dans la répartition des charges. Par exemple, les frais de personnel dans une entreprise industrielle se répartissent entre les salariés de la production, de l'administration, des services commerciaux. Dans un compte de résultat avec classement des charges par nature, tous ces frais sont regroupés dans un seul poste appelé « Frais de personnel ». Par contre, dans un compte de résultat avec classement des charges par fonction, ces frais sont répartis sur plusieurs postes : les salaires du personnel de production sont intégrés dans le coût des ventes, ceux du personnel administratif dans les frais d'administration et ceux des services commerciaux dans les frais de distribution.

Le compte de résultat du groupe LafargeHolcim (voir figure 1.5a) est un exemple de compte établi avec un classement des charges selon leur fonction dans l'entreprise. La souplesse de la norme IAS 1 permet au groupe de regrouper certains postes, d'en détailler d'autres et de choisir les appellations les plus appropriées à la situation économique spécifique.

Ainsi, la notion « Coût des biens vendus » (18 348 MCHF) remplace celle de « Coût des ventes » et les frais administratifs et ceux de distribution sont regroupés sur une seule ligne (6 608 MCHF). Le groupe définit également deux notions de résultat intermédiaire : l'« Excédent brut d'exploitation » et le « Résultat d'exploitation ». S'agissant de soldes non prévus par la norme IAS 1, l'interprétation n'est pas toujours facile lors de comparaisons avec d'autres entités.

La société LafargeHolcim choisit la présentation séparée du résultat net et du résultat global (voir figure 1.5b). On peut ainsi voir un compte de résultat qui aboutit à un résultat net (ici une perte) de –1 716 MCHF. L'état du résultat global commence alors par le résultat net d'un même montant (provenant du compte de résultat) auquel viennent s'ajouter les autres éléments du résultat global. Ainsi, le résultat global de la période est une perte de –1 742 MCHF.

Pour le compte de résultat, à l'instar du bilan, les entités peuvent également choisir entre une présentation en liste et une présentation en compte (en deux colonnes). La plupart des entités qui établissent leurs comptes selon les IFRS choisissent la première présentation. Celle-ci consiste à partir du chiffre d'affaires et des autres produits ordinaires et à déduire les charges liées à l'activité de l'entreprise. On soustrait ensuite d'autres charges, puis le résultat financier et, enfin, l'impôt sur les bénéfices. Le résultat de l'exercice s'obtient en additionnant et en soustrayant les différents éléments inscrits en amont du tableau.

Compte de résultat consolidé du Groupe LafargeHolcim	Au 31 décembre	
(en millions de CHF)	2017	2016
PRODUITS DES ACTIVITÉS ORDINAIRES	**26 129**	**26 904**
Coût des biens vendus	(18 348)	(15 632)
EXCÉDENT BRUT D'EXPLOITATION	**7 781**	**11 272**
Frais commerciaux et de distribution	(6 608)	(6 394)
Frais administratifs	(1 938)	(2 041)
Quote-part dans les résultats des entreprises associées et des coentreprises	51	81
RÉSULTAT D'EXPLOITATION	**(714)**	**2 918**
Autres produits	447	824
Autres charges	(242)	(68)
Produits financiers	153	187
Charges financières	(1 111)	(1 104)
RÉSULTAT NET AVANT IMPÔTS	**(1 180)**	**2 882**
Impôts	(536)	(835)
RÉSULTAT NET DES ACTIVITÉS POURSUIVIES	**(1 716)**	**2 047**
Résultat net des activités abandonnées	0	43
RÉSULTAT NET	**(1 716)**	**2 090**
Résultat net attribuable aux :		
Actionnaires de LafargeHolcim Ltd	(1 675)	1 791
Participations ne donnant pas le contrôle (intérêts minoritaires)	(41)	299
Résultat net des activités abandonnées attribuable aux :		
Actionnaires de LafargeHolcim Ltd	0	43
Participations ne donnant pas le contrôle (intérêts minoritaires)	0	0
Résultat par action (en CHF)		
Résultat par action	(2,78)	2,96
Résultat par action dilué	(2,78)	2,96
Résultat net par action des activités poursuivies (en CHF)		
Résultat par action	(2,78)	2,89
Résultat par action dilué	(2,78)	2,89
Résultat net par action des activités abandonnées (en CHF)		
Résultat par action	0	0,07
Résultat par action dilué	0	0,07

Figure 1.5a • Extrait du document de référence 2017, LafargeHolcim (p. 123).

Compte de résultat consolidé du Groupe LafargeHolcim	Au 31 décembre	
(en millions de CHF)	2017	2016
RÉSULTAT NET	**(1 716)**	**2 090**
AUTRES ÉLÉMENTS DU RÉSULTAT GLOBAL		
Éléments qui seront reclassés dans le compte de résultat durant les périodes futures		
Effets de change		
– Écarts de conversion	(302)	(1 097)
– Réalisés et comptabilisés en résultat	95	3
– Effets d'impôt	0	1
Actifs financiers disponibles à la vente		
– Variation de juste valeur	(2)	1
– Réalisés et comptabilisés en résultat	10	0
– Effets d'impôt	1	0
Couvertures des flux de trésorerie		
– Variation de juste valeur	(8)	34
– Réalisées et comptabilisées en résultat	5	6
– Effets d'impôt	0	(8)
Couvertures d'investissements nets dans les filiales		
– Variation de juste valeur	30	(3)
– Réalisées et comptabilisées en résultat	0	0
– Effets d'impôt	0	(3)
SOUS-TOTAL	**(172)**	**(1 065)**
Éléments qui ne seront pas reclassés dans le compte de résultat durant les périodes futures		
Régimes de retraite à prestations définies		
– Réévaluations	216	(142)
– Effets d'impôt	(70)	32
SOUS-TOTAL	**146**	**(111)**
TOTAL DES AUTRES ÉLÉMENTS DU RÉSULTAT GLOBAL	**(26)**	**(1 176)**
RÉSULTAT GLOBAL	**(1 742)**	**914**
Résultat global attribuable aux :		
Actionnaires de LafargeHolcim Ltd	(1 704)	464
Participations ne donnant pas le contrôle (intérêts minoritaires)	(39)	450

Figure 1.5b • Extrait du document de référence 2017, LafargeHolcim (p. 124).

La seconde présentation est comparable à celle du bilan opposant l'Actif et le Passif de l'entité : elle consiste à mettre face à face les charges et les produits dans deux colonnes distinctes. Elle est très peu utilisée aujourd'hui.

1.3. Tableau des flux de trésorerie

Le **tableau des flux de trésorerie** détaille toutes les opérations qui ont généré un flux de trésorerie au cours de l'exercice comptable.

Il est certes important de comparer la situation de trésorerie à la date d'établissement du bilan avec celle de la clôture précédente. Mais la simple comparaison des soldes ne suffit pas, car de nombreuses raisons peuvent expliquer les variations de ce solde. L'objectif du **tableau des flux de trésorerie** est de détailler toutes les opérations qui ont généré un flux de trésorerie au cours de l'exercice comptable et de créer ainsi le lien entre le montant de la trésorerie du bilan d'ouverture et celui du bilan de clôture. Comme dans le compte de résultat, toutes les valeurs du tableau de flux de trésorerie sont des flux pour une période et ne représentent pas les opérations réalisées à la seule date de clôture. Dans le tableau de flux de trésorerie, les flux sont classés en trois catégories :

- Les flux liés à l'activité ordinaire. Ils sont liés aux opérations en relation avec la création de chiffre d'affaires ou d'autres produits ordinaires, sans qu'il s'agisse de flux d'investissement ou de financement. Ils comprennent surtout tous les flux liés aux charges de l'activité courante (coût des ventes, frais administratifs et commerciaux).
- Les flux d'investissement. Ce sont les flux de trésorerie en lien avec un mouvement dans l'actif non courant. Ce sont surtout les dépenses effectuées dans le cadre d'investissements (incorporels, corporels ou financiers), notamment en terrains, constructions, équipements mobiliers et financiers. Ces flux prennent également en compte toutes les opérations de cessions d'actifs non courants. Ces derniers flux sont généralement peu importants lorsqu'il s'agit de cessions d'immobilisations à la fin de leur durée de vie, par exemple des machines en fin de vie technique. En revanche, ils peuvent être assez importants lorsque l'entité cède un terrain ou des participations financières dont la valeur a probablement sensiblement augmenté depuis l'acquisition.
- Les flux de financement. Ce sont tous les flux liés aux mouvements dans les apports de capitaux propres par les propriétaires ou dans les dettes financières. Il s'agit principalement des augmentations et des réductions de capital, du paiement de dividendes aux actionnaires et de l'obtention ou du remboursement d'emprunts financiers.

La présentation du tableau de flux est standardisée par la norme IAS 7. La figure 1.6 montre bien, pour le groupe LafargeHolcim, les trois grandes sections : activité ordinaire (appelée ici « opérations d'exploitation »), investissements et financements.

La lecture du tableau de flux de trésorerie de LafargeHolcim au 31/12/2017 montre, comme information de base, dans la seconde partie du tableau, que la trésorerie a diminué de 841 MCHF au cours de l'année 2017 pour atteindre un niveau de 3 954 MCHF (elle était de 4 795 MCHF à fin 2016).

Tableau des flux de trésorerie consolidés du Groupe LafargeHolcim	Au 31 décembre	
(en millions de CHF)	2017	2016
RÉSULTAT NET	**(1 716)**	**2 090**
Impôts	536	835
Autres produits	(447)	(824)
Autres charges	242	68
Quote-part dans les résultats des entreprises associées et des coentreprises	(337)	(205)
Charges financières nettes	958	917
Dotations aux amortissements et dépréciations des actifs opérationnels	6 007	2 405
Autres éléments sans incidence sur la trésorerie	237	470
Variation du besoin en fonds de roulement net	(925)	(694)
TRÉSORERIE LIÉE AUX OPÉRATIONS D'EXPLOITATION	**4 555**	**5 063**
Dividendes reçus	303	160
Intérêts reçus	146	169
Intérêts payés	(917)	(1 187)
Impôts payés	(871)	(860)
Autres charges	(176)	(49)
FLUX DE TRÉSORERIE LIÉS AUX OPÉRATIONS D'EXPLOITATION (A)	**3 040**	**3 295**
Acquisition d'immobilisations corporelles	(1 522)	(1 773)
Cession d'immobilisations corporelles	167	137
Acquisition de participations dans des sociétés du Groupe	55	(4)
Cession de participations dans des sociétés du Groupe	858	2 245
Acquisition d'actifs financiers, d'immobilisations incorporelles et autres actifs	(347)	(402)
Cession d'actifs financiers, d'immobilisations incorporelles et autres actifs	113	503
FLUX DE TRÉSORERIE LIÉS AUX OPÉRATIONS D'INVESTISSEMENT (B)	**(675)**	**706**
Dividendes versés provenant des réserves issues d'apports de capital	(1 212)	(909)
Dividendes versés aux participations ne donnant pas le contrôle (intérêts minoritaires)	(237)	(249)
Capital (repayé aux) libéré par les participations ne donnant pas le contrôle (intérêts minoritaires)	63	(20)
Variations des actions propres	(489)	5
Variation nette des passifs financiers courants	(163)	(946)
Augmentation des passifs financiers non courants	2 047	6 216
Remboursement des passifs financiers non courants	(3 079)	(6 600)
Augmentation des participations dans des sociétés du Groupe	(13)	(375)
FLUX DE TRÉSORERIE LIÉS AUX OPÉRATIONS DE FINANCEMENT (C)	**(3 083)**	**(2 879)**
AUGMENTATION DE LA TRÉSORERIE ET ÉQUIVALENTS DE TRÉSORERIE (A + B + C)	**(718)**	**1 122**
TRÉSORERIE ET ÉQUIVALENTS DE TRÉSORERIE À L'OUVERTURE DE L'EXERCICE (NET)	**4 795**	**3 771**
Augmentation de la trésorerie et équivalents de trésorerie	(718)	1 122
Effets de change	(122)	(99)
TRÉSORERIE ET ÉQUIVALENTS DE TRÉSORERIE À LA CLÔTURE DE L'EXERCICE (NET)	**3 954**	**4 795**

Figure 1.6 • Extrait du document de référence 2017, LafargeHolcim (p. 128).

Cette baisse de 841 MCHF se décompose essentiellement en trois parties :

- Une hausse de 3 040 MCHF liée à l'exploitation. L'activité courante de l'entité est donc génératrice de trésorerie et permet ainsi de financer au moins une part des besoins financiers d'ailleurs.
- Une sortie nette de trésorerie de 675 MCHF liée aux opérations investissements, principalement due aux investissements industriels (acquisition d'immobilisations corporelles 1 522 MCHF) et à des cessions d'actifs (notamment des participations de 858 MCHF).
- Une sortie nette de trésorerie de 3 083 MCHF liée aux opérations de financement. Ce montant est le solde de mouvements importants dus au remboursement d'emprunts et à l'obtention de nouveaux emprunts.

La différence entre la baisse de 841 MCHF et les trois flux d'exploitation, d'investissement et de financement (3 040 – 675 – 3 083) provient (aux arrondis près) des variations des cours de monnaies étrangères (–122). Ce point sera abordé au chapitre sur la consolidation.

Sans le tableau de flux de trésorerie, l'analyse de la baisse de la trésorerie de 841 MCHF (–17 % par rapport au début de la période) aurait été bien plus compliquée, voire impossible.

1.4. Distinction entre résultat et trésorerie

L'analyse du compte de résultat et du tableau de flux de trésorerie de LafargeHolcim montre que le résultat et la trésorerie ne mesurent pas du tout la même chose. Le résultat comptable est une mesure de performance basée sur les engagements de l'entreprise, alors que les flux de trésorerie correspondent aux encaissements et décaissements. Ainsi, alors qu'au cours de l'année 2017 la performance financière (résultat comptable) du groupe LafargeHolcim s'avère être une perte de 1 716 MCHF, l'évolution de sa trésorerie n'affiche qu'une baisse de 841 MCHF (voir figure 1.6).

Il est donc impératif, pour la bonne compréhension du système comptable, de bien distinguer ces deux notions ; c'est l'objectif de l'application 1.1. Partant d'un état des mouvements de trésorerie, elle introduit étape par étape les informations nécessaires pour déterminer le résultat de la société Rafo pour la même période. Les trois premières étapes sont consacrées au calcul et à l'analyse de la variation de la trésorerie :

1. Situation de la trésorerie au cours de l'année 2017.
2. Calcul de la variation de la trésorerie occasionnée par les seules opérations d'exploitation.
3. Analyse de la variation de la trésorerie.

Les quatre parties suivantes ajoutent les informations manquantes qui permettent de déterminer le produit ou la charge correspondants et, ainsi, le résultat d'exploitation :

4. Les ventes.
5. Les achats.
6. Les consommations.
7. Les amortissements.

La huitième étape consiste à déterminer le résultat de l'exercice et à l'analyser en le comparant avec la variation de la trésorerie. Elle conclura que ces deux indicateurs mesurent chacun un aspect différent de la situation de l'entreprise et qu'ils sont liés entre eux par un point de départ commun : le bilan.

Situation de trésorerie

M. Ferrara et ses associés exploitent une confiserie, Rafo, qui fabrique et distribue des bonbons à la menthe et des caramels mous.

Dans la nuit du 31/12/2017 au 01/01/2018, un incendie détruit la quasi-totalité des fichiers comptables de l'entreprise. La confiserie ne dispose que de sauvegardes limitées.

Un état des encaissements et des décaissements de 2017 est toutefois disponible.

Mouvements 2017 (en k€)

1. Encaissements	Vente à la grande distribution	122 500
2. Encaissements	Vente aux grossistes	76 000
3. Encaissements	Ventes de titres	25 000
4. Paiements	Fournisseurs de sucre et de glucose	60 000
5. Paiements	Fournitures de conditionnement	25 000
6. Paiements	Transporteurs	10 000
7. Paiements	Salaires et charges sociales	40 000
8. Paiements	Primes diverses	10 000
9. Paiements	Publicité	10 000
10. Paiements	Charges externes diverses	15 000
11. Paiements	Taxe professionnelle	15 300
12. Paiements	Charges financières	2 500
13. Paiements	Remboursement d'emprunts	5 000
14. Paiements	Dividendes	2 500
15. Paiements	Modernisation de la chaîne d'emballage	22 500

Au 01/01/2017, la société Rafo avait 5 000 k€ en banque.

Quelle est la situation de la trésorerie à la fin de l'année 2017 ?

La trésorerie à la fin de l'année 2017 correspond à la trésorerie initiale majorée de la somme des encaissements au cours de 2017 et diminuée des décaissements de cette période.

Solde au 01/01/2017	5 000
Encaissements en 2017	+ 223 500
Décaissements en 2017	– 217 800
Trésorerie au 31/12/2017	10 700

1.4.1. *Trésorerie générée par l'exploitation*

L'objectif est d'analyser si l'activité principale et récurrente de l'entreprise est en mesure de générer suffisamment de trésorerie pour que celle-ci puisse faire face à ses obligations. Cela évite ainsi le recours répété à des financements extérieurs (emprunts, augmentations de capital) ou même la cessation de paiement lorsque de nouveaux financements ne sont plus disponibles (lorsque les actifs réalisables ne permettent plus de couvrir les passifs exigibles).

De manière générale, les mouvements d'exploitation de trésorerie doivent seulement comprendre :

- les opérations relatives à la période observée ;
- les opérations d'exploitation proprement dites, à l'exclusion des mouvements financiers et des événements d'investissement.

Application 1.2

Quelle est la trésorerie générée par l'exploitation au cours de l'année 2017 ?

Certains mouvements de trésorerie sont sans rapport direct avec l'exploitation de Rafo (achat, fabrication, conditionnement et ventes) :

- La vente de titres (mouvement 3). Cette opération porte sur un actif non courant (immobilisation financière) – en considérant que ces titres n'étaient pas détenus à des fins spéculatives. Il s'agit d'un flux d'investissement.
- Les mouvements 12, 13 et 14. Ils portent sur les capitaux propres (dividendes) ou les dettes à long terme (emprunts, charges financières). Il s'agit alors de flux financiers.
- La modernisation de la chaîne d'emballage (mouvement 15). Cette opération aura un impact sur les exercices futurs (elle n'est pas dénouée au 31/12/2017, contrairement au paiement du personnel, par exemple). Les avantages économiques liés à l'utilisation de la chaîne modernisée bénéficieront pendant 10 années à Rafo. Il s'agit alors d'un actif non courant et le flux de trésorerie lié est un flux d'investissement.

Les flux de trésorerie générés par l'exploitation sont les suivants :

Encaissements

1. Encaissements	Vente à la grande distribution	122 500
2. Encaissements	Vente aux grossistes	76 000
Total des encaissements d'exploitation		198 500

Décaissements

4. Paiements	Fournisseurs de sucre et de glucose	60 000
5. Paiements	Fournitures de conditionnement	25 000
6. Paiements	Transporteurs	10 000
7. Paiements	Salaires et charges sociales	40 000
8. Paiements	Primes diverses	10 000
9. Paiements	Publicité	10 000
10. Paiements	Charges externes diverses	15 000
11. Paiements	Taxe professionnelle	15 300
Total des décaissements d'exploitation		185 300
Trésorerie générée par l'exploitation		**13 200**

1.4.2. Analyse de la variation de la trésorerie

Il faudrait procéder à plusieurs comparaisons : avec les exercices précédents, avec les prévisions établies pour 2017, avec des entreprises comparables, etc. Toutefois, en principe, l'exploitation d'une entreprise doit être largement bénéficiaire en trésorerie.

- À défaut, des financements particuliers (emprunt, appel aux actionnaires) doivent être prévus. Ils impliquent des contraintes (notamment, paiement de dividendes et d'intérêts).
- C'est la trésorerie générée par l'exploitation qui doit permettre d'investir (paiement direct ou financement indirect *via* le remboursement des emprunts).

Application 1.3

Analyse de la variation de la trésorerie

La situation de la société Rafo est la suivante :

Cycle d'exploitation (Voir détail de l'application 1.2)		**+ 13 200**
Cycle d'investissement		**+ 2 500**
15. Paiements	Modernisation de la chaîne d'emballage	– 22 500
3. Encaissements	Ventes de titres	25 000
Cycle de financement		**– 10 000**
12. Paiements	Charges financières	2 500
13. Paiements	Remboursement d'emprunts	5 000
14. Paiements	Dividendes	2 500

L'investissement dans la chaîne d'emballage est financé par la cession des titres et sans augmentation des dettes ou d'autres ressources financières complémentaires.

D'une part, l'excédent de trésorerie d'exploitation est utilisé pour payer les intérêts liés aux dettes financières et rembourser une partie des emprunts. D'autre part, il sert à payer un dividende aux actionnaires au titre de rémunération de leur apport en capital.

1.4.3. Détermination du résultat d'exploitation

La convention universelle pour la constatation du résultat consiste à comptabiliser les produits et les charges au moment de leur réalisation, et non lors de leur encaissement ou décaissement. Le critère retenu pour la réalisation est le transfert des risques et avantages liés à la propriété des biens (voir chapitre 2). Dans la pratique, c'est le plus souvent la date de livraison pour les biens ou la date de réalisation pour les services. Cela entraîne un décalage entre la date du mouvement de trésorerie et celle de la constatation du résultat. Chaque fois que le vendeur accorde un délai de règlement (c'est-à-dire de vente à crédit), par exemple, le produit est enregistré pour la vente avant son paiement, le bien étant remis à l'acheteur. Les risques et avantages sont ainsi transférés à ce dernier (l'acheteur) bien avant que celui-ci ne reçoive et ne règle la facture correspondante. Afin de déterminer le résultat à partir des mouvements de trésorerie, il faut donc disposer de tous les éléments liés à ces décalages de trésorerie.

En ce qui concerne les ventes, une partie au moins des encaissements de l'année N correspond à des ventes réalisées au cours de l'exercice précédent. À l'inverse, certaines des ventes réalisées en période N restent vraisemblablement à encaisser (ventes à crédit), car l'entreprise accorde des délais de règlement. Il convient d'en tenir compte lors de la détermination du profit réalisé sur les ventes de N. Il faut donc connaître le montant des créances au 01/01/N et celui au 31/12/N (voir application 1.4). Le montant des créances au 1er janvier correspond à des ventes de l'exercice précédent et doit être déduit des encaissements de la période N pour obtenir le résultat. Le montant des créances au 31 décembre s'ajoute au montant ainsi obtenu, car il correspond à des ventes réalisées en N, mais pour lesquelles l'encaissement du prix de vente n'est pas encore intervenu. Ainsi :

$$\text{Chiffre d'affaires}_n = \text{Encaissements}_n + (\text{Créances}_n - \text{Créances}_{n-1})$$

Application 1.4

Résultat d'exploitation (1) : détermination des ventes

Supposons que les créances clients au 01/01/2017 s'élèvent à 50 000 et que celles au 31/12/2017 s'élèvent à 40 000. Les ventes de l'exercice 2017 se calculent de la manière suivante :

Encaissements 2017	198 500
– Créances au 01/01/2017	50 000
+ Créances au 31/12/2017	40 000
= Ventes 2017	**188 500**

Le raisonnement est analogue pour les achats de matières premières (voir application 1.5). L'entreprise bénéficie probablement de délais de règlement dont il faut tenir compte. Cette fois, il faut prendre en considération les dettes envers les fournisseurs, qui correspondent, au début de l'exercice, à des achats réalisés au cours de la période précédente mais qui sont seulement réglés au cours de la période actuelle. Il faut donc les déduire des décaissements de la période. En revanche, il faut ajouter le montant de la dette fournisseurs présente à la fin de la période, car il reflète les achats de la période N pour lesquels le règlement n'est pas encore intervenu. Ainsi :

$$\text{Achats}_n = \text{Décaissements}_n + (\text{Dettes}_n - \text{Dettes}_{n-1})$$

Application 1.5

Résultat d'exploitation (2) : détermination des achats

Les dettes fournisseurs au 01/01/2017 s'élèvent à 19 000 et celles au 31/12/2017 s'élèvent à 13 000. Les achats de l'exercice 2017 se calculent de la manière suivante :

Décaissements 2017 (mouvements 4, 5 et 6)	95 000
– Dettes au 01/01/2017	19 000
+ Dettes au 31/12/2017	13 000
= Achats 2017	**89 000**

Ce montant correspond à la totalité des biens et services reçus en 2017, c'est-à-dire aux achats de 2017. Ces derniers ne correspondent pas forcément aux consommations de la période, mais ce sont les consommations qui doivent se refléter dans le compte de résultat sous forme de charges.

Corrigé des dettes fournisseurs au début et à la fin de la période, le montant des décaissements pour les achats ne reflète néanmoins pas encore la charge liée à la consommation de la période des matières. L'entreprise a pu acheter des matières qui n'ont pas encore été consommées. Seules les marchandises (ou matières) consommées, et donc disparues au cours de la période, représentent une charge de l'entreprise. Les stocks de marchandises (ou de matières) encore présents à la date de clôture ne sont qu'une autre matérialisation de la même ressource : l'avoir en banque est devenu un stock, mais aucune consommation n'est encore intervenue.

Afin de déterminer correctement la charge liée à la consommation de matières au cours de la période, il faut ainsi connaître également la situation du stock des matières au début et à la fin de la période (voir application 1.6). Le stock au début de la période (**stock initial**) correspond à des achats de la période précédente et généralement consommés pendant la période actuelle. Il s'ajoute aux achats de la période dans la détermination de la charge de l'exercice. Le stock à la fin de la période (**stock final**) correspond à des achats de la période vraisemblablement consommés au cours de la période suivante. Les achats correspondants de la période N ne sont ainsi pas systématiquement une charge de la période N, mais peuvent avoir un impact sur le résultat au cours de la période N + 1, lors de leur consommation. Ainsi :

Le **stock initial** correspond aux achats (marchandises ou matières) non consommés de la période précédente.

Le **stock final** correspond aux achats (marchandises ou matières) non consommés de la période actuelle.

$$\text{Consommations} = \text{Stocks}_{n-1} + \text{Achats}_n - \text{Stocks}_n$$

Application 1.6

Résultat d'exploitation (3) : détermination des consommations

Outre les achats de l'exercice, un stock initial a peut-être été consommé. En revanche, une partie des achats de l'exercice n'a probablement pas encore été consommée et est stockée à la fin de l'exercice. Il convient de tenir compte de la variation de stock.

Le stock initial au 01/01/2017 de matières s'élève à 16 000 et le stock final au 31/12/2017 s'élève à 12 000. Les consommations de l'exercice 2017 se calculent de la manière suivante :

Stock au 01/01/2017	16 000
+ Achats 2017	89 000
– Stock au 31/12/2017	12 000
= Consommations 2017	**93 000**

Une autre correction concerne les dépenses pour investissements (voir application 1.7). Les investissements sont utiles à l'entreprise pendant plusieurs années, tout en se dépréciant dans la plupart des cas pendant une période tout à fait prévisible. La dépréciation liée à l'utilisation ou à d'autres causes est une consommation de ressources et entre dans le calcul des charges de l'exercice (le chapitre 5 détaille les modalités de calcul pour obtenir une charge d'amortissement ou de dépréciation). La dépense réalisée au cours de l'exercice comptable N ne reflète pas une charge de l'exercice, mais il faudra l'estimer en fonction de la durée d'utilité de l'investissement et du rythme de sa consommation.

Application 1.7

Résultat d'exploitation (4) : détermination des amortissements et du résultat d'exploitation

Amortissements

Pour simplifier, nous considérons que la chaîne a été achetée le 01/01/2017 et qu'elle aura une durée probable de vie ou d'utilité de 10 ans. La part de consommation à l'intérieur de la dépense initiale (mouvement 15) de 22 500 est de 22 500 / 10 = 2 250.

Charges d'exploitation

Avec les calculs préalables des applications 1.6 et 1.7, il est possible de calculer les charges d'exploitation de 2017 en considérant que les mouvements de trésorerie 7 à 11 mentionnés dans l'énoncé correspondent à des charges sans calcul complémentaire particulier.

Application 1.6	Achats consommés	93 000
7. Paiements	Salaires et charges sociales	40 000
8. Paiements	Primes diverses	10 000
9. Paiements	Publicité	10 000
10. Paiements	Charges externes diverses	15 000
11. Paiements	Taxe professionnelle	15 300
Application 1.7	Dotations aux amortissements	2 250
	Total	**185 550**

Résultat d'exploitation 2017

Application 1.4	Produits d'exploitation (ventes)	188 500
Application 1.7	Charges d'exploitation	185 550
	Résultat d'exploitation	**2 950**

Le résultat d'exploitation est le résultat réalisé avec l'activité principale de l'entreprise : c'est ce que son « business » ou « modèle d'affaires » est capable de générer en termes de performance économique. Mais ce n'est pas toute la performance de l'entreprise.

Il faut y ajouter des éléments liés aux opérations de financement de l'entreprise, notamment les charges financières. Ce sont surtout les intérêts payés pour les emprunts ou d'autres dettes bancaires. Il est important de savoir que les dividendes ne représentent pas une charge de l'entreprise. Il s'agit en effet de l'utilisation du résultat, qui lui-même se détermine en comparant les produits et les charges de l'exercice. Après avoir déterminé l'ensemble des produits et des charges de l'exercice, on pourra ainsi enfin déterminer la part à distribuer (dividendes) et la part restant dans l'entreprise (réserves).

Application 1.8

Calcul du résultat de l'exercice et son rapprochement avec la variation de la trésorerie

Charges financières

Le coût des emprunts sur l'exercice s'élève à 2 500 (mouvement 12).

Résultat 2017

Application 1.7	Résultat d'exploitation	2 950
Application 1.8	Résultat financier	– 2 500
	Résultat avant impôts	**450**

☞

(suite)

Le rapprochement de l'excédent de trésorerie d'exploitation et du résultat de l'exercice

Le résultat de l'exercice (450) et l'excédent de trésorerie (13 200) se rapprochent aisément :

Excédent de trésorerie d'exploitation	**13 200**
Ajustement des encaissements (198 500 – 188 500)	– 10 000
Ajustement des décaissements (95 000 – 93 000)	+ 2 000
Prise en compte des amortissements	– 2 250
Résultat d'exploitation	**2 950**
Prise en compte des charges financières	– 2 500
Résultat avant impôts	**450**

Les valeurs des deux indicateurs *Excédent de trésorerie d'exploitation* et *Résultat d'exploitation* sont souvent assez éloignées l'une de l'autre, ce qu'explique l'étude de cas. Il s'agit de deux mesures avec deux vocations assez différentes. Le résultat mesure la performance économique de l'entreprise, c'est-à-dire sa capacité à faire des bénéfices. L'excédent de trésorerie est une indication financière sur la capacité de l'entreprise à faire face à des besoins de financement. Il convient donc de déterminer et de suivre ces deux mesures.

2. Principes et mécanismes comptables

2.1. Principes comptables

Les états financiers d'une entreprise doivent fournir une information sur sa performance, sa situation financière et son évolution d'un exercice à l'autre. Cette information doit être utile à une large gamme d'utilisateurs, bien que les investisseurs soient la cible principale des états financiers en tant qu'apporteurs de capitaux. Les états financiers reposent sur des principes qui se décomposent en deux hypothèses et en un certain nombre de caractéristiques qualitatives (IAS 1).

2.1.1. Hypothèses

L'établissement des états financiers repose sur les hypothèses de la continuité d'exploitation et de la comptabilité d'engagement. Selon la première hypothèse, l'entreprise devrait poursuivre ses activités dans un avenir prévisible. En effet, si la poursuite de l'exploitation de l'entreprise était remise en cause, il conviendrait de déterminer les valeurs liquidatives de chacun des actifs du bilan, puisque l'entreprise serait proche d'une cessation d'activité et donc de sa liquidation. La seconde hypothèse, celle de la comptabilité d'engagement, signifie que les événements économiques et autres transactions de l'entreprise doivent être comptabilisés au moment où ils se produisent, et non lorsqu'ils sont réglés (encaissement ou décaissement associé). Le chapitre 2 traite de ce dernier point.

2.1.2. Caractéristiques qualitatives

L'objectif des caractéristiques qualitatives sur lesquelles reposent les états financiers est de rendre utile leur contenu informationnel. Ces caractéristiques décrivent ainsi un certain nombre d'attributs que doivent posséder les états financiers.

- La pertinence. Une information pertinente est une information qui doit pouvoir affecter la prise de décision des utilisateurs des états financiers. Elle doit ainsi aider les utilisateurs à comprendre et à évaluer les événements passés, présents ou futurs associés à l'entreprise. Cet attribut (la pertinence) est fonction de l'*importance relative* de l'information. Par exemple, un stock de produits laitiers (yaourts) d'une valeur de 10 000 € n'a pas la même importance pour un commerce de détail que pour une multinationale de l'agroalimentaire. L'information présentée doit avoir une importance significative, c'est-à-dire que sa présence ou son absence dans les états financiers influence la prise de décision des investisseurs.
- L'intelligibilité. Les utilisateurs doivent comprendre immédiatement l'information présentée dans les états financiers. Cela présuppose trois conditions : les utilisateurs ont une connaissance raisonnable des activités économiques de l'entreprise, de la comptabilité, et ils ont la volonté d'étudier les états financiers de façon raisonnablement diligente. La complexité de certaines transactions n'est donc pas un motif pour en exclure la représentation dans les états financiers.
- La comparabilité. Les états financiers doivent pouvoir être comparables dans le temps et dans l'espace. La comparabilité dans le temps signifie que l'on peut suivre l'évolution de la situation financière d'une entreprise, sa performance ou l'évolution de sa trésorerie d'une période à l'autre. Ainsi, les états financiers présentent les chiffres de l'année en cours mais aussi ceux de l'année précédente. L'entreprise doit s'efforcer d'utiliser les mêmes méthodes comptables d'une année sur l'autre pour que la comparaison des chiffres ait un sens. Toutefois, un changement de méthode est toujours possible, s'il est suffisamment justifié. La comparabilité dans l'espace fait référence à l'utilité pour les investisseurs de pouvoir comparer les états financiers entre entreprises d'un même secteur, par exemple.
- La fiabilité. Pour être utile, l'information contenue dans les états financiers doit être fiable, c'est-à-dire ne contenir aucune erreur ni aucun biais de ce qu'elle est censée représenter. La fiabilité requiert cinq caractéristiques :
  - *La prééminence du fonds sur la forme.* Elle conduit à privilégier la nature économique d'une transaction (ou d'un événement) lorsqu'il convient de la comptabiliser et de la représenter dans les états financiers. La nature juridique de la transaction n'est pas ignorée, mais mise au second rang. Ainsi, des actifs loués en location-financement seront présents dans le bilan de l'entreprise parmi les autres actifs immobilisés, quand bien même celle-ci n'en serait pas juridiquement propriétaire.
  - *La neutralité.* Elle consiste à présenter une information qui n'a pas pour objet d'orienter la décision des utilisateurs dans un sens prédéterminé.
  - *L'exhaustivité.* Elle enjoint de fournir toutes les informations nécessaires à la prise de décision économique, tout en tenant compte de l'*importance relative* de chacune de ces informations.

– *La prudence.* Elle consiste à prendre en compte un certain degré de précaution dans l'exercice des jugements nécessaires à la préparation des estimations. Cela évite que des actifs ou des produits ne soient surévalués et que des passifs ou charges ne soient sous-évalués. Ce principe n'interdit pas une réévaluation positive des actifs, par exemple. Mais il convient alors d'estimer prudemment le montant de la réévaluation.

– *L'image fidèle.* Les états financiers doivent présenter une image fidèle de la situation financière et de la performance de l'entreprise. Le respect de tous les principes comptables doit permettre d'atteindre cet objectif.

2.2. Mécanismes comptables

La connaissance des mécanismes visant à préparer les états financiers est une étape indispensable à leur compréhension. Ces mécanismes permettent de traiter de façon cohérente et rigoureuse l'ensemble des informations comptables et financières associées aux transactions de l'entreprise. Les informations sont recueillies puis synthétisées afin d'être présentées de façon intelligible sous la forme d'états financiers.

2.2.1. *Identité fondamentale*

Les états financiers reposent sur une relation d'équilibre appelée **identité fondamentale**, qui synthétise l'ensemble des activités d'une entreprise. Cette dernière stipule simplement que la valeur des actifs de l'entreprise est égale à la somme de la valeur des passifs (obligations) et des fonds propres. Cette relation peut se présenter de la façon suivante :

$$\text{Actifs} = \text{Passifs} + \text{Capitaux propres}$$

L'**identité fondamentale** stipule que la valeur des actifs est égale à la somme de la valeur des passifs (obligations) et des fonds propres.

En l'état, elle représente le bilan d'une entreprise. Les mécanismes comptables fonctionnent de telle sorte que cette identité est toujours respectée. Le non-respect de cette relation signifie qu'une erreur a été commise lors du traitement d'une transaction, en raison d'une mauvaise estimation des valeurs, d'un mauvais report dans les comptes, etc. À l'inverse, le respect de cette identité n'exclut pas une erreur d'enregistrement. L'application 1.9 illustre le fonctionnement de ce mécanisme.

Application 1.9

Enregistrement de transaction et identité fondamentale

Dans cette première partie, l'objectif est d'expliquer par le truchement de l'identité fondamentale les mouvements dans le bilan, le compte de résultat et le tableau de flux de trésorerie, à travers l'enregistrement de trois opérations de base pour la société Bêta : la création, un achat et une vente.

Ainsi, les transactions suivantes sont à enregistrer pour la société Bêta :

1. À la création de l'entreprise Bêta, le propriétaire investit personnellement 50 000 € et emprunte 10 000 € à une banque. La totalité, soit 60 000 €, est déposée sur le compte bancaire de Bêta.
2. L'entreprise achète des marchandises pour 20 000 € et règle la facture au comptant, par chèque.
3. Bêta vend la moitié des marchandises pour 30 000 € et reçoit le règlement sous forme de chèque le même jour.

L'identité fondamentale permet d'enregistrer les opérations comme suit.

Tout d'abord, en ce qui concerne la transaction (1), l'investissement initial de 50 000 € est déposé sur le compte bancaire de l'entreprise. Ce dépôt en banque de l'entreprise est un actif, car il est source d'avantages économiques futurs. Il ne doit pas être confondu avec l'emprunt qui va suivre. Parallèlement, on enregistre dans les capitaux propres le fait que les propriétaires ont apporté 50 000 € à la société. Le montant de 10 000 € obtenu grâce à l'emprunt est également inscrit à l'actif sur le compte bancaire. La contrepartie au passif est une dette du même montant, car l'emprunt doit être remboursé à l'échéance et représente ainsi une valeur négative pour le propriétaire. Après cette première transaction, la société dispose d'un actif de 60 000 €, investi sous forme d'un dépôt sur le compte bancaire (Actif) et financé par des dettes de 10 000 € et des capitaux propres de 50 000 €, soit 60 000 € au total. L'identité fondamentale est respectée à tout moment. Dans le tableau des flux de trésorerie, cette transaction figure parmi les opérations de financement, car les deux flux apportent des moyens financiers à la société et ne sont pas liés à son activité opérationnelle.

La transaction (2) consiste en l'achat de marchandises dans le but de les revendre, avec l'espoir d'un profit. L'achat a été réglé comptant par chèque et l'on observe simultanément une baisse de la trésorerie de 20 000 € et une augmentation de la valeur des stocks de marchandises du même montant. Ainsi, le total de l'actif ne change pas, car il y a seulement un échange entre différents postes de l'actif. Les dettes et les fonds propres restent également inchangés. Il n'y a ainsi pas d'impact sur l'identité fondamentale. Le flux de trésorerie de –20 000 € lié à cette opération est un flux d'activité, car il est réalisé dans le cadre des activités opérationnelles de la société.

La dernière transaction (3) correspond à la vente de 50 % des marchandises pour un montant de 30 000 €. Cette opération est analysée en deux étapes : d'abord l'augmentation de l'actif pour 30 000 € puis la sortie du stock pour 10 000 € (50 % de 20 000 €). S'agissant de la première étape, aucune obligation ne peut être rattachée à cette augmentation de l'actif : elle représente donc une augmentation de la valeur nette de la société, à enregistrer dans les capitaux propres. Puisque cette augmentation est réalisée par la société elle-même, à la différence d'un apport de capital par le propriétaire par exemple, elle est enregistrée dans le résultat de l'exercice et génère un mouvement dans le compte de résultat sous forme de produit de vente. Dans un second temps, il convient d'enregistrer le fait que des marchandises sont sorties de l'entreprise dans le cadre de la vente. Leur valeur de 10 000 €, égale à 50 % des 20 000 € payés pour l'acquisition du stock initial lors de la transaction (2), ne doit plus apparaître dans les stocks de l'entreprise. Cette disparition n'engendre pas une réduction des obligations et représente ainsi une réduction de l'actif net ou bien des capitaux propres de la société. Comme il ne s'agit pas d'un remboursement de capitaux propres aux propriétaires mais d'une diminution liée à l'activité de la société, cette diminution est enregistrée comme charge dans le compte de résultat. Économiquement, il s'agit de la consommation du stock pour générer des avantages économiques à travers la vente. Le solde du compte de résultat à l'issue de cette transaction, et donc le résultat de la vente, est un bénéfice de + 30 000 € – 10 000 € = 20 000 €. L'encaissement des 30 000 € est le seul flux de trésorerie observé dans le cadre de cette transaction. Réalisé dans le cadre des activités opérationnelles de la société, il figurera dans les flux liés à l'activité du tableau des flux de trésorerie.

À la suite des transactions (1), (2) et (3), le total de l'actif est de + 80 000 € (10 000 € de stocks + 70 000 € sur le compte bancaire), alors que les dettes sont toujours de + 10 000 € et les fonds propres de + 70 000 € (50 000 € d'apports + 20 000 € de résultat). Après chaque opération, l'identité fondamentale est respectée. Le tableau suivant récapitule les mouvements dans les comptes de Bêta liés à ces trois transactions.

Opérations	**Actifs**		**=**	**Passifs**	**+**	**Capitaux propres**	
	Stocks	**Trésorerie**	**=**			**Capital**	**Résultat**
(1)		+ 60 000	=	+ 10 000	+	+ 50 000	
(2)	+ 0 000	– 20 000	=		+		
(3)	– 10 000	+ 30 000	=		+		+ 30 000
							– 10 000
Total	+ 10 000	+ 70 000	=	+ 10 000	+	+ 50 000	+ 20 000

Les tableaux de synthèse après ces trois opérations sont les suivants.

Bilan

Actifs		**Passifs et Capitaux propres**	
		Capital	50 000
		Résultat	20 000
Stocks	10 000		
		Emprunt	10 000
Banque	70 000		
Total	80 000	Total	80 000

Compte de résultat

Vente	30 000
Coût des marchandises vendues (CMV)	– 10 000
Bénéfice	20 000

Tableau des flux de trésorerie

Flux liés à l'activité (– 20 000 + 30 000)	10 000
Flux liés aux opérations d'investissement	0
Flux liés aux opérations de financement (50 000 + 10 000)	60 000
Variation nette de la trésorerie	70 000
Trésorerie à l'ouverture	0
Trésorerie à la clôture	70 000

2.2.2. Comptes et journal

Le nombre de transactions qu'une entreprise doit pouvoir traiter au cours d'une année afin de préparer ses états financiers est souvent très important (plusieurs milliers, voire des millions). Il est alors difficile de suivre correctement l'enregistrement de toutes les opérations en utilisant exclusivement l'identité fondamentale. Le recours à des comptes non seulement facilite le bon suivi des opérations dans leur ensemble, mais permet de surcroît de retrouver rapidement toutes les transactions qui ont affecté un compte en particulier. Le système de compte est souvent schématisé par un « T », d'où l'expression compte en T.

Nom du compte	
Débit	Crédit

Par convention, la colonne gauche du compte s'appelle Débit, alors que la colonne droite s'appelle Crédit. La logique de ces comptes repose sur l'identité fondamentale. On considère que les comptes actifs sont débiteurs, alors que les comptes d'obligations (passifs) et de capitaux propres sont créditeurs. Toute augmentation d'un compte de l'Actif est donc enregistrée au Débit de ce compte, alors que les réductions sont enregistrées au Crédit. Le solde final apparaît au Débit. Pour les comptes du Passif, et les capitaux propres, c'est l'inverse : toute augmentation est enregistrée au Crédit et toute diminution est enregistrée au Débit. Le solde final apparaît au Crédit. Utiliser un côté du compte pour l'enregistrement d'une hausse et l'autre côté pour une baisse du solde signifie qu'aucune valeur négative n'est enregistrée dans un compte.

Actifs = Passifs + Capitaux propres
Débit = Crédit

L'application du concept de « compte en T » avec sa convention de débit – crédit à l'identité fondamentale conduit à la représentation suivante :

Actifs		=	Capitaux propres		+	Passif	
Débit	Crédit		Débit	Crédit		Débit	Crédit

Ce mécanisme de compte permet d'enregistrer les diverses transactions d'une entreprise. L'ensemble des comptes est regroupé dans ce que l'on appelle un **grand-livre**. Ce document comptable permet de garder une trace des opérations qui ont affecté un compte particulier. L'application 1.10 permet de comprendre le mécanisme des comptes en T.

Le **grand-livre** permet de garder une trace des opérations qui ont affecté un compte particulier.

Application 1.10

Enregistrement de transaction avec les comptes en T

Cette deuxième partie reprend les mêmes opérations que l'application 1.9, mais elle les enregistre dans les comptes en T. Il faut enregistrer pour la société Bêta les transactions suivantes :

1. À la création de l'entreprise Bêta, le propriétaire investit personnellement 50 000 € et emprunte 10 000 € à une banque. La totalité, soit 60 000 €, est déposée sur le compte bancaire de Bêta.
2. L'entreprise achète des marchandises pour 20 000 € et règle la facture au comptant, par chèque.
3. Bêta vend la moitié des marchandises pour 30 000 € et reçoit le règlement sous forme de chèque le même jour.

Dans la mesure où les comptes d'actifs sont débiteurs, une augmentation de leur valeur est inscrite dans la colonne gauche Débit. Les comptes d'obligations et de capitaux propres étant généralement des comptes créditeurs, une augmentation de leur valeur est inscrite dans la colonne droite Crédit.

Les transactions suivantes sont enregistrées par le truchement des comptes en T.

1. À la création de l'entreprise Bêta, le propriétaire investit personnellement 50 000 € et emprunte 10 000 € à une banque.
2. L'entreprise achète des marchandises pour 20 000 €.
3. Bêta vend la moitié des marchandises pour 30 000 €.

La première transaction (1) génère une augmentation du solde du compte de l'Actif « Trésorerie », à enregistrer à son Débit, et l'augmentation des soldes de deux comptes du Passif, le Capital et les Dettes, à enregistrer à leur Crédit respectif. Cela donne les mouvements suivants dans les comptes en T :

Trésorerie		Dettes		Capital	
(1) 60 000			10 000 (1)		50 000 (1)

Le mécanisme des comptes en T consiste à inscrire une baisse de valeur dans la colonne opposée à celle qui sert normalement à inscrire les hausses de valeur. Ainsi, dans la mesure où les comptes d'actifs sont « débiteurs », une augmentation de leur valeur est inscrite dans la colonne gauche Débit. Les comptes de dettes et de fonds propres étant généralement des comptes « créditeurs », une augmentation de leur valeur est inscrite dans la colonne de droite. En ce qui concerne la deuxième transaction (2), la trésorerie utilisée pour l'acquisition de stocks de marchandises, soit 20 000 €, n'est pas inscrite en négatif dans la colonne gauche du compte Trésorerie, mais dans la colonne opposée, en Crédit. Ces 20 000 € permettent l'achat de stocks de marchandises. Il y a donc une hausse de valeur de ce compte Stocks. Comme pour tous les comptes d'actifs, cette hausse de valeur est ensuite enregistrée au Débit du compte de la façon suivante :

Trésorerie		Stocks		Dettes		Capital	
	20 000 (2)	(2) 20 000					

La transaction (3) s'enregistre en deux temps. Tout d'abord, la vente est enregistrée. Le compte *Ventes* et tous les autres comptes de produits fonctionnent comme les *Capitaux propres* : dans la mesure où une vente augmente les capitaux propres, un produit est enregistré comme une hausse des capitaux propres, c'est-à-dire au Crédit. Cela signifie pour Bêta l'enregistrement du montant de 30 000 € au Crédit du compte Ventes dans le compte de résultat et l'enregistrement du même montant au Débit du compte *Trésorerie*, car la valeur de cet actif augmente.

La deuxième étape consiste à enregistrer la sortie de la marchandise, puisqu'elle est vendue. La moitié des marchandises a été vendue. Le coût pour l'entreprise est de 20 000 € × 50 % = 10 000 €. De manière analogue aux produits, les charges sont enregistrées comme des réductions des Capitaux propres, c'est-à-dire au Débit des comptes de charges respectifs. La valeur de 10 000 € est ainsi enregistrée au Débit du compte Coût des marchandises vendues (CMV). En contrepartie, le compte Stocks est crédité du même montant, ce qui reflète la baisse du stock de marchandises. Les mouvements dans les comptes liés à la transaction (3) sont les suivants :

Trésorerie	
(3) 30 000	

Stocks	
	10 000 (3)

Dettes	

Capital	

CMV	
(3) 10 000	

Ventes	
	30 000 (3)

La **clôture des comptes** comprend des opérations nécessaires à la détermination du résultat.

Lorsque toutes les transactions sont correctement enregistrées, il convient de déterminer le résultat comptable en fin d'exercice. Cette opération, appelée **clôture des comptes**, consiste tout d'abord à déterminer la valeur finale de chacun des comptes de résultat (les produits et les charges), puis à enregistrer leur valeur respective dans un seul compte (le compte de résultat), afin de déterminer si l'entreprise a fait une perte ou un bénéfice (voir application 1.11).

Application 1.11

Clôture des comptes

À la suite de l'enregistrement de l'ensemble des transactions de la société Bêta, le grand-livre, qui regroupe l'ensemble des comptes, se présente comme suit, avec leur solde respectif.

Trésorerie	
(1) 60 000	
	20 000 (2)
(3) 30 000	
70 000	

Stocks	
(2) 20 000	
	10 000 (3)
10 000	

Dettes	
	10 000 (1)
	10 000

Capital	
	50 000 (1)
	50 000

CMV	
(3) 10 000	
10 000	

Ventes	
	30 000 (3)
	30 000

☞

(suite)

Le solde de chacun des comptes figure sur la dernière ligne du compte. Il se détermine en comparant le total de la colonne Débit à celui de la colonne Crédit. Par exemple pour la trésorerie, le total de la colonne Débit est de 90 000 € et celui de la colonne Crédit de 20 000 €. Par conséquent, le solde du compte est un montant de 70 000 € qui apparaît logiquement dans la colonne Débit, puisque le Débit est supérieur au Crédit dans ce compte.

Afin de déterminer le résultat de l'entreprise, il convient de solder les comptes de produits et de charges dans un seul compte, le compte de résultat. Ce sont les enregistrements (A).

Trésorerie	
(1) 60 000	
	20 000 (2)
(3) 30 000	
70 000	

Stocks	
(2) 20 000	
	10 000 (3)
10 000	

Dettes	
	10 000 (1)
	10 000

Capital	
	50 000 (1)
	50 000
	20 000 (B)

CMV	
(3) 10 000	
10 000	**10 000 (A)**

Résultat	
(A) 10 000	**30 000 (A)**
(B) 20 000	20 000

Ventes	
	30 000 (3)
(A) 30 000	30 000

La comparaison des produits et des charges du compte de résultat fait apparaître un solde créditeur de 20 000 €. Cela signifie que les produits dépassent les charges de 20 000 € : il s'agit alors d'un bénéfice. L'opération suivante nécessaire à la clôture des comptes consiste à faire apparaître ce résultat dans le capital de la société. Cette opération correspond à l'enregistrement (B).

Une vision synthétique des mouvements et des soldes des comptes est fournie par la **balance**. Ce tableau fait apparaître pour chaque compte, sur une seule ligne : le libellé, les mouvements au Débit et au Crédit, ainsi que le solde final qui est soit débiteur, soit créditeur.

La **balance** fait apparaître pour chaque compte, sur une seule ligne : le libellé, les mouvements au Débit et au Crédit, ainsi que le solde final qui est soit débiteur, soit créditeur.

Logiquement, le total des colonnes Débit et celui des colonnes Crédit doivent être identiques pour les mouvements, d'une part ; pour les soldes, d'autre part. La balance de la société Bêta est présentée dans le tableau suivant :

Libellé du compte	**Mouvements**		**Solde**	
	Débit	Crédit	Débit	Crédit
Capital		50 000		50 000
Dettes		10 000		10 000
Stocks	20 000	10 000	10 000	
Trésorerie	90 000	20 000	70 000	
CMV	10 000		10 000	
Ventes		30 000		30 000
Total	**120 000**	**120 000**	**90 000**	**90 000**

Le **livre-journal** enregistre les opérations les unes après les autres.

L'ensemble des transactions doit aussi être suivi chronologiquement. C'est l'objectif du **livre-journal** qui enregistre les opérations les unes après les autres, tout en suivant les mêmes mécanismes comptables que les comptes en T. Les transactions sont enregistrées dans le journal, puis inscrites automatiquement dans le grand-livre. Dans le livre-journal, une transaction particulière s'enregistre de la façon suivante :

	Débit	**Crédit**
Date		
Nom du compte « débité »	Montant	
Nom du compte « crédité »		Montant

À chaque transaction, le total des débits doit être égal au total des crédits. Ainsi, cette égalité sera valable en fin d'exercice sur la totalité des transactions.

Application 1.12

Enregistrement de transactions dans le livre-journal

Cette illustration reprend les mêmes opérations que celles des deux premières (voir applications 1.11 et 1.10), mais elle les enregistre dans le livre-journal. Il faut enregistrer les transactions suivantes :

1. À la création de l'entreprise Bêta, le propriétaire investit personnellement 50 000 € et emprunte 10 000 € à une banque. La totalité, soit 60 000 €, est déposée sur le compte bancaire de Bêta.
2. L'entreprise achète des marchandises pour 20 000 € et règle la facture au comptant, par chèque.
3. Bêta vend la moitié des marchandises pour 30 000 € et reçoit le règlement sous forme de chèque le même jour.

La première transaction (1) est enregistrée comme suit. On peut constater que deux opérations peuvent être enregistrées en une seule écriture comptable :

	Débit	Crédit
Trésorerie (+ A)	60 000	
Capital (+ FP)		50 000
Emprunt (+ P)		10 000

Afin de faciliter la lecture de ces écritures comptables, la nature des comptes affectés par l'opération est indiquée entre parenthèses. Quatre catégories de comptes sont utilisées : les Actifs (±A), les Passifs (±P), les Fonds propres (±FP) et les comptes ayant un impact sur le résultat (±R). Les transactions (2) et (3) sont enregistrées de la façon suivante :

	Débit	Crédit
Stocks de marchandises (+ A)	20 000	
Trésorerie (– A)		20 000
Achat de marchandises		
Trésorerie (+ A)	30 000	
Ventes (+ R)		30 000
Coût des marchandises vendues (– R)	10 000	
Stock de marchandises (– A)		10 000
Vente de marchandises		

☞

Application 1.12 *(suite)*

Les écritures de clôture des comptes (A et B) se présentent ainsi :

	Débit	Crédit
Résultat	10 000	
Coût des marchandises vendues		10 000
Ventes	30 000	
Résultat		30 000
Détermination du résultat comptable de la période		
Résultat	20 000	
Capitaux propres (+ FP)		20 000
Enregistrement du résultat des Fonds propres		

Compte tenu du nombre parfois très important de comptes à utiliser, les sociétés recourent à un système de numérotation des comptes. Les normes IFRS ne se prononcent pas à ce sujet. En France, toutes les entreprises doivent utiliser un système harmonisé et obligatoire, appelé Plan des comptes. En ce qui concerne le bilan et le compte de résultat, le Plan des comptes distingue sept classes de comptes, qui se répartissent entre le bilan et le compte de résultat (voir figure 1.7).

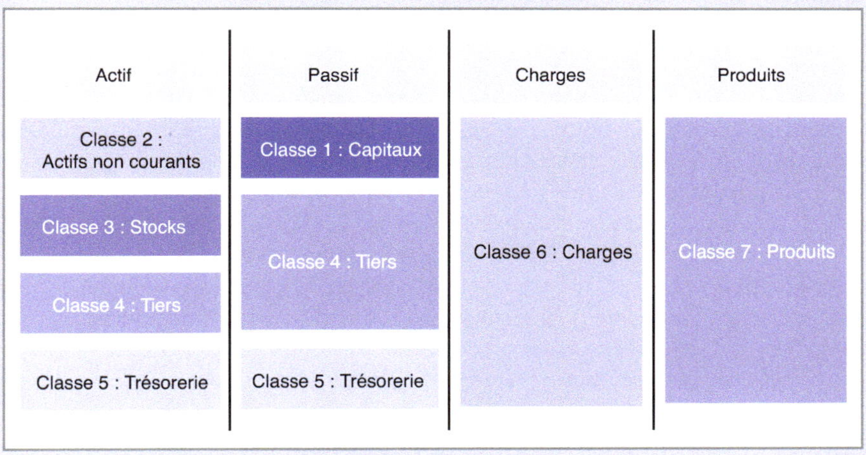

Figure 1.7 • Plan des comptes français.

À l'intérieur des classes, la numérotation devient de plus en plus fine. Ainsi, à l'intérieur de la classe 2, par exemple, la catégorie 21 signifie les immobilisations corporelles et, à l'intérieur de cette catégorie, le n° 211 désigne les terrains et le n° 213 les constructions. Il n'est pas rare de voir des Plans des comptes dans les entreprises avec des numéros à 8 ou 9 chiffres.

Il existe évidemment d'autres systèmes de numérotation des comptes. En Allemagne, par exemple, le système le plus répandu est l'*Industriekontenrahmen* (voir figure 1.8).

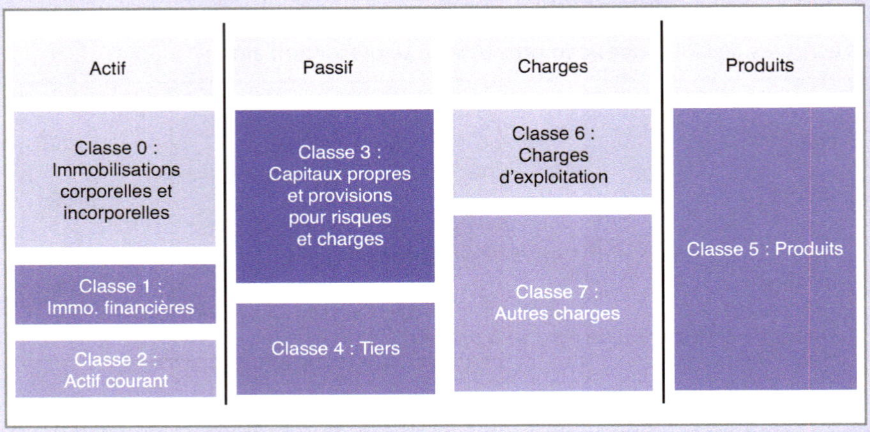

Figure 1.8 • Plan des comptes allemand.

Dans cet ouvrage, les exemples et exercices sont relativement simples et aucun recours à des numéros de comptes ne s'impose.

Résumé

Les trois principaux tableaux de synthèse publiés par les entreprises sont le bilan, le compte de résultat et le tableau des flux de trésorerie. Le premier fait apparaître la situation financière à une date précise, en distinguant les actifs, d'une part ; les capitaux propres et les obligations, d'autre part. Le compte de résultat renseigne sur la performance économique exprimée par la variation de la richesse des propriétaires d'une entreprise au cours d'une période. Les augmentations de richesse (ou produits) y sont comparées aux consommations (ou charges) et leur différence est le résultat de la période. Le tableau des flux de trésorerie permet d'analyser comment l'entreprise a géré sa situation financière au cours de la période écoulée. Les mouvements de trésorerie y sont distingués selon qu'il s'agit d'opérations d'activité, d'investissement ou de financement. Il existe des liens entre l'évolution de la trésorerie et celle de la richesse des propriétaires, mais ces indicateurs sont très différents, avec des tendances d'évolution parfois divergentes. Il convient donc de savoir distinguer les notions « charge » et « produit » des notions « encaissement » et « décaissement ».

Ces tableaux sont le résultat final d'un processus extrêmement rigoureux d'enregistrement et de traitement des informations comptables. Sur la base de l'identité fondamentale, toute opération dans l'entreprise génère des mouvements dans les comptes à au moins deux endroits différents, de sorte que le total des mouvements au Débit soit toujours égal à celui des mouvements au Crédit. En respectant l'identité fondamentale au niveau de chaque opération individuelle, on arrive mécaniquement à des bilans, comptes de résultat et tableaux des flux de trésorerie équilibrés.

Activités

1. Étude de cas : Création

Le 01/01/2017, Mme Olga Duplantier décide de créer une entreprise de service. Elle injecte personnellement 60 000 € dans la société Création. Cette dernière emprunte 30 000 € et acquiert un immeuble pour 80 000 €. Au cours de l'année, elle loue des bureaux (de l'immeuble) à la société Fidèle SA pour 24 000 € et paie diverses charges pour un montant de 28 000 €. La société Création verse à Mme Duplantier un dividende de 2 000 € en fin d'année. Préparez un compte de résultat et un bilan pour la société Création.

Ensemble des opérations via l'identité fondamentale

Actif	=	Dettes	+	Capital	
Trésorerie	Terrain	Emprunt	Capital social	Résultat	Dividendes
60 000			60 000		
30 000		30 000			
– 80 000	80 000				
24 000				24 000	
– 28 000				– 28 000	
– 2 000					– 2 000
4 000	80 000	30 000	60 000	– 4 000	– 2 000

Écritures au journal

---------------- (1) ----------------		
Trésorerie (+ A)	60 000	
Capital social (+ FP)		60 000
---------------- (2) ----------------		
Trésorerie (+ A)	30 000	
Emprunt (+ P)		30 000
---------------- (3) ----------------		
Terrain (+ A)	80 000	
Trésorerie (– A)		80 000
---------------- (4) ----------------		
Trésorerie (+ A)	24 000	
Produit (+ R, + FP)		24 000
---------------- (5) ----------------		
Charge (– R, – FP)	28 000	
Trésorerie (– A)		28 000

---------------- (6) ----------------		
Produits (– R)	24 000	
Résultat – Perte (– R)	4 000	
Charges (+ R)		28 000
---------------- (7) ----------------		
Dividendes (– FP)	2 000	
Trésorerie (– A)		2 000
---------------- (8) ----------------		
Réserves (– FP)	6 000	
Résultat (+ R)		4 000
Dividendes (+ FP)		2 000

Écritures au grand-livre

Trésorerie

60 000	80 000
30 000	28 000
24 000	2 000
	4 000 ***v. Bilan***

Emprunt/Dette bancaire

	30 000
30 000	***v. Bilan***

Capital social

	60 000
v. Bilan ***60 000***	

Terrain

80 000	
	80 000 ***v. Bilan***

Réserves

4 000	
2 000	
v. Bilan	***6 000***

Dividendes

2 000	
v. Réserves	2 000

Charge

28 000	
v. Résultat	**28 000**

Résultat

28 000	24 000
v. Réserves	**4 000**

Produit

	24 000
v. Résultat ***24 000***	

Présentation des comptes

Compte de résultat pour l'exercice clos le 31/12/2017
Société Création

Produits de location	24 000 €
Charges	28 000 €
Résultat net (perte)	– 4 000 €

Bilan de l'exercice clos le 31/12/2017
Société Création

Actif		**Passif**	
Terrain	80 000 €	Capital social	60 000 €
		Réserves	– 6 000 €
Trésorerie	4 000 €	Dettes bancaires	30 000 €
Total actif	84 000 €	Total passif	84 000 €

2. Étude de cas : Global SA

Le 01/01/2017, Mme Mayer a créé son entreprise de négoce international de produits cosmétiques, Global SA. Elle y a personnellement injecté 80 000 € et a mis à disposition un studio, situé en centre-ville, d'une valeur de 120 000 € (afin de servir de bureau) qu'elle a acheté 80 000 € trois ans auparavant. Pour démarrer son activité, elle a obtenu une marge de crédit de 50 000 € de sa banque. Au cours de la première année, les opérations suivantes ont été réalisées :

15/03/2017 Achat au comptant de marchandises auprès d'Extra SA pour 10 000 €

18/03/2017 Achat à crédit de marchandises auprès d'Extra SA pour 30 000 €

01/04/2017 Achat au comptant d'un camion de livraison pour 30 000 €

18/04/2017 Paiement de la facture d'Extra SA (du 18/03)

20/05/2017 Achat à crédit de marchandises auprès d'Extra SA pour 20 000 €

25/05/2017 Vente à crédit de marchandises pour 60 000 € (d'un coût de 30 000 €)

29/05/2017 Règlement de la facture d'Extra SA (du 20/05)

25/06/2017 Règlement des clients du 25/05

30/06/2017 Achat comptant auprès d'Extra SA pour 25 000 €

12/07/2017 Retour de marchandises détériorées à Extra SA d'un coût de 7 000 €

15/08/2017 Acompte de 5 000 € reçu d'un client pour une commande de l'entreprise ABC

31/08/2017 Vente au comptant à ABC pour 30 000 € de marchandises (commande du 15/08) (d'un coût de 15 000 €)

01/10/2017 Embauche d'un assistant

20/10/2017 Vente à crédit à ABC pour 20 000 € de marchandises (d'un coût de 10 000 €)

31/10/2017 Paiement par ABC de sa facture du 20/10

23/11/2017 Achat à crédit de marchandises pour 50 000 €

20/12/2017 Vente à crédit pour 100 000 € (d'un coût de 50 000 €)

Au 31/12/2017, les salaires et charges sociales de Mme Mayer et de son assistant s'élèvent à 50 000 € pour l'exercice 2017. L'amortissement du matériel de transport est de 4 500 € par année, alors qu'il est de 5 000 € annuels pour le bureau. L'impôt sur les bénéfices est de 20 %.

Procédez à tous les traitements comptables nécessaires à la préparation et à la présentation des états financiers de Global SA. L'ensemble des opérations sera d'abord présenté dans le journal, puis dans le grand-livre.

Journal général

À la création de la société, les apports de l'actionnaire sont enregistrés.

---------------- 01/01/2017 ----------------		
Trésorerie (ou banque, ou caisse) (+ A)	80 000	
Capital (+ FP)		80 000
Immobilisation (bureau) (+ A)	120 000	
Capital (+ FP)		120 000

Les opérations courantes de l'activité de l'entreprise sont ensuite enregistrées chronologiquement dans le journal.

---------------- 15/03/2017 ----------------		
Stocks (+ A)	10 000	
Trésorerie (– A)		10 000
---------------- 18/03/2017 ----------------		
Stocks (+ A)	30 000	
Fournisseur (Extra) (+ P)		30 000

---------------- 01/04/2017 ----------------		
Matériel transport (camion) (+ A)	30 000	
Trésorerie (– A)		30 000
--------------- 18/04/2017 ---------------		
Fournisseur (Extra) (– P)	30 000	
Trésorerie (– A)		30 000
--------------- 20/05/2017 ---------------		
Stocks (+ A)	20 000	
Fournisseur (Extra) (+ P)		20 000
---------------- 25/05/2017 ----------------		
Clients (+ A)	60 000	
Ventes (+ R)		60 000
Coût des marchandises vendues ou CMV (– R)	30 000	
Stocks (– A)		30 000
---------------- 29/05/2017 ---------------		
Fournisseur (Extra) (– P)	20 000	
Trésorerie (– A)		20 000
---------------- 25/06/2017 ----------------		
Trésorerie (+ A)	60 000	
Clients (– A)		60 000
--------------- 30/06/2017 ---------------		
Stocks (+ A)	25 000	
Trésorerie (– A)		25 000
---------------- 12/07/2017 ---------------		
Fournisseurs (ou Trésorerie) (– P)	7 000	
Stocks (– A)		7 000
---------------- 15/08/2017 ----------------		
Trésorerie (+ A)	5 000	
Acompte reçu (+ P)		5 000
---------------- 31/08/2017 ----------------		
Trésorerie (+ A)	25 000	
Acompte reçu (– P)	5 000	
Ventes (+ R)		30 000
CMV (– R)	15 000	
Stocks (– A)		15 000
----------------- 01/10/2017 ----------------		
Aucune écriture à effectuer		
----------------- 20/10/2017 ----------------		
Client (ABC) (+ A)	20 000	
Ventes (+ R)		20 000
CMV (– R)	10 000	
Stocks (– A)		10 000

--------------- 31/10/2017 ---------------		
Trésorerie (+ A)	20 000	
Clients (ABC) (– A)		20 000
--------------- 23/11/2017 ---------------		
Stocks (+ A)	50 000	
Fournisseurs (+ P)		50 000
--------------- 20/12/2017 ---------------		
Clients (+ A)	100 000	
Ventes (+ R)		100 000
CMV (– R)	50 000	
Stocks (– A)		50 000

À la clôture des comptes, le 31/12/2017 dans cet exemple, il convient de passer les écritures de régularisation, c'est-à-dire les écritures qui permettent de déterminer le résultat net en tenant compte de tous les produits et de toutes les charges de l'exercice (et uniquement de cet exercice). Les amortissements correspondent à une consommation de ressources économiques qui doivent être enregistrées en charges de l'exercice. Les salaires, quant à eux, n'ont pas encore été enregistrés.

--------------- 31/12/2017 ---------------		
Amortissement (matériel transport) (– R)	4 500	
Amortissement (bureau) (– R)	5 000	
Amortissement cumulé (matériel transport) (– A)		4 500
Amortissement cumulé (bureau) (– A)		5 000
Salaires et charges sociales (– R)	50 000	
Trésorerie (– A)		50 000

Afin de déterminer le résultat net, il convient d'abord de déterminer le résultat avant impôts. Pour ce faire, les soldes des comptes de produits et de charges sont enregistrés dans un compte (Résultat avant impôts ou Résultat d'exploitation, selon les systèmes comptables).

Ventes	210 000	
Résultat d'exploitation (ou résultat avant impôts)		45 500
CMV		105 000
Amortissements		9 500
Salaires		50 000

L'impôt sur les bénéfices est alors enregistré et déterminé de la façon suivante :

Impôts (– R)	9 100	
Impôts à payer (+ P)		9 100

Le solde du compte Impôts et celui du compte Résultat d'exploitation (ou Résultat avant impôts) sont alors virés dans un compte Résultat net :

Résultat d'exploitation (ou résultat avant impôts)	45 500	
Impôts		9 100
Résultat net		36 400

Le grand-livre ci-après reprend l'ensemble des écritures du journal.

Grand-livre

Comptes relatifs au bilan

Camion

	30 000		
		30 000	***v. Bilan***

Amortissements cumulés/Camion

		4 500	
v. Bilan	***4 500***		

Capital souscrit

		80 000	
v. Bilan	***200 000***	120 000	

Bureau

	120 000		
		120 000	***v. Bilan***

Amortissements cumulés/Bureau

		5 000	
v. Bilan	***5 000***		

Impôts à payer

		9 100	
v. Bilan	***9 100***		

Stocks

	10 000	30 000	
	30 000	7 000	
	20 000	15 000	
	25 000	10 000	
	50 000	50 000	
		23 000	***v. Bilan***

Fournisseurs

	30 000	30 000	
	20 000	20 000	
	7 000	50 000	
v. Bilan	***43 000***		

Clients

	60 000	60 000	
	20 000	20 000	
	100 000		
		100 000	***v. Bilan***

Acompte reçu

	5 000	5 000	

Trésorerie

	80 000	10 000	
	60 000	30 000	
	5 000	30 000	
	25 000	20 000	
	20 000	25 000	
		50 000	
		25 000	***v. Bilan***

Comptes relatifs au compte de résultat

CMV	
30 000	
15 000	
10 000	
50 000	
	105 000 v. Exploitation

Amortissements	
4 500	
5 000	
	9 500 v. Exploitation

Ventes	
	60 000
	30 000
	20 000
	100 000
_210 000_	**_v. Exploitation_**

Salaires	
50 000	
	50 000 v. Exploitation

Impôts	
9 100	
	9 100 v. Résultat

Détermination du résultat net

1. Par virement des produits et charges dans un compte temporaire, par exemple ici : « Exploitation » (v. Exploitation) : 45 000 €.
2. Détermination de l'impôt sur le résultat et virement de cet impôt au compte Résultat net (v. Résultat) : 20 % de 45 000 € = 9 100 €.

Résultat d'exploitation	
105 000	210 000
50 000	
9 500	
_45 500_	**_v. Résultat_**

Résultat net	
9 100	45 500
_36 400_	**_v. Bilan_**

Les soldes des comptes de bilan et du résultat net sont ensuite virés au bilan.

Le bilan et le compte de résultat sont alors présentés avec les montants suivants :

Compte de résultat	
Ventes	210 000
– CMV	(105 000)
Marge brut	105 000
Salaires	(50 000)
Amortissement	(9 500)
Résultat d'exploitation	*45 500*
Résultat ordinaire avant impôts	*45 500*
Impôts	(9 100)
Résultat net	**_36 400_**

Bilan

Actif		**Passif et Fonds propres**	
Trésorerie	25 000	Fournisseurs	43 000
Clients	100 000	Impôts à payer	9 100
Stocks	23 000		
Total actif courant	148 000	Total dettes	*52 100*
Camion		Capital souscrit	200 000
30 000	25 500	Résultat	36 400
(amortissements)			
(4 500)	115 000	Total fonds propres	236 400
Bureau 120 000			
(amortissements)			
(5 000)			
Total actif non courant	140 500		
Total Actif	**288 500**	Total Passif + Fonds propres	**288 500**

Chapitre 2

Résultat des activités ordinaires

L'un des objectifs des états financiers est de mesurer la performance économique de l'entreprise, principalement grâce au résultat de l'exercice. Celui-ci indique dans quelle mesure l'activité de l'entreprise a permis d'augmenter la richesse des apporteurs de capitaux en comparant les produits et les charges pour une période. Le compte de résultat permet de présenter un certain nombre de mesures de performance, telles que le résultat net et le résultat des activités ordinaires. Ce dernier est déterminé par différence entre les produits et les charges des activités ordinaires. Ce chapitre traite de l'enregistrement comptable de ces deux composants. En vertu du principe du rattachement des charges aux produits, l'enregistrement des premières est conditionné par l'enregistrement des seconds. L'examen des conditions d'enregistrement des produits est donc une première étape essentielle. Puis vient l'enregistrement des charges ordinaires, c'est-à-dire des charges nécessaires à la réalisation des produits de l'exercice. En effet, la norme IAS 18 requiert, comme autre condition pour l'enregistrement d'un revenu (vente, honoraire, etc.), la capacité à mesurer de façon fiable le coût nécessaire à sa réalisation.

1. Produits des activités ordinaires

Dans un premier temps, il faut déterminer la date à laquelle les diverses opérations de l'entreprise sont enregistrées, à commencer par les ventes, pour obtenir avec fiabilité le résultat d'une période comptable. Cela évite, par exemple, l'enregistrement de produits non encore réalisés et donc non acquis par l'entreprise. Dans un second temps, il convient de déterminer le montant correct du chiffre d'affaires à enregistrer. Généralement, cela est assez simple lorsqu'on peut se baser sur le montant net d'une facture. Les exemples de ce chapitre montrent que plusieurs éléments peuvent affecter ce montant et que des opérations de vente s'enregistrent occasionnellement, même en l'absence de factures. La figure 2.1 présente la structure de cette section.

Les **activités ordinaires** recouvrent toutes activités engagées par une entreprise dans le cadre de ses affaires ainsi que les activités liées qui en résultent, ou en sont le prolongement ou l'accessoire.

1.1. Date de reconnaissance des ventes

La notion de ventes ou de chiffre d'affaires est vaste. La norme IAS 18 utilise le terme générique de **produits ordinaires** pour désigner les produits réalisés par l'entité dans le cadre de son activité ordinaire (ventes de biens, prestations de services, prêt à des tiers de biens ou d'autres actifs qui génèrent des intérêts, redevances ou dividendes).

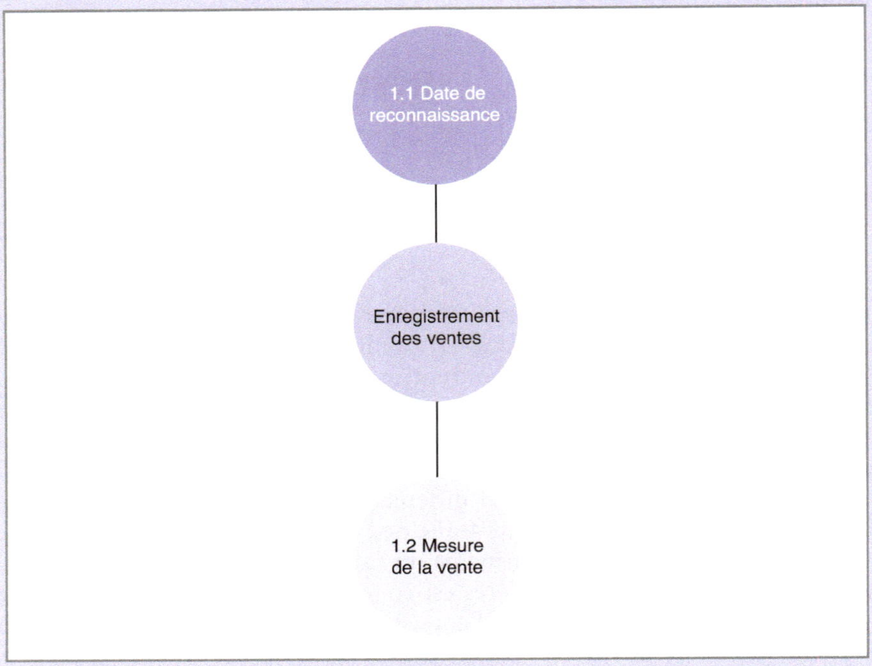

Figure 2.1 • Ventes et déterminants de leur enregistrement comptable.

La première question qui se pose à une entreprise est la suivante : quand faut-il enregistrer le chiffre d'affaires, ou plutôt quand ne faut-il pas l'enregistrer ? La presse, les médias et surtout les analystes financiers observent attentivement l'évolution du chiffre d'affaires des entreprises, car cet indicateur permet de mesurer leurs activités réalisées avec des tiers. En outre, beaucoup de salariés perçoivent dans leur salaire un élément variable basé sur l'évolution du chiffre d'affaires ou du résultat. Des règles claires pour déterminer la date exacte de la réalisation sont donc indispensables pour éviter tout enregistrement d'opération anticipé ou retardé.

Pour répondre à la question précédente, il convient d'énoncer d'abord le principe général relatif aux ventes de biens, qui sera illustré par des applications concrètes portant également sur d'autres types de ventes.

1.1.1. Vente de biens : principe général

La vente d'un bien est réalisée – et doit donc être enregistrée dans les états financiers – lorsque l'entreprise a transféré à l'acheteur les risques et avantages importants inhérents à la propriété du bien et que le règlement ira probablement à l'entreprise (voir figure 2.2).

L'enregistrement de la vente n'attend pas le règlement partiel ou complet par le client, car celui-ci bénéficie couramment de délais de règlement variables. Cela a bien évidemment un effet sur la gestion de la trésorerie de l'entreprise vendeuse, mais il n'y a aucun lien entre ces modalités de paiement et la constatation de la vente dans les états financiers. Dans la plupart des pays, le vendeur d'un bien reste son propriétaire juridique jusqu'au règlement complet par le client. En faisant abstraction du règlement dans la détermination de la date de la vente, les IFRS ne tiennent également pas compte du transfert de la propriété juridique du bien. Des biens sont donc comptabilisés vendus et sortis des stocks comptables du vendeur, alors que ce dernier en est toujours le propriétaire juridique.

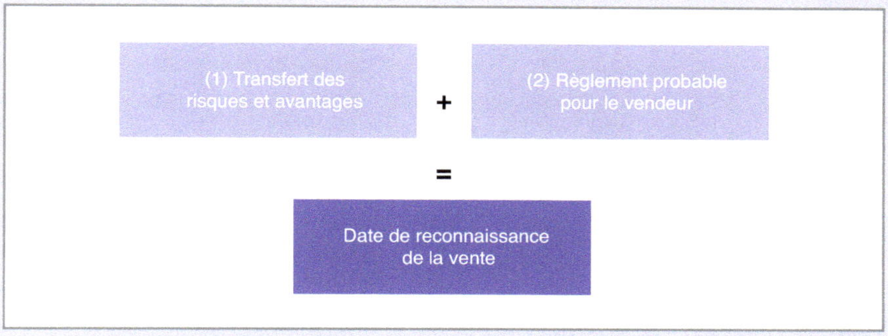

Figure 2.2 • Déterminants de la date de reconnaissance d'une vente.

Le transfert des risques et avantages d'un bien correspond, en règle générale, à sa livraison. La signature du bon de livraison par le client atteste qu'il a reçu le bien. Dès lors :

- Le vendeur a rempli ses obligations liées à la vente.
- L'acheteur doit remplir ses propres obligations et verser le règlement convenu.

Le principe du transfert des risques et avantages liés à une vente s'applique à diverses situations de la vie d'une entreprise (voir figure 2.3).

1.1.2. Produits et transfert de propriété

La livraison du bien ne constitue pas systématiquement le transfert des risques et avantages, ni ne génère l'enregistrement d'une vente (voir application 2.1).

Un décalage temporaire entre le transfert de la propriété et celui des risques et avantages n'a donc pas d'impact sur la constatation de la vente dans les états financiers du vendeur. L'application 2.2 montre que, même lorsqu'il y a un transfert de la propriété, une vente n'est pas toujours réalisée et aucun chiffre d'affaires ne doit alors être constaté.

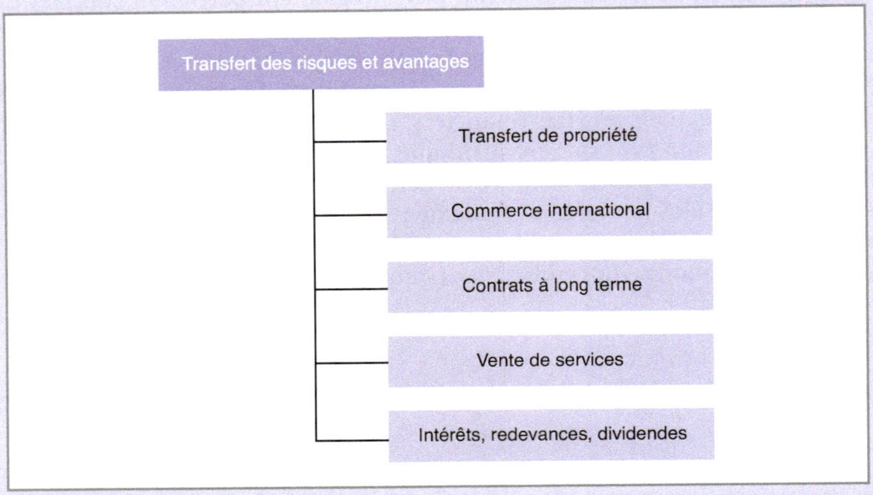

Figure 2.3 • Exemples d'application du principe du transfert des risques et avantages.

Application 2.1

Constatation de la vente lors d'une location avec option d'achat

Désireux de s'acheter une voiture neuve équipée selon ses goûts, M. Giard signe le 22/03/2018 un bon de commande pour l'acquisition d'une voiture dans la concession automobile de M. Lapierre. Il est convenu entre les deux parties que M. Giard financera le coût de cet achat (21 000 €) par un crédit sur trois ans accordé par la filiale financière du constructeur automobile. Le bon de commande indique une date prévisionnelle de livraison le 15/06/2018. La voiture arrive dans les locaux de la concession avec un retard d'une semaine, soit le 22/06/2018. En déplacement professionnel, M. Giard ne peut se rendre à la concession que le 28/06/2018. Il signe le bon de livraison et rentre avec sa nouvelle voiture. Le premier prélèvement au titre du prêt est prévu le 15/07/2018. M. Giard sera propriétaire juridique de sa voiture le 15/06/2021 après le règlement de la dernière mensualité du prêt.

À quelle date la vente est-elle réalisée comptablement ?

Réponse

Le transfert des avantages et des risques a lieu à la date de livraison effective, le 28/06/2018. Le bon de commande constitue un engagement des deux parties à réaliser des prestations. Les dates prévisionnelles sont de simples estimations sans conséquences comptables. De même, l'arrivée de la voiture dans la concession ne signifie pas que les risques et les avantages liés à la voiture sont automatiquement transférés au client. Les modalités de paiement n'interviennent pas dans la détermination du résultat de la concession, mais renseignent plutôt sur sa situation financière, notamment celle de sa trésorerie. Enfin, l'analyse économique des opérations conduit à ne pas tenir compte des aspects juridiques. Le fait que M. Giard ne devienne propriétaire juridique de la voiture que trois ans plus tard n'empêche pas la constatation de la vente au moment de la livraison. C'est donc le 28/06/2018 que l'écriture suivante est enregistrée dans les livres comptables du concessionnaire Lapierre :

Créances – Clients (+ A)	21 000	
Vente (+ R, + FP)		21 000

Constatation des ventes avec clause de rachat

La plupart des constructeurs automobiles ont pour clients des sociétés de location de véhicules, qui ne gardent leurs véhicules que quelques mois. Afin d'éviter un stock important de véhicules d'occasion, les loueurs signent avec les constructeurs automobiles des contrats de vente avec engagement de rachat. Le constructeur vend le véhicule neuf au loueur et s'engage, au moment de la vente, à le racheter à un prix convenu, par exemple six mois plus tard. Lors de son rachat, le véhicule possède encore une partie significative de sa valeur initiale et le constructeur doit alors trouver un repreneur pour ce véhicule devenu d'occasion.

Ainsi, lors de la vente initiale, d'importants risques et avantages liés au véhicule n'ont pas été définitivement transférés. Il n'y avait donc pas lieu d'enregistrer une vente. La voiture doit rester comptablement dans les stocks du constructeur, même si elle se trouve chez le loueur ou chez les clients de celui-ci. La mise à disposition de la voiture par le constructeur au loueur est économiquement une location dont le loyer total se calcule comme la différence entre le prix de vente du véhicule neuf et le prix de rachat convenu avec le loueur.

L'extrait du document de référence 2017 du Groupe PSA (voir figure 2.4) illustre la façon dont les groupes renseignent ce phénomène dans leur communication financière. En 2004, lors du passage du référentiel comptable français aux normes IFRS, le retraitement des ventes avec clause de rachat avait diminué le chiffre d'affaires de ce groupe de 551 M€.

Résultat opérationnel du Groupe PSA

Lorsque les ventes de véhicules neufs sont assorties d'une option de reprise à un prix convenu (contrats de ventes avec clause de rachat), elles ne sont pas enregistrées en chiffre d'affaires lors de la livraison des véhicules, mais comptabilisées comme des locations, dès lors qu'il est probable que cette option sera exercée. Ce principe s'applique :

- quelle que soit la durée de la garantie de rachat accordée ;
- que ces ventes soient réalisées directement avec la clientèle finale ou financées par Banque PSA Finance et ses filiales.

La différence entre le prix de vente du véhicule neuf et le prix de rachat convenu est reconnue linéairement comme un loyer sur la durée du contrat. Le véhicule objet du contrat est immobilisé pour son coût de revient, et amorti linéairement sur la durée du contrat, sous déduction de sa valeur résiduelle, correspondant à sa valeur de revente estimée comme véhicule d'occasion. L'éventuel bénéfice complémentaire de cession finale est constaté sur la période sur laquelle intervient la vente du véhicule d'occasion. Si la marge nette globale est une perte, elle est provisionnée dès la conclusion du contrat avec clause de rachat.

Figure 2.4 • Extrait du document de référence 2017, Groupe PSA (note 5, « Résultat opérationnel », p. 175).

Une vente peut aussi être comptabilisée même sans transfert de propriété. Par exemple, de nombreuses compagnies aériennes ne sont pas propriétaires de la totalité de leur flotte d'avions. Une partie des avions est louée auprès d'entreprises spécialisées pour des durées très longues, voire tellement longues qu'au terme d'un contrat, l'avion aura atteint sa limite d'âge d'utilisation et ne pourra plus être reloué. Le loueur intègre alors la quasi-totalité du coût de l'avion dans les loyers qu'il percevra de la compagnie aérienne durant la location.

Juridiquement, le loueur reste propriétaire de l'avion pendant la durée du contrat. D'un point de vue économique, le risque financier lié à la valeur de l'avion ainsi que presque tous les avantages liés à son exploitation sont transférés à la compagnie aérienne. À la fin du contrat, l'avion ne sera pas reloué et la compagnie aura financé son coût par les loyers. D'un point de vue comptable, il s'agit donc bien d'une vente de l'avion du loueur à la compagnie aérienne à enregistrer dans les comptes du loueur.

Application 2.3

Requalification d'un contrat de location en un contrat de vente

La société Rentair loue de nombreux avions à des compagnies aériennes sur des durées de 10 à 25 ans. L'un de ses clients, la société Pogson-Airlines, est locataire, depuis le 01/01/2018, d'un avion de 180 places pour une durée de 20 ans. Compte tenu de cette durée longue et du risque de ne pas trouver un autre locataire de l'avion au terme de ce contrat, cette opération s'apparente plus à un achat à crédit qu'à une location. Lors du transfert des risques et avantages liés à l'avion (livraison au client Pogson-Airlines), Rentair va donc enregistrer une vente dans le compte de résultat avec en contrepartie une créance envers son client. Le montant est la valeur actualisée, au taux annuel de 5 %, des loyers annuels de 4 M€. Il est calculé de manière à correspondre à 100 % du prix que Pogson-Airlines aurait eu à payer à Rentair dans le cas d'une acquisition, soit 49,8 M€.

Créances – Clients* (+ A)	49 800 000	
Vente (+ R, + FP)		49 800 000
Écriture chez Rentair le 01/01/2018		

* Le chapitre 3 détaille les créances clients. Le chapitre 6 analyse les mouvements dans les états financiers du loueur et du locataire liés à ce type de contrat de location.

1.1.3. Réalisation de la vente dans le commerce international

Les **incoterms** sont des règles internationales régissant la vente de biens à l'international. Ces normes définissent notamment le moment du transfert du risque pour le bien du vendeur à l'acheteur.

La vente de biens à l'international est soumise à des réglementations parfois très différentes des opérations commerciales dans les pays du vendeur et de l'acheteur. Les coûts et risques du transport et les responsabilités administratives à partager entre les intervenants dans l'opération (vendeur, acheteur, transporteurs, etc.) entrent également en compte. Des règles internationales, les International Commercial Terms, souvent appelées **incoterms**, définissent cette répartition, notamment le moment du transfert du risque pour le bien du vendeur à l'acheteur. À ce moment précis, l'opération devient une vente au sens comptable du terme et elle est enregistrée dans les états financiers du vendeur.

Application 2.4

Vente dans le commerce international selon les clauses incoterms

La société Berkane, installée dans l'ouest de la France, vend des composants électroniques à son client argentin Fuentes aux conditions incoterms FOB (*Free On Board*) pour un montant de 240 000 €. Le vendeur supporte tous les risques liés aux marchandises jusqu'au passage physique de celles-ci à bord du navire.

☞

Application 2 *(Suite)*

Les marchandises sont expédiées de l'usine de Berkane le 03/06/2018. Elles arrivent au port du Havre le 05/06/2018 et sont stockées sur le quai en attendant l'arrivée du navire *Seastar* en provenance de Rotterdam, qui les transportera en Argentine. Suite à des problèmes techniques liés au navire et au retard au Havre, les containers sont placés à bord du *Seastar* le 04/07/2018. C'est à cette date que l'écriture suivante est à enregistrer dans les comptes de Berkane :

04/07/2018		
Créances – Clients (+ A)	240 000	
Vente (+ R, + FP)		240 000
Écriture le 04/07/2018		

C'est seulement à cette date que l'opération peut générer une vente dans les livres comptables de la société Berkane, car celle-ci vient alors juste de transférer les risques liés aux marchandises à son client, remplissant ainsi sa partie du contrat. Si Berkane publie des comptes semestriels à la fin juin, l'opération et la marge correspondante entreront dans la détermination du résultat du second semestre de l'année 2018.

1.1.4. Contrats à long terme

La réalisation de certains projets importants qui s'étale sur plusieurs années nécessite plusieurs périodes comptables (par exemple, la construction d'un pont autoroutier comme le viaduc de Millau). L'application stricte des principes énoncés ci-dessus aboutirait à enregistrer le chiffre d'affaires seulement au moment de la livraison, c'est-à-dire à l'achèvement des travaux. Le constructeur du pont n'enregistrerait aucun chiffre d'affaires pendant plusieurs années, avant d'enregistrer un montant significatif dans la seule période de livraison incluant l'intégralité de la marge réalisée sur le projet. Un tel traitement ne refléterait correctement la performance économique de la société de construction ni pendant les années de la construction, ni pour la période de l'achèvement.

Les normes IFRS (IAS 11) imposent donc l'enregistrement des ventes au prorata de l'avancement du projet. Chaque période comptable se voit ainsi dotée d'un chiffre d'affaires et d'une marge correspondant au pourcentage d'avancement du projet, qui s'étale donc sur toute la période de réalisation. Cette méthode d'enregistrement du chiffre d'affaires reflète mieux la performance économique de la société de construction et s'appelle la **méthode d'avancement**, par opposition à la **méthode d'achèvement** utilisée dans certains référentiels comptables et qui consiste à enregistrer la marge (dans sa totalité) seulement à l'achèvement du projet.

La **méthode d'avancement** conduit à étaler le chiffre d'affaires et la marge sur toute la période de réalisation.

La **méthode d'achèvement** consiste à enregistrer la marge dans sa totalité seulement à l'achèvement du projet.

L'avancement peut se mesurer selon diverses méthodes, par exemple en fonction des coûts engagés par rapport au coût total du projet, ou en fonction de l'avancement physique du chantier. En revanche, la réalisation d'éventuels paiements par le client au cours de la période de réalisation ne reflète généralement pas l'avancement réel du chantier.

1.1.5. Vente de services

Les services sont souvent des prestations dont la réalisation s'étale sur une période plus ou moins longue. Conformément aux principes énoncés ci-dessus, le chiffre d'affaires est enregistré au fur et à mesure que le service est rendu. En ce qui concerne le décalage entre le mouvement de trésorerie généré par le paiement et la réalisation du produit lié à la prestation du service, on applique les principes qui régissent la vente de biens.

Application 2.5

Constatation de la vente dans le cas de prestations de services : locations

La société Morice-Bail perçoit de son locataire Trellu un loyer pour une période de trois mois pour la location d'un appartement à Paris. Le loyer mensuel est de 1 000 € et le premier versement a lieu le 31/12/2017 pour la période du 01/12/2017 au 28/02/2018.

Bien qu'enregistré pour sa totalité comme mouvement de trésorerie dans le compte bancaire, le produit au titre de cette location est étalé sur la période de trois mois au prorata d'un tiers par mois. L'enregistrement de la totalité du produit de location dans le résultat de la période 2017 consiste à constater une vente de services, alors que le service lui-même (le droit accordé au client d'utiliser l'appartement) ne sera pas encore rendu. Ainsi, seul le loyer relatif au mois de décembre entre en compte pour la détermination du résultat de l'année 2017 de Morice-Bail, les deux loyers de janvier et de février comptant pour le résultat de la période 2018. Le loyer encaissé à leur titre représente, à la date du 31/12/2017, une « dette en nature » de Morice-Bail envers Trellu et figure au passif du bilan sous l'appellation « Produits constatés d'avance » ou « Régularisations – Passif ».

Disponibilités (+ A)	3 000	
Vente (R, + FP)		1 000
Produits constatés d'avance (+ P)		2 000
Écriture le 31/12/2017		

Fin janvier 2018, la moitié du produit constaté d'avance aura été réalisée ; il est donc reclassé en vente.

Produits constatés d'avance (– P)	1 000	
Vente (R, + FP)		1 000
Écriture le 31/01/2018		

Cette dernière écriture est de nouveau enregistrée le 28/02/2018 pour la vente de services au cours du mois de février 2018.

Application 2.6

Constatation de la vente dans le cas de prestations de services : billets de voyages

Le 05/12/2018, M. Dupont achète des billets d'avion pour un voyage avec toute sa famille prévu le 18/02/2019, pour 4 500 €. La compagnie aérienne ne pourra pas enregistrer cette vente de billets dans le chiffre d'affaires de l'année 2018, le service (transport aérien de la famille Dupont) n'étant pas encore rendu. Elle enregistrera le mouvement de trésorerie lié au paiement des billets par M. Dupont,

☞

Application 2.6 *(Suite)*

mais la contrepartie sera enregistrée au passif du bilan, car la compagnie aura encaissé le prix du billet sans avoir fourni le service correspondant. En 2019, les comptables de la compagnie aérienne devront s'assurer de bien retraiter ce passif et de le transférer dans les produits du compte de résultat lorsque le produit sera définitivement acquis et le service rendu, le plus souvent au début du voyage.

Disponibilités (+ A)	4 500	
Produits constatés d'avance (+ P)		4 500
Écriture le 05/12/2018 – Vente des billets – Encaissement		
Produits constatés d'avance (– P)	4 500	
Ventes (+ R, + FP)		4 500
Écriture le 18/02/2019 – Début du voyage – Réalisation		

L'exemple du groupe Pierre & Vacances-Center Parcs (voir figure 2.5) donne une idée des difficultés liées à la constatation du chiffre d'affaires dans le domaine des services. Ce groupe cite notamment les principes relatifs à la constatation en ventes des séjours, et des autres prestations. Il rappelle, par ailleurs, le principe de reconnaissance du chiffre d'affaires lié à la vente de ses produits.

Chiffre d'affaires du groupe Pierre & Vacances-Center Parcs

Le chiffre d'affaires consolidé comprend :

- pour le secteur du tourisme : la valeur hors taxes des séjours et produits connexes consommés au cours l'exercice, ainsi que les honoraires acquis dans le cadre de son activité de commercialisation. Concernant les résidences gérées en mandat de gestion, seuls les honoraires de gestion facturés au mandant sont intégrés en chiffre d'affaires. Concernant la partie de l'activité de restauration et de commerce alimentaire de Center Parcs, ayant fait l'objet d'une externalisation, les redevances facturées aux prestataires sont intégrées en chiffre d'affaires ;
- pour le secteur de l'immobilier :
  - les ventes réalisées par l'activité de promotion immobilière comptabilisées selon la méthode de l'avancement (cf. note 1.26 « Méthode de dégagement des résultats de l'activité de promotion immobilière ») minorées, à la date de livraison des appartements, du « fonds de concours » (cf. note 1.24 « Produits constatés d'avance ») qui est comptabilisé en produits constatés d'avance pour être repris en chiffre d'affaires sur la durée du bail selon un rythme linéaire,
  - les honoraires de maîtrise d'ouvrage facturés au fur et à mesure de l'avancement des travaux à des opérations de promotion immobilière,
  - les honoraires de commercialisation.

L'ensemble du chiffre d'affaires est évalué à la juste valeur de la contrepartie reçue ou à recevoir, net des rabais, remises et ristournes, de la TVA et des autres taxes. Les prestations de service sont comptabilisées au moment où le service est rendu.

Figure 2.5 • Extrait du document de référence 2016/2017, Groupe Pierre & Vacances-Center Parcs (note 1, p. 117).

1.1.6. *Intérêts, redevances et dividendes*

Les principes sont identiques à ceux énoncés pour les autres ventes. Le chiffre d'affaires est enregistré au fur et à mesure que le temps est écoulé en ce qui concerne les intérêts et les redevances. Les dividendes sont enregistrés lorsque les actionnaires obtiennent le droit de les percevoir. Il en résulte un décalage entre la période comptable dégageant le résultat de l'exercice d'une société (enregistrement du produit) et la période comptable pendant laquelle les actionnaires de cette société vont devoir enregistrer les dividendes reçus (encaissement).

1.2. Mesure des ventes

La section précédente a permis d'identifier la date à laquelle une vente est enregistrée. Il faut ensuite déterminer le montant à enregistrer. Une vente au comptant est enregistrée en produit comme *Chiffre d'affaires* au compte de résultat. La contrepartie est un compte *Disponibilités* au bilan. Une vente à terme est enregistrée comme *Chiffre d'affaires* au compte de résultat. Le poste à l'actif du bilan est une *Créance clients* au lieu des Disponibilités. Dans les deux cas, le montant s'apprécie en fonction de la juste valeur de la contrepartie reçue ou à recevoir (valeur en trésorerie de ce que paie ou va payer le client).

Pour une vente de produits s'élevant à 1 000 €, le schéma comptable est l'un des deux suivants, selon que la vente est au comptant ou à terme :

Disponibilités (+ A)	1 000	
Vente (+ R, + FP)		1 000

ou

Créances – Clients (+ A)	1 000	
Vente (+ R, + FP)		1 000

Dans une vente au comptant, ce montant est généralement le montant effectivement perçu. Dans une vente à terme, il faut prendre en compte l'effet temps du règlement, s'il s'avère significatif. Si une entreprise accorde un délai de neuf mois pour régler une facture de vente sans intérêts, le montant à enregistrer est inférieur à la valeur nominale.

Application 2.7

Mesure de la vente dans le cas d'un délai de règlement sans intérêts

L'entreprise Alpha vend le 20/06/2018 une machine-outil à son client Mécano et lui accorde un délai d'un an pour régler le montant de 105 k€. Le taux d'intérêt d'Alpha est de 5 %. Pendant le délai d'un an, l'entreprise n'encaisse pas la vente. C'est pourquoi, en cas de besoin de trésorerie, elle ne pourra faire face et devra par exemple recourir à un emprunt, sur lequel elle paiera des intérêts (charges).

À l'opposé, si la vente avait été encaissée immédiatement, l'entreprise aurait pu placer cet argent et obtenir une rémunération sous forme d'intérêts (rémunération). Le report de l'encaissement conduit donc à perdre le bénéfice de ces intérêts (perte de la rémunération).

☞

Application 2.7 *(Suite)*

Dans les deux cas, il s'agit d'un coût pour l'entreprise. Le « vrai » chiffre d'affaires de cette opération est la valeur actualisée des 105 k€ au taux de 5 %, soit 100 k€. Cette valeur sera enregistrée dans le compte *Chiffre d'affaires* de la société Alpha.

Créances – Clients (+ A)	100 000	
Vente (+ R, + FP)		100 000
Écriture le 21/06/2018 – Vente de la machine		

Lié à l'effet du temps, l'écart entre 105 k€ et 100 k€, soit 5 k€, sera enregistré ultérieurement dans les produits financiers.

Le montant inscrit en produit (vente) peut différer du prix de vente. En effet, plusieurs éléments peuvent s'ajouter au prix sans nécessairement être comptabilisés en produit (voir figure 2.6).

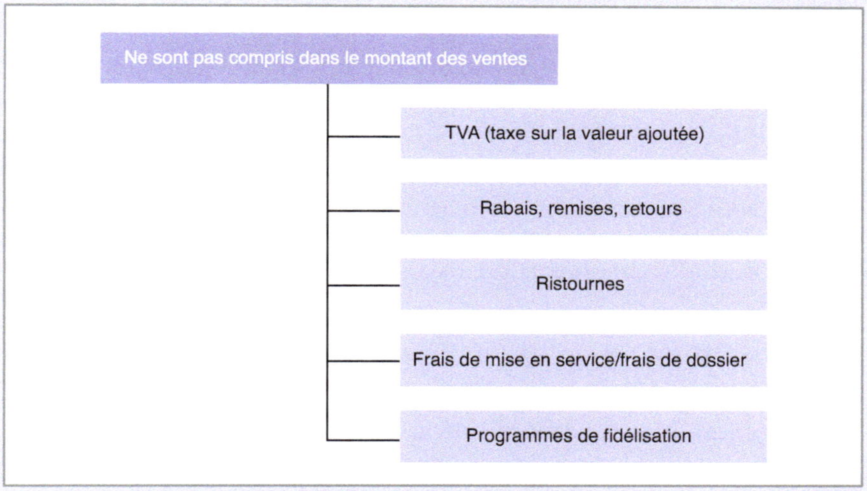

Figure 2.6 • Éléments non compris dans le montant des ventes.

1.2.1. TVA

Les produits s'entendent toujours hors TVA (Taxe sur la valeur ajoutée). Cette TVA est en effet payée par l'acheteur et collectée par l'entreprise vendeuse pour le compte de l'État. Elle est neutre pour l'entreprise vendeuse, qui ne fait que percevoir et s'acquitter de l'impôt supporté par le consommateur final.

La TVA n'est donc pas un produit de l'entreprise et ne doit pas figurer dans le compte de résultat. La TVA collectée lors des ventes réalisées par l'entreprise est directement enregistrée comme une dette envers l'État. Le montant total encaissé et enregistré au Débit d'un compte Disponibilités ou Créances est donc à répartir au Crédit entre :

- le Chiffre d'affaires, comme produit dans le compte de résultat ;
- et une Dette envers l'État, comme dette au passif du bilan (correspondant au montant de la taxe).

Le chapitre 7 détaille les mécanismes liés à l'enregistrement de la TVA et d'autres impôts.

1.2.2. Rabais, remises et retours

De nombreux commerçants acceptent le retour de produits de la part des clients, le plus souvent dans un certain délai. Un tel retour contre remboursement n'est pas considéré comme une charge autonome qui serait à enregistrer dans un compte particulier du compte de résultat, mais plutôt comme l'annulation d'un chiffre d'affaires préalablement enregistré. Bien que le résultat net soit identique avec les deux types d'enregistrement, il y a ici un effet sur le chiffre d'affaires et donc sur l'appréciation de l'entreprise par les utilisateurs des états financiers (analystes, marchés financiers, etc.).

Un **rabais** est une réduction de prix accordée notamment pour compenser un défaut mineur sur un produit vendu.

Ce principe s'applique aussi aux **rabais** que les commerçants accordent aux clients, notamment pour compenser un défaut mineur sur un produit vendu. Un tel rabais figure le plus souvent directement sur la facture et le montant à enregistrer sera le prix de vente corrigé du rabais.

Une **remise** est une réduction de prix accordée à certains clients ou dans le cadre d'offres promotionnelles ponctuelles.

Certains commerçants accordent également des **remises** pour des raisons commerciales (réductions accordées à certains clients ou dans le cadre d'offres promotionnelles ponctuelles). Il s'agit de réductions du prix de vente, directement prises en compte lors de l'enregistrement initial de la vente.

1.2.3. Ristournes

Certains commerçants accordent des réductions en fonction du volume de transactions avec les clients pendant une période donnée. Le client ne bénéficie alors pas de la réduction dès le premier achat, mais seulement à la fin de la période sous forme d'un avoir sur ses achats ultérieurs. N'apparaissant pas sur la facture initiale, ces **ristournes** constituent néanmoins des réductions du prix de vente, donc du chiffre d'affaires, et doivent être prises en compte lors de l'enregistrement de la vente initiale.

Les **ristournes** sont des réductions de prix accordées en fonction du volume de transaction avec les clients pendant une période donnée.

1.2.4. Frais de dossier ou de mise en service

Lors de l'ouverture d'abonnements dans le domaine de la télécommunication ou dans les clubs de sports par exemple, certains commerçants exigent du client, en supplément à l'engagement pour une durée ferme de plusieurs mois, le versement d'une contribution unique à la signature au titre de la mise en service de la ligne ou des frais de dossiers.

Ce versement unique pourrait être considéré comme une prestation de services isolée qui génère un produit immédiat ou qui sera constatée, dans le cas des télécommunications, lors de la mise en service réelle de la ligne. Mais cette prestation est en fait liée à la vente de l'abonnement et constitue plutôt une majoration du coût de celui-ci pendant la période initiale qu'une prestation complémentaire. Au lieu de l'enregistrer à la signature du contrat en produit de l'exercice, la norme IAS 18 exige dans ce cas l'étalement de cette prime sur la durée de la période de réalisation (durée initiale ferme).

Application 2.8

Constatation des frais de dossier

Le 03/04/2018, Arnaud signe son contrat d'adhésion au club de sport Fitgym. L'abonnement mensuel coûte 90 € pour une durée initiale de 12 mois. Un versement de 180 € lui est demandé en complément au titre des frais de dossier. Pour Fitgym, le montant de 180 € n'est pas un chiffre d'affaires du mois d'avril 2018 et doit être étalé sur les 12 prochains mois au prorata de 1/12 par mois. Le chiffre d'affaires de Fitgym réalisé avec Arnaud au mois d'avril 2018 est donc de 105 €, soit 90 + (180 / 12), au lieu de 270 € dans le cas de l'enregistrement de la prime dans le chiffre d'affaires du mois d'avril. Le solde de la prime, soit 165 €, est enregistré en Produits constatés d'avance et sera repris dans les ventes dans les mois à venir, à raison de 15 € par mois. Le montant mensuel des ventes sera ainsi stable tout au long de la première année d'abonnement, soit 105 €.

Disponibilités (+ A)	270	
Ventes (+ R, + FP)		105
Produits constatés d'avance (+ P)		165
Écriture d'avril 2018		
Disponibilités (+ A)	90	
Produits constatés d'avance (– P)	15	
Ventes (+ R, + FP)		105
Écriture de mai 2018		

1.2.5. Programmes de fidélisation

Beaucoup d'entreprises lancent des programmes de fidélisation. Par exemple, les compagnies aériennes accordent des points en fonction de la distance parcourue par le client. À partir d'un certain seuil, le client peut choisir d'effectuer un vol gratuit ou de bénéficier d'autres avantages économiques.

Il y a, en principe, deux interprétations possibles menant à deux traitements comptables différents :

- La première consiste à considérer la vente d'un tel billet comme deux opérations distinctes. Une partie du prix payé par le client correspond au prix du vol indiqué sur le billet et une autre partie est considérée comme un produit perçu d'avance au titre d'une fraction d'un vol ultérieur. Il y a alors deux ventes à enregistrer, l'une au moment du premier vol, l'autre plus tard lorsque le capital de points aura permis au client de partir pour le deuxième vol.

- La seconde interprétation considère le coût lié à la quote-part du deuxième vol comme une majoration du coût du premier. Il y a donc, dans le compte de résultat, une seule vente portant sur l'intégralité du prix du billet, mais avec en contrepartie une majoration des charges.

Le résultat de l'exercice est le même selon les deux interprétations, mais des divergences se présentent au niveau des montants du chiffre d'affaires et des charges.

Les deux interprétations sont acceptables selon IAS 18, ce qui a conduit à des divergences importantes entre sociétés du même secteur. Afin d'arriver à une homogénéisation des pratiques et une meilleure comparabilité des comptes publiés, l'interprétation IFRIC 13 de juin 2007 tranche cette question et n'admet plus que la première interprétation.

Il y a donc bien deux ventes à enregistrer, ce qui nécessite de mesurer la valeur de l'une et de l'autre. Dans la pratique, les entreprises calculent la valeur de la fraction de la vente ultérieure et obtiennent ainsi la valeur de la vente immédiate par différence.

Des estimations sont inévitables ici, car si un certain niveau de points de fidélité est nécessaire pour obtenir un vol gratuit, tous les clients de la compagnie aérienne ne franchiront pas ce seuil. Même parmi ceux qui le franchiront, un nombre important ne convertira tout simplement pas ses points en vols ou autres primes.

En principe, la correction du chiffre d'affaires se calcule en fonction du total des points obtenus par les clients. Une compagnie aérienne pourra s'appuyer sur ses analyses statistiques relatives aux points non convertis de ses clients pour corriger son chiffre d'affaires et éviter une réduction trop importante du chiffre d'affaires.

L'extrait du document de référence 2017 d'Air France-KLM présenté en figure 2.7 illustre comment le groupe traite cette question des points de fidélisation, appelés « miles ».

L'application 2.9 ci-dessous illustre les modalités de calcul, ainsi que le traitement comptable des points de fidélité.

Application 2.9

Constatation des ventes : traitement des programmes de fidélité

La nouvelle carte de fidélité « Repaid », lancée début 2018 par le groupe de distribution Rondpoint, fonctionne de la manière suivante : à chaque passage en caisse, le client fait enregistrer le montant de son achat sur son compte Repaid et accumule ainsi pour chaque euro d'achat un point qui correspond à une valeur de 0,02 €. Au-delà d'un solde sur ce compte de 20 €, le client peut obtenir gratuitement des produits offerts dans les magasins Rondpoint selon son choix, pour un montant équivalant au solde de son compte. Selon l'expérience de groupes concurrents avec des programmes de fidélité comparables, Rondpoint estime que seulement 80 % des ventes du groupe génèrent des points de fidélité, le solde étant notamment effectué par des clients sans carte « Repaid ». Seulement 75 % des points de fidélité sont finalement utilisés par les titulaires de la carte, alors que les 25 % des points sont enregistrés sur des cartes qui n'atteignent pas le seuil exigé. Le chiffre d'affaires de Rondpoint en janvier 2018 est d'un milliard d'euros (1 MM€). Aucune prime n'a encore été versée.

Une partie des encaissements liés aux ventes va très probablement donner lieu à des prestations futures sous forme d'avantages en nature. Le montant total de ces prestations futures peut ainsi être estimé à :

$$1\ \text{MM€} \times 80\ \% \times 75\ \% \times 0{,}02\ \text{€} = 12\ \text{M€}$$

☞

Application 2.9 (Suite)

Ce montant de 12 M€ correspond à la valeur des prestations encore à fournir de Rondpoint ; il s'agit non pas du chiffre d'affaires de janvier 2018 mais des produits constatés d'avance. Ceux-ci seront repris dans les ventes au fur et à mesure que les points de fidélité seront convertis en primes par les clients.

Disponibilités (+ A)	1 000 000 000	
Ventes (+ R, + FP)		988 000 000
Produits constatés d'avance (+ P)		12 000 000
Enregistrement des ventes de janvier 2018		

Programme de fidélisation d'Air France-KLM

Les compagnies du Groupe opèrent un programme commun de fidélisation client « Flying Blue » permettant aux adhérents d'acquérir des miles lors de leurs voyages réalisés auprès d'Air France, KLM, des partenaires aériens ou lors de leurs achats de prestations auprès des partenaires non aériens (sociétés de carte de crédit, chaînes hôtelières et loueurs de voitures). Ces miles peuvent être échangés par les adhérents contre des voyages gratuits auprès des partenaires aériens ou d'autres services gratuits auprès des partenaires non aériens. Conformément à l'interprétation IFRIC 13 « Programmes de fidélisation de la clientèle », ces miles sont considérés comme un élément distinct d'une vente à éléments multiples et une partie du prix de la vente initiale du billet d'avion est allouée à ces miles et différée jusqu'à ce que l'obligation du Groupe relative à ces miles soit remplie.

Le montant différé en dette au fur et à mesure de l'acquisition des miles par les adhérents, est estimé :

- en fonction de la juste valeur des miles, définie comme le montant auquel les avantages pourraient être vendus séparément ;
- après prise en compte d'un taux de rédemption, correspondant à la probabilité d'utilisation des miles par les adhérents déterminée suivant une méthode statistique.

Dans le cadre des refacturations de miles entre les partenaires du programme, la marge réalisée sur les ventes de miles aux autres partenaires du programme est rapportée immédiatement au résultat.

Figure 2.7 • Extrait du document de référence 2017, Air France-KLM (note 4, p. 215).

1.3. La norme IFRS 15

L'IASB a publié en mai 2014 la norme IFRS 15, « *Revenues from Contracts with Customers* », applicable depuis l'année 2017. Elle regroupe, en une seule norme, l'ensemble des dispositions concernant la date de reconnaissance et l'évaluation des ventes. Ainsi, elle a remplacé notamment les normes et les interprétations mentionnées dans les paragraphes ci-dessous, à savoir IAS 11, IAS 18 et IFRIC 13.

Conceptuellement, cette norme apporte plusieurs innovations. Par exemple, le transfert de l'essentiel des risques et avantages liés à un bien comme date de l'enregistrement d'une vente est remplacé par la date du transfert du contrôle sur le bien. Ce concept de transfert du contrôle est applicable à l'ensemble des transactions, et il n'y a plus de distinction entre le transfert de biens, les prestations de services, etc.

L'IFRS 15 propose un modèle de comptabilisation en cinq étapes :

1. **Identification du contrat avec un client :** il existe un contrat unique ou plusieurs relatifs à la même transaction.
2. **Identification des obligations de performance du contrat :** par exemple, en plus de la livraison d'un bien (c'est-à-dire première obligation de performance), une garantie peut être « offerte » au client pendant un certain temps (c'est-à-dire deuxième obligation de performance).
3. **Détermination du prix de la transaction :** chaque obligation de performance est évaluée distinctement (lorsque cela est possible).
4. **Allocation du prix de la transaction :** celle-ci se fait en fonction individuellement des prix des obligations de performance. Par exemple, un ordinateur est vendu 900 € avec deux ans de garantie. Le contrat de garantie seul serait facturé 200 € et l'ordinateur seul 800 €. La garantie représente donc 20 % du prix et l'ordinateur 80 %. La vente de l'ordinateur sera comptabilisée pour 900 × 80 % = 720 €. Le produit lié au contrat de garantie de 80 € (900 × 20 %) est étalé sur les deux ans de contrat.
5. **Comptabilisation du produit :** elle se fait lorsqu'il y a eu transfert du contrôle et en fonction des obligations de performance. Par exemple, la vente d'un ordinateur est enregistrée maintenant, mais le produit provenant de la garantie inséré au contrat de vente est étalé sur la durée prévue par le contrat.

Toutefois, pour la majeure partie des opérations, notamment celles traitées dans le cadre de cet ouvrage, les conséquences pratiques sur la reconnaissance et l'évaluation des ventes de la nouvelle norme devraient être limitées.

2. Charges des activités ordinaires

L'enregistrement correct des ventes et autres produits ordinaires est soumis à des règles qui viennent d'être détaillées. Afin de déterminer la performance économique d'une entreprise (son résultat ordinaire), des règles correspondantes doivent s'appliquer à l'enregistrement des charges. Le principe général consiste à n'enregistrer que les charges engagées pour la réalisation du chiffre d'affaires de la période. Il est dit du « rattachement des produits et des charges » (voir chapitre 1) et est associé à celui de la « reconnaissance des produits ». De nombreuses charges sont nécessaires pour la réalisation des produits ordinaires et elles sont généralement présentées selon l'un des deux classements suivants :

- Un premier **classement** liste les charges selon leur **nature**, par exemple les matières consommées, les charges externes, les impôts et taxes, les charges de personnel.
- Le deuxième **classement** insiste plus sur la **fonction** des charges dans l'activité de l'entreprise. On y distingue notamment le coût des ventes (charges encourues pour la production des biens ou services vendus), les frais d'administration, les frais de distribution et, selon le cas, les frais de recherche et de développement.

Classement des charges par nature : classement des charges selon leur nature telles que par exemple les matières consommées, les charges externes, les impôts et taxes, les charges de personnel, etc.

Le **classement des charges par fonction** distingue notamment le coût des ventes (c'est-à-dire toutes les charges encourues pour la production des biens ou services vendus), les frais d'administration, les frais de distribution, les frais de recherche et de développement, etc.

Ces deux classements mènent naturellement au même résultat, car des charges identiques sont simplement regroupées de manière différente. Ainsi, les charges de personnel du premier classement sont à répartir sur plusieurs fonctions lorsqu'on établit le compte de résultat selon le deuxième schéma : les charges générées par les salariés travaillant dans la production de l'entreprise se retrouvent dans le coût des ventes, les charges du personnel administratif sont affectées aux frais d'administration et les salaires des services commerciaux et marketing sont intégrés dans les frais de distribution.

Plusieurs catégories principales de charges ordinaires permettent à l'entreprise, une fois déduites des produits ordinaires, de calculer son résultat des activités ordinaires (ou résultat opérationnel). Elles vont être à présent détaillées.

2.1. Consommation de marchandises

La vente de marchandises fait partie de l'activité ordinaire de l'entreprise et nécessite auparavant l'achat des marchandises. Selon le principe du rattachement des produits et des charges, cet achat ne sera considéré comme une charge qu'au moment de la vente des marchandises. Avant la vente, ces marchandises sont des actifs courants, car on en attend des avantages économiques (la vente), généralement à court terme.

Achats de marchandises

Le 01/01/2018, l'entreprise Alpha achète comptant 100 ordinateurs portables dans le but de les revendre (à court terme). Le prix d'achat d'un ordinateur est de 500 €. L'écriture initiale est la suivante :

Stocks de marchandises (+ A)	50 000	
Trésorerie (– A)		50 000

Consommation de marchandises : selon le principe du rattachement des produits et des charges, les achats ne seront considérés comme des charges qu'au moment de leur vente.

Lorsque la vente est réalisée, l'actif (stock de **marchandises**) est **consommé**. Puisqu'il génère ses avantages économiques, il convient de l'enregistrer en charge au cours du même exercice que la vente (voir application 2.10).

Ainsi, la charge correspondante de la vente (coût des marchandises vendues, CMV) correspond aux coûts d'achat des marchandises qui ont été effectivement vendues pendant l'exercice, et uniquement celles-ci. La figure 2.8 décompose le coût des marchandises vendues.

Stock initial de marchandises
\+ Achat de marchandises de l'exercice
= Marchandises disponibles à la vente
– Stock final de marchandises
= Coût des marchandises vendues (CMV)

Figure 2.8 • Coût des marchandises vendues.

Application 2.11

Ventes de marchandises (inventaire permanent)

En juin 2017, l'entreprise Alpha vend comptant 40 ordinateurs portables au prix unitaire de 1 000 €. En septembre 2017, elle vend au même prix 50 ordinateurs supplémentaires. Les écritures sont les suivantes :

Disponibilités *(40 × 1 000 €)* (+ A)	40 000	
Vente (+ R)		40 000
Coût des marchandises vendues *(40 × 500 €)* (– R)	20 000	
Stock de marchandises (– A)		20 000
Juin 2017		
Disponibilités *(50 × 1 000 €)* (+ A)	50 000	
Vente (+ R)		50 000
Coût des marchandises vendues *(50 × 500 €)* (– R)	25 000	
Stock de marchandises (– A)		25 000
Septembre 2017		

Le compte de résultat se présente alors ainsi :

Ventes	90 000
CMV	(45 000)
Marge brute*	45 000

* Sans autres charges, la marge brute est égale au résultat ordinaire.

De nombreuses entreprises ne déterminent pas un coût des marchandises vendues après chaque vente, ce qui correspondrait à un suivi d'**inventaire permanent**. Au contraire, elles utilisent fréquemment l'**inventaire intermittent ou périodique**, qui consiste à déterminer périodiquement (une fois par trimestre, par an) leur CMV. Si pendant un exercice donné, l'entreprise a vendu toutes les marchandises qu'elle a achetées au cours de la même période, le CMV est alors égal aux achats de la période. Or, cela ne se produit généralement pas, car des invendus restent souvent en fin d'exercice. L'entreprise détermine alors l'ensemble des achats des marchandises qui ont été disponibles à la vente (stock initial + achats de l'exercice) et retranche les invendus constatés en fin d'exercice (stock final).

L'**inventaire permanent** consiste à recenser les actifs et les passifs au jour le jour.

L'**inventaire intermittent** consiste à recenser les actifs et les passifs de façon périodique.

Ventes de marchandises (inventaire périodique)

En juin 2017, l'entreprise Alpha vend comptant 40 ordinateurs portables au prix unitaire de 1 000 €. En septembre 2017, elle vend au même prix 50 ordinateurs supplémentaires. Les écritures sont les suivantes :

Disponibilités *(40 × 1 000 €)* (+ A)	40 000	
Vente (+ R)		40 000
Juin 2017		
Disponibilités *(50 × 1 000 €)* (+ A)	50 000	
Vente (+ R)		50 000
Septembre 2017		

L'entreprise détermine seulement à la fin de l'exercice comptable son coût des marchandises vendues.

Stock initial	=	0
+ Achats de l'exercice (100 × 500 €)	=	50 000
– Stock final (10 × 500 €)	=	5 000
CMV	=	45 000

L'entreprise doit enregistrer cette information dans les états financiers. D'une part, il convient de constater une charge et, d'autre part, d'ajuster la valeur comptable des stocks.

Coût des marchandises vendues (– R)	45 000	
Stock de marchandises (– A)		45 000
31/12/2017		

Le compte de résultat se présente alors ainsi :

Ventes	90 000
CMV	(45 000)
Marge brute*	45 000

* Sans autres charges, la marge brute est égale au résultat ordinaire.

Une **variation des stocks** résulte d'une différence constatée entre le montant du stock entre deux dates considérées.

En France, la plupart des entreprises présentent le coût des marchandises vendues en utilisant deux comptes. Elles enregistrent d'abord les achats de l'exercice comme une charge (même s'ils ne sont pas tous consommés) et puis au moment de la clôture des comptes une **variation de stock** (stock initial – stock final). Cette approche utilise la même définition du CMV, mais exprimée différemment. En effet :

$$\begin{aligned} \text{CMV} &= \text{Stock initial} + \text{Achats} - \text{Stock final} \\ &= \text{Achats} + [\text{Stock initial} - \text{Stock final}] \\ &= \text{Achats} + \Delta\ \text{Stock (variation de stock)} \end{aligned}$$

Comptablement, les entreprises enregistrent les achats en charges au fur à mesure de leur acquisition et n'effectuent l'ajustement de variation de stock qu'en fin d'exercice (pour le cas de l'inventaire périodique).

Application 2.13

Achats et ventes de marchandises

Le 01/01/2017, l'entreprise Alpha achète comptant 100 ordinateurs portables au prix unitaire de 500 €, dans le but de les revendre (à court terme). L'écriture initiale est la suivante :

Achats de marchandises (– R)	50 000	
Trésorerie (– A)		50 000

En juin 2017, l'entreprise Alpha vend comptant 40 ordinateurs portables au prix unitaire de 1 000 €. En septembre 2017, elle vend au même prix 50 ordinateurs supplémentaires. Les écritures sont les suivantes :

Disponibilités *(40 × 1 000 €)* (+ A)	40 000	
Vente (+ R, + FP)		40 000
Juin 2017		
Disponibilités *(50 × 1 000 €)* (+ A)	50 000	
Vente (+ R, + FP)		50 000
Septembre 2017		
Stock de marchandises (+ A)	5 000	
Variations de stock de marchandises (+ R)		5 000
31 décembre 2017		

Le compte de résultat se présente alors ainsi :

Ventes	90 000
Achats	(50 000)
Δ Stock	5 000
Marge brute*	45 000

* Sans autres charges, la marge brute est égale au résultat ordinaire.

Quelle que soit l'approche de l'entreprise, le résultat ordinaire n'est pas affecté. Il s'agit d'un choix d'enregistrement et de présentation des comptes.

2.2. Consommation de matières

L'entreprise achète généralement les matières dont elle a besoin pour exercer son activité à plusieurs moments au cours de l'exercice. Celles-ci doivent pouvoir être utilisées rapidement, en étant soit consommées dans le cycle de production (**matières premières**), soit revendues (**marchandises**). Les applications suivantes adoptent les pratiques généralement utilisées en France.

Les **matières premières** sont des éléments destinés à la consommation dans le cycle de production.

La technique comptable retenue ici consiste à considérer que les **matières premières** et marchandises achetées sont consommées ou revendues immédiatement. Une charge est ainsi enregistrée au moment de l'achat de ces matières ou marchandises, avec en contrepartie une dette fournisseur ou un compte de trésorerie selon les modalités de règlement (voir application 2.14).

Les **marchandises** sont des achats destinés à être revendus en l'état.

Le compte ***Achat de matières*** est un compte de charges et si aucune autre écriture n'est passée, le résultat de l'exercice supportera la totalité de la charge. Cela serait justifié si la totalité des matières était effectivement consommée dans le cycle de production de l'année en cours.

Or, si lors de l'inventaire à la fin de l'exercice, une partie des matières n'est pas encore utilisée, la charge initialement enregistrée devra être régularisée afin d'arriver à un rattachement correct des charges aux produits. Sans cette correction, le résultat de la période supporterait une charge de consommation de matières alors que ces matières ne seraient pas encore utilisées.

Application 2.14

Achat de matières premières

Le 28/09/2016, la société Denechaud achète des matières premières pour un montant de 100 k€. Le délai de règlement négocié avec le fournisseur Gastaud, et que Denechaud va utiliser entièrement, est de 30 jours. Les écritures comptables qui en découlent sont les suivantes :

Achats de matières premières (– R, – FP)	100 000	
Dettes envers des fournisseurs (+ P)		100 000
28/09/2016 – Achats de matières premières		
Dettes envers des fournisseurs (– P)	100 000	
Banque (– A)		100 000
28/10/2016 – Règlement de la dette envers Gastaud		

Application 2.15

Régularisation de la consommation de matières

Lors de l'inventaire de Denechaud (voir application 2.14), le 31/12/2016, un stock de matières d'une valeur de 20 k€ est identifié. Celui-ci doit figurer à l'actif du bilan de Denechaud et, simultanément, la charge de 100 k€ enregistrée dans le résultat au titre d'achats doit être corrigée de sorte que le solde présente bien la valeur de la consommation réelle de matières en 2016. L'écriture comptable qui en découle est la suivante :

Stock de matières premières (+ A)	20 000	
Variation de stock (+ R)		20 000
31/12/2016 – Enregistrement du stock final		

La **consommation de matières** se traduit par l'enregistrement d'une charge, avec en contrepartie une dette fournisseur ou un compte de trésorerie selon les modalités de règlement.

Le compte *Variation de stock* est un compte de charges, souvent directement rattaché au compte *Achats*. Selon la variation nette enregistrée entre le début de la période et la fin de la période, le solde du compte *Variation de stock* fait augmenter ou baisser la charge de l'exercice par rapport à la valeur enregistrée dans les achats.

Si la valeur d'un stock final d'une matière est inférieure à la valeur initiale du stock, l'entreprise a consommé plus que les achats réalisés au cours de la période et la valeur totale de la charge, généralement appelée **achats consommés**, est supérieure aux achats de matières de la période.

Application 2.16

Achats consommés

Au cours de l'année 2017, Denechaud achète des matières premières pour une valeur de 600 k€. L'inventaire final fait apparaître un stock d'une valeur de 15 k€.

La première écriture à réaliser traduit la consommation du stock initial tel que relevé lors de l'inventaire 2016. Cette consommation a vraisemblablement lieu lors des tout premiers jours de l'année 2017. Cette variation est de nouveau enregistrée dans le compte Variation de stock et le stock dans le bilan est remis à zéro.

Variation de stock (– R)	20 000	
Stock de matières premières (– A)		20 000
01/01/2017 – Consommation du stock initial		

Au cours de l'exercice 2017, Denechaud enregistre les achats d'une valeur totale de 600 k€ comme s'ils étaient immédiatement consommés.

Achats de matières premières (– R)	600 000	
Fournisseurs (+ P)		600 000
2017 – Divers achats de matières		

La dernière opération à enregistrer dans les livres comptables est la constatation du stock final de 15 k€.

Stock de matières premières (+ A)	15 000	
Variation de stock (+ R)		15 000
31/12/2017 – Enregistrement du stock final		

☞

(Suite)

La charge nette de l'exercice au titre de la consommation de matières en 2017 se détermine comme l'addition du stock initial et des achats de l'exercice 2017 moins les achats non consommés enregistrés en stock dans le bilan final 2017 :

Stock initial 2017	20 000
+ Achats 2017	600 000
– Stock final 2017	15 000
= Achats consommés	605 000

La charge nette de la consommation de matières de Denechaud en 2017 est de 605 k€.

La problématique de la variation de stock se pose également pour les **produits finis**. À la différence des matières et des marchandises, ceux-ci ne sont pas achetés à l'extérieur, mais produits en interne à partir des matières achetées et avec le concours, notamment, d'autres services externes, du personnel et des diverses machines et autres immobilisations.

Les **produits finis** sont des éléments fabriqués au sein de l'entreprise et destinés à la vente.

Il est techniquement impossible de corriger en fin d'année l'ensemble des comptes de charges qui ont trait à la fabrication des produits en fonction du stock fini relevé lors de l'inventaire. Cela ne se justifie pas non plus d'un point de vue économique. Les matières premières, par exemple, sont bien consommées au cours du processus de production et aucune correction de la charge de consommation de matières ne s'impose.

En revanche, toutes les consommations enregistrées au cours du cycle de production ne sont pas restées sans contrepartie. Les produits finis fabriqués sont vendus ou se trouvent en stock en attente de commercialisation. L'existence d'un stock final de produits finis génère donc bien un mouvement dans les comptes, qui fait apparaître à l'actif la valeur de ce stock. Comme il s'agit d'une augmentation de la valeur des actifs de l'entreprise créée en interne, la contrepartie de cette variation de stock doit être un produit. L'appellation la plus courante du compte est *Production stockée* : il s'agit d'un compte de produits dans le compte de résultat, qui compense les coûts correspondant à la production des biens non encore vendus.

Produits finis

Lors de l'inventaire 2017, le stock de Denechaud fait apparaître un stock final de produits finis d'une valeur de 60 k€, laquelle contient certainement une partie de la valeur de 605 k€ de matières consommées déterminée dans l'application 2.15. Cependant, elle inclut aussi les autres coûts liés à la production de ces stocks. L'écriture qui en résulte est la suivante :

Stock de produits finis (+ A)	60 000	
Production stockée (+ R)		60 000
31/12/2017 – Stock final de produits finis		

L'effet net de la variation du stock de produits finis sur le résultat de l'entreprise se détermine de manière analogue à l'enregistrement des variations des stocks de matières et de marchandises. Le stock initial génère un enregistrement au débit du compte *Production stockée* et diminuera ainsi le résultat, alors que l'enregistrement du stock final créditera ce même compte avec un effet inverse. L'effet net sur le résultat de la période se détermine comme le solde entre les variations du stock initial et du stock final.

2.3. Autres biens et services achetés et consommés

Hormis les matières et marchandises, l'entreprise est consommatrice de nombreux autres biens et services achetés auprès de tiers. La détermination d'un résultat fiable nécessite l'enregistrement exhaustif de l'ensemble de ces prestations, couramment appelées *Services extérieurs* ou *Charges externes*. En voici quelques exemples :

- sous-traitance ;
- locations ;
- entretien et réparations ;
- primes d'assurances ;
- études et recherches ;
- personnel extérieur ;
- rémunérations d'intermédiaires et honoraires ;
- publicité, publications, relations publiques ;
- transports ;
- déplacements, missions, réceptions ;
- frais postaux et de télécommunications ;
- services bancaires.

Cette liste n'est pas exhaustive et l'entreprise choisit le niveau de détail qui lui permet de suivre de manière fiable les différentes catégories de charges externes. En France, la liste des comptes du Plan comptable général présente une structure affinée du classement à suivre par les entreprises.

La contrepartie de la charge à enregistrer est généralement une dette courante envers un fournisseur. Même dans le cas d'un paiement au comptant, beaucoup d'entreprises enregistrent systématiquement toutes les opérations d'achat dans des comptes de dettes. Cela permet de garder une trace de toutes les opérations réalisées avec un fournisseur, ce qui s'avère utile en cas d'accord sur des ristournes en fonction d'un certain volume d'activité réalisée au cours d'une période de référence. L'enregistrement directement au crédit d'un compte de trésorerie des opérations réglées au comptant ne permettrait pas de les intégrer dans les calculs des ristournes.

L'application 2.18 illustre le traitement comptable de base d'une telle opération.

Loyer d'un local commercial

Le 25/10/2017, le service comptable de la société Rapid reçoit la facture du loyer d'octobre 2017 pour un local commercial. Le montant est de 900 €. Le règlement intervient le 31/10/2017. Les écritures comptables qui en découlent sont les suivantes :

Locations (– R, – FP)	900	
Dettes envers des fournisseurs (+ P)		900
25/10/2017 – Loyer d'octobre		
Dettes envers des fournisseurs (– P)	900	
Banque (– A)		900
31/10/2017 – Règlement du loyer d'octobre		

Les entreprises enregistrent généralement les charges à la réception des factures. Mais cela ne suffit pas toujours et nécessite parfois des corrections ultérieures.

Le principe de rattachement des charges aux produits interdit d'enregistrer, au titre de charges d'une période, des dépenses qui concernent une autre période. Cela nécessite deux types de corrections similaires à ce qui a déjà été indiqué pour l'enregistrement des produits ordinaires :

- Les charges de la période pour lesquelles des factures n'ont pas encore été reçues doivent être estimées le mieux possible et être enregistrées dans la période au cours de laquelle elles sont encourues. Le mécanisme comptable doit assurer qu'une charge n'est pas comptabilisée une deuxième fois lorsque la facture est reçue par l'entreprise.
- En France, on parle dans ce cas d'une **charge à payer**.
- Les factures enregistrées qui portent sur des charges concernant des périodes à venir sont enregistrées, mais l'impact sur le résultat de la charge relative à des périodes ultérieures doit être reporté sur ces périodes à venir. Le mécanisme comptable doit assurer que la charge est enlevée du résultat de la période actuelle et qu'elle est enregistrée dans la bonne période en l'absence d'une nouvelle facture.
- En France, on parle dans ce cas d'une **charge constatée d'avance**.

Ces deux types de correction font partie de ce qu'on appelle des « régularisations ». L'application 2.19 illustre le processus comptable pour la première catégorie de régularisations.

Une **charge à payer** est une dette correspondant au montant d'une charge consommée mais non encore payée.

Une **charge constatée d'avance** est un actif compensant une charge enregistrée mais pas encore consommée.

Frais de téléphone

Le 04/01/2018, le service comptable de la société Rapid reçoit la facture de téléphone de décembre 2017. Généralement, les frais de téléphone de ce mois s'élèvent à 400 €. Le montant exact de la facture est de 415 €. Le règlement intervient le 07/01/2018.

☞

Application 2.19 *(Suite)*

Rapid ne peut pas attendre la réception de la facture pour enregistrer les frais de téléphone de décembre 2017. Le service comptable enregistre à la fin décembre le montant qui lui paraît le plus probable, à savoir 400 €, se fondant ainsi sur l'expérience des années précédentes et tenant compte d'éventuelles variations de tarif.

L'écriture comptable qui en découle est la suivante :

Frais de télécommunications (– R, – FP)	400	
Fournisseurs – compte d'attente (+ P)		400
31/12/2017 – Frais de télécommunications		

Rapid fait ainsi comme si la société avait reçu la facture. La contrepartie de la charge est un compte d'attente parmi les comptes de fournisseurs, car une vraie dette de fournisseur n'existe pas encore.

Cette écriture est inversée le jour de l'ouverture de la nouvelle période comptable (le lendemain matin) et la dette fournisseur disparaît. Le compte de charges, remis à zéro au début de la nouvelle période comptable, présente un solde créditeur en attendant l'enregistrement de la facture définitive.

Fournisseurs – compte d'attente (– P)	400	
Frais de télécommunications (+ R, + FP)		400
01/01/2018 – Inversion de l'écriture du 31/12/2017		

Cette technique permet d'enregistrer la facture de télécommunication le jour de sa réception comme n'importe quelle autre facture, sans risque de double comptage.

Frais de télécommunications (– R, – FP)	415	
Dettes envers des fournisseurs (+ P)		415
04/01/2018 – Réception de la facture		
Dettes envers des fournisseurs (– P)	415	
Banque (– A)		415
07/01/2018 – Règlement de la facture		

La charge nette du mois de janvier 2018 est ainsi de 415 – 400 €, soit 15 €. Ce montant correspond à l'écart entre l'estimation et le réel de la charge de télécommunication. Ce type d'écart n'est pas entièrement prévisible et est généralement négligeable.

L'essentiel de la charge de télécommunication est bien rattaché à la bonne période de décembre 2017, alors que la réception et le règlement de la facture sont enregistrés normalement, sans risque de double enregistrement de la charge.

2.4. Impôts et taxes

Les impôts et taxes sont de multiples natures pour l'entreprise. Ils représentent des consommations ordinaires enregistrées dans le résultat ordinaire et leur enregistrement ne diffère pas de celui des charges externes, par exemple. Cependant, il existe le plus souvent des comptes spécifiques de charges et une ligne spécifique de charge d'impôts et taxes dans le compte de résultat. Le montant des impôts et taxes échus et non encore payés est mentionné à part dans le bilan ou dans l'annexe.

Taxe foncière

Le 30/10/2017, la société Rosello reçoit l'avis d'imposition pour la taxe foncière 2017 relatif à son siège social. Le montant de la taxe s'élève à 3 000 €. Le règlement intervient le 14/11/2017. Les écritures comptables qui en découlent sont les suivantes :

Impôts et taxes (– R, – FP)	3 000	
Dettes fiscales (+ P)		3 000
30/10/2017 – Taxe foncière		
Dettes fiscales (– P)	3 000	
Banque (– A)		3 000
14/11/2017 – Règlement de la taxe foncière		

Les **impôts et taxes** qui se basent sur le résultat de l'exercice (notamment l'impôt sur les sociétés, en France) ne peuvent être déterminés avec certitude qu'à la fin de l'exercice, en fonction de la différence entre produits et charges de l'exercice. Ils ne font pas partie des impôts et taxes dans le sens de ceux traités ici et figurent sur une ligne spéciale du compte de résultat juste avant le résultat net de l'entreprise.

2.5. Charges de personnel

Les charges de personnel correspondent à l'ensemble de ce que l'entreprise verse au titre de ses salariés. Pour l'enregistrement comptable de la majorité de ces charges (salaires et cotisations sociales), trois parties doivent être identifiées :

- Les salaires et traitements nets qui sont directement versés aux salariés.
- Les cotisations sociales des salariés que l'entreprise retient et verse aux organismes sociaux au nom des salariés.
- Les cotisations sociales patronales que l'entreprise doit payer en son nom propre aux organismes sociaux.

Les **charges de personnel** correspondent à l'ensemble de ce que l'entreprise verse au titre de ses salariés : salaires nets ; cotisations sociales des salariés, cotisations sociales patronales…

Dans la plupart des pays, y compris en France, divers organismes destinataires des cotisations sociales existent, et bien évidemment différentes natures de cotisations (assurance maladie, assurance retraite, assurance chômage, assurance accident de travail, etc.). Le financement des dépenses engagées par certains de ces organismes est partagé entre les salariés et les employeurs. En France, les dépenses pour les assurances maladie, chômage et retraite sont financées pour un tiers par les salariés et pour les deux autres tiers par les entreprises. D'autres cotisations comme l'assurance accident de travail, par exemple, sont entièrement supportées par les entreprises.

Les taux des diverses cotisations sont généralement appliqués au salaire brut du salarié. Mais les régimes sont très complexes et les modalités de calcul diffèrent d'un régime à un autre ou d'une cotisation à une autre. Le schéma d'enregistrement comptable de ces cotisations reste le même, mais l'entreprise doit calculer et suivre les cotisations sociales de ses salariés et de soi-même.

Le **salaire brut** est le salaire de base du salarié majoré d'éventuels primes, avantages en nature, heures supplémentaires, etc.

Le **salaire brut** se définit comme le salaire de base du salarié, majoré d'éventuels primes, avantages en nature heures supplémentaires, etc. Les différents taux de cotisation s'appliquent ensuite à cette base relativement complète pour déterminer les retenues sociales. Celles-ci représentent une charge sociale pour le salarié, mais pas pour l'entreprise. Cette partie des cotisations sociales n'est donc pas enregistrée dans les charges sociales de l'entreprise, mais fait partie des salaires et traitements.

Le **salaire net** correspond au salaire brut moins les cotisations sociales du salarié.

Le salaire brut diminué des retenues sociales correspond généralement au **salaire net** à payer aux salariés. Dans certains pays, dont l'Allemagne, l'entreprise est également chargée de retenir l'impôt sur le revenu des salariés et le net à payer est diminué d'autant.

Les **cotisations patronales** sont la part patronale des cotisations aux organismes sociaux et font partie des charges sociales de l'entreprise.

Le calcul des **cotisations patronales** s'appuie également sur le salaire brut. À la différence des retenues sociales au nom des salariés, cette partie des cotisations sociales est une charge sociale pour l'entreprise et figure comme telle dans les charges de personnel du compte de résultat.

Le service des paies ou du personnel de l'entreprise réalise tous les calculs nécessaires à la détermination des salaires et des cotisations sociales. La contrepartie de la charge enregistrée est une dette : envers le personnel en ce qui concerne le net à payer et envers les organismes sociaux en ce qui concerne les retenues sociales des salariés et les cotisations patronales de l'entreprise. Le règlement de ces dettes interviendra généralement quelques jours plus tard, lorsque les services financiers de l'entreprise déclencheront la procédure de paiement. L'application 2.21 illustre le processus comptable lié aux enregistrements des charges de personnel.

Application 2.21

Enregistrement des charges de personnel

Le 27/11/2017, le service du personnel de la société Marcelo calcule les charges de personnel de la société du mois de novembre 2017 :

- salaires bruts : 2 600 k€ ;
- retenues sociales : 550 k€ ;
- charges sociales patronales : 1 000 k€.

Comment faut-il enregistrer cette charge dans les livres comptables de la société Marcelo ?

Réponse

Pour l'enregistrement de la charge, les Salaires et traitements (2 600 k€) sont à distinguer des Charges sociales (1 000 k€). En ce qui concerne la contrepartie, Marcelo doit à ses salariés le salaire net de 2 600 – 550 k€, soit 2 050 k€. La dette envers les organismes sociaux s'élève à 550 k€ de retenues sociales plus 1 000 k€ de cotisations patronales, soit 1 550 k€. Les écritures comptables qui en découlent sont les suivantes :

Salaires et traitements (– R, – FP)	2 600	
Dettes envers le personnel (+ P)		2 050
Dettes envers les organismes sociaux (+ P)		550
Salaires de novembre 2017		
Charges sociales (– R, – FP)	1 000	
Dettes envers les organismes sociaux (+ P)		1 000
Charges sociales de novembre 2017		

☞

(Suite)

Le 30/11/2017, les services financiers de Marcelo procèdent au règlement des salaires par virement sur les comptes bancaires des salariés.

Dettes envers le personnel (– P)	2 050	
Banque (– A)		2 050
Règlement des salaires de novembre 2017		

Le 10/12/2017, les services financiers versent les cotisations sociales aux divers organismes sociaux, également par virement bancaire.

Dettes envers les organismes sociaux (– P)	1 550	
Banque (– A)		1 550
Règlement des charges sociales de novembre 2017		

2.6. Consommation des avantages économiques liés aux immobilisations (dotation aux amortissements)

La consommation des immobilisations utilisées au cours de la période doit également être intégrée dans les charges ordinaires. La plupart des immobilisations corporelles et incorporelles ont une durée d'utilité limitée dans le temps. Leur valeur va donc baisser au fur et à mesure que les avantages économiques qui leur sont inhérents seront consommés. La détermination de la juste valeur du résultat de la période nécessite la prise en compte de cette consommation dans les charges de la période. On parle alors de **dotations aux amortissements**.

Les **dotations aux amortissements** sont les charges qui reflètent la consommation d'avantages économiques liés à la détention ou à l'utilisation d'immobilisations à durée d'utilité limitée.

Le chapitre 5 détaille les différents paramètres qui entrent dans le calcul de la charge d'amortissement. Ici, seul le mécanisme comptable est présenté.

La charge d'amortissement est enregistrée dans les charges ordinaires de la période au titre de *Dotations aux amortissements* et, théoriquement, la contrepartie devrait être imputée sur la valeur du bien correspondant à l'actif du bilan. Afin de ne pas perdre l'information sur la valeur brute du bien, les dotations aux amortissements des périodes écoulées sont cumulées dans un compte à part *Amortissements*. La valeur nette comptable de l'actif se détermine comme la différence entre la valeur brute du bien et le solde du compte *Amortissements* correspondant. Ainsi, elle n'est pas directement visible dans les comptes de l'entreprise. L'application 2.22 illustre le mécanisme de l'enregistrement des amortissements.

Application 2.22

Enregistrement de l'amortissement d'une machine

Le chef comptable de la société J-Star détermine la charge d'amortissement d'une machine-outil pour l'année 2018 à hauteur de 300 k€. La valeur initiale de la machine était de 3 000 k€. Comment enregistrer cette charge dans les livres comptables de la société ?

Dotations aux amortissements (– R, – FP)	300	
Amortissements (– A)		300
Écriture de fin 2018		

Cette écriture n'affecte pas la valeur d'origine de la machine. Pour déterminer la valeur nette comptable de la machine, il faut calculer la différence entre la valeur d'origine de 3 000 k€ et le solde du compte Amortissements. Celui-ci n'étant pas indiqué dans cette application, la valeur nette comptable ne peut pas être déterminée.

Résumé

Le résultat de l'exercice de l'entreprise est l'indicateur de performance financière le plus important. Il se calcule selon des règles précises.

La date d'enregistrement se détermine en fonction du transfert des avantages et des risques du bien ou de la réalisation du service vendu. Il n'y a pas de lien direct entre le transfert de la propriété et la constatation des produits (du chiffre d'affaires), ni entre les paiements par le client et la constatation du chiffre d'affaires. Ces paiements ont un impact sur la performance financière à travers le mouvement de trésorerie, alors que le chiffre d'affaires impacte la performance économique à travers le mouvement du résultat.

Le chiffre d'affaires est toujours une valeur nette après déduction de toute réduction économiquement liée à l'opération de vente. En règle générale, les entreprises préfèrent augmenter les charges liées à la vente plutôt que réduire le montant de la vente lui-même, notamment pour les raisons évoquées au début de la section 2. L'élimination de tous les éléments précédemment cités du montant des ventes rend cet indicateur plus stable et comparable, que ce soit dans le temps dans l'analyse des comptes d'une entreprise sur plusieurs années ou dans la comparaison des performances économiques de plusieurs entreprises à un instant donné.

Les charges sont des consommations d'actifs de l'entreprise ou de services extérieurs. Selon le principe du rattachement des produits et des charges, ces consommations ne seront considérées comme des charges qu'au moment de la réalisation des produits correspondants.

Activités

1. Locations et ventes

Le constructeur aérien Airjet conclut le 01/01/2018, avec la compagnie aérienne Airsud, un accord commercial qui comprend les points suivants :

- Vente de cinq jets pour une valeur unitaire de 100 M€. La livraison est prévue le 01/07/2018.
- Location sur 30 ans de deux gros-porteurs pour un loyer annuel de 10 M€ pour chaque appareil. La livraison est prévue le 01/01/2019.
- Vente de 10 avions de ligne pour une valeur unitaire de 150 M€ avec une clause de rachat à 100 M€ cinq ans après la livraison. La livraison est prévue en juillet 2018.

Comment ces ventes et ces locations doivent-elles être enregistrées par Airjet et par Airsud ?

2. Frais de dossier, escompte et programme de fidélité

L'agence de voyages Easytravel, fondée le 01/07/2018, vend le 01/09/2018 à un comité d'entreprise un voyage de groupe pour la Chine, dont le départ est prévu le 15/01/2019, aux conditions suivantes :

- Frais de dossier de 500 € à régler comptant le jour de la commande.
- Avance de 25 % à régler le jour de la commande.
- Prix total du voyage de 80 000 € à régler aux conditions 2/15, n/30 (c'est-à-dire 2 % d'escompte si paiement dans les 15 jours ; sinon, règlement de 80 000 € dans 30 jours) à compter de la date de départ du voyage.
- L'agence propose un programme de fidélité qui permet d'obtenir une réduction de 10 % de la valeur d'un voyage pour un prochain voyage effectué au cours de l'année qui suit.

Le comité d'entreprise décide de payer à 30 jours.

1. Quel est le chiffre d'affaires d'Easytravel sur ce voyage pour l'exercice 2018 ? Qu'en est-il pour l'exercice 2019 ?
2. Quel est l'impact des conditions de vente proposées par Easytravel (frais de dossier, paiement, programme de fidélité, etc.) sur son chiffre d'affaires ?

3. Ventes et locations

Les normes IFRS comptabilisent les locations à très longue durée comme des ventes et les ventes avec clause de rachat comme des locations.

1. Pour quelles raisons ces dispositions ont-elles été prises ?

2. En prenant les exemples des constructeurs automobiles ou des compagnies aériennes, trouvez quelques raisons de :

– louer un actif à très long terme plutôt que de l'acheter ;

– vendre un actif avec une clause de rachat plutôt que de le louer.

4. Remises et ristournes

Sur l'année 2017, la centrale d'achat d'une chaîne de supermarchés dispose des accords suivants avec l'un de ses fournisseurs :

- 2 % de remise sur le prix catalogue.
- Une remise additionnelle, proportionnelle à la valeur de chaque commande en fonction du barème suivant :

Commande	Rabais
Jusqu'à 10 000 €	0 %
Jusqu'à 50 000 €	1 %
Jusqu'à 100 000 €	1,5 %
Plus de 100 000 €	2 %

- Une ristourne de fin d'année en fonction du chiffre d'affaires global selon le tableau suivant :

CA total	Ristourne
200 000 €	0 %
500 000 €	0,5 %
1 000 000 €	1 %
2 000 000 €	3 %

- L'historique des achats au prix catalogue de la centrale à son fournisseur est le suivant (en milliers d'euros) :

Mois	Montant
Janvier	20
Février	80
Mars	8
Avril	200
Mai	150
Juin	50
Juillet	90
Août	70
Septembre	30
Octobre	20
Novembre	42
Décembre	200

Quel est le chiffre d'affaires du fournisseur avec la centrale d'achat en 2017 ?

5. Charges financières

La société ABC a emprunté 500 000 € le 01/04/2018, remboursement *in fine* dans six ans. L'intérêt annuel de 3 % est payé chaque 31 mars.

Que faut-il comptabiliser le 31/12/2018 chez ABC ?

6. Charges de location

Le 01/10/2018, l'entreprise ABC a payé la location pour neuf mois d'un équipement auprès de XYZ pour 90 000 € (ABC est locataire). Le 31/12/2018, ABC n'avait encore rien enregistré dans ses comptes.

Quelles sont alors les écritures nécessaires le 31/12/2018 ?

7. Produits divers

Le 01/03/2018, BAB SA a reçu 15 000 € pour deux années d'abonnement. BAB n'avait rien comptabilisé et n'a toujours rien enregistré.

Que faut-il comptabiliser le 31/12/2018 ?

Chapitre 3

Actifs courants

Les actifs courants sont des ressources économiques que l'entreprise entend utiliser (ou « consommer ») à court terme pour les besoins de son activité. On y retrouve essentiellement la trésorerie disponible ou placée dans des instruments de trésorerie, les créances clients – résultat des décalages entre les flux physiques et les flux financiers – ainsi que différents stocks (de marchandises disponibles à la revente, de matières premières et de produits finis). Selon les secteurs industriels, ces actifs représentent une part importante du bilan des entreprises (voir tableau 3.1).

Tableau 3.1 : Part de l'actif courant dans le total du bilan et décomposition en fonction des éléments d'actif courant

	AccorHotels	Bouygues	Danone	Essilor	GroupePSA	Publicis
Actif courant/ Total de l'actif	15,1 %	50,2 %	21,8 %	28,4 %	46,1 %	55,7 %
dont :						
Stocks	0,1 %	8,5 %	3,8 %	8,9 %	12,7 %	1,6 %
Créances (nettes)	3,3 %	18,8 %	6,3 %	11,8 %	4,1 %	41,0 %
Trésorerie et équivalent	8,8 %	13,5 %	9,3 %	3,9 %	20,7 %	10,1 %

Source : documents de référence 2017.

Les actifs courants doivent faire l'objet d'une attention particulière, car ils sont censés générer des avantages économiques à court terme. La solvabilité de l'entreprise dépend en partie de sa capacité à faire face à ses obligations financières à court terme. Ces obligations résultent, par exemple, des paiements prochains d'une partie des salaires, des impôts et des dettes fournisseurs (achats à crédit). Il convient de s'interroger sur la capacité de l'entreprise à récupérer la trésorerie qui découle des ventes à crédit et dont le montant potentiel est représenté par les créances clients, mais aussi sur sa capacité à vendre avec profit ses marchandises et ses produits en stock. La compréhension de l'évaluation et de la comptabilisation de ces éléments s'avère indispensable. Ce chapitre traite de trois principaux actifs courants : les actifs financiers courants (trésorerie et instruments de trésorerie), les créances clients et les stocks de marchandises.

1. Actifs financiers courants

Les entreprises dont la trésorerie est excédentaire (disponible en caisse, comptes bancaires débiteurs) peuvent acquérir des titres afin de percevoir des produits financiers et réaliser des plus-values sur leur cession. La trésorerie, les titres financiers (actions, obligations) et les autres placements à court terme font partie de ce qu'on appelle au sens large des « instruments financiers ». Un instrument financier est de la trésorerie, *ou* un droit contractuel de recevoir d'une autre entité de la trésorerie ou un autre actif financier, *ou* un droit contractuel d'échanger des instruments financiers avec une autre entité dans des conditions potentiellement favorables, *ou* un instrument de capitaux propres d'une autre entité (IAS 32, § 11).

Les **actifs financiers de transaction** sont des actions, obligations et tout autre instrument dérivé (options, *swaps*, futures). Ils sont évalués à leur juste valeur, les variations étant enregistrées au compte de résultat (à la hausse ou à la baisse) lors de la clôture des comptes.

Trois catégories principales d'instruments financiers existent dans les actifs courants : les actifs financiers *en juste valeur par résultat* (une action cotée en Bourse, par exemple), les mêmes actifs mais classés en *disponibles à la vente* et les *instruments dérivés* (un contrat à terme, une option d'achat ou de vente, etc.). Les actifs *en juste valeur par résultat* correspondent à des titres détenus par l'entreprise dans l'espoir d'en retirer un gain à court terme (généralement trois mois) et sont plus communément appelés **actifs financiers de transaction**. L'entreprise a acquis ces actifs pour permettre de dégager des profits à court terme, en bénéficiant notamment des fluctuations de marché. Les actifs financiers *disponibles à la vente* sont plutôt détenus comme réserve de trésorerie à court et à moyen terme (mais logiquement dans l'espoir aussi d'en tirer des profits). Ils peuvent être classés en courants ou non courants selon l'intention qu'a l'entreprise quant à la durée de leur possession. Les autres catégories d'actifs financiers sont les *actifs financiers détenus jusqu'à leur échéance*, tels que des obligations détenues jusqu'à leur maturité (ces actifs sont traités au chapitre 5). Le tableau 3.2 montre l'importance des différents éléments de la trésorerie selon les entreprises.

Tableau 3.2 : Part de trésorerie dans l'actif de certaines entreprises françaises

	Trésorerie + Placements à CT/Total actif	Trésorerie + Placements à CT/Actif courant	Placements à CT/ Trésorerie + Placements à CT
AccorHotels	8,8 %	58,4 %	20,7 %
Bouygues	13,5 %	26,8 %	28,2 %
Danone	9,3 %	42,5 %	84,4 %
Essilor	3,9 %	13,9 %	2,7 %
Groupe PSA	20,7 %	44,9 %	73,3 %
Publicis	10,1 %	18,2 %	57,7 %

Source : documents de référence 2017.

1.1. Évaluation initiale

Les actifs financiers de transaction et disponibles à la vente sont évalués à leur **juste valeur**, c'est-à-dire au « prix qui serait reçu pour la vente d'un actif ou payé pour le transfert d'un passif lors d'une transaction normale entre des participants de marché à la date d'évaluation » (IFRS 13). L'évaluation à la juste valeur suppose que la transaction pour la vente de l'actif a lieu soit sur le marché principal, soit, en l'absence de marché principal, sur le marché le plus avantageux. Si l'actif financier est coté, sa juste valeur est la valeur de marché (prix en Bourse d'une action, par exemple). S'il n'est pas coté, il convient de recourir à un modèle d'évaluation pour identifier une fourchette de prix raisonnable, à condition que les données utilisées pour l'alimenter soient fiables (tirées de marchés actifs, par exemple). Ainsi, pour déterminer la juste valeur d'une obligation non cotée, la valeur actualisée des cash-flows futurs (générés par l'obligation) servira de modèle d'évaluation. Les coûts de transaction (honoraires et commissions versés à des agents, conseils, intermédiaires, coûts demandés par les Bourses de valeurs, taxes et droits de transfert, etc.) qui sont directement attribuables à l'acquisition de l'actif ne viennent pas augmenter la valeur des *actifs financiers de transaction* : ils sont enregistrés directement au compte de résultat. En revanche, ces coûts s'ajoutent à la juste valeur des *actifs financiers disponibles à la vente.*

La **juste valeur** est le « prix qui serait reçu pour la vente d'un actif ou payé pour le transfert d'un passif lors d'une transaction normale entre des participants de marché à la date d'évaluation ».

Comptabilisation initiale

L'entreprise Opec a acheté, le 28/05/2018, 100 titres T au cours unitaire de 200 €. Les frais liés à cette transaction sont de 80 €. Ces titres sont considérés comme des actifs de transaction (en juste valeur par résultat).

Actions (+ A)	20 000	
Frais de transaction (– R, – FP)	80	
Trésorerie (– A)		20 080
Au 28/05/2018		

1.2. Évaluation à la clôture

Les variations (positives ou négatives) de juste valeur des actifs financiers de *transaction* doivent être comptabilisées en résultat et en « autres éléments du résultat global » pour les actifs financiers *disponibles à la vente.* L'entreprise ci-après détaille son poste Trésorerie et équivalents de trésorerie (voir figure 3.1). Dans cet exemple, les valeurs mobilières de placement sont considérées comme des actifs financiers disponibles à la vente. Leur variation de juste valeur est donc prise en compte directement dans les fonds propres de l'entreprise (c'est-à-dire *via* les autres éléments du résultat global).

Trésorerie et équivalents de trésorerie de L'Oréal

	31/12/2017		31/12/2016		31/12/2015	
(en millions d'euros)	Valeur du bilan	Coût d'acquisition	Valeur du bilan	Coût d'acquisition	Valeur du bilan	Coût d'acquisition
Valeurs mobilières de placement	1810,4	1810,8	758,4	758,5	335,3	335,3
Comptes bancaires et autres disponibilités	1236,1	1236,1	987,6	987,6	1064,5	1064,5
Total	3046,6	3046,9	1746,0	1746,1	1399,8	1399,8

Figure 3.1 • Extrait du document de référence 2017, L'Oréal (note 8, p. 260).

L'application 3.2 indique les mouvements comptables de clôture pour des instruments financiers de transaction.

Application 3.2

Comptabilisation à la clôture – instruments de « transaction »

L'entreprise Alpha a acheté 100 actions VMS le 01/01/2018 (actifs financiers détenus à des fins de transaction), au cours unitaire de 300 €. Les frais d'acquisition sont de 1 % HT.

- Premier cas : le cours de l'action VMS est de 305 € au 31/12/2018.
- Second cas : le cours de l'action VMS est de 290 € au 31/12/2018.

Actions (+ A)	30 000	
Frais de transaction (– R, – FP)	300	
Trésorerie (– A)		30 300
Au 01/01/2018		

Premier cas

Actions (+ A) (305 – 300) × 100	500	
Produits financiers (+ R, + FP)		500
Au 31/12/2018		

Second cas

Charges financières (– R, – FP) (300 – 290) × 100	1 000	
Actions (– A)		1 000
Au 31/12/2018		

Lorsqu'il y a cession d'actifs financiers de transaction (expiration des droits aux flux futurs de trésorerie ou transfert à un tiers de ces droits, de l'essentiel des risques et avantages, et transfert de contrôle), il est nécessaire de sortir l'actif.

Application 3.3

Cession d'actif financier – instruments de transaction

Le 30/10/2018, l'entreprise Y cède pour 110 € l'unité ses 500 actions Tital. Chaque action avait été acquise 100 € le 01/01/2017 et dépréciée de 6 € le 31/12/2017.

Actions (+ A) Trésorerie (– A) *Au 01/01/2017 – Achat*	50 000	 50 000

Charges financières (– R, – FP) 6 × 500 actions Actions (– A) *Au 31/12/2017 – Ajustement*	3 000	 3 000

Trésorerie (+ A) Actions (– A) Produits financiers (+ R, + FP) [110 – (100 – 6)] × 500 *Au 30/10/2018 – Cession*	55 000	 47 000 8 000

Le résultat de l'opération est de 8 000 – 3 000, soit 5 000 €, qui s'étale sur deux exercices dans cette application, soit une perte de 3 000 € en 2017 et un gain de 8 000 € en 2018. La comptabilisation en juste valeur des actifs de transaction peut donc entraîner une fluctuation importante du résultat net. Toutefois, le résultat ordinaire de l'entreprise n'est pas affecté, l'ensemble des charges et produits comptabilisés étant de nature financière.

Cession d'actif financier – instruments disponibles à la vente

Si ces instruments financiers sont considérés comme disponibles à la vente, l'écriture au 31/12/2017 est la suivante :

Ajustement de juste valeur (– FP) 6 × 500 actions Actions (– A) *Au 31/12/2017 – Ajustement*	3 000	 3 000

Au moment de la cession, il convient de solder le compte d'ajustement de juste valeur (dans les fonds propres). Le gain global correspond à 5 000 €, différence entre la valeur initiale et le prix de vente.

Trésorerie (+ A) Actions (– A) Ajustement de juste valeur (+ FP) Produits financiers (+ R, + FP) [110 – 100] × 500 *Au 30/10/2018 – Cession*	55 000	 47 000 3 000 5 000

Les plus-values latentes sur les actifs financiers disponibles à la vente sont comptabilisées en autres éléments du résultat global, en capitaux propres recyclables. Il s'agit donc de montants enregistrés dans les capitaux propres, qui sont comptabilisés en résultat lors de la cession des actifs.

Les moins-values latentes sur les actifs financiers disponibles à la vente sont aussi comptabilisées en autres éléments du résultat global, en capitaux propres recyclables, sauf s'ils sont dépréciés. S'il y a dépréciation, la moins-value latente est alors considérée comme une perte réalisée. Elle est par conséquent comptabilisée en résultat net. Par la suite, si la valeur d'actifs financiers disponibles à la vente augmente alors qu'une dépréciation avait été constatée, la dépréciation des actions (considérée comme des instruments de capitaux propres) ne peut être annulée.

Dans notre exemple, la perte de valeur en 2017 est considérée comme due à des fluctuations du marché. Elle ne résulte pas d'une baisse importante et prolongée de leur juste valeur. Elle ne fait donc pas l'objet d'une dépréciation.

Le compte de résultat global pour les années 2017 et 2018 serait le suivant :

	2017	**2018**
Résultat net	0	5 000
Autres éléments du résultat global	– 3 000	+ 3 000
	– 3 000	+ 8 000

Le résultat net de 5 000 € est comptabilisé dans l'exercice 2018 de cession. Il est étalé dans le résultat global sur les deux exercices 2017 et 2018 : – 3 000 € en 2017 et 8 000 € en 2018.

2. Créances clients

La plupart des ventes de biens ou services *ne sont pas réglées au moment où le produit est constaté*. Il existe un décalage dans le temps entre l'enregistrement comptable d'un produit et le mouvement de trésorerie correspondant, représenté par le règlement de la prestation par le client. On parle alors de « vente à crédit », dont le règlement est différé. Lors d'une vente à crédit, l'entreprise enregistre une créance envers son client en contrepartie d'un produit (constaté au compte de résultat). Ces créances proviennent des activités commerciales de l'entreprise et représentent le montant que le vendeur est en droit d'attendre dans un délai déterminé au moment de la vente. Ainsi, les clients de l'entreprise ont une dette envers cette dernière (ils devront régler leurs créances). Les créances constituent une catégorie spécifique d'instruments financiers, comme le mentionne la société Carrefour dans ses comptes (voir figure 3.2). En effet, une créance reflète le montant du crédit accordé à un client.

Les écritures suivantes illustrent l'enregistrement d'une vente de biens (1) ou de services (2) à crédit.

Vente de biens (1)

Créances – Clients (+ A)	1 000	
Vente (+ R, + FP)		1 000
Ventes de cinq lots de marchandises au prix unitaire de 200 €		

Prestation de services (2)

Créances – Clients (+ A)	4 000	
Honoraires (+ R, + FP)		4 000
Activités de conseil pour 4 000 €		

La durée du crédit dépend de la politique commerciale de l'entreprise et des biens vendus. Très variable, elle peut être de 30 jours, 60 jours, voire plus. Ces créances sont toutefois considérées généralement comme des actifs à court terme, car le règlement interviendra probablement en l'espace d'un exercice comptable (une année). Dès lors, elles font partie de l'actif courant de l'entreprise. À la date de règlement de la créance par les clients, l'entreprise enregistre dans son journal les écritures (1) et (2) suivantes :

Vente de biens (1)

Trésorerie (+ A)	1 000	
Créances – Clients (– A)		1 000
Règlement de la vente de cinq lots de marchandises		

Prestation de services (2)

Trésorerie (+ A)	4 000	
Créances – Clients (– A)		4 000
Règlement de l'activité de conseil pour 4 000 €		

Les prêts et créances de Carrefour

Les prêts et créances sont des actifs financiers, dont les paiements sont déterminés ou déterminables, qui ne sont pas cotés sur un marché actif et qui ne sont ni détenus à des fins de transaction ni disponibles à la vente. Ces actifs sont comptabilisés initialement à la juste valeur, puis au coût amorti selon la méthode du taux d'intérêt effectif. Pour les créances à court terme sans taux d'intérêt déclaré, la juste valeur est assimilée au montant de la facture d'origine.

Ces actifs font l'objet de tests de dépréciation en cas d'indication de perte de valeur. Une dépréciation est comptabilisée si la valeur comptable est supérieure à la valeur recouvrable estimée. Les créances commerciales, les autres prêts et créances (qui figurent en autres actifs financiers) et les encours clients des sociétés financières sont inclus dans cette catégorie.

Figure 3.2 • Extrait du document de référence 2017, Carrefour (note 12, p. 268).

Les **effets à recevoir** proviennent de ventes de biens (immobilier, véhicules, etc.) dont la durée de crédit est souvent supérieure à celle des crédits clients standard.

Le **coût amorti** est le montant auquel est évalué l'actif financier lors de sa comptabilisation initiale, diminué des remboursements en principal, majoré ou diminué de l'amortissement cumulé calculé par la méthode du taux d'intérêt effectif, de toute différence entre ce montant initial et le montant à l'échéance, et diminué de toute réduction pour dépréciation ou irrécouvrabilité.

Le **taux d'intérêt effectif** est le taux qui actualise exactement les décaissements ou encaissements de trésorerie futurs sur la durée de vie prévue de l'instrument financier ou, selon les cas, sur une période plus courte de manière à obtenir la valeur comptable nette de l'actif financier. Pour calculer le taux d'intérêt effectif, une entité doit estimer les flux de trésorerie en prenant en considération toutes les modalités contractuelles de l'instrument financier, mais ne doit pas tenir compte des pertes sur crédit futures.

Les créances n'apparaissent donc dans les états financiers qu'entre le moment de la réalisation d'un produit (lors d'une vente à crédit) et le règlement de celui-ci. Malgré ce caractère *a priori* transitoire, les entreprises octroyant des crédits clients sur une base régulière peuvent avoir en quasi-permanence d'importants montants de créances dans leur bilan (voir tableau 3.3).

Tableau 3.3 : Part des créances clients dans l'actif de certaines entreprises françaises

	Créances/Total actif	Créances/Actif courant
AccorHotels	3,3 %	22,1 %
Bouygues	18,8 %	37,5 %
Danone	6,3 %	29,0 %
Essilor	11,8 %	41,6 %
Groupe PSA	4,1 %	8,8 %
Publicis	41,0 %	73,6 %

Source : FactSet, documents de référence 2017.

Les créances clients proviennent de l'activité commerciale ordinaire de l'entreprise et elles sont qualifiées indifféremment de « Créances », « Créances – Clients » ou « Clients ». Il existe toutefois deux autres catégories de créances : les ***effets à recevoir*** et les *prêts* consentis aux employés et dirigeants de l'entreprise. Selon l'importance de ces postes, il convient de les distinguer au bilan des autres créances clients.

- Les effets à recevoir sont des créances plus formalisées que les crédits clients habituels. L'effet est un contrat signé entre le vendeur et l'acheteur, qui doit préciser les modalités de règlement de la créance et le taux d'intérêt appliqué. Ces effets proviennent de ventes de biens (immobilier, véhicules, etc.) dont la durée de crédit est souvent supérieure à celle des crédits clients standard. Ces effets apparaissent au bilan au coût amorti.
- Les autres créances par défaut ne proviennent pas des activités courantes d'exploitation de l'entreprise. Elles regroupent les prêts consentis aux employés et dirigeants de l'entreprise (voire aux actionnaires), ainsi que les avances versées à des filiales. Leur comptabilisation est analogue à celle des créances clients, mais peut différer selon les cas, notamment dans leur évaluation pour les prêts émis par l'entreprise.

2.1. Évaluation initiale des créances

Les créances sont évaluées au **coût amorti** selon la méthode du **taux d'intérêt effectif**. Dans la mesure où la trésorerie sera perçue dans le futur, il convient de déterminer la valeur actuelle de ces flux de trésorerie afin d'évaluer la valeur de la créance au moment de son enregistrement (voir application 3.4). Si les créances sont à court terme, elles sont évaluées au montant de la facture d'origine.

Mesure et enregistrement d'une créance : cas général

Le 01/01/2017, la société Texto SA vend des marchandises de reproduction graphique à son client allemand Graphics AG, aux conditions de règlement suivantes : 200 000 € lors de la vente initiale, 300 000 € dans douze mois et 500 000 € dans deux ans. Le coût amorti correspond au coût initial (717 093 €), augmenté des intérêts courus calculés au taux d'intérêt effectif (50 197 € et 32 710 €). Le taux d'intérêt effectif serait dans ce cas le taux d'un prêt au client sur la même durée et avec le même risque de crédit. La contrepartie est un produit d'intérêts enregistré en produits financiers. Dans ce cas, nous considérons un taux d'intérêt effectif de 7 %. Dans ces conditions, la juste valeur initiale de la créance est déterminée de la manière suivante :

$$\frac{300\,000}{1{,}07} + \frac{500\,000}{(1{,}07)^2} = 717\,093$$

Au moment de la vente, Texto SA comptabilise les opérations suivantes :

Banque (+ A)	200 000	
Créances – Clients (+ A)	717 093	
Vente (+ R, + FP)		917 093
01/01/2017		

Il convient de noter que le montant de la vente est de 917 093 €, alors que l'ensemble des paiements sera de 1 M€ (200 k€ + 300 k€ + 500 k€). En effet, le client va devoir verser plus que la valeur des marchandises (917 093 €), car il bénéficie d'un crédit que lui accorde le vendeur (la société Texto SA). La différence entre le coût amorti initial et les montants encaissés correspond au coût du service financier rendu (c'est-à-dire le prêt) accordé par le vendeur et qu'il fait donc payer à son client.

À la fin de l'exercice 2017, le client Graphics AG verse 300 000 €. La valeur résiduelle de la créance à cette date correspond à la valeur actualisée du montant restant dû :

$$\frac{500\,000}{1{,}07} = 467\,290$$

C'est la valeur qu'il convient de reporter dans le bilan de l'entreprise. L'écriture comptable au 31/12/2017 consiste donc à enregistrer la rentrée de liquidités qui provient du versement de 300 000 € du client, tout en ajustant la valeur de la créance client, afin que celle-ci reflète bien sa nouvelle valeur de 467 290 €. La différence entre le versement de 300 000 € et l'ajustement de la créance de 249 803 € (717 093 – 467 290), soit 50 197 €, correspond à un produit financier. Ce produit de 50 197 € correspond aux intérêts qui proviennent du prêt accordé par Texto SA à son client (7 % × 717 093) pendant l'année 2017.

Banque (+ A)	300 000	
Créances – Clients (– A)		249 803
Produit financier (+ R, + FP)		50 197
31/12/2017		

☞

Application 3.4 *(Suite)*

À l'échéance du dernier versement, Texto SA enregistre les écritures suivantes :

Banque (+ A)	500 000	
Créances – Clients (– A)		467 290
Produit financier (+ R, + FP) (7 % × 467 290)		32 710
31/12/2018		

La figure 3.3 présente un exemple de créances à long terme d'une entreprise française (Groupe PSA). On constate que les créances sont de véritables crédits clients d'une maturité parfois supérieure à deux années.

Échéanciers des prêts et créances des activités poursuivies du Groupe PSA au 31/12/2017

(en millions d'euros)	Encours net « Retail et Corporate & assimilés »	Encours net de financement de stock à la clientèle « Corporate réseaux »	Total
Non réparti	9	(25)	(16)
Moins d'un an	181	62	243
2 à 5 ans	117	-	117
+ 5 ans	-	-	-
Total créances brutes	307	37	344
Dépôts de garantie	(1)	-	(1)
Dépréciations	(7)	(5)	(12)
TOTAL CRÉANCES NETTES	**299**	**32**	**331**

Figure 3.3 • Extrait du document de référence 2017, Groupe PSA (note 13, p. 219).

Les créances à court terme (30 à 60 jours de crédit) sont, quant à elles, comptabilisées à leur valeur nominale.

Une entreprise peut ajuster la valeur de ses créances pour diverses raisons. Il peut s'agir, par exemple, d'un retour de marchandises provenant de clients insatisfaits des biens livrés. De même, afin d'inciter des clients à régler leur facture avant l'échéance, par exemple 30 jours, l'entreprise peut accorder une réduction financière (escompte) en cas de paiement anticipé. Enfin, des clients peuvent être dans l'incapacité de régler tout ou partie de leur dette. Les créances de l'entreprise sont alors considérées comme douteuses. Pour tous ces motifs, il convient d'ajuster le montant des créances publiées en tenant compte de facteurs susceptibles d'altérer leur recouvrement.

2.2. Réductions financières

La politique d'octroi de crédit commercial d'une entreprise vise à faciliter l'achat par ses clients et à accroître ainsi son chiffre d'affaires. Toutefois, l'entreprise a besoin de liquidités pour ses propres achats, afin de payer ses fournisseurs, ses salariés, ses impôts, etc. Tout en offrant des crédits, elle peut inciter ses clients à payer leur facture le plus rapidement possible. De nombreuses entreprises offrent ainsi des possibilités d'escompte à leurs clients. Les escomptes sont des réductions financières qui sont accordées à la condition de régler la facture dans un délai court. Cela incite le client à payer rapidement et réduit le besoin en trésorerie du vendeur. Le plus souvent, il est économiquement rentable pour le client d'en profiter, même s'il doit alors emprunter le montant de la facture auprès d'une banque. L'entreprise vendeuse effectue par contre un arbitrage entre la réduction de prix accordée au client du fait de l'escompte et le coût induit par le délai de paiement (suivi des créances, besoin de trésorerie pouvant engendrer un recours au crédit bancaire, etc.). Ces escomptes sont exprimés en pourcentage du montant brut de la vente.

L'escompte est une réduction financière accordée en cas de paiement anticipé, afin d'inciter des clients à régler leur facture avant l'échéance.

Par exemple, une entreprise peut accorder une réduction de 3 % sur un montant de 10 000 € si la facture est réglée dans les 10 jours. On exprime souvent cette réduction sous la forme « 3/10, n/60 » : l'entreprise accorde 3 % de réduction si le règlement s'effectue avant 10 jours (3/10) et une prime sera demandée si le prix accepté au moment de la vente n'est pas réglé dans les 60 jours (n/60). L'application 3.5 illustre ce principe.

Application 3.5

Constatation des escomptes dans le montant des ventes*

L'entreprise Alpha-Borneo Spa, concessionnaire italien de véhicules et de produits agricoles, vend à l'un de ses clients autrichiens 10 000 kg d'engrais au prix de 5 €/kg, avec les conditions suivantes : 2/15, n/30. Elle lui accorde donc une réduction de 2 % si le règlement a lieu dans les 15 jours. L'entreprise vendeuse peut comptabiliser la valeur de la créance en considérant que le « prix normal » de la vente inclut la réduction financière (premier cas) ou ne l'inclut pas (second cas).

Premier cas : la créance est enregistrée réduction financière déduite

Le prix inclut la réduction financière, soit 49 000 €. La société Alpha-Borneo Spa accorde donc un crédit gratuit de 15 jours à son client. Au moment de la vente, l'écriture est la suivante :

Clients (+ A)	49 000	
Vente (+ R, + FP)		49 000

Si le client paie dans les 15 jours, il devra débourser 49 000 €. L'écriture sera alors :

Banque (+ A)	49 000	
Clients (– A)		49 000

Par contre, s'il paie après les 15 jours de délai, le client devra débourser 50 000 €. La différence de 1 000 € avec le montant de la créance est alors un produit financier pour Alpha-Borneo Spa. L'écriture comptable est la suivante :

Banque (+ A)	50 000	
Produit financier (+ R, + FP)		1 000
Clients (– A)		49 000
Règlement de la créance		

☞

Application 3.5 *(Suite)*

Second cas : la créance est enregistrée à sa valeur nominale

Le prix est de 50 000 € (10 000 kg × 5 €/kg). Au moment de la vente, Alpha-Borneo Spa passe l'écriture suivante :

Clients (+ A)	50 000	
Vente (+ R, + FP)		50 000

Si la créance est réglée dans les 15 jours, le client bénéficiera de l'escompte et ne déboursera que 50 000 – (2 % × 50 000), soit 49 000 €. La différence avec la créance de 50 000 € est une réduction du chiffre d'affaires pour Alpha-Borneo Spa. L'écriture est la suivante :

Banque (+ A)	49 000	
Vente (– R, – FP)	1 000	
Clients (– A)		50 000
Règlement de la créance		

Si le client ne paie pas avant 15 jours, il devra débourser 50 000 €, au lieu des 49 000 €.

* Selon le référentiel comptable français, l'escompte – s'il est accordé – doit affecter les charges financières de l'entreprise, mais pas son chiffre d'affaires.

2.3. Créances douteuses

Dépréciation : perte de valeur d'un actif. Une créance est dépréciée si l'on considère que tout ou partie de son montant ne sera pas payé.

Une entreprise qui accepte de vendre à crédit peut espérer accroître son chiffre d'affaires en facilitant l'achat de ses biens et services aux clients. Toutefois, elle prend le risque que certains de ses clients ne puissent pas régler leur facture. Ce risque est un coût pour l'entreprise, qui doit être reflété dans les états financiers.

Au bilan, les créances clients doivent être ajustées afin de présenter le montant le plus susceptible d'être collecté. Le résultat de l'exercice doit intégrer une charge correspondant au risque encouru par l'entreprise. Le montant des créances douteuses n'est pas anodin : l'entreprise doit pouvoir contrôler le recouvrement de ses créances, sous peine de rencontrer, comme certains de ses clients, des difficultés de trésorerie (voir tableau 3.4).

Tableau 3.4 : Part des dépréciations pour créances douteuses en pourcentage des créances

	Dépréciations/Créances clients
AccorHotels	16,9 %
Bouygues	8,6 %
Danone	4,0 %
Essilor	7,7 %
Groupe PSA (*)	13,2 %
Publicis	0,9 %

Source : documents de référence 2017.

Le contrôle des créances clients et de leur règlement peut s'avérer fort coûteux pour l'entreprise. Celle-ci peut recourir à des sociétés de recouvrement pour sous-traiter une partie de ces tâches. Elle peut aussi revenir à une politique de crédit nul et exiger que toutes ses ventes soient réglées directement lors de la transaction, au risque de perdre une partie de sa clientèle et de voir son chiffre d'affaires diminuer. À moins d'accepter ces contraintes, le caractère incertain des créances représente un coût que l'entreprise doit gérer.

D'un point de vue comptable, le risque de créances douteuses a pour conséquence directe que les créances brutes ne représentent plus le montant susceptible d'être généré ultérieurement par ces actifs. Il convient donc de déterminer le montant raisonnablement récupérable à l'échéance des créances. De même, les pertes entraînées par les créances douteuses indiquent que certaines ventes à crédit ne peuvent plus figurer dans les états financiers, car tous les critères de réalisation des produits correspondants ne sont plus satisfaits (probabilité raisonnable de paiement). Le bilan et le compte de résultat sont donc surévalués (respectivement l'actif courant et le chiffre d'affaires). Le montant des créances et le résultat comptable doivent alors être ajustés à la baisse dans la même période comptable. Ces ajustements se font par la constatation d'une **dépréciation pour créances douteuses** (DPCD).

La **dépréciation pour créances douteuses** est un compte de dépréciation d'actif : un compte de contrepartie dans lequel figure la moins-value potentielle qu'un élément d'actif peut subir.

À chaque clôture des comptes, les créances clients doivent faire l'objet d'un test de dépréciation, sur une base individuelle ou sur une base collective (et, dans ce cas, par groupe de créances homogènes). Il y a dépréciation lorsqu'il existe un indicateur objectif de non-recouvrement de tout ou partie de la créance. La dépréciation d'une créance est comptabilisée au coût amorti et est évaluée en utilisant le taux d'intérêt effectif d'origine. Si les conditions d'une créance sont renégociées ou modifiées à cause de difficultés financières, la dépréciation est évaluée en utilisant le taux d'intérêt effectif d'origine avant la modification de ces conditions. Les flux de trésorerie relatifs aux créances à court terme ne sont pas actualisés si l'effet de l'actualisation est non significatif.

En raison du risque de défaut de certains clients, un ajustement des créances et du résultat comptable est réalisé. L'ajustement se fait en trois étapes (voir application 3.6) :

1. L'estimation des créances douteuses.
2. L'enregistrement comptable des dépréciations pour créances douteuses, dont l'objectif est de réduire simultanément la valeur des créances (recouvrables) et de constater une charge correspondante.
3. L'élimination des créances lorsque le défaut de paiement des clients devient définitif.

Application 3.6

Constatation des créances douteuses : cas général

Pendant sa première année d'activité, l'entreprise Construction SA a constaté pour 600 000 € de chiffre d'affaires, dont 400 000 € de ventes à crédit. 100 000 € de créances clients apparaissent à son bilan à la fin de cette première année d'exercice.

☞

Application 3.6 *(Suite)*

Les 100 000 € de créances au bilan en fin d'exercice signifient que, sur un total de 400 000 € de ventes à crédit, 300 000 € ont déjà été collectés pendant l'année. Par conséquent, 100 000 € restent encore à recevoir. Il est donc logique de les faire apparaître à l'actif (à court terme) du bilan. La question qui se pose alors à Construction SA est de savoir si la totalité des 100 000 € va pouvoir – avec certitude – être récupérée.

1. En se fondant sur l'expérience des entreprises du même secteur, on estime qu'il est fort probable que 3 % des créances risquent de ne pas être récupérables, soit 3 000 € (100 000 × 3 %).

Ainsi, lorsqu'il n'existe pas d'indication objective de dépréciation sur une base individuelle, la créance est incluse dans un groupe de créances similaires (avec un même niveau de risque), avec la recherche d'indicateurs de perte collectifs ; un test de dépréciation collective est également réalisé.

Le montant à déprécier est calculé par différence entre la valeur comptable de la créance (avant dépréciation) et sa valeur recouvrable.

2. L'écriture comptable qui permet de tenir compte de cette estimation est la suivante :

Dotation pour dépréciation (– R, – FP)	3 000	
Dépréciation pour créances douteuses (– A)		3 000
Constatation de la dépréciation pour créances douteuses		

3. Parmi les clients douteux de l'entreprise (susceptibles de ne pas régler leur créance), le client Sarl Logits dont la dette envers Construction SA se monte à 1 000 € a été déclaré en faillite en février. Construction SA ne pourra donc pas récupérer le montant de sa créance. Il convient alors d'enregistrer cette information. Le client étant déjà douteux, une dépréciation avait été constatée. Il convient d'éliminer respectivement la créance et la dépréciation :

Dépréciation pour créances douteuses (+ A)	1 000	
Créances – Clients « Sarl Logits » (– A)		1 000
Radiation des comptes de la créance douteuse « Logits »		

Étape 1 : estimation des créances douteuses

Estimation particulière des créances douteuses : estimation individuelle pour chaque créance de la probabilité de recouvrement.

Évaluation forfaitaire des créances douteuses : évaluation approximative et arbitraire fondée sur des données historiques ou estimées des créances qui ne seront pas payées.

Les entreprises peuvent utiliser plusieurs méthodes pour estimer le montant des créances qu'elles ne pourront probablement pas récupérer. Elles peuvent faire une **estimation particulière** de leurs créances, c'est-à-dire estimer la probabilité de recouvrement de chacune de leurs créances. Toutefois, ce procédé est lent et fastidieux pour les grands groupes qui disposent de très nombreux comptes clients.

Sans pour autant détériorer significativement la qualité de l'estimation, les entreprises recourent souvent à une **évaluation forfaitaire** de leurs créances douteuses. L'entreprise peut faire reposer son analyse sur son expérience passée d'activité. Elle se fonde alors sur le montant des créances effectivement non réglées des exercices antérieurs et compare le montant identifié au chiffre d'affaires de l'époque ou aux créances brutes (créances avant estimation des montants incertains). Ainsi, un grand nombre d'entreprises estime le niveau des créances douteuses en fonction du pourcentage des ventes ou des créances clients. Par exemple, il peut être raisonnable de considérer que 2 % des ventes réalisées à crédit ne seront pas réglées ou, dans le meilleur des cas, le seront avec difficulté ou retard. Une entreprise au début de son exploitation pourra se référer aux autres sociétés du même secteur industriel pour établir ses premières estimations. Certaines entreprises affinent leur estimation en appliquant les pourcentages obtenus (créances douteuses) aux créances selon leur retard de paiement. Cette méthode consiste à classer les créances selon le temps écoulé depuis la constatation de la vente et à leur appliquer un taux de non-recouvrement différent. Le taux appliqué croît généralement avec la durée écoulée depuis la vente, car plus la durée est longue et plus la probabilité de ne pas être réglé augmente.

Application 3.7

Balance par antériorité des créances douteuses

À la fin de sa première année d'activité (année 2017), l'entreprise Pizza-Lyon a 50 000 € de créances. Plutôt que d'appliquer un taux unique de 3 % pour estimer le montant des créances qu'elle risque de ne pas récupérer, elle préfère décomposer ses 50 000 € de créances (voir tableau ci-dessous). Selon ses estimations, elle ne pourra récupérer que 47 300 €, soit 50 000 € de créances encore à régler moins les 2 700 € qu'elle estime ne pas pouvoir récupérer.

Estimation des créances douteuses

Ancienneté des créances	Montant (en €)	Non-recouvrement (en %)	Estimation
6-12 mois	5 000	20 %	1 000 (5 000 × 20 %)
3-6 mois	10 000	10 %	1 000 (10 000 × 10 %)
< à 3 mois	35 000	2 %	700 (35 000 × 2 %)
Total	50 000		2 700

Étape 2 : enregistrement des dépréciations pour créances douteuses

Les ajustements des créances se font à la fin de chaque exercice comptable au cours duquel les dépréciations sont survenues. Avant de procéder à ces ajustements, beaucoup d'entreprises reclassent les créances potentiellement irrécouvrables dans une catégorie intitulée *Créances douteuses* (selon le PCG français). Elles effectuent ensuite les ajustements nécessaires sur ces comptes. Hormis ce reclassement qui ajoute une étape, la suite de la procédure est identique.

Elle consiste à utiliser un compte *Dotation pour dépréciation* (charge) et un compte de bilan *Dépréciation pour créances douteuses* (DPCD), qui n'est autre qu'un compte de dépréciation de valeur d'actif. Bien que ce compte apparaisse à l'actif, son solde ne fait que réduire la valeur d'un autre poste : les créances. Ainsi, le montant estimé des créances douteuses ne va pas réduire directement le montant du compte Créances, mais permettre de faire apparaître un montant de créances nettes tel que : **Créances nettes = Créances brutes – DPCD**. La dépréciation pour créances douteuses est un compte de dépréciation d'actif, soit un **compte de contrepartie** dans lequel figure la perte potentielle qu'un élément d'actif peut subir.

Application 3.8

Suivi des dépréciations pour créances douteuses

L'entreprise Pizza-Lyon doit enregistrer pour son premier exercice comptable (année 2017) l'impact sur ses états financiers de son estimation de créances douteuses (voir tableau de l'application 3.7).

Dotation pour dépréciation (– R, – FP)	2 700	
Dépréciation pour créances douteuses (– A)		2 700

Avec cette écriture, l'actif de l'entreprise est ajusté à la baisse d'un montant de 2 700 €, de telle sorte que les valeurs et postes apparaissent au bilan de la façon suivante :

Créances brutes	50 000
DPCD	(2 700)
Créances nettes	47 300

Les 47 300 € sont le montant que l'entreprise Pizza-Lyon estime pouvoir raisonnablement récupérer de ses clients.

Des ajustements du montant des dépréciations pour créances douteuses sont souvent nécessaires au cours des années suivantes. En effet, le montant des créances est rarement identique d'une année sur l'autre. Une pratique courante consiste alors simplement à ajuster le montant des *Dépréciations* au bilan afin que celui-ci permette de présenter un montant de créances nettes qui corresponde à la nouvelle réalité économique de l'entreprise (voir application 3.9).

Application 3.9

Suivi des dépréciations pour créances douteuses (suite)

À la fin de sa deuxième année d'activité (année 2018), les créances de l'entreprise Pizza-Lyon sont d'un montant brut de 70 000 €. L'état de ses créances au début de l'exercice 2018 se présentait de la façon suivante :

Créances brutes	50 000
DPCD	(2 700)
Créances nettes	47 300

Les DPCD représentent 5,4 % des créances brutes.

Toutes les créances de l'année 2017 ont été réglées en 2018 à l'exception des créances douteuses de 2 700 €.

Deux cas de figure de l'évolution du poste Dépréciation pour créances douteuses sont présentés :

- Les créances douteuses sont considérées définitivement perdues.
- La direction de l'entreprise juge que les créances douteuses seront réglées par les clients ultérieurement, en 2019.

☞

Application 3.9 *(Suite)*

Premier cas : créances douteuses devenues irrécouvrables

Au cours de l'exercice 2018, toutes les anciennes créances ont été réglées, sauf les irrécouvrables qui ont définitivement été perdues. Les écritures suivantes ont donc été passées :

Banque (+ A)	47 300	
DPCD (+ A)	2 700	
Créances (– A)		50 000
Au cours de l'année 2018		

À la fin du second exercice, Pizza-Lyon constate donc un nouvel ajustement de ses créances en appliquant le taux moyen de créances potentiellement irrécouvrables de l'année précédente 5,4 % (2 700 / 50 000). Il en résulte une dépréciation de 5,4 % × 70 000, soit 3 780 €. L'écriture comptable est la suivante :

Dotation pour dépréciation (– R, – FP)	3 780	
Dépréciation pour créances douteuses (– A)		3 780
À la fin 2018		

soit un montant de créances nettes :

Créances brutes	70 000
DPCD	(3 780)
Créances nettes	66 220

On constate que le montant des Dépréciations pour créances douteuses ne fait que croître de 1 080 € (3 780 – 2 700). Ce montant peut être trompeur, car la charge correspondant au risque encouru par l'entreprise qui accepte de faire crédit à ses clients est de 3 780 €.

Second cas : créances douteuses encore en attente

Au cours de l'année 2018, les créances douteuses de 2 700 € n'ont toujours pas été réglées. Pizza-Lyon estime cependant que leur paiement est toujours possible.

Banque (+ A)	47 300	
Créances (– A)		47 300
Au cours de l'année 2018		

Le compte client à la fin 2018 aurait présenté une valeur de 70 000 + 2 700 (montant brut des créances douteuses) – (3 780 + 2 700) de DPCD, telle que décrite ci-dessous :

Créances brutes	72 700
DPCD	(6 480)
Créances nettes	66 220

☞

Application 3.9 *(Suite)*

Alors que le montant des DPCD est plus important, puisqu'il représente cette fois-ci environ 8,9 % des créances brutes (6 480 / 72 700), on obtient le même montant de créances nettes, c'est-à-dire susceptibles d'être réglées. Le montant de la charge correspondant au risque encouru par l'entreprise reste de 3 780 €. Le montant de la DPCD permet d'ajuster le montant brut des créances afin de présenter le montant net (recouvrable).

L'écriture comptable est la suivante :

Dotation pour dépréciation (– R, – FP) Dépréciation pour créances douteuses (– A) *À la fin 2018*	3 780	 3 780

Étape 3 : radiation des créances douteuses

Lorsque, *in fine*, le défaut de paiement d'un client se confirme, il est nécessaire de solder les comptes de créances et de dépréciation pour créances douteuses correspondants. Le compte de résultat n'est pas affecté par cette opération (à moins que la dépréciation antérieure ne soit insuffisante) et l'impact sur le bilan est quasi nul (voir application 3.10).

Application 3.10

Radiation des créances douteuses

L'entreprise Conglomérat a un montant de 60 000 € de créances nettes au début de l'exercice 2018. Le tableau suivant présente un extrait du bilan de Conglomérat le 01/01/2018 (date de début d'exercice comptable) :

Créances brutes	80 000
DPCD	(20 000)
Créances nettes	60 000

Le montant des DPCD comprend 10 000 € concernant le client Petit. Le 15/01/2018, Conglomérat est informée que Petit ne pourra pas régler sa dette. Conglomérat doit donc enregistrer l'écriture de radiation suivante :

Dépréciation pour créances douteuses (+ A) Créance – Client « Petit » (– A) *Radiation de la créance « Petit »*	10 000	 10 000

Cette écriture de radiation n'a fait que réduire le montant des créances brutes de 10 000 €, puisque cette créance ne sera jamais réglée. Il est donc normal de l'éliminer du bilan. De même, le poste Dépréciation pour créances douteuses qui se rapportait au client Petit n'a plus de raison d'être dans le bilan de l'entreprise, puisque la créance Petit qu'elle était censée déprécier (réduire) a été annulée. Les créances de l'entreprise Conglomérat se présentent à présent de la façon suivante :

Créances brutes	70 000
DPCD	(10 000)
Créances nettes	60 000

L'impact sur le total du bilan est nul, puisque le montant des créances que l'entreprise pense pouvoir récupérer reste inchangé, à 60 000 €.

L'impact de la radiation des créances douteuses sur les états financiers n'est pas systématiquement nul, notamment lorsque l'estimation de la dépréciation pour créances douteuses s'avère insuffisante ou, au contraire, trop prudente.

Radiation des créances douteuses (suite)

L'entreprise Conglomérat, qui avait un montant de 60 000 € de créances nettes, est informée le 15/01/2018 qu'un de ses clients, l'entreprise Petit, ne pourra pas régler la totalité de la créance due (10 000 €), mais seulement 4 000 € pour solde de tout compte. Le tableau suivant présente un extrait du bilan de Conglomérat le 31/12/2017 (date de clôture des comptes) :

Créances brutes	80 000
DPCD	(20 000)
Créances nettes	60 000

Conglomérat a sous-estimé la capacité de Petit à payer sa dette. L'estimation du poste Dépréciation pour créances douteuses a été trop prudente. L'écriture de radiation est donc la suivante :

Dépréciation pour créances douteuses (+ A)	10 000	
Créance – Client « Petit » (– A)		10 000
Banque (+ A)	4 000	
Reprise sur dépréciations (+ R, + FP)		4 000
Radiation de la créance « Petit »		

La première écriture est identique à celle d'une radiation normale. La seconde ne fait que refléter, d'une part, la rentrée de liquidité et, d'autre part, le gain de 4 000 € qui résulte de ce versement. Sur l'ensemble de l'opération, il y a une perte de 6 000 €, qui provient de la dotation pour dépréciations (qui a entraîné une diminution du résultat 2017) de 10 000 € de l'année antérieure et de 4 000 € de gains cette année 2018.

Les 4 000 € peuvent être enregistrés en produits dans un compte Reprise sur dépréciations ou aller en réduction du compte Dotations pour dépréciations de l'année en cours, si l'on considère que le montant des nouvelles dotations sera supérieur à 4 000 €.

Après ces écritures, les créances de l'entreprise Conglomérat se présentent de la même façon que précédemment :

Créances brutes	70 000
DPCD	(10 000)
Créances nettes	60 000

2.4. Retours de marchandises

Les clients peuvent retourner des marchandises à l'entreprise vendeuse, généralement dans une période de 30 à 60 jours. Les raisons invoquées sont souvent le mauvais fonctionnement du bien, son caractère défectueux, sa mauvaise qualité ou tout autre attribut d'insatisfaction du client. D'un point de vue comptable, ces marchandises ont déjà été enregistrées dans les états financiers. Si la vente était à crédit, une vente (produit) au compte de résultat et une créance (à l'actif) ont été comptabilisées.

À la fin de chaque exercice comptable, le montant des marchandises retournées doit être estimé, puis déduit du montant des créances et du chiffre d'affaires. Une autre approche d'enregistrement consiste à réduire les créances par l'intermédiaire d'un compte de dépréciation d'actif (compte de contrepartie, comme celui des dépréciations pour créances douteuses) et de constater une dotation pour dépréciation qui réduit le résultat comptable.

2.5. Ventes à crédit en devises étrangères

Les ventes des entreprises ne sont pas réservées à des clients locaux. Des produits sont exportés et des ventes sont réalisées par des filiales. Il est alors probable que les clients paient avec leur propre monnaie, c'est-à-dire leur **monnaie locale**. Si cette monnaie diffère de celle de l'entreprise vendeuse, le vendeur doit convertir les montants afférents à cette vente dans sa monnaie de fonctionnement (devise utilisée par l'entreprise), généralement sa monnaie locale.

Les taux de change entre les devises peuvent varier fortement dans des périodes relativement courtes. Le montant des créances converties dans la devise de l'entreprise vendeuse ne correspondra peut-être pas au montant réellement encaissé, en raison d'une variation des taux de change. Il convient donc de refléter ces variations dans les états financiers. L'application 3.13 présente un premier cas avec perte de change et l'application 3.14 un second cas avec gain de change.

Application 3.12

Enregistrement des créances en devises étrangères

Le 1er décembre 2017, l'entreprise belge Salvoy vend avec un crédit de 60 jours des marchandises pour 1 000 000 $ (USD) à un importateur nord-américain. Au moment de la vente, le cours euro/dollar (taux fictif) est de 1,25 (il faut 1,25 $ pour acquérir 1 € de marchandises).

L'entreprise Salvoy passe l'écriture suivante :

Clients (+ A)	800 000	
Ventes (+ R, + FP)		800 000
Ventes export (1 000 000 / 1,25 = 800 000 €)		
01/12/2017		

Application 3.13

Enregistrement des créances en devises étrangères (suite)

Premier cas : perte de change

Le 31/12/2017 (date de clôture des comptes), le cours euro/dollar est de 1,30. Ce nouveau taux de change reflète l'appréciation de l'euro par rapport au dollar. Il est de plus en plus cher d'acheter de l'euro avec du dollar : pour 1 €, il fallait payer 1,25 $ le 1er décembre et il faut maintenant payer 1,30 $. Cette variation du cours du dollar par rapport à l'euro a pour conséquence directe la modification du montant de la créance au 31/12/2017. En effet, si le client nord-américain devait régler sa facture à cette date, l'entreprise Salvoy ne percevrait que 1 000 000 $ / 1,30 soit 769 231 €. Cette information doit donc apparaître dans les états financiers. ☞

(Suite)

La créance est donc ajustée à la baisse de 800 000 – 769 231, soit 30 769 €, alors que le résultat comptable est réduit du même montant par la constatation d'une charge (perte de change). L'écriture comptable est la suivante :

Perte de change (– R, – FP)	30 769	
Clients (– A)		30 769
Ajustement de la créance selon le nouveau taux de change		
31/12/2017		

Le 31/01/2018, à la date d'expiration de la créance, le cours euro/dollar est de 1,32. Le règlement de la transaction fait donc apparaître une nouvelle perte de change de 11 655 €. L'écriture correspondante est la suivante :

Banque (+ A)	757 576	
Perte de change (– R, – FP)	11 655	
Clients (– A)		769 231
Règlement de la facture par le client nord-américain		
31/01/2018		

Cette écriture suppose que l'entreprise n'a pas ajusté la valeur de sa créance avant son règlement le 31/01/2018.

Les ajustements de créances qui résultent de ventes en devises étrangères sont effectués, que le cours de la devise évolue favorablement ou défavorablement pour l'entreprise vendeuse. Les états financiers sont censés refléter la situation économique et financière de l'entreprise.

Enregistrement des créances en devises étrangères (suite)

Second cas : gain de change

Le 31/12/2017 (date de clôture des comptes), le cours euro/dollar est de 1,20. Ce nouveau taux de change reflète la dépréciation de l'euro par rapport au dollar. Il est de moins en moins cher d'acheter de l'euro avec du dollar : pour un euro, il fallait payer 1,25 \$ le 1er décembre et il faut maintenant payer 1,20 \$. Il convient par conséquent de refléter cette information dans les états financiers.

La créance est donc ajustée à la hausse de 833 333 – 800 000, soit 33 333 €, alors que le résultat comptable augmente du même montant par la constatation d'un produit (gain de change). L'écriture comptable est la suivante :

Clients (+ A)	33 333	
Gain de change (+ R, + FP)		33 333
Ajustement de la créance selon le nouveau taux de change		
31/12/2017		

☞

Application 3.14 *(Suite)*

Le 31/01/2018, à la date d'expiration de la créance, le cours euro/dollar est de 1,22. Le règlement de la transaction fait donc apparaître une perte de change de 833 333 – 819 672, soit 13 661 €. En effet, la dernière valeur de la créance au bilan du 01/01/2018 est de 833 333 €. Avec un taux de change euro/dollar de 1,22, la valeur de cette créance le 31/01/2018 (jour du règlement) est de 819 672 €. La valeur de la créance en euros a donc baissé durant le mois de janvier. Cette perte de valeur de la créance en perte de change doit logiquement être enregistrée. L'écriture correspondante est la suivante, à la date d'expiration de la créance, le 31/01/2018 :

Banque (+ A)	819 672	
Perte de change (– R, – FP)	13 661	
Clients (– A)		833 231
Règlement de la facture par le client nord-américain		
31/01/2018		

Globalement, sur toute la période, l'entreprise Salvoy constate bien un gain de change de 819 672 – 800 000, soit 19 672 €, qui correspond à la différence entre la valeur de la créance le 01/12/2017 (800 000 €) et le montant perçu le 31/01/2018 (819 672 €). Ce gain de change se compose d'un gain de + 33 333 € au 31/12/2017 et d'une perte de – 13 661 € au 31/01/2018.

En raison d'une fluctuation du taux de change euro/dollar sur deux exercices comptables, l'impact sur les états financiers a lui aussi fluctué.

3. Stocks

Les **stocks** sont des actifs détenus pour être vendus ou consommés dans le cours normal de l'activité.

Les stocks sont des actifs :

- détenus pour être vendus dans le cours normal de l'activité (par exemple, des marchandises achetées par un détaillant et détenues pour la revente, des terrains ou d'autres biens immobiliers détenus pour la revente par une société immobilière, mais aussi des produits finis, etc.) ;
- en cours de production pour une telle vente ;
- sous forme de matières premières ou de fournitures devant être consommées dans le processus de production ou de prestation de services (IAS 2, § 6).

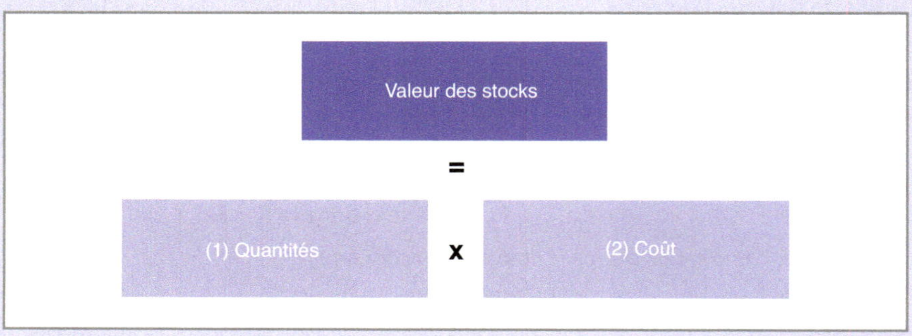

Figure 3.4 • Évaluation des stocks.

Les stocks représentent parfois des sommes importantes au bilan des entreprises. C'est le cas de nombreuses entreprises industrielles et commerciales (voir tableau 3.1). La valeur des stocks apparaît non seulement en actif courant en fin d'exercice comptable, mais elle impacte aussi le résultat comptable de l'entreprise *via* la marge brute et le coût des marchandises vendues (voir chapitre 2). L'annexe 1 de ce chapitre aborde la valorisation des stocks de matières premières et des produits finis. L'évaluation des stocks nécessite de procéder à un dénombrement des marchandises, puis à l'identification de leur coût respectif.

3.1. Dénombrement

Afin de procéder à l'évaluation des stocks de marchandises en fin d'exercice, il est nécessaire de connaître le nombre de marchandises à inclure dans le dénombrement. Ce dénombrement nécessite trois étapes :

1. Il faut tout d'abord procéder au décompte des unités en magasin et dans l'entrepôt de l'entreprise. Lors de la prise d'inventaire, on opère un dénombrement physique des marchandises afin d'établir le nombre d'unités en main à une date donnée.
2. Certaines marchandises peuvent être en transit (ce sont les unités qui se trouvent entre les locaux du fournisseur et de l'entreprise ou entre les locaux de l'entreprise et du client). Plusieurs cas sont possibles, dont les deux plus courants sont :
   - Si FAB (franco à bord) point d'expédition : l'acheteur assume les frais de transport et le risque pour les stocks. Les marchandises doivent figurer dans les stocks de l'acheteur.
   - Si FAB point de livraison : le vendeur assume les frais et les risques pour les stocks pendant le transport. Les marchandises ne doivent pas figurer dans les stocks de l'acheteur.
3. Certaines marchandises peuvent être en consignation. Ce sont des marchandises qu'un fournisseur a livrées à un négociant tout en en conservant la propriété. Le transfert de propriété aura lieu lorsque le négociant vendra ces marchandises.
   - Si l'entreprise est le fournisseur (consignateur), alors les marchandises doivent figurer dans le stock.
   - Si l'entreprise est le détaillant (consignataire), alors les marchandises ne doivent pas figurer dans le stock (si ces marchandises ont été décomptées, il faut les déduire).

Après l'étape du dénombrement précis, la détermination de la valeur des marchandises est possible.

3.2. Valorisation

3.2.1. Valorisation initiale

Le coût des stocks comprend *tous les coûts d'acquisition et tous les autres coûts* nécessaires à la mise à disposition des marchandises. Les **coûts d'acquisition** comprennent principalement : le prix d'achat, les droits de douane et les autres taxes (autres que celles récupérables par l'entité auprès de l'administration fiscale), les

Le **coût d'acquisition** est la valeur retenue à la date d'entrée dans l'entreprise pour les biens acquis à titre onéreux et est égal au prix d'achat majoré des frais accessoires nécessaires à la mise en état d'utilisation du bien.

frais de transport et de manutention. Les coûts d'acquisition tiennent compte des rabais, remises et ristournes. Le coût des stocks est donc considéré après application de ces éléments soustractifs. Les escomptes de règlement comptant viennent également en déduction du prix d'achat des stocks.

Application 3.15

Acquisition de marchandises

En 2018, la société Leman SA a déboursé les sommes suivantes pour l'acquisition de marchandises :

- marchandises à l'étranger : 3 635 k€ ;
- droits de douane : 5 k€ ;
- frais de transport : 70 k€ ;
- retour de marchandises en mauvais état : 10 k€ ;
- rabais sur marchandises endommagées : 10 k€ ;
- escompte (réduction financière) : 40 k€ ;
- invendus au 31 décembre : 350 k€.

La société disposait de stocks en début de période d'une valeur de 200 k€.

Le coût des marchandises pour l'exercice 2018 est de :

Stock au début 2018		200 k€
Plus :		
	Achats	3 635 k€
	Douanes	5 k€
	Fret à l'achat	70 k€
Moins :		
	Rendus et rabais sur achats	60 k€
Coût des marchandises destinées à la vente		3 850 k€
Moins : stock de la fin 2018		350 k€
Coût des marchandises vendues (CMV)		**3 500 k€**

3.2.2. Valorisation des sorties de stocks

Quatre méthodes permettent d'attribuer un coût aux marchandises en stock :

- méthode du coût propre ;
- méthode du coût moyen (blé, vin, etc., mélangés : impossibilité de faire la distinction) ;
- méthode de l'épuisement successif (FIFO ; PEPS, Premier entré – premier sorti) ;
- méthode de l'épuisement à rebours (LIFO ; DEPS, Dernier entré – premier sorti).

La figure 3.5 représente un exemple de mention dans l'annexe au sujet des méthodes d'évaluation des stocks.

Les stocks de L'Oréal

Les stocks sont évalués au plus bas du prix de revient ou de leur valeur nette de réalisation. Le prix de revient est calculé selon la méthode du coût moyen pondéré.

Les stocks obsolètes ou à rotation lente font l'objet de provisions pour dépréciation, en fonction de leur valeur nette de réalisation probable évaluée sur la base de données historiques et prévisionnelles.

Figure 3.5 • Extrait du document de référence 2017, L'Oréal (note 3, p. 234).

Seules deux méthodes sont autorisées par l'IASB pour déterminer le coût des stocks fongibles : la méthode du « Premier entré – premier sorti » (PEPS), ou « *First In – First Out* » (FIFO) dans sa version anglaise, et la méthode du coût moyen pondéré (CMP).

Méthode du coût propre

La **méthode du coût propre** consiste à attribuer aux articles en stock leur coût réel d'achat (coût spécifique au moment de l'achat). Elle ne s'applique toutefois qu'à des articles non fongibles et identifiables.

La **méthode du coût propre** attribue aux articles en stock leur coût réel d'achat.

L'application 3.16 illustre les trois autres méthodes de valorisation des stocks et permet de comprendre leur impact sur le compte de résultat *via* le coût de marchandises vendues.

Application 3.16

Valorisation des sorties de stocks et CMV

L'entreprise Fèvre fournit les informations suivantes sur ses achats et ventes de marchandises :

Données	Nombre d'unités	Coût à l'unité	Coût total
Stock d'ouverture	10	800	8 000
Premier achat – 1er mars	5	900	4 500
Deuxième achat – 1er juillet	5	1 000	5 000
Troisième achat – 1er octobre	5	1 200	6 000
Quatrième achat – 1er décembre	5	1 300	6 500
Total des unités destinées à la vente	30		30 000
Unités vendues	18		
Unités en magasin au 31 décembre	12		

La question qui se pose à l'entreprise est la suivante : comment valoriser les consommations de marchandises (déterminer leur coût), ainsi que le stock final de 12 unités restant en magasin ?

Méthode du coût moyen

La **méthode du coût moyen** attribue aux articles en stock le coût moyen pondéré des achats de l'exercice et du stock d'ouverture, c'est-à-dire de toutes les marchandises qui ont été disponibles à la vente.

La **méthode du coût moyen** attribue aux articles en stock le coût moyen pondéré des achats de l'exercice et du stock d'ouverture, c'est-à-dire de toutes les marchandises qui ont été disponibles à la vente. Le coût moyen se détermine donc de la façon suivante :

Tableau 3.5 : Méthode du coût moyen pondéré (mise en pratique à partir de l'application 3.16)

Coût des marchandises destinées à la vente	30 000
Nombre d'unités à vendre	30
Coût unitaire moyen	1 000
Stock de fermeture – méthode du coût moyen	12 000
Coût des marchandises disponibles à la vente	30 000
Moins : stock de fermeture	(12 000)
CMV – méthode du coût moyen	**18 000**

$$\text{Coût moyen pondéré} = \frac{\text{Coût stock début de période} + \text{Coût des achats de l'exercice}}{\text{Nombre d'articles au début de la période} + \text{Nombre d'articles achetés}}$$

Cette méthode présente l'avantage d'atténuer les effets des fluctuations de prix durant la période. Toutefois, elle a l'inconvénient de fausser la valeur des stocks si les prix ont augmenté ou diminué systématiquement durant la période. Si la société utilise un système d'inventaire permanent (évaluation du stock après chaque vente), la moyenne est calculée après chaque achat (moyenne mobile).

Méthode de l'épuisement successif : FIFO

La méthode **FIFO** (*First In / First Out*) pose comme hypothèse que les premiers articles achetés sont les premiers vendus, de sorte que les articles en stock à la fin de l'exercice proviennent des derniers achats de l'exercice.

La méthode FIFO part de l'hypothèse que les premiers articles achetés sont les premiers vendus, de sorte que les articles en stock à la fin de l'exercice proviennent des derniers achats de l'exercice. Cette approche à l'avantage de valoriser les stocks au bilan à une valeur proche de leur coût de remplacement. Toutefois, le coût des marchandises vendues (CMV) est évalué aux coûts les plus anciens en cas d'inflation.

Tableau 3.6 : Méthode de l'épuisement successif (mise en pratique à partir de l'application 3.16)

Cinq unités achetées le 1er décembre – 1 300 × 5	6 500
Cinq unités achetées le 1er octobre – 1 200 × 5	6 000
Deux unités achetées le 1er juillet – 1 000 × 2	2 000
Stock de fermeture – FIFO ou PEPS	14 500
Coût des marchandises disponibles à la vente	30 000
Moins : stock de fermeture	(14 500)
CMV – méthode FIFO ou PEPS	**15 500**

Selon la méthode **LIFO** (*Last In – First Out*), on fait l'hypothèse que les derniers articles achetés sont les premiers vendus, de sorte que les articles en stock à la fin proviennent des premiers articles en main.

Méthode de l'épuisement à rebours (LIFO)

La méthode LIFO part de l'hypothèse que les derniers articles achetés sont les premiers vendus, de sorte que les articles en stock à la fin de l'exercice proviennent des premiers articles en main. L'avantage est d'évaluer le CMV aux coûts les plus récents. Par contre, les stocks sont évalués aux coûts les plus anciens, donc plus éloignés du coût de remplacement.

Tableau 3.7 : Méthode de l'épuisement à rebours (mise en pratique à partir de l'application 3.16)

Dix unités dans le stock d'ouverture – 800 × 10	8 000
Deux unités achetées le 1er mars – 900 × 2	1 800
Stock de fermeture – LIFO ou DEPS	9 800
Coût des marchandises destinées à la vente	30 000
Moins : stock de fermeture	(9 800)
CMV – méthode LIFO ou DEPS	**20 200**

Une fois que l'on a choisi une méthode d'évaluation, en vertu du principe de permanence des méthodes, on ne peut pas changer de méthode pour les exercices suivants. L'impact sur les états financiers n'est pas anodin, comme le montre le tableau récapitulatif suivant.

Le chiffre d'affaires de la société Fèvre est de 28 000 k€. L'impact sur les états financiers de la méthode de valorisation de sortie des stocks est présenté comme suit :

	Coût moyen	**FIFO**	**LIFO**
Ventes	28 000	28 000	28 000
Coûts des marchandises vendues :			
Stocks d'ouverture	8 000	8 000	8 000
Plus : achats	22 000	22 000	22 000
= Coûts des marchandises destinées à la vente	30 000	30 000	30 000
Moins : stock de fermeture	**(12 000)**	**(14 500)**	**(9 800)**
= CMV	18 000	15 500	20 200
Marge brute	**10 000**	**12 500**	**7 800**

3.3. Dépréciation des stocks

À chaque nouvel exercice comptable, une évaluation de la valeur réalisable nette des stocks doit être effectuée. En effet, certaines circonstances nécessitent une dépréciation de la valeur des stocks, comme la détérioration de ceux-ci ou une perte de leur valeur de marché. Il convient de refléter cette information dans les états financiers. La *valeur réalisable nette* est le prix de vente estimé dans le cours normal de l'activité, moins les coûts estimés pour l'achèvement et ceux nécessaires à la réalisation de la vente (IAS 2, § 6). Si les stocks sont endommagés, s'ils sont devenus obsolètes, si leur prix de vente a baissé, si les coûts estimés d'achèvement ou de réalisation de la vente ont augmenté, le coût des stocks peut ne pas être recouvrable. La valeur nette de réalisation est estimée à partir des éléments probants les plus fiables disponibles à la date à laquelle les évaluations sont faites. Il s'agit du *montant attendu de la réalisation (cession) des stocks*. Lorsque le coût d'entrée est supérieur à leur valeur nette de réalisation, il est alors nécessaire de déprécier les stocks pour les ramener à leur valeur nette de réalisation. Le Groupe PSA le rappelle dans son rapport annuel (voir figure 3.6).

Stocks du Groupe PSA

Conformément à la norme IAS 2 « Stocks », les stocks sont évalués au plus faible de leur coût et de leur valeur nette de réalisation.

Leur coût est déterminé selon la méthode du « premier entré - premier sorti ». Il incorpore l'ensemble des frais variables directs et indirects de production, et les frais fixes dans la limite de la capacité normative de production de chaque site de fabrication.

La valeur nette de réalisation des stocks destinés à être vendus est le prix de vente estimé en tenant compte des conditions de marché et le cas échéant de sources d'information externes, diminué des coûts estimés nécessaires pour réaliser la vente (moyens commerciaux variables directs, frais de remise en l'état non facturés aux clients pour les véhicules et autres biens d'occasion...).

Figure 3.6 • Extrait du document de référence 2017, Groupe PSA (note 6, p.179).

Application 3.17

Valeur nette de réalisation

L'entreprise Bêta a fabriqué un produit X, qui n'est pas entièrement terminé. Le prix de vente estimé est de 800 € et les coûts estimés pour l'achèvement sont de 200 €. Les coûts nécessaires à la réalisation de la vente s'élèvent à 50 €. La *valeur nette de réalisation* est donc de 800 – 200 – 50, soit 550 €.

Les calculs se font élément par élément, sauf si les stocks concernent la même ligne de produits avec des usages finaux similaires ou s'ils sont produits ou commercialisés dans la même zone géographique et qu'ils ne puissent être évalués séparément des autres éléments de la ligne de produits. Il n'est ainsi pas pertinent de déprécier globalement des stocks selon les critères suivants : produits finis, marchandises, stocks destinés à un même secteur d'activité, etc.

Si les stocks sont détenus pour satisfaire à un contrat de vente de produits ou de services préalablement signé, la valeur nette de réalisation des stocks sera fonction du prix spécifié dans le contrat.

Les matières premières et autres fournitures détenues pour être utilisées dans la production des stocks ne sont pas dépréciées en dessous du coût s'il est attendu que les produits finis dans lesquels elles seront incorporées seront vendus au coût ou au-dessus de celui-ci. Cependant, lorsqu'une baisse du prix des matières premières indique que le coût des produits finis est supérieur à la valeur nette de réalisation, les stocks de matières premières ou de fournitures seront dépréciés à leur valeur nette de réalisation, qui peut être mesurée par le coût de remplacement.

Les dépréciations et reprises sur dépréciation des stocks sont, selon les normes comptables internationales, comptabilisées dans les variations de valeurs brutes. À la différence de la comptabilisation selon le PCG, elles ne figurent pas dans des comptes spécifiques apportant des informations sur les valeurs brutes, les dépréciations et les valeurs nettes.

L'extrait de rapport annuel du Groupe LafargeHolcim donne un exemple de la présentation finale des principaux postes de l'actif courant : les disponibilités, les créances clients et les stocks (voir figure 3.7). Ce groupe a un certain nombre d'instruments dérivés actifs (options, *swaps*, etc.) qui sont des actifs financiers de transaction.

État de la situation financière consolidée du Groupe LafargeHolcim

	Au 31 décembre	
(en millions de CHF)	2017	2016
Trésorerie et équivalents de trésorerie	4217	4923
Instruments dérivés à court-terme	44	68
Produits financiers à recevoir à court-terme	262	207
Créances clients	3340	2826
Stocks	2870	2645
Charges payées d'avance	1335	1720
Actifs détenus pour la vente	550	2046
TOTAL ACTIFS COURANTS	**12618**	**14435**

Figure 3.7 • Extrait du document de référence 2017, LafargeHolcim (p. 125).

Annexe 1 : Introduction aux coûts des produits finis

Les coûts de transformation des stocks comprennent :

- les coûts directement liés aux unités produites, notamment la main-d'œuvre directe ;
- l'affectation des frais généraux de production fixes et variables encourus pour transformer les matières premières en produits finis.

Les *frais généraux de production fixes* sont les coûts indirects de production, constants quel que soit le volume de production (par exemple, l'amortissement et l'entretien de bâtiments ou d'équipements) et les frais de gestion et d'administration des usines. Ils sont affectés aux stocks en fonction de la *capacité normale* des installations de production, qui est définie comme la production moyenne susceptible d'être réalisée sur un certain nombre de périodes ou de saisons dans des circonstances normales. Le niveau réel de production peut être retenu s'il est proche de la capacité normale de production. Lorsque la production baisse ou que l'outil de production n'est pas entièrement utilisé, les frais généraux non affectés sont considérés comme des charges de la période : le montant des frais généraux fixes par unité n'est donc pas augmenté.

Les *frais généraux de production variables* sont les coûts indirects de production fonction du volume de production (matières premières et main-d'œuvre indirecte). Ils sont affectés aux unités produites en fonction de l'utilisation effective des installations de production.

Application 3.18

Acquisition de matières premières

L'entreprise Clelisa a acheté le 1er mai 5 000 kg de matières premières MP pour 500 000 € (HT). Les taxes (droits de douane) sont de 10 000 €. Le fournisseur a accordé une remise de 4 % et un escompte pour règlement comptant de 3 %. Le coût d'acquisition des matières premières est alors de :

Prix d'achat	500 000 €
+ Droits de douane	10 000 €
	510 000 €
– Remise 500 000 × 4 % (hors droits de douane)	20 000 €
	490 000 €
– Escompte 490 000 × 3 %	14 700 €
	475 300 €

Le coût des stocks de matières premières MP est de 475 300 €. Ce montant figurera dans les entrées dans la fiche de stock des matières premières de l'entreprise Clelisa. Le coût unitaire des stocks de matières premières MP est de 475 300 / 5 000, soit environ 95 €. L'acquisition des matières premières se traduira ainsi :

Stock de matières premières (+ A)	475 300	
Trésorerie (– A)		475 300

L'entreprise Clelisa fabrique un produit P à partir d'une matière première MP.

Au cours du mois de mai, 3 500 unités de P ont été fabriquées avec 3 000 kg de matière première MP. Des coûts de main-d'œuvre directe ont été constatés pour 40 000 € ainsi que des frais généraux variables de production pour 60 000 €, des frais généraux de production fixes pour 20 000 €, des frais de gestion et d'administration des usines pour 30 000 €, des frais encourus pour apporter les stocks à l'endroit et dans l'état où ils se trouvent pour 4 000 €, des coûts de stockage (non préalables à une nouvelle étape de production) pour 2 000 € et des frais de commercialisation pour 10 000 €. La capacité normale des installations de production est de 4 000 unités de P par mois.

Les coûts de production des stocks sont de :

Matières premières MP	95 × 3 000 =	285 000 €
Main-d'œuvre directe		40 000 €
Frais généraux variables de production		60 000 €
Frais généraux de production fixes	20 000 × 3 500 / 4 000 =	17 500 €
Frais de gestion et d'administration des usines	30 000 × 3 500 / 4 000 =	26 250 €
Frais encourus pour apporter les stocks à l'endroit et dans l'état où ils se trouvent		4 000 €
		432 750 €

☞

(Suite)

Les coûts de stockage (non préalables à une nouvelle étape de production) et les frais de commercialisation ne peuvent être pris en compte. Le coût de production des produits fabriqués est de 432 750 €.

Stock de produits finis (+ A)	432 750	
Stock de matières premières (– A)		285 000
Trésorerie (– A) ou Fournisseurs (+ P)		147 750

Les coûts des stocks des prestataires de services sont évalués à leur coût de production, qui comprend notamment la main-d'œuvre et les autres frais de personnel directement engagés pour fournir le service et les frais généraux attribuables. Les marges bénéficiaires sont incorporées dans les prix facturés par les prestataires de services et ne figurent pas dans le coût des stocks.

Coût d'une prestation de services

L'entreprise Friger vend des prestations de services. Les frais de personnel et les frais généraux attribuables à une prestation sont de 28 000 €. L'entreprise réalise une marge de 50 % sur la vente de ses prestations. Quel est le prix facturé pour la vente des prestations ? Quel est le coût du service ?

Prix facturé : 28 000 × 1,5 = 42 000 €.

Coût du service : 28 000 €.

Annexe 2 : Nouvelle norme pour les instruments financiers

Depuis le 1er janvier 2018, l'IFRS 9 a remplacé l'IAS 39 pour la comptabilisation des instruments financiers. Cette nouvelle norme devrait simplifier la comptabilisation des actifs et passifs financiers telle qu'elle était exigée par l'IAS 39. L'IFRS 9 repose principalement sur deux critères pour distinguer les instruments financiers : d'une part, le modèle économique de l'entité pour la gestion des instruments et, d'autre part, les caractéristiques contractuelles des flux de trésorerie de l'instrument.

Dans le cadre de l'IFRS 9, il existe trois types de modèles économiques reposant sur les objectifs de l'entité à l'égard de l'instrument. Cette distinction détermine la comptabilisation des actifs concernés.

1. L'entité ne détient l'instrument financier que pour en encaisser les flux de trésorerie contractuels : l'évaluation et la comptabilisation doivent se faire au coût amorti.
2. L'entité souhaite détenir l'instrument financier pour encaisser non seulement les flux de trésorerie contractuels, mais aussi les plus-values éventuelles (c'est-

à-dire qu'elle envisage à terme de revendre l'actif) : l'évaluation est à la juste valeur, dont les variations sont comptabilisées en « autres éléments du résultat global ».

3. Aucun des deux modèles précédents ne correspond au modèle économique de l'entité : les actifs sont alors comptabilisés en juste valeur par le résultat.

En ce qui concerne les dépréciations des actifs financiers, l'IFRS 9 exige de prendre en compte les pertes attendues associées au risque de crédit, dès la comptabilisation initiale de l'actif.

Résumé

Les actifs courants sont des ressources économiques censées générer des avantages économiques futurs à court terme.

Les entreprises peuvent faire l'acquisition d'actifs financiers détenus à des fins de transaction. Ces actifs sont des actions, obligations et autres instruments dérivés (options, *swaps*, futures), évalués à leur juste valeur. Les variations de juste valeur sont ensuite enregistrées au compte de résultat (à la hausse ou à la baisse) lors de la clôture des comptes.

Lorsque ces actifs financiers sont classés en disponibles à la vente (détention à court et à moyen terme, mais pas jusqu'à leur échéance), la variation de leur juste valeur affecte les fonds propres, par les « autres éléments du résultat global ».

Les créances résultent du décalage entre le moment de la constatation d'un produit et son paiement définitif. La valeur d'une créance doit être évaluée à chaque fin d'exercice et correspond au coût amorti. En pratique, pour des créances de courte durée, la valeur nominale est utilisée. L'entreprise ne recouvre pas toujours le montant des créances. L'estimation de la valeur réalisable nette d'une créance consiste à déterminer le montant des créances qui risquent de ne pas être réglées par les clients, que ce soit dû à des réductions financières accordées, au retour de marchandises ou simplement à des clients insolvables.

Les stocks figurent en actif courant au bilan des entreprises. Ils correspondent aux matières premières non consommées pendant l'exercice comptable, aux marchandises et aux produits finis, semi-finis non vendus, aux encours non terminés. La valeur des stocks est déterminée à la fin de chaque exercice comptable. Un arbitrage est réalisé entre coût et valeur nette de réalisation, ce qui donne parfois lieu à la constatation de dépréciations, de reprises sur dépréciations, voire exceptionnellement de pertes sur stocks.

Évaluation des actifs courants

1. Valorisation des actifs financiers

Holdex, holding financière, a acquis les titres suivants en 2018, avec des frais d'acquisition HT de 0,5 % :

- 3 000 actions de la société Financia pour 45 000 € au 15 mars ;
- 4 500 actions de Mercure pour 260 000 € au 20 juillet ;
- 3 000 actions de Gadgetex pour 150 000 € au 15 novembre.

Au 31/12/2018, les actions Financia, Mercure et Gadgetex valent respectivement 18, 70 et 40 €.

1. Quelle est la valeur dans les comptes de Holdex de ses actifs financiers ?

2. Quels sont ses pertes ou produits financiers sur l'année ?

2. Valorisation des actifs financiers disponibles à la vente

Cassandre, holding financière, a acquis le 28/05/2016 25 000 actions de la société Y pour 2,5 M€. Des frais d'acquisition sont constatés pour 250 000 €. La comptable de l'entreprise a classé les titres en actifs financiers disponibles à la vente. Le cours des titres était, au 31/12/2016, de 105 € par titre et, au 31/12/2017, de 112 € par titre. Finalement, les titres sont cédés le 02/04/2018 pour 2,5 M€.

1. Quelles écritures constater au 28/05/2016, au 31/12/2016, au 31/12/2017 et au 02/04/2018 ?

2. Quel est l'impact sur les comptes de résultat de 2016, 2017 et 2018 ?

Créances

3. Créances clients et escompte

Matbat est une société de vente de produits de construction. Elle réalise les ventes suivantes au mois de février 2018 :

- 300 000 € le 4 février aux conditions 2/15, n/60. Son client décide de payer à 60 jours.
- 100 000 € le 15 février avec 5 % de remise et aux conditions 1/10, n/30. Son client paie comptant.
- 200 000 € le 20 février aux conditions 5/30, n/270. Son client décide de payer à 270 jours. Le taux à retenir pour calculer le coût amorti de la créance est de 5 %.

1. Quels sont les mouvements du compte Créances clients en 2018 ?

2. Quel est le chiffre d'affaires de Matbat sur le mois de février 2018 ?

4. Dépréciation pour créances douteuses

L'importateur de produits japonais Hasan dispose de créances clients au 31/12/2018 pour une valeur de 300 000 €. L'état des créances clients de Hasan se présente ainsi :

	Montant (€)	Probabilité de non-recouvrement
Créances à moins d'un mois	150 000	1 %
Créances à moins de deux mois	100 000	2 %
Créances à moins de trois mois	50 000	3 %

Au précédent bilan, le montant des dépréciations pour créances douteuses de Hasan était de 3 000 €. L'importateur les juge non recouvrables.

1. Quelles écritures comptables constater au 31/12/2018 ?
2. Quel est le montant des dépréciations pour créances douteuses au 31/12/2018 ?

5. Dépréciation pour créances douteuses

La société Clim communique, au 31/12/2017, des informations relatives à certains de ses clients :

Clients	Créances	Dépréciations antérieures	Observations au 31/12/2017
A	1 000	200	Client en liquidation judiciaire : créance totalement irrécouvrable
B	5 000	0	La créance ne pourra être réglée qu'à concurrence de 75 %.
C	12 000	4 000	Créance réglée en totalité le 15/01/2018
D	25 000	10 000	Le risque de non-recouvrement doit être porté à 50 %.
E	16 000	10 000	Règlement pour solde de 2 000 € le 10/01/2018

1. Complétez l'état extracomptable des dépréciations pour créances douteuses (modèle ci-après).

Clients	Créances	Dépréciations au 31/12/2016	Dépréciations au 31/12/2017	Dotation 2017	Reprise 2017
A	1 000	200			
B	5 000	0			
C	12 000	4 000			
D	25 000	10 000			
E	16 000	10 000			
Total					

2. Passez toutes les écritures nécessaires concernant les comptes clients de la société en 2017 et 2018.
3. Présentez le poste « Créances clients » au bilan au 31/12/2017.

6. Dotation pour retours

Le constructeur de baladeurs numériques Ringo a vendu 100 000 appareils en 2016 avec 1 500 retours pour dysfonctionnement. Au 31/12/2017, le bilan de Ringo affichait pour son segment baladeurs numériques un chiffre d'affaires de 10 M€, des créances clients pour 2 M€ et une dotation pour retours de 30 000 €. Au 31/12/2018, Ringo affiche un chiffre d'affaires de 12 M€ et des créances clients de 3 M€.

1. Quel devrait être le montant de la dotation pour retours de Ringo en 2018 (hypothèse : même taux de retours qu'en 2016 et 2017) ?
2. Comment cette dotation se traduit-elle dans les comptes ?

7. Variation des taux de change

La société japonaise Chugai commande un stock de produits pharmaceutiques à Pharmaplus, laboratoire français, pour une valeur de 130 M¥ le 01/11/2017. La transaction est entendue FOB (*Free On Board*) et les marchandises partent par avion le 10/11/2017. Le paiement doit se faire à une échéance de trois mois.

Le cours du yen (fictif) suit l'évolution suivante :

Date	Yen/Euro
01/11/2017	130
10/11/2017	125
31/12/2017	127
01/02/2018	115
10/02/2018	118

Quel est l'impact de la variation du cours du yen sur les comptes de Pharmaplus ?

Stocks

8. Coût d'acquisition des matières premières

L'entreprise de luxe Mercure a acheté un stock de cuir pour une valeur de 200 000 € HT avec une remise de 3 %. Son fournisseur lui propose de payer à 15 jours avec un escompte de 2 % ou de payer à 60 jours (sans escompte). Mercure décide de payer comptant.

1. Pour quel montant faut-il enregistrer ce stock dans l'inventaire ?
2. Quel impact cet achat a-t-il sur la trésorerie ?

9. Valorisation de stock

Les stocks de pétrole brut d'une raffinerie suivent les variations suivantes :

- Au 1er janvier, les cuves comptent 1 200 000 m^3 pour une valeur de 300 €/m^3.
- Au cours du mois de janvier, 200 000 m^3 sont raffinés et sortent des stocks.
- Au 1er février, 300 000 m^3 achetés pour 330 €/m^3 viennent s'ajouter aux stocks.

- Au cours du mois de février, 250 000 m^3 sont raffinés.
- Au 1er mars, 100 000 m^3 achetés pour 280 €/m^3 viennent s'ajouter aux stocks.
- Au cours du mois de mars, 300 000 m^3 sont raffinés.

1. À la clôture trimestrielle, quelle est la valeur des stocks de pétrole brut au coût moyen pondéré (principe de moyenne mobile) ?
2. Une autre méthode aurait-elle été plus avantageuse ?

10. Valorisation de produits finis

Mercure fabrique environ 200 sacs à main par semaine. Pour cette production, ses besoins sont les suivants :

- 200 m^2 de cuir enregistrés dans les stocks à 50 €/m^3.
- 600 heures de travail. Le travail chez Mercure revient à un coût moyen de 40 € de l'heure.
- Frais généraux variables de production : 2 000 €.
- Frais généraux fixes de production : 3 000 €.
- Frais de gestion et d'administration de l'usine : 4 000 €.
- Coûts de stockage : 800 €.
- Frais de commercialisation : 3 000 €.

1. Quels coûts peut-on prendre en compte pour le calcul de la valorisation d'un sac à main dans les stocks ?
2. Quelle est la valeur d'un sac à main dans les stocks de Mercure ?

11. Dépréciation des stocks

Au 31/12/2017, la compagnie électronique Gadgetex compte dans ses stocks 1 000 baladeurs numériques enregistrés au coût de fabrication de 150 € pièce, qu'elle vend habituellement 250 €. Gadgetex revoit sa politique marketing et, au regard des évolutions technologiques, estime que chaque baladeur ne peut plus espérer être vendu que 180 €.

1. Au 31/12/2017, comment les stocks de Gadgetex doivent-ils être réévalués ?
2. L'année suivante, il reste 300 baladeurs en stock, que Gadgetex ne pense plus pouvoir commercialiser. Réévaluez de nouveau les stocks au 31/12/2018.

12. Dépréciation des stocks

L'entreprise Vercors possède au 31/12/2017 un stock de marchandises A de 1 000 pièces valorisées 75 € la pièce. Le prix de vente unitaire des pièces est de 100 €. 200 pièces sont en stock depuis plus d'un an. Le suivi des stocks sur plusieurs années laisse penser que la probabilité de vente de ces pièces est de 40 %.

Au 31/12/2017, comment les stocks de l'entreprise Vercors doivent-ils être évalués ?

Chapitre 4

Obligations non financières

Les activités ordinaires (ou courantes) de l'entreprise sont souvent à l'origine de nombreuses obligations. Par exemple, lorsqu'une entreprise ne paie pas immédiatement ses achats de marchandises, elle enregistre une dette envers son fournisseur. Elle a donc une obligation de payer sa facture à une date ultérieure. Ce chapitre traite des différentes obligations de l'entreprise, à l'exception de celles liées à son financement. Les obligations non financières regroupent essentiellement les obligations envers les fournisseurs, le personnel et les organismes sociaux ou l'État. Elles peuvent être classées en trois catégories :

- Les **dettes** sont des obligations dont on connaît le motif, l'échéance et le montant à verser (soit tous les éléments caractéristiques des autres passifs tels que les fournisseurs ou les charges à payer).
- Les **provisions** sont des obligations dont on connaît le motif, mais pas le montant exact, ni la date d'échéance. Le montant à enregistrer au passif du bilan est alors déterminé à l'aide d'estimations fiables.
- Les **passifs éventuels** sont des obligations potentielles dont l'existence n'est confirmée que par la survenance d'un ou de plusieurs événements futurs incertains qui ne sont pas totalement sous le contrôle de l'entreprise.

Le plan de ce chapitre suit cette classification (voir figure 4.1).

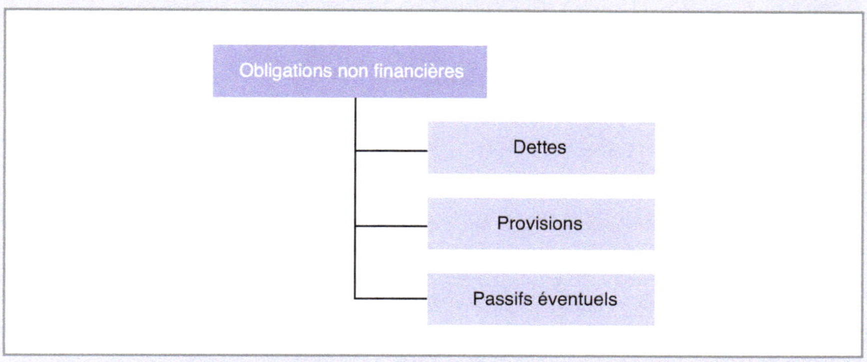

Figure 4.1 • Classification des obligations non financières.

Le passif du bilan consolidé de l'exercice 2017 du groupe Total souligne la diversité et le volume des obligations d'un grand groupe (voir figure 4.2). On constate, au milieu de ce document, que les dettes financières non courantes, figurant dans la rubrique « Passifs non courants », s'élèvent à 41 340 M€.

Dans les « Passifs non courants », juste au-dessus des dettes financières non courantes, figurent d'autres passifs non courants, à savoir : impôts différés, engagements envers le personnel, provisions pour un total de 3 735 M€. Enfin, en dernière position au passif, les dettes, ou passifs courants, apparaissent pour 56 705 M€.

La somme de ces obligations (courantes et non courantes) s'élève ainsi à 128 594 M€ pour un total du passif et des capitaux propres de 242 631 M€, ce qui représente environ 53 % de ce montant.

Les obligations de nature financière, non courantes (41 340 M€) et courantes (11 096 M€), sont traitées au chapitre 6 de l'ouvrage et celles à caractère fiscal (10 828 M€ d'impôts différés) au chapitre 7.

1. Dettes

1.1. Cas général

Une dette naît lorsque les risques et les avantages liés à la propriété du bien sont transférés par un fournisseur, dans le cas de la livraison de biens. Elle s'éteint au moment du règlement. Dans le cas de prestations de services, la dette est générée au moment de la réalisation du service par le fournisseur. Ces principes sont les mêmes que ceux présentés pour la constatation des produits des activités ordinaires (voir chapitre 2). Les dettes fournisseurs, ainsi que les charges à payer, figurent au passif du bilan de l'entreprise. Il convient toutefois de distinguer la charge à payer de la dette.

- La notion de **dette** est utilisée pour les opérations déjà réalisées qui ont été facturées ou qui ont fait l'objet d'un autre accord formalisé. Un support ou un justificatif spécifique comprend donc les valeurs définitives à enregistrer dans les comptes de l'entreprise. Les dettes les plus courantes concernent les fournisseurs au titre des sommes à leur verser pour des livraisons ou des prestations de services effectuées. Des dettes existent aussi envers le personnel, les organismes sociaux ou l'État, par exemple.
- Les charges à payer, par contre, sont des opérations qui n'ont pas encore été facturées ou qui n'ont pas fait l'objet d'un accord formalisé avec le tiers (IAS 37, § 11b). Il s'agit des obligations envers les fournisseurs pour lesquels les factures n'ont pas encore été reçues à la clôture de l'exercice ou des sommes dues au personnel au titre des **congés à payer**. Même s'il est parfois nécessaire d'estimer le montant de la facture à la date d'arrêté des comptes, l'incertitude est sans commune mesure avec celle que l'on rencontre pour les provisions.

État de la situation financière consolidée de Total	Au 31 décembre		
(en millions de dollars USD)	2017	2016	2015
Actifs non courants			
Immobilisations incorporelles	14587	15362	14549
Immobilisations corporelles	109397	111971	109518
Sociétés mises en équivalence : titres et prêts	22103	20576	19384
Autres titres	1727	1133	1241
Actifs financiers non courants	679	908	1219
Impôts différés	5206	4368	3982
Autres actifs non courants	3984	4143	4355
TOTAL ACTIFS NON COURANTS	**157683**	**158461**	**154248**
Stocks	16520	15247	13116
Clients et comptes rattachés	14893	12213	10629
Autres créances	14210	14835	15843
Actifs financiers courants	3393	4548	6190
Trésorerie et équivalents de trésorerie	33185	24597	23269
Actifs destinés à être cédés ou échangés	2747	1077	1189
TOTAL ACTIFS COURANTS	**84948**	**72517**	**70236**
TOTAL ACTIF	**242631**	**230978**	**224484**
Capital	7882	7604	7670
Primes et réserves consolidées	112040	105547	101528
Écarts de conversion	(7908)	(13871)	(12119)
Actions autodétenues	(458)	(600)	(4585)
TOTAL DES CAPITAUX PROPRES – PART DU GROUPE	**111556**	**98680**	**92494**
Intérêts ne conférant pas le contrôle	2481	2894	2915
TOTAL DES CAPITAUX PROPRES	**114037**	**101574**	**95409**
Impôts différés	10828	11060	12360
Engagements envers le personnel	3735	3746	3774
Provisions et autres passifs non courants	15986	16846	17502
Dettes financières non courantes	41340	43067	44464
TOTAL PASSIFS NON COURANTS	**71889**	**74719**	**78100**
Fournisseurs et comptes rattachés	26479	23227	20928
Autres créditeurs et dettes diverses	17779	16720	16884
Dettes financières courantes	11096	13920	12488
Autres passifs financiers courants	245	327	171
Passifs relatifs aux actifs destinés à être cédés ou échangés	1106	491	504
TOTAL PASSIFS COURANTS	**56705**	**54685**	**50975**
TOTAL PASSIF ET CAPITAUX PROPRES	**242631**	**230978**	**224484**

Figure 4.2 • Extrait du document de référence 2017, Total (p. 240).

Les charges à payer sont le plus souvent rattachées au poste Fournisseurs, au passif du bilan. À quelques exceptions près, il s'agit généralement de passifs courants. L'annexe 5 aux comptes consolidés de Total (voir figure 4.3) présente les différents passifs non financiers autres que les dettes fournisseurs. On y trouve notamment des dettes envers l'État au titre d'impôts et de taxes pour 5 786 M€ et des dettes envers les organismes sociaux (dettes sociales) pour 1 439 M€.

Autres créditeurs et dettes diverses de Total	Au 31 décembre		
(en millions de dollars USD)	2017	2016	2015
Produits constatés d'avance	419	424	342
Dettes sur États (impôts et taxes divers)	5786	5455	5363
Dettes sociales	1439	1225	1265
Autres dettes d'exploitation	10135	9616	9914
TOTAL	**17779**	**16720**	**16884**

Figure 4.3 • Extrait du document de référence 2017, Total (annexe 5.4.3, p. 264).

Ces passifs additionnés aux dettes fournisseurs de 26 479 M€ (voir figure 4.2) correspondent aux passifs courants non financiers du groupe. Les applications 4.1 et 4.2 illustrent l'enregistrement comptable des dettes et des charges à payer.

Application 4.1

Facture fournisseur de biens et services

La société Electrologic a commandé en juillet 2017 des composants électroniques chez son fournisseur allemand Bavaria System pour 100 000 €. La livraison est effectuée le 03/09/2017 et la facture correspondante est reçue le 07/09/2017. Le règlement est fixé à 30 jours à compter de la date de livraison.

Analyse et enregistrement de la facture à la date de réception, le 07/09/2017

Il n'existe pas de décalage entre la livraison et la facturation, car ces deux opérations sont constatées au cours de l'exercice 2017. Les achats sont traités comme une charge inscrite dans le compte de résultat avec comme contrepartie une dette figurant au passif du bilan.

Achats de composants (R–)	100 000	
Dettes fournisseurs (P+)		100 000
Facture Bavaria System		

Dans le système de l'inventaire permanent, le compte de stocks, figurant au bilan, aurait été débité à la place du compte Achats. Les composants achetés sont dans ce cas considérés comme des actifs courants (voir l'analyse comptable de ces deux méthodes d'inventaire dans le chapitre 2).

1.2. Charges à payer : le cas des congés à payer

L'entreprise doit (obligation légale) rémunérer les absences dues aux congés de son personnel. Par exemple, en France, les salariés ont droit à un congé de cinq semaines (30 jours ouvrables), et parfois plus en application d'accords collectifs. Ce droit s'acquiert « au mois le mois », avec une période de référence qui va du 1er juin au 31 mai de l'année suivante. La période légale d'utilisation de ces droits va du 1er mai au 31 octobre, avec des possibilités de report dans certains cas. Les comptes doivent, à la clôture de l'exercice, faire apparaître le montant des indemnités de congés payés acquises au cours de l'exercice et les charges fiscales et sociales correspondantes. La sortie d'avantages économiques (décaissement) est certaine et correspond à la rémunération d'un service rendu par les salariés (obligation de la part de l'entreprise). Les conditions de comptabilisation d'un passif sont réunies.

Congés à payer : l'entreprise a l'obligation d'accorder des congés à son personnel. Ainsi, en France, les salariés ont droit à un congé de cinq semaines au minimum. L'entreprise doit indemniser les congés sur la base du salaire normalement versé pour la même période d'activité.

Congés payés : comptabilisation

La société Luxcar accorde à ses salariés un congé légal de cinq semaines, auquel s'ajoute une durée supplémentaire de trois jours à la suite d'un accord conclu entre l'entreprise et les représentants des salariés. À la fin de l'exercice 2017, elle évalue le montant des congés payés acquis au cours de la période de référence et les charges sociales correspondantes :

- congés payés : 80 000 € ;
- charges sociales : 34 000 € ;
- charges fiscales (taxes calculées sur la base des salaires comme la taxe d'apprentissage, la participation des employeurs à la formation continue, etc.) : 2 000 €.

Luxcar comptabilise la charge de congés payés, d'une part, lors de la prise des congés et, d'autre part, à la clôture des comptes.

Au 31/12/2017, la comptabilisation des congés à payer et des charges afférentes était la suivante (deux opérations distinctes) :

Charges de personnel (R–)	80 000	
Dettes envers le personnel (P+)		80 000
Congés payés 2017		

Impôts et taxes (R–)	2 000	
Charges sociales (R–)	34 000	
État (P+)		2 000
Organismes sociaux (P+)		34 000
Charges fiscales et sociales sur congés payés		

Lors de la prise des congés, par exemple en juillet 2018, il y a substitution de l'indemnité de congés payés au salaire à la fin du mois concerné.

1.3. Absences rémunérées

La norme IAS 19 (« Avantages à court terme », § 14) prévoit que, en dehors des congés payés, l'entreprise peut rémunérer les absences pour diverses raisons : maladie, incapacité de courte durée, mariage du salarié, maternité (ou paternité), décès d'un proche, déménagement, etc. Elle doit comptabiliser le coût attendu de ces avantages à court terme pour des absences rémunérées cumulables ou non cumulables. Les absences rémunérées cumulables sont les droits à absence reportables et qui peuvent être utilisés lors des exercices futurs s'ils n'ont pas été intégralement utilisés au titre de l'exercice. Il s'agit de droits acquis : s'ils quittent l'entreprise, les salariés ont droit au règlement des avantages (congés) non utilisés. L'entreprise doit évaluer « le coût attendu des absences rémunérées cumulables » en fonction des droits non utilisés à la date de clôture. La comptabilisation de ces droits intervient lorsqu'ils sont « acquis » par les salariés.

Application 4.3

Absences rémunérées cumulables : calcul et comptabilisation*

La société anonyme Textilex accorde à chacun de ses 1 000 salariés trois jours ouvrables, rémunérés, de congés maladie par an. En application des accords conclus entre l'entreprise et les représentants du personnel, les journées de congés maladie non utilisées peuvent être reportées sur l'année suivante. En application de la méthode « Dernier entré – premier sorti », les congés maladie sont imputés en premier sur les droits acquis au titre de l'exercice, puis sur le solde éventuel reporté de l'exercice précédent.

Au 31/12/2017, le crédit moyen non utilisé est de deux jours par personne. Sur la base des statistiques des années précédentes, Textilex estime que, en 2018, environ 900 salariés ne prendront pas plus de trois jours de congés maladie rémunérés et que les 100 autres prendront en moyenne quatre jours chacun. Textilex pense être amenée à payer 1 × 100, soit 100 jours de congés maladie supplémentaires du fait du crédit non utilisé accumulé au 31/12/2017 (soit un jour par personne pour chacune des 100 personnes). L'entreprise comptabilisera donc un passif égal à 100 jours de congés maladie. Un jour de congé maladie est valorisé sur la base de 120 €.

Voici la comptabilisation au 31/12/2017 :

Charges de personnel (– R)	12 000	
Personnel (P +)		12 000
Absences rémunérées : 100 jours × 120 € = 12 000		

* Exemple adapté de celui présenté dans IAS 19, § 16 et 17 – comptabilisation et évaluation.

Les droits à absences rémunérées, non cumulables, ne sont pas reportables si les droits de l'exercice ne sont pas intégralement utilisés. Ils sont perdus et les salariés ne peuvent pas percevoir, lors de leur départ de l'entreprise, un règlement au titre des droits non utilisés. C'est le cas, par exemple, des congés maternité. Tant que l'absence ne s'est pas produite, l'entreprise ne comptabilise ni charge ni passif, car la durée de service des salariés n'augmente pas le montant de l'avantage concerné.

Le document de référence 2017 du Groupe PSA donne des précisions sur l'absentéisme et ses motifs (voir figure 4.4).

Heures d'absences rémunérées maladies du Groupe PSA

		France	Europe hors France	Hors Europe	Total
Division Automobile PCD	2017	2058069	1088331	184847	3331247
	2016	2268972	1134074	205484	3608530
	2015	2537776	1261847	228209	4027832
dont PSA Automobiles SA	2017	1956983	-	-	1956983
	2016	2169856	-	-	2169856
	2015	2217362	-	-	2217362
Faurecia	2017	471196	1798074	784477	3053747
	2016	486797	1733197	816251	3036245
	2015	581593	1958574	620056	3160223
Autres activités	2017	3230	712	-	3942
	2016	3080	1714	128	4922
	2015	2618	41387	119	44124
TOTAL	2017	2535495	2887117	969324	6388936
	2016	2758849	2868985	1021863	6649697
	2015	3121987	3261808	848384	7232179

Figure 4.4 • Extrait du document de référence 2017, Groupe PSA (p. 76).

1.4. Intéressement et primes payables dans les 12 mois de la clôture des comptes

Une entreprise doit comptabiliser le coût attendu des paiements à effectuer au titre de l'**intéressement** et des primes si, et seulement si :

- Elle a une obligation actuelle[1], juridique ou implicite, d'effectuer ces paiements au titre d'événements passés.
- Une estimation fiable de l'obligation peut être effectuée.

Dans certains plans d'intéressement, les salariés ne perçoivent leur part que s'ils restent plusieurs années dans l'entreprise. Il existe donc une obligation implicite (et non actuelle), car les salariés assurent un service qui augmente le montant à payer s'ils restent en activité jusqu'à la fin de l'exercice spécifié dans le plan.

L'évaluation de cette obligation implicite prend en compte la possibilité de départs de certains salariés de l'entreprise, sans que ceux-ci perçoivent un quelconque intéressement. Ce dernier est considéré comme une charge et non comme une

1. L'obligation actuelle existe si, et seulement si, l'entreprise n'a pas d'autre solution réaliste que de payer le montant prévu.

distribution du résultat net. En effet, il est lié à l'activité des salariés et non à une transaction effectuée avec les propriétaires de l'entreprise.

L'entité doit comptabiliser en charges l'intéressement ou les primes et au passif (charges à payer) le montant à verser.

Application 4.4

Intéressement : obligation explicite*

Textilex a signé un accord avec les représentants des salariés, portant sur les modalités d'un plan d'intéressement : 3 % du résultat net de l'exercice sont attribués aux salariés qui ont travaillé toute l'année. Si aucun membre du personnel ne quitte Textilex en cours d'exercice, le montant total de l'intéressement versé au titre de l'exercice 2017 sera, comme prévu, de 3 % du résultat net. L'entreprise estime que le taux de rotation du personnel (départs volontaires) ramènera le montant à payer à 2,8 % du résultat net.

Les comptes de 2017, établis en février 2018, font apparaître un bénéfice net de 500 000 €. L'assemblée des actionnaires statuant sur les comptes est convoquée le 03/05/2018. Le paiement de l'intéressement sera effectué par virement bancaire le 13/07/2018.

Commentaires, calculs et comptabilisation

Textilex a une obligation juridique (accord contractuel), mais d'autres entreprises peuvent avoir une obligation implicite (prime accordée habituellement). L'entreprise a un plan dont les termes fixent le montant de l'avantage (pourcentage de calcul de base égal à 3 %). Le montant est calculé (en février) avant l'approbation des comptes (mai 2018). Le paiement est effectué dans les 12 mois (juillet 2018). Toutes les conditions imposées par la norme IAS 19 (§ 11) sont donc réunies.

Compte tenu du taux de rotation du personnel, le taux applicable est de 2,8 % du bénéfice net, soit un intéressement de 500 000 € × 2,8 % = 14 000 €.

Dans la mesure où cette charge est certaine et doit être rattachée à l'exercice 2017, le compte de Passif *Personnel – Charges à payer* est crédité.

L'écriture au 31/12/2017 est la suivante :

Charges de personnel (intéressement) (– R)	14 000	
Personnel – Charges à payer (+ P)		14 000
Constatation de l'intéressement		

À la suite des virements bancaires effectués pour le règlement de l'intéressement, le compte de Passif est débité, pour annulation. En contrepartie, le compte Banque est donc diminué (crédité).

Personnel – Charges à payer (– P)	14 000	
Banque (– A)		14 000

* Exemple adapté du § 20 de la norme IAS 19.

Dans une note consacrée au plan d'actionnariat des salariés, le document de référence 2017 du Groupe PSA indique le montant de l'enveloppe dédiée à la participation (25 millions d'euros – voir figure 4.5).

Plan d'actionnariat salarié du Groupe PSA : *Accelerate*

Afin d'associer les salariés à la stratégie de croissance rentable du Groupe et à la création de valeur qui en découle, le Groupe PSA a mis en œuvre entre septembre et octobre 2017 une opération d'actionnariat réservée aux salariés : Accelerate 2017. Cette opération fait suite au succès de la première augmentation de capital Accelerate réalisée en 2015.

Grâce à ce programme mis en œuvre sur un périmètre de quinze pays, les salariés ont eu l'opportunité d'acquérir des actions Peugeot S.A. à des conditions préférentielles, en bénéficiant d'une décote sur le prix de référence, d'un abondement et d'une offre à investissement garanti, dans le cadre d'un règlement déposé auprès des autorités des marchés financiers.

L'enveloppe de 25 millions d'euros dédiée à cette opération, abondement compris, a été entièrement souscrite. 11 200 salariés du Groupe ont participé et bénéficié des conditions préférentielles liées à cet investissement.

Couverture des retraites

Le Groupe a mis en place des régimes de retraite à cotisations définies dans les pays où cela s'est avéré nécessaire compte tenu notamment des pratiques de marché et où les ressources disponibles le permettent. De tels dispositifs existent en Allemagne, en Belgique, en Espagne, en France, au Japon, aux Pays-Bas, en République tchèque, en Slovaquie, au Royaume-Uni et en Turquie. Gérés par des commissions paritaires sous des formes locales, ces systèmes ont vocation à procurer aux bénéficiaires un supplément de retraite par rapport aux dispositifs réglementaires. Par ailleurs, des dispositifs de fin de carrière spécifiques, complémentaires aux obligations légales, existent au Brésil et en Argentine.

Figure 4.5 • Extrait du document de référence 2017, Groupe PSA (p. 79).

2. Provisions

Les états financiers ne peuvent pas se limiter au seul enregistrement d'opérations passées. Ils doivent aussi tenir compte des décaissements futurs. L'enregistrement d'une provision va permettre de respecter le principe de prudence concernant ici les passifs et les charges. En fait, les obligations qui existaient **antérieurement à** la date de clôture de l'exercice doivent être prises en compte. Des opérations qui présentent certaines similitudes avec celles pouvant faire l'objet de provisions, mais qui ne font pas l'objet de cette comptabilisation, sont étudiées à la section 3 de ce chapitre, consacrée aux passifs éventuels.

Une **provision** est un passif dont l'échéance ou le montant est incertain.

La figure 4.6 présente les différentes provisions qui seront analysées dans les développements suivants.

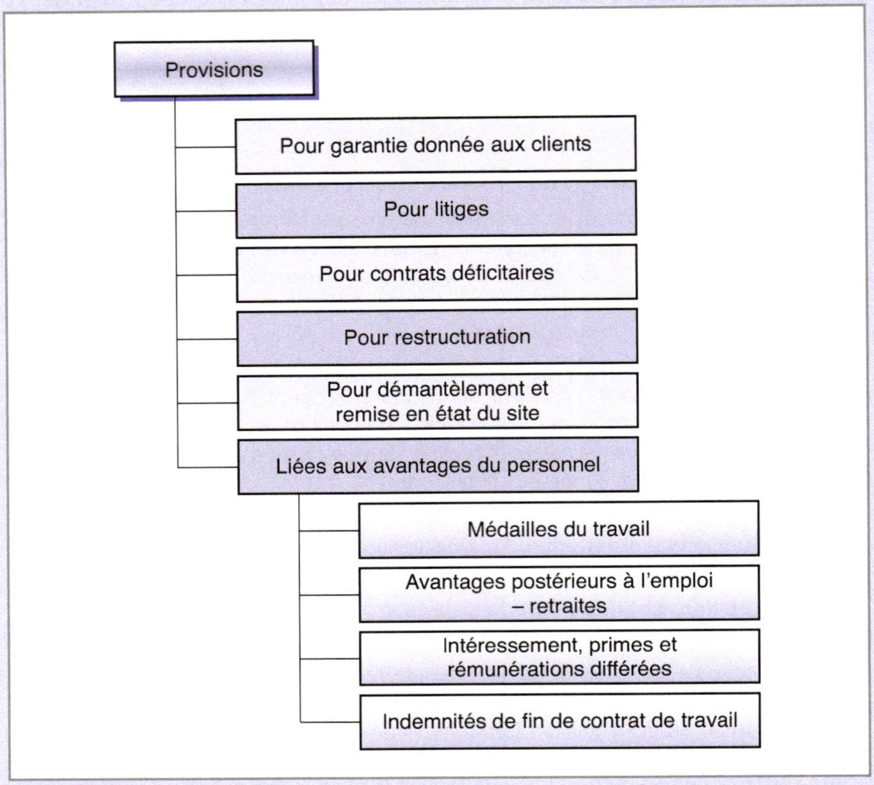

Figure 4.6 • Types de provisions.

2.1. Définition : obligation juridique ou implicite

Une **obligation actuelle** est un passif de l'entreprise résultant d'événements passés et dont le règlement devrait se traduire par une sortie de ressources représentatives d'avantages économiques.

Le passif est une **obligation actuelle** de l'entité qui résulte d'événements passés et dont le règlement devrait entraîner une sortie de ressources représentatives d'avantages économiques pour l'entreprise, en règle générale un décaissement. La provision est alors définie comme « un passif dont l'échéance ou le montant est incertain » (IAS 37, « Définitions », § 10).

Une obligation actuelle peut être juridique (explicite) ou implicite. Une obligation juridique est justifiée par l'application de la loi, d'un règlement, de toute autre source du droit ou des termes d'un contrat.

Application 4.5

Application d'une obligation juridique (explicite) : provision pour garantie donnée aux clients

Lors de l'achat d'un appareil électroménager ou multimédia, par exemple, le client reçoit une facture, au verso de laquelle figurent en principe des conditions générales de garantie pouvant être libellées comme suit : « La vente reste en tout état de cause couverte par la garantie légale de conformité du bien au contrat et celle des vices cachés. »

La durée de garantie (variable suivant le produit) est ensuite précisée, de même que l'étendue territoriale et les modalités de réparation (remplacement des pièces, main-d'œuvre, déplacement du technicien, prêt d'un appareil de remplacement, etc.).

Faut-il constituer une provision pour garantie ?

Réponse

Les prestations à réaliser gratuitement par le vendeur dans le cadre de la garantie constituent des sorties d'avantages économiques. Elles sont liées à une obligation actuelle juridique, qui résulte d'un événement passé (la vente effectuée). L'entreprise devra constater une *provision pour garantie donnée aux clients.*

Une obligation est **implicite** lorsqu'elle découle des actions d'une entreprise qui a indiqué aux tiers, par ses pratiques passées, par sa politique affichée ou par une déclaration récente explicite, qu'elle assumera certaines responsabilités. Ces tiers s'attendent donc à ce qu'elle respecte ses engagements (voir application 4.6).

Une provision doit être comptabilisée dès lors que les conditions explicitées dans la définition ci-dessus sont réunies. L'annexe 12 aux comptes consolidés de Total détaille les « Provisions et autres passifs non courants » (voir figure 4.7) et donne un aperçu des diverses provisions qu'un grand groupe doit constater, en plus des provisions pour engagements de retraite et pour impôts. Ainsi, une provision pour restitution des sites apparaît pour 12 240 M€ en 2017, soit 76 % du total des provisions de l'exercice, soit 15 986 M€ (voir figure 4.7).

Une **obligation implicite** découle des actions d'une entreprise lorsqu'elle a indiqué aux tiers, par ses pratiques passées, par sa politique affichée ou par une déclaration récente suffisamment explicite, qu'elle assumera certaines responsabilités.

Application 4.6

Obligation implicite et provision

La Société des carrières creusoises (SCC) exploite un site près d'une petite ville touristique. Les extractions effectuées causent de manière indiscutable des dommages à l'environnement. Aucune obligation légale n'existe de remettre en l'état le terrain pour qu'il retrouve un aspect convenable. Toutefois, la société s'est engagée auprès d'une association de riverains, peu de temps après le début de ses activités, en 2018, à réaliser des travaux d'aménagement, à l'issue de la période d'exploitation, dans cinq ans environ.

Faut-il constituer une *provision pour remise en état du site ?*

Réponse

En matière d'environnement, une société peut être amenée à constater des provisions de différentes natures : désamiantage, dépollution ou remise en l'état (cas de la SCC). Il n'y a pas ici d'obligation légale (par exemple, un arrêté préfectoral d'exploitation d'un site classé). Par contre, dans la mesure où la société a publiquement indiqué à des tiers (association de riverains) qu'elle assurerait ses responsabilités (remise en l'état), on peut parler d'obligation implicite. Une provision pourrait donc être enregistrée. À la clôture de l'exercice 2018, la SCC devra estimer le montant de l'obligation qui ne concerne que la partie exploitée. Pour la partie qui n'a pas encore été exploitée, il n'y a pas d'obligation pour l'instant.

Provisions et autres passifs non courants de Total (en millions de dollars USD)	Au 31 décembre 2017	2016	2015
Provisions pour litiges	706	1 123	1 120
Provisions pour protection de l'environnement	964	938	909
Provisions pour restitution des sites	12 240	12 665	13 314
Autres provisions non courantes	1 370	1 455	1 357
dont cessation d'activité (Marketing & Service et Raffinage-Chimie)	160	184	223
dont risques financiers sur des sociétés non consolidées et mises en équivalence	59	63	216
dont garanties accordées sur des panneaux solaires de SunPower	177	168	166
Autres passifs non courants	706	665	802
TOTAL	**15 986**	**16 846**	**17 502**

Figure 4.7 • Extrait du document de référence 2017, Total (annexe 12, p. 293).

2.2. Évaluation et suivi des provisions

Méthode de la valeur attendue : lorsque la provision à évaluer comprend un grand nombre d'éléments, l'obligation est estimée en pondérant tous les résultats possibles en fonction de leur probabilité.

Le montant de l'obligation doit être estimé avec fiabilité : il convient d'effectuer une estimation de la dépense nécessaire au règlement de l'obligation actuelle, à la date de clôture. Il est assez rare de ne pas pouvoir obtenir une estimation fiable. L'entreprise porte un jugement sur l'opération, complétée par l'expérience de transactions similaires et, éventuellement, par des rapports d'experts indépendants. Selon la norme IAS 37 (§ 39), lorsque la provision à évaluer comprend un grand nombre d'éléments, l'obligation est estimée en pondérant tous les résultats possibles en fonction de leur probabilité. Cette méthode statistique est appelée **méthode de la valeur attendue**. La provision est donc différente selon que la probabilité de la perte d'un montant donné sera de 70 % ou de 95 %.

Application 4.7

Évaluation de la provision : méthode de la valeur attendue*

La société Electrologic vend des appareils de mesure de haute précision, notamment pour le secteur aéronautique. Une garantie légale est prévue dans le contrat pour couvrir d'éventuels défauts de fabrication. En 2017, d'après les estimations des services techniques de l'entreprise, si des défauts mineurs étaient détectés sur tous les produits vendus, le montant des réparations supporté par Electrologic s'élèverait à 500 000 €.

Si des défauts importants étaient détectés sur tous les biens vendus, le montant des réparations à effectuer serait de 2 M€. Les données historiques de l'entreprise et ses attentes futures lui permettent de penser que, pour l'année 2017, les défauts liés aux articles vendus peuvent être évalués comme suit :

- pour 80 % des articles vendus, aucun défaut ;
- pour 8 %, des défauts mineurs ;
- pour 12 %, des défauts importants.

Quel montant faut-il enregistrer au titre de la provision pour *garantie donnée aux clients ?* ☞

Application 4.7 *(Suite)*

Réponse

Electrologic évalue la probabilité d'un décaissement au titre de l'ensemble de ses obligations de garantie. La valeur attendue du coût de ces réparations est donc déterminée par le calcul suivant :

$$(80\ \% \times 0\ €) + (8\ \% \times 500\ 000\ €) + (12\ \% \times 2\ 000\ 000\ €) = 280\ 000\ €$$

Le montant de 280 000 € ressort de l'estimation réalisée et fera l'objet de la comptabilisation au titre de provision pour *garantie donnée aux clients*, à la clôture 2017.

* Exemple adapté de celui présenté au § 39 de la norme IAS 37.

Pour les provisions dont l'échéance est supérieure à un an, leur valeur doit être actualisée[2] si elle est significative. Pour ce faire, il faut non seulement estimer le montant du paiement envisagé, mais également prévoir la date du décaissement. Les IFRS ne donnent aucune indication sur la façon de fixer l'échéance de la provision, et donc sur la nécessité de l'actualisation. Toutefois, l'actualisation s'impose pour toutes les provisions dont l'échéance est supérieure à un an. Le taux d'actualisation doit être un taux avant impôts, reflétant les appréciations actuelles du marché de la valeur temps de l'argent et des risques spécifiques à ce passif. Lorsque les provisions sont actualisées, la valeur comptable de la provision augmente à chaque exercice pour tenir compte du temps écoulé. Cette augmentation de la provision est enregistrée en charges financières.

Application 4.8

Évaluation des provisions : actualisation

L'entreprise Electrologic est en litige avec le client Les Aciéries de la Beauce (ADB), au sujet de la livraison de deux appareils de mesure, référence HX 32, intervenue le 25/09/2017. Le client considère que ces deux appareils enregistrent des dysfonctionnements, qui ont entraîné des problèmes dans la fabrication de ses produits et donc des réclamations de ses propres clients, du secteur aéronautique.

Electrologic conteste cette situation, mais le client ADB a décidé de porter l'affaire en justice, pour obtenir des dommages-intérêts évalués à 150 000 €. Au 31/12/2017, date d'arrêté des comptes, Electrologic a décidé de constituer une provision d'un montant de 100 000 € au titre de ce contentieux. Compte tenu des délais de procédure dans ce genre de dossier, le tribunal ne se prononcera probablement pas avant début 2020.

Comment analyser ce dossier et quel traitement comptable doit-on appliquer dans ce cas, à la clôture des exercices 2017, 2018 et 2019 ?

Constitution et estimation de la provision en 2017

Dans un premier temps, il est nécessaire d'examiner la validité des conditions requises pour la constitution d'une provision. Un fait générateur* (la vente) d'un événement passé a créé une obligation juridique (condition de garantie légale, vices cachés) qui peut se traduire par une sortie de ressources (décaissement des dommages-intérêts), mais dont le montant ou l'échéance est incertain (événements liés à une décision de justice).

☞

2. L'actualisation permet d'exprimer la valeur, à la date d'aujourd'hui, d'une somme payable (ou encaissable) dans le futur… Pour Total, le taux d'actualisation retenu au 31/12/2017 est de 4,5 % (voir annexe 12 des comptes sociaux, p. 294 – Provisions et autres passifs courants).

Application 4.8 *(Suite)*

Ensuite, il faut prendre en considération le facteur temps et le montant que l'on peut être amené à décaisser dans trois ans, soit 100 000 €, pour procéder au calcul de la dotation 2017, compte tenu d'un taux d'actualisation** de 5 %, soit : $100\,000 \times (1 + 0{,}05)^{-2} = 90\,703$ €.

Ce montant constitue une charge d'exploitation (ou d'activité) et sa contrepartie au Passif du bilan est un compte de Provisions, soit l'écriture au 31/12/2017 :

Dotation aux provisions (– R)	90 703	
Provisions (+ P)		90 703
Constatation de la provision 2017		

Évolution de la provision en 2018

À la clôture de l'exercice 2018, le procès n'a toujours pas eu lieu. Electrologic doit donc enregistrer une charge complémentaire qui s'élève à 5 % de 90 703 €, soit 4 535 €, afin de tenir compte de l'effet temps. Cette charge a un caractère financier et sa contrepartie est le poste Provisions, qui est donc porté à 90 703 + 4 535, soit 95 238 €.

Charges financières (– R)	4 535	
Provisions (+ P)		4 535
Ajustement de la provision en 2018		

Évolution de la provision en 2019

À la clôture de l'exercice 2019, le procès n'a toujours pas eu lieu. Electrologic reprend la même méthode de calcul pour obtenir le montant de la charge financière : 95 238 × 5 %, soit 4 762 €. Au final, la provision est bien de : 90 703 + 4 535 + 4 762 = 100 000 €, soit le montant de la provision prévu à l'origine.

Charges financières (– R)	4 762	
Provisions (+ P)		4 762
Ajustement de la provision en 2019		

Cette augmentation de la provision, en 2019, est également analysée comme une charge financière.

En 2020, en principe, le tribunal prononcera son jugement et fixera le montant des dommages-intérêts à verser à ADB. Une charge sera comptabilisée pour ce montant. La provision pour litige sera donc annulée (voir schéma de comptabilisation de l'application 4.9).

* Événement à l'origine d'une obligation juridique ou implicite.

** Par hypothèse, le taux de 5 % est celui qui serait appliqué à l'entreprise par sa banque, pour un emprunt à deux ans d'un montant équivalent.

Réajustement des provisions à la clôture des exercices

Des événements peuvent survenir au cours d'un exercice et remettre en cause l'analyse de l'opération qui a donné lieu à la constatation d'une provision, comme la révision à la baisse du montant de la dépense provisionnée. Les provisions doivent donc être revues à chaque date de clôture et ajustées pour refléter la meilleure estimation à cette date. Si une sortie de ressources (décaissement) n'est plus probable, la provision doit être « reprise », c'est-à-dire annulée.

Application 4.9

Litige opposant des salariés de Textilex à leur employeur : changement affectant une provision, dotation et reprise de provision

Le 15/09/2016, plusieurs salariés ont été informés par lettre recommandée de la décision de Textilex de procéder à leur licenciement en raison de la forte diminution de l'activité de l'atelier « Chemises » dans lequel ils travaillent. À titre d'indemnités de départ, un montant global de 100 000 € leur est proposé. Les salariés contestent cette décision et exigent le versement d'une somme de 220 000 €. Ils portent donc l'affaire devant la juridiction compétente pour les conflits du travail. Un procès est prévisible à moyen terme. Pour l'avocat de Textilex, le risque pour l'entreprise d'être condamnée pour un montant de 150 000 € est probable.

Textilex considère que l'effet temps est peu significatif, dans le cas présent et que, en conséquence, la provision ne fera pas l'objet d'actualisation.

Fin 2017, lors du procès, Textilex est condamnée à verser 180 000 € aux salariés au titre de dommages-intérêts. L'avocat conseille aux dirigeants de la société de faire appel de cette décision. Le jugement est prononcé sans exécution provisoire, donc sans obligation de versement de fonds avant la décision judiciaire définitive.

En 2018, la juridiction d'appel condamne finalement Textilex pour un montant de 230 000 €.

Il est précisé que, dans cet exemple, les indemnités versées sont exonérées de cotisations sociales.

Analyse et comptabilisation des événements en 2016

À la clôture de l'exercice 2016, il existe une obligation actuelle, qui résulte d'événements passés (le licenciement en septembre) et dont l'échéance et le montant sont incertains. Si l'entreprise est condamnée, ce qui est probable, un décaissement aura lieu, dont le montant peut être évalué avec une fiabilité suffisante.

Une provision doit donc être constituée dans les comptes de 2016 pour 150 000 €, justifiée par l'analyse de l'avocat de la société. Cette opération a un impact sur la performance de l'entreprise, car il s'agit d'un poste de charges du compte de résultat.

Dotation aux provisions (– R)	150 000	
Provisions (+ P)		150 000
Constatation de la provision en 2016		

Analyse et comptabilisation des événements en 2017

À la clôture de l'exercice 2017, à la suite de la condamnation au paiement d'un montant de 180 000 €, la provision doit être revue et ajustée pour refléter la meilleure estimation à cette date. Un complément de provision de 30 000 € doit être enregistré, car le décaissement probable est désormais du montant de la condamnation, même si la société a fait appel. Toutefois, l'entreprise n'enregistre pas de décaissement, fin 2017, en l'absence d'exécution provisoire du versement aux salariés.

Dotation aux provisions (– R)	30 000	
Provisions (+ P)		30 000
Constatation de la provision en 2017		

☞

Application 4.9 *(Suite)*

Analyse et comptabilisation des événements en 2018

En 2018, Textilex est condamnée, en appel, au versement d'un montant de 230 000 €. L'obligation est éteinte par le versement des dommages-intérêts aux salariés. La provision pour litige, dont le montant est de 180 000 € (150 000 + 30 000), doit être « reprise », c'est-à-dire annulée. Cette reprise de provision est un poste de produit du compte de résultat.

Provisions (– P)	180 000	
Reprise sur provisions (+ R)		180 000
Reprise de la provision pour annulation		

Le jugement rendu est définitif : les indemnités de 230 000 € constituent des charges et un décaissement de ce montant est effectué.

Autres charges opérationnelles (– R)	230 000	
Banque (– A)		230 000
Versement des indemnités		

Dans ce cas en particulier, la provision n'a pas été évaluée avec suffisamment de précision. Il s'agit en effet d'une des limites de cette obligation que de pouvoir estimer, avec une fiabilité suffisante, une dépense future, même si la bonne foi des acteurs (dirigeants et avocat) ne peut être, la plupart du temps, discutée.

2.3. Différents types de provisions

Plusieurs raisons peuvent motiver la constitution de provisions. Certaines sont mentionnées explicitement dans les normes IAS 37 (Provisions, passifs éventuels et actifs éventuels) et IAS 19 (Avantages du personnel), d'autres sont à constituer en application du principe général de constitution de provisions (voir section 2). La liste des provisions qui suit n'est pas exhaustive, mais contient les provisions le plus souvent présentes dans les états financiers d'une entreprise.

2.3.1. Provisions pour garantie donnée aux clients

Ces provisions sont utilisées pour couvrir les risques liés à un défaut de fabrication des produits vendus ou lorsque ces mêmes produits nécessitent des réparations dans le cadre du service après-vente, voire de l'échange pur et simple (produits de faible valeur marchande). Les provisions pour garantie figurent notamment dans les comptes des constructeurs automobiles qui accordent, par exemple, une garantie de quatre ans « entretien + assistance + garantie » ou « un moteur garanti 1 million de kilomètres ». La figure 4.8 indique que le Groupe PSA a constaté, fin 2017, une provision pour garantie de 1 446 M€.

Les conditions de constitution de la provision imposent la réalisation des ventes, avant la clôture de l'exercice, assorties d'une obligation de garantie vis-à-vis des clients. Il peut s'agir d'une obligation légale ou contractuelle, ou de simples pratiques commerciales qui créent une attente chez le client.

Provisions courantes et non courantes du Groupe PSA

	31/12 2016	Dotations	Utilisations	Reprises sans objet	Évaluation directe par capitaux propres	Variation de périmètres et autres	31/12 2017
Retraites	1 235	172	(112)	(1)	104	(5)	1 393
Personnel hors retraites et Autres	194	36	(30)	-	-	3	203
TOTAL DES PROVISIONS NON COURANTES	1 429	208	(142)	(1)	104	(2)	1 596
Garantie	924	679	(548)	(82)	-	473	1 446
Litiges commerciaux et fiscaux	648	130	(104)	(54)	-	97	717
Restructuration	996	788	(512)	(7)	-	56	1 321
Pertes futures sur contrats opérationnels	442	313	(331)	(15)	-	52	461
Autres	364	104	(54)	(152)	-	570	832
TOTAL DES PROVISIONS COURANTES	3 374	2 104	(1 549)	(310)	-	1 248	4 777
Dont secteur Automobile Opel Vauxhall						1 384	1 857

Figure 4.8 • Extrait du document de référence 2017, Groupe PSA (note 10, p. 194).

Dès que le produit est vendu, un défaut « potentiel » est supposé exister au titre de l'exercice, même si la panne ou le défaut de fabrication n'est constaté qu'au cours de l'exercice suivant. Il est donc « probable », à la date de clôture, que cette obligation se traduira par une sortie d'avantages économiques (ressources monétaires). L'entreprise n'attend aucune contrepartie, notamment monétaire, de la réparation liée à la garantie. Elle ne fera qu'exécuter son obligation. Cette sortie de ressources est essentiellement constituée par les coûts de réparation (pièces détachées et main-d'œuvre). Son montant est souvent déterminé sur la base de statistiques, à savoir le nombre des défauts constatés lors des exercices précédents (historique de l'entreprise) et l'évaluation des dépenses supportées. Cette solution est notamment retenue pour les productions de série. Enfin, lorsque la provision à évaluer comprend de nombreux éléments, l'obligation est estimée en pondérant tous les résultats possibles en fonction de leur probabilité (voir application 4.7).

2.3.2. Provisions pour litiges

Ces provisions sont destinées à couvrir les risques pécuniaires encourus lors de litiges dans lesquels l'entreprise est impliquée. Une sortie de ressources est probable en raison de l'indemnité, de la réparation du préjudice et des coûts externes du procès à régler.

Le montant des provisions pour litiges dans les comptes du Groupe PSA (voir figure 4.8) est, au 31/12/2017, de 717 M€.

2.3.3. Provisions pour contrats déficitaires

Un **contrat déficitaire** est un contrat pour lequel les coûts inévitables de satisfaction des obligations contractuelles sont supérieurs aux avantages économiques attendus.

Si une entreprise a un **contrat déficitaire**, c'est-à-dire que les coûts inévitables pour satisfaire aux obligations contractuelles sont supérieurs aux avantages économiques attendus du contrat (produit à facturer), l'obligation actuelle qui résulte de ce contrat doit être comptabilisée et évaluée comme une provision. Le coût inévitable d'un contrat correspond au coût net de sortie du contrat, soit au montant le plus faible entre les deux montants suivants :

- coût d'exécution du contrat ;
- indemnisation ou pénalité découlant du défaut d'exécution.

Certains contrats peuvent être annulés sans dédommagement du client. Ils n'impliquent donc aucune obligation. D'autres, en revanche, font apparaître des droits et obligations pour les deux parties contractantes. Lorsqu'un tel contrat devient déficitaire en raison de certains événements, il existe un passif qui doit être comptabilisé.

Application 4.10

Provision pour contrats déficitaires

La Société de construction normande (SCN) a signé, en février 2017, un contrat pour la construction d'un pont dans un pays d'Europe centrale. La date de livraison est prévue en novembre 2018. Le montant de l'opération (produit attendu ou chiffre d'affaires) est fixé à 25 M€.

Au 31/12/2017, le service comptabilité de gestion de la société présente à la direction de la SCN la liste des charges enregistrées (ou restant à engager au titre de 2018) :

- exercice 2017 : 9 M€ ;
- exercice 2018 : 18 M€.

L'augmentation de ces charges résulte essentiellement de la hausse des coûts salariaux et de l'énergie. Le contrat est donc déficitaire, car les charges s'élèvent à 9 M€ + 18 M€, soit 27 M€, pour un produit facturé de 25 M€. La perte attendue s'élève, par conséquent, à 2 M€.

Au 31/12/2017, date de clôture des comptes, le degré d'avancement des travaux est de 1/3 (soit 9/27 du montant des charges). Le chiffre d'affaires comptabilisé, qui doit correspondre au degré d'avancement, est de 25 M€ × 1 / 3, soit 8,3 M€.

Au titre de l'exercice 2017, la SCN dégagera donc sur ce chantier un résultat négatif de 9 M€ – 8,3 M€, soit 0,7 M€.

N.B. Dans cet exemple, les différents montants sont arrondis.

☞

(Suite)

Dans la mesure où la perte totale attendue est de 2 M€, il convient d'enregistrer dans les comptes de 2017 une provision de 2 M€ – 0,7 M€, soit 1,3 M€, pour ce contrat déficitaire.

Dotation aux provisions (– R) Provisions (+ P) *Constatation de la provision en 2017*	1,3	 1,3

2.3.4. Provisions pour restructuration

La **restructuration** est définie comme un programme planifié et contrôlé par la direction d'une entreprise, qui modifie de façon significative le champ d'activité (son métier) ou la manière dont cette activité est gérée, en améliorant la productivité, par exemple. Il peut s'agir de la cession ou de l'**abandon d'une branche d'activité**, de la fermeture de sites à la suite d'une décision de délocalisation, etc.

Une **restructuration** est un programme planifié et contrôlé par la direction, qui modifie de façon significative le champ d'activité d'une entreprise ou la manière dont cette activité est gérée.

L'**abandon d'activité** se traduit par la cession d'une des composantes de l'entreprise lors d'une transaction unique ou par l'arrêt de l'exploitation d'une activité.

La provision pour restructuration ne doit inclure que des dépenses entraînées par cette opération, comme les pénalités de résiliation d'un contrat de location simple pour un matériel de production qui ne sera plus utilisé ou les indemnités de licenciement du personnel. Des dépenses liées aux activités de l'entreprise ne doivent en aucune façon être provisionnées ; cela peut concerner par exemple :

- les coûts de reconversion ou de relocalisation du personnel conservé ;
- les dépenses de marketing ;
- le changement ou la modification d'un système informatique ;
- les changements d'enseignes commerciales.

En effet, ces dépenses peuvent être considérées comme liées à l'activité future et ne constituent pas des passifs au titre de la restructuration à la date de clôture. Elles seraient comptabilisées de la même manière si elles étaient constatées hors opération de restructuration.

Dans les comptes du Groupe PSA (voir figure 4.8), des provisions pour restructuration (coûts de réduction des effectifs essentiellement) figurent pour 1 321 M€ au 31/12/2017.

Restructuration : obligation implicite et constitution d'une provision

En septembre 2018, le conseil d'administration de la société Filigrane, société française de l'industrie du textile, constate les difficultés rencontrées face à la concurrence chinoise et décide d'arrêter la fabrication des chemises. En effet, ses coûts de production, notamment la main-d'œuvre, sont nettement plus élevés que ceux de ses concurrents.

☞

Application 4.11 *(Suite)*

Le 02/10/2018, le conseil d'administration approuve cette restructuration et le plan détaillé de fermeture de l'atelier « Confection chemises » est présenté par le président de la société. Les clients de Filigrane, distributeurs spécialisés et grandes surfaces, ont été avertis par courrier de cette décision. Les salariés licenciés, soit 30 personnes sur 40, sont informés par lettre recommandée le 04/12/2018. Les 10 autres salariés de cet atelier suivront une formation en vue de leur reconversion dans un autre service de l'entreprise.

Compte tenu de l'urgence de la situation, ce plan sera mis en œuvre dès le mois de février 2019, la société ne faisant que respecter ses engagements de production des commandes antérieures. Cette opération devrait prendre fin au plus tard en avril 2019.

Enfin, la direction financière de Filigrane a établi la liste des dépenses liées à cette opération de restructuration :

- indemnités de licenciement des 30 employés « Chemises » : 500 000 € ;
- dépenses de reconversion du personnel conservé, à savoir la formation des 10 salariés : 40 000 € ;
- dépenses d'aménagement des réseaux de distribution : 30 000 €.

Quel est le montant à provisionner au 31/12/2018 ?

Réponse

Si on reprend la liste des critères à retenir en matière de détermination du montant à provisionner, les dépenses de reconversion du personnel conservé et les dépenses d'aménagement des réseaux de distribution ne peuvent être retenues. Elles figureront en charges de l'exercice et seront comptabilisées comme s'il s'agissait d'opérations indépendantes de la restructuration.

Le montant de la provision s'élèvera donc à 500 000 €, représentant le montant de l'indemnité de licenciement. Le traitement comptable est le suivant :

Dotation aux provisions (– R)	500 000	
Provisions (+ P)		500 000
Constatation de la provision		

Provision pour démantèlement et restauration de site : provision en vue de la remise en état d'un site lors de l'arrêt d'activité de la société.

2.3.5. Provisions pour démantèlement et remise en état du site

Les coûts de **démantèlement** et d'enlèvement d'une immobilisation (structure) et de restauration d'un site sur lequel elle est située sont intégrés au coût d'acquisition de l'immobilisation (voir chapitre 5). L'entreprise procède à une évaluation initiale de ces dépenses en actualisant la somme estimée.

Ces coûts correspondent à un composant spécifique et ont pour contrepartie un compte de **Provision** au Passif. Ces dépenses n'ont pas encore été engagées et leur règlement n'interviendra qu'après la fin de l'exploitation du site. Le composant « Démantèlement » fera l'objet d'un amortissement avec un plan (mode et durée) spécifique.

La note 12 de l'annexe aux comptes consolidés de Total (voir figure 4.9) fait apparaître une provision pour restitution des sites d'un montant de 12 240 M€ au 31/12/2017, représentant un peu plus de 5 % du total du bilan.

(en millions de dollars USD)	Au 31 décembre 2017	2016	2015
Provisions pour litiges	706	1 123	1 120
Provisions pour protection de l'environnement	964	938	909
Provisions pour restitution des sites	12 240	12 665	13 314
Autres provisions non courantes	1 370	1 455	1 357
dont cessation d'activité (Marketing & Service et Raffinage-Chimie)	160	184	223
dont risques financiers sur des sociétés non consolidées et mises en équivalence	59	63	216
dont garanties accordées sur des panneaux solaires de SunPower	177	168	166
Autres passifs non courants	706	665	802
TOTAL	**15 986**	**16 846**	**17 502**

Figure 4.9 • Extrait du document de référence 2017, Total (annexe 12.1, p. 293).

Application 4.12

Démantèlement d'une usine : provision, actualisation et comptabilisation

Lors de l'implantation de sa nouvelle usine de la banlieue lilloise en janvier 2018, Electrologic a pris en considération son obligation de procéder au démantèlement d'un des ateliers de son site industriel dans 10 ans, selon l'engagement pris auprès de la municipalité. Le coût de cette opération a été chiffré à 800 000 €. L'entreprise s'est basée sur les rapports de deux experts, dont les estimations étaient proches, pour retenir cette évaluation de dépenses.

Comment analyser cette opération, en sachant que, pour des calculs éventuels d'actualisation, l'entreprise propose un taux de 7 % ?

Réponse

Une provision sera enregistrée au début de l'exercice 2018 pour un montant représentant le coût actualisé du démantèlement (soit sa valeur de 2018 et non sa valeur estimée pour 2028).

Soit : $800\,000 / (1 + 0{,}07)^{10} = 406\,640$ €

Actif non courant (usine) (+ A)	406 640	
Provisions (+ P)		406 640
Constitution de la provision		

Le 31/12/2018, la provision sera réajustée pour refléter l'écoulement du temps, du montant suivant : 406 640 € × 7 % = 28 465 €. Le total, soit 406 640 + 28 465 = 435 105 €, représente la valeur actualisée de l'opération de démantèlement à la clôture de l'exercice.

Charges financières (– R)	28 465	
Provisions (+ P)		28 465
Charge financière due à l'actualisation de la provision		

Pour l'exercice 2019, on procédera de la même façon : 435 105 € × 7 % = 30 457 €.

À l'issue des 10 années, le poste Provisions pour démantèlement figurera dans les comptes d'Electrologic pour 800 000 €, soit le montant initialement prévu de la dépense liée au démantèlement.

2.3.6. Provisions liées aux avantages du personnel

Le domaine des avantages du personnel est important et complexe. Ces prestations sont versées, au titre des services rendus, par une entité (entreprise) aux membres du personnel, pendant leur période d'emploi, au moment de leur cessation d'activité ou postérieurement à la cessation de l'emploi. La norme IAS 19 (§ 5) distingue quatre catégories d'avantages :

- les avantages à court terme, comme les salaires, les cotisations de sécurité sociale, les congés payés ou maladie et certains avantages non monétaires (logement ou assistance médicale) ;

et des avantages complémentaires comme :

- les avantages postérieurs à l'emploi : pensions de retraite, indemnités de fin de carrière ;
- les autres avantages à long terme parfois liés à l'ancienneté (médaille du travail) ou l'intéressement et les primes différées ;
- les indemnités de cessation d'emploi.

Ces avantages sont souvent accordés en application de régimes ou d'accords formalisés passés entre une entreprise et des membres du personnel ou leurs représentants. Ils peuvent également résulter de dispositions légales ou d'accords de branche (conventions collectives, par exemple) ou d'usages créant une obligation implicite. D'une manière générale, l'entreprise doit comptabiliser un passif dû, lorsqu'un membre du personnel a « rendu des services en contrepartie des avantages qui lui seront versés à une date future », et une charge au compte de résultat, lorsque l'entité utilise « l'avantage économique résultant des services rendus par un membre du personnel en contrepartie des avantages du personnel ».

Les avantages à court terme constituent une charge de la période, avec comme contrepartie une dette, inscrite au passif du bilan et dont le montant et l'échéance sont connus. Ce montant est non actualisé. Des exemples de comptabilisation figurent ci-dessus (voir section 1.2 relative aux congés à payer et section 1.3 relative aux absences rémunérées).

Pour d'autres avantages au personnel, le montant ou l'échéance ne sont pas connus. L'entité devra donc constituer diverses provisions qui feront l'objet des développements suivants.

Les **avantages postérieurs à l'emploi** désignent les avantages du personnel (autres que les indemnités de fin de contrat de travail et les avantages sur capitaux propres) payables postérieurement à la cessation de l'emploi.

2.3.7. Avantages postérieurs à l'emploi : les retraites du personnel et les indemnités de fin de carrière

Il existe en France deux régimes de retraite : le régime à cotisations définies et le régime à prestations définies.

Ces avantages sont enregistrés en charges tout au long de la période d'activité des salariés et sont à payer postérieurement à la cessation d'activité, qui correspond en général au départ à la retraite. Pour une année de travail supplémentaire, le salarié acquiert des droits complémentaires qui doivent être valorisés. La norme IAS 19 utilise la notion de **coûts des services rendus**, qui regroupent les pensions, rentes ou tout autre avantage équivalent qui résultent d'accords formalisés (ou non). Ils sont classés en régimes à cotisations définies ou en régimes à prestations définies, selon la réalité économique des termes et conditions de l'opération. Le risque supporté par l'entreprise est très différent selon la nature de l'obligation.

Le **coût des services rendus** au cours de l'exercice désigne l'accroissement de la valeur actuelle de l'obligation au titre des prestations définies résultant des services rendus au cours de l'exercice.

Le régime général de retraite français repose sur la répartition. Il existe un régime général et obligatoire, géré par la Sécurité sociale[3] et les Caisses de retraite complémentaires[4]. En pratique, les cotisations versées en 2018 permettent de payer les retraites de 2018 aux anciens salariés. Le montant de la retraite est fonction du nombre d'années d'activité, du montant du salaire et de l'affiliation à certaines caisses de retraite complémentaire. L'entreprise et le salarié contribuent au financement de la retraite en versant des cotisations définies.

Régime à cotisations définies

Dans ce régime, l'employeur paie des cotisations fixes à une entité distincte (un fonds ou une Caisse nationale publique). En France, les régimes de Sécurité sociale et les Caisses de retraite fonctionnent selon ces règles. Il n'existe aucune obligation juridique ou implicite, pour l'entreprise, de payer des cotisations supplémentaires si le fonds (ou la Caisse) ne peut respecter ses obligations en termes de versement de retraite. L'engagement de l'employeur est limité au paiement des cotisations à intervalles réguliers (chaque mois en général), dont le montant peut faire l'objet d'un réajustement, par exemple chaque année. Le montant des avantages postérieurs à l'emploi reçu par un salarié lors de sa retraite est déterminé par le montant des cotisations versées et le montant obtenu par le produit d'un nombre de points par la valeur de ce point.

Dans un **régime à cotisations définies,** l'obligation de l'entreprise se limite au versement de cotisations sans se préoccuper du montant des prestations versées par le fonds ou une caisse de retraite publique, ni des difficultés financières rencontrées par cet organisme.

De plus, pour certains cadres dirigeants notamment, des versements à un fonds peuvent être prévus dans l'entreprise en application d'accords formels ou non. Les avantages ainsi obtenus par ces salariés s'ajouteront aux pensions de retraite versées par différents organismes en application des obligations légales (voir application 4.13).

Dans ce cas, pour le salarié bénéficiaire, le montant des prestations n'est pas connu à l'avance. Il sera fonction des évolutions démographiques de la population concernée et de la performance réalisée par le fonds qui reçoit les cotisations versées par l'entreprise et qui les place sur des supports financiers qu'il choisit en fonction de la performance attendue. Le salarié supporte donc le risque actuariel, lorsque les prestations sont moins importantes que prévu ou que les actifs investis sont insuffisants pour faire face aux prestations prévues.

La comptabilisation de ces régimes est directe et ne présente pas de difficultés d'analyse et de traitement comptable, car l'obligation de l'entreprise qui présente ses états financiers est limitée aux montants des cotisations à payer pour l'exercice. Les écarts actuariels n'existent donc pas dans ce système. La cotisation restant éventuellement à payer, au titre de l'exercice, doit être inscrite au passif du bilan (Dettes – Charges à payer) et en charges dans le compte de résultat de l'exercice où elle est due.

3. Par le biais de la Caisse nationale d'assurance vieillesse (CNAV).
4. Les caisses ARRCO et AGIRC, en France, perçoivent les cotisations et versent les pensions dans le cadre des régimes de retraite complémentaire.

Application 4.13

Versement de « cotisations définies » à un fonds

Au titre de l'exercice 2017, Textilex doit verser, en plus des cotisations générales et obligatoires de retraite des Caisses nationales, le montant des avantages liés au départ à la retraite de certains salariés, cadres de direction, en application d'un accord d'entreprise. Le montant des cotisations est de 50 000 € et doit être réglé avant le 15/01/2018 à Fondsipro, filiale d'un groupe bancaire.

Le principe est que le coût de ces avantages postérieurs à l'emploi doit être inscrit en charges au cours de l'exercice d'activité du salarié dans l'entreprise, et non lors du versement des prestations. Textilex est libérée de toute obligation dès le versement de sa cotisation à Fondsipro. Le coût des avantages postérieurs à l'emploi correspond exactement au montant des cotisations de la période.

Le schéma de comptabilisation est le suivant :

Charges du personnel (– R)	50 000	
Dettes – Charges à payer (+ P)		50 000
Versement Fondsipro		

Dans la mesure où ces cotisations sont exigibles dans les 12 mois qui suivent la fin de l'exercice, elles ne doivent pas être actualisées.

Dans un **régime à prestations définies**, l'entreprise s'engage à payer les prestations convenues aux retraités.

Régime à prestations définies

Ce régime est facultatif en France, contrairement aux régimes établis par le législateur et gérés par les pouvoirs publics ou des organismes paritaires. Il ne concerne pas toutes les entreprises, ni toutes les catégories de salariés. Ces **prestations** de retraite, souvent qualifiées de « surcomplémentaires », sont versées essentiellement, en France, aux cadres supérieurs ou aux dirigeants. Dans d'autres pays (comme la Suisse), ces engagements peuvent être obligatoires et résulter de lois ou d'usages. L'analyse et la comptabilisation des opérations qui relèvent des prestations définies sont complexes. La norme souligne qu'il est souhaitable de faire appel à un actuaire (IAS 19, § 59) pour valider les hypothèses et effectuer les calculs. Il convient en effet d'évaluer les engagements de l'entreprise au titre de prestations futures. Seuls les éléments de base nécessaires à la compréhension du système sont présentés ci-après.

Dans ce régime, l'entreprise a l'obligation de verser les prestations prévues aux salariés en activité et aux retraités. Elle assume le risque actuariel (prestations plus élevées que prévu ou risque lié aux placements effectués). Son obligation peut donc être revue à la hausse.

Ces régimes sont financés soit par des cotisations à un fonds de pension juridiquement indépendant de l'entreprise ou un assureur, soit par l'entreprise elle-même par le biais de provisions. Les salariés peuvent, parfois, contribuer également, par leur contribution à alimenter le fonds.

Externalisation auprès d'un fonds ou d'un assureur

Dans ce cas, l'entreprise verse des cotisations à un tiers. Si le fonds ou l'assureur assume les risques actuariels et de placement liés au régime, les cotisations sont des charges de l'exercice et le schéma de comptabilisation est celui présenté dans l'application 4.13 pour un régime à cotisations définies. Lorsque l'organisme externe n'assume pas les risques actuariels et de placement, l'entreprise est responsable de ces risques et doit pallier l'insuffisance constatée. Les cotisations versées peuvent dans ce cas être considérées comme des actifs du régime qui figureront au bilan en diminution de la provision comptabilisée au titre du régime de retraite à prestations définies.

Évaluation et comptabilisation

La comptabilisation des régimes à prestations définies nécessite l'utilisation de techniques actuarielles fiables. L'entreprise doit notamment prendre en considération les variables démographiques (mortalité et rotation du personnel) et financières (augmentations futures des salaires et coûts médicaux) qui auront une influence notable sur le coût des prestations. Au bilan, le montant comptabilisé au passif, au titre des prestations définies, correspond à la valeur actuelle de l'obligation au titre des prestations définies à la date de clôture. Au compte de résultat, l'entreprise doit notamment inscrire en charges le montant total des coûts des services rendus au cours de l'exercice et le coût financier.

La norme IAS 19 (§ 57) précise que l'entité doit, pour comptabiliser et évaluer le coût à assumer au final pour les prestations accumulées par les membres du personnel, utiliser la méthode dite des **unités de crédit projetées**.

Méthode des unités de crédit projetées : chaque année de travail donne droit à une unité supplémentaire de droits à prestations. Chacune de ces unités est évaluée séparément pour obtenir le montant total de l'obligation finale.

Pour déterminer la valeur actualisée de son obligation, le coût correspondant des services rendus de la période considérée et le coût des services des périodes antérieures, l'entreprise doit répartir les prestations au prorata des années de service. Selon cette méthode des unités de crédit projetées, on considère que chaque année de travail donne droit à une unité supplémentaire de droits à prestations. Chacune de ces unités est évaluée séparément pour obtenir le montant total de l'obligation finale.

Un exemple de calcul de cette méthode est proposé ci-après (voir application 4.14). Un extrait du document de référence 2017 du Goupe Casino illustre également l'évaluation de ces engagements de l'entreprise (voir figure 4.10).

Méthode des unités de crédit projetées*

Au moment du départ à la retraite d'un salarié, la société Textilex verse une somme forfaitaire représentant 1 % du salaire de fin de carrière par année d'activité, soit 2 % pour deux ans d'activité, 10 % pour 10 ans, etc. Pour un cadre dirigeant recruté le 01/01/2018, le salaire annuel de départ a été fixé à 100 000 €. D'après les accords conclus lors de la signature du contrat de travail, ce salaire augmentera chaque année au taux d'intérêt composé de 5 %. Pour les éventuels calculs, le taux d'actualisation retenu est de 4,5 % par an.

Si ce salarié quitte l'entreprise après cinq années, soit à la fin de l'année 2022, il est possible de présenter dans un tableau les données relatives à la constitution de l'obligation de versement de la retraite par la société. On suppose que le taux d'actualisation reste inchangé et que la personne ne part pas avant, ni après, la date retenue.

☞

Application 4.14 *(Suite)*

Présentation des données, calculs

Années	Rémunération annuelle (1)	Prestation affectée aux exercices antérieurs (2)	Prestation affectée à l'exercice (3)	Cumul (4)	Obligation à l'ouverture (5)	Intérêts calculés à l'ouverture (6)	Coût des services rendus au cours de l'exercice (7)	Obligation de clôture (8)
2018	100 000	0	1 216	1 216	0	0	1 019	1 019
2019	105 000	1 216	1 216	2 432	1 019	46	1 065	2 130
2020	110 250	2 432	1 216	3 648	2 130	96	1 113	3 339
2021	115 753	3 648	1 216	4 864	3 339	150	1 163	4 653
2022	121 551	4 864	1 216	6 080	4 653	209	1 216	6 078

Notes et détail des principaux calculs : les chiffres entre parenthèses renvoient aux différentes colonnes du tableau ci-dessus :

(1) En 2019, 100 000 × 1,05 = 105 000. En 2020, 100 000 × $(1,05)^2$ = 110 250. En 2022, 100 000 × $(1,05)^4$ = 121 551. Il s'agit de tenir compte de l'augmentation annuelle contractuelle du salaire.

(2) En 2018, prestation de l'exercice antérieur (= 0). En 2019, prestation cumulée des exercices antérieurs : 0 + 1 216 = 1 216. En 2020, 0 + 1 216 + 1 216 = 2 432, etc.

(3) Soit 1 % du salaire de fin de carrière (121 551 € en 2022).

(4) Cumul = (2) + (3).

(5) L'obligation d'ouverture est la valeur actualisée des droits à prestations affectés aux exercices précédents. En 2022, 4 864 € × $(1,1)^{-1}$ = 4 653. En 2021, 3 648 × $(1,1)^{-2}$ = 3 339, etc.

(6) Calculés au taux de 4,5 % (taux d'actualisation retenu). Pour 2019, le montant de l'obligation à l'ouverture, soit 1 019, auquel on applique le taux de 4,5 % = 1 019 × 4,5 % = 46. Pour 2020, 2 130 × 4,5 % = 96, etc.

(7) Il s'agit de l'accroissement de la valeur actuelle de l'obligation au titre des prestations définies, résultant des services rendus au cours de l'exercice.
Calcul pour :
2018 : 1 216 $(1,045)^{-4}$ = 1 019 €.
2019 : 1 216 $(1,045)^{-3}$ = 1 065 €.
2020 : 1 216 $(1,045)^{-2}$ = 1 113 €.
2021 : 1 216 $(1,045)^{-1}$ = 1 163 €.

(8) L'obligation à la clôture est la valeur actualisée des droits à prestations affectés à l'exercice et aux exercices antérieurs.
Calcul pour :
2018 : 121 551 (salaire de fin de carrière) × 1 % × $(1,045)^{-4}$ = 1 019 €.
2019 : 121 551 × 2 % × $(1,045)^{-3}$ = 2 130 €.
2020 : 121 551 × 3 % × $(1,045)^{-2}$ = 3 339 €.
2021 : 121 551 × 4 % × 1,045 = 4 653 €.
2022 : 121 551 × 5 % = 6 078 €.

On peut également retrouver les montants de l'obligation de clôture en additionnant les sommes de la colonne 7 et les intérêts (colonne 6). Ainsi, pour 2020 : (1 019 + 1 065 + 1 113) + (0 + 46 + 96) = 3 339.

Comptabilisation

Pour Textilex, l'écriture comptable pour l'année 2018 est la suivante :

Charges du personnel (– R)	1 019	
Provision pour retraites (+ P)		1 019
Constatation de la provision selon le tableau (colonne 7)		

L'enregistrement à réaliser pour l'exercice 2019 est :

Charges du personnel (– R)	1 065	
Charges financières (– R)	46	
Provision pour retraites (+ P)		1 111
Constatation de la provision selon le tableau (colonnes 6 et 7)		

☞

(Suite)

À la suite de ces enregistrements, la provision pour retraite figurant au passif du bilan de 2019 correspond bien à l'obligation de clôture (colonne 8 du tableau), à savoir 1 019 + 1 111 = 2 130.

Synthèse

Cette application confirme que le coût des avantages postérieurs à l'emploi, d'un exercice donné, correspond à la différence entre l'obligation d'ouverture et l'obligation de clôture. Cette variation de la valeur actuelle comprend :

- d'une part, l'accroissement de la valeur actuelle de l'obligation en raison de l'activité du salarié au cours de l'exercice ;
- d'autre part, le coût financier dû au fait que l'on se rapproche de la date de cessation d'activité et donc du versement des prestations de retraite.

* Adapté de l'exemple présenté au § 68 de la norme IAS 19.

La figure 4.10 illustre les indications données dans l'annexe, relatives aux avantages du personnel postérieurs à l'emploi à l'exemple du Groupe Casino.

Provisions pour avantages au personnel postérieurs à l'emploi et autres avantages à long terme du Groupe Casino

Les sociétés du Groupe participent, selon les lois et usages de chaque pays, à la constitution de différents types d'avantages au personnel de leurs salariés.

- Dans le cadre de régimes à cotisations définies, le Groupe n'a pas d'obligation d'effectuer des versements supplémentaires en sus des cotisations déjà versées à un fonds, si ce dernier n'a pas suffisamment d'actifs pour servir les avantages correspondant aux services rendus par le personnel pendant la période en cours et les périodes antérieures. Pour ces régimes, les cotisations sont inscrites en charges lorsqu'elles sont encourues.
- Dans le cadre de régimes à prestations définies, les engagements sont évalués suivant la méthode des unités de crédit projetées sur la base des conventions ou des accords en vigueur dans chaque société. Selon cette méthode, chaque période de service donne lieu à une unité supplémentaire de droits à prestations et chaque unité est évaluée séparément pour obtenir l'obligation finale. Cette obligation est ensuite actualisée. Les hypothèses actuarielles utilisées pour déterminer les engagements varient selon les conditions économiques du pays dans lequel le régime est situé. Ces régimes et les indemnités de fin de contrat font l'objet d'une évaluation actuarielle par des actuaires indépendants chaque année pour les régimes les plus importants et à intervalles réguliers pour les autres régimes. Ces évaluations tiennent compte notamment du niveau de rémunération future, de la durée d'activité probable des salariés, de l'espérance de vie et de la rotation du personnel.
  Les gains et pertes actuariels résultent des modifications d'hypothèses et de la différence entre les résultats estimés selon les hypothèses actuarielles et les résultats effectifs. Ces écarts sont comptabilisés immédiatement en autres éléments du résultat global pour l'ensemble des écarts actuariels portant sur des régimes à prestations définies.
  Le coût des services passés, désignant l'accroissement d'une obligation suite à l'introduction d'un nouveau régime ou d'une modification d'un régime existant est comptabilisé immédiatement en charges.

La charge comptabilisée au compte de résultat comprend :

– les coûts des services rendus au cours de l'exercice qui sont comptabilisés en résultat opérationnel courant ;
– les coûts des services passés ainsi que les éventuels effets de toute réduction ou liquidation de régime qui sont comptabilisés soit en résultat opérationnel courant soit en autres produits et charges opérationnels ;
– la charge nette d'intérêts sur les obligations et les actifs de couverture est comptabilisée en "Autres produits et charges financiers". Elle est calculée par l'application du taux d'actualisation défini par IAS 19 aux passifs nets (montant des engagements après déduction du montant des actifs du régime) comptabilisés au titre des régimes à prestations définies, tels que déterminés au début de l'exercice.

La provision comptabilisée au bilan correspond à la valeur actualisée des engagements ainsi évalués, déduction faite de la juste valeur des actifs des régimes.

Figure 4.10 • Extrait du document de référence 2017, Groupe Casino (note 8, p. 137).

Avantages postérieurs à l'emploi : indemnités de fin de carrière

En plus des pensions, des dispositions légales ou conventionnelles, plus favorables, ou des usages selon les pays prévoient parfois le versement d'une indemnité forfaitaire, versée en une fois lors du départ à la retraite des salariés[5].

L'évaluation et la comptabilisation de ces indemnités sont identiques aux modalités prévues pour les régimes de retraite à cotisations définies ou prestations définies présentées ci-avant. Dans les régimes à prestations définies, les engagements liés au versement des indemnités de départ à la retraite sont évalués selon la méthode actuarielle des unités de crédit projetées.

Les engagements (pensions et indemnités de fin de carrière) peuvent faire l'objet d'une couverture par des fonds spécifiques. Le Groupe PSA, dans la note 7.1 du document de référence 2017, indique la répartition de ces actifs financiers de couverture entre actions et obligations (voir figure 4.11).

Informations sur les actifs financiers en couverture des engagements du Groupe PSA

(en millions d'euros)	31/12/2017		31/12/2016	
	Actions	Obligations	Actions	Obligations
France	19 %	81 %	17 %	83 %
Royaume-Uni	12 %	88 %	19 %	81 %
Allemagne	0 %	100 %	-	-

La juste valeur des actions et obligations est de niveau 1 en 2016 et 2017. Les rendements réels des fonds, gérés par le Groupe en France et en Allemagne, et par les Trusts de retraite au Royaume-Uni sur 2017, ont été de + 4 % sur les fonds français, 2,8 % en Allemagne et de + 5,6 % sur les fonds du Royaume-Uni. En France, il s'agit, pour les actions, de portefeuilles de gestion indicielle représentatifs de l'indice MSCI EMU Euro et d'indices internationaux tandis que la gestion obligataire est composée d'obligations gouvernementales de premier plan dans l'Union Européenne (*minimum investment grade*), d'une poche d'obligations d'entreprises européennes de rating minimum A et d'une poche d'obligations gouvernementales européennes indexées sur l'inflation. Au Royaume-Uni, toutes les actions sont investies dans des fonds d'actions mondiales. 69 % de la gestion obligataire sont composés d'une poche d'obligations gouvernementales en livres sterling indexées sur l'inflation. Les 31 % restant couvrent essentiellement des obligations d'entreprises de rating minimum A.

En Allemagne, les investissements obligataires sont réalisés à 80 % dans des obligations d'entreprises de rating moyen A-, à 12 % dans des obligations gouvernementales d'États de l'Union Européenne (*minimum investment grade*) et à 8 % dans des instruments monétaires à court terme.

En France, le Groupe est libre de décider des contributions qu'il verse dans les fonds. Aucune décision n'a été prise pour les versements qui seraient réalisés en 2018.

Au Royaume-Uni, le montant de la contribution patronale annuelle hors Faurecia s'élève à 34 millions de livres sterling (39 millions d'euros) en 2017. Elle est estimée à 33 millions de livres sterling (37 millions d'euros) au titre de 2018, ce montant étant susceptible de modifications compte tenu des négociations prévues sur 2018.

En Allemagne, le montant de la contribution patronale annuelle hors Faurecia s'élève à 12 millions d'euros. Elle est estimée à 4 millions d'euros au titre de 2018.

Figure 4.11 • Extrait du document de référence 2017, Groupe PSA (note 7, p. 183).

5. Ainsi, en France la loi n'autorise la mise à la retraite d'office que pour les salariés âgés d'au moins 70 ans. Le salarié a droit (obligation légale) à une indemnité de départ à la retraite qui est fonction de l'ancienneté dans l'entreprise : un demi-mois de salaire après 10 ans d'ancienneté ; un mois et demi après 20 ans ; deux mois après 30 ans.

L'avenir des prestations postérieures à l'emploi : vers une remise en question des régimes de retraite à prestations définies.

Depuis plusieurs années, les performances des marchés financiers et l'allongement de la durée de vie ont remis en cause les systèmes garantissant un niveau de retraite en fonction du salaire.

Total, dans son document de référence 2017, indiquait que « les principaux régimes de retraite à prestations définies sont fermés aux nouveaux embauchés qui bénéficient de régimes de retraite à cotisations définies ».

En Grande-Bretagne, des entreprises souhaitaient fermer également leurs fonds de pension aux nouveaux salariés.

Le document de référence 2017 du Groupe PSA décrit les différents régimes de retraite de la société (note 7.1) et souligne cette évolution (voir figure 4.12).

Description des régimes du Groupe PSA

Les salariés du Groupe bénéficient dans certains pays de compléments de retraites qui sont versés annuellement aux retraités ou d'indemnités de départ à la retraite qui sont versées en une fois au moment du départ à la retraite. Le Groupe offre ces avantages à travers, soit des régimes à cotisations définies, soit des régimes à prestations définies. Dans le cadre des régimes à cotisations définies, le Groupe n'a pas d'autres obligations que le paiement de ses cotisations. La charge correspondant aux cotisations versées est prise en compte en résultat sur l'exercice. Pour les régimes à prestations définies, les principaux pays concernés sont la France, le Royaume-Uni et l'Allemagne.

En France, les régimes à prestations définies, encore en vigueur, concernent :

- les indemnités de départ en retraite prévues par les conventions collectives ;
- le régime de retraites complémentaires des ingénieurs et cadres pour la partie non externalisée en 2002 qui garantit un niveau de retraites, tous régimes confondus égal au maximum à 60 % des derniers salaires (2 500 allocataires) ;
- le régime de l'ancienne filiale du groupe Chrysler en France (Talbot), régime fermé en 1981 qui couvre 12 000 allocataires à fin 2017 ; et
- le régime d'allocation de complément Citroën (ACC), régime fermé, qui couvre 4 100 allocataires à fin 2017.

Au Royaume-Uni, il existe quatre régimes à prestations définies gérés dans le cadre de trusts. Ces régimes sont fermés aux salariés embauchés postérieurement à mai 2002. Ils couvrent au 31 décembre 2017, 18 200 bénéficiaires dont 500 salariés, 6 700 anciens salariés non encore à la retraite et 11 000 allocataires. Ils garantissent un niveau de retraites qui équivaut au maximum à

66 % des derniers salaires.

En Allemagne, le principal régime à prestations définies concerne Opel Automobile GmbH couvrant les bénéficiaires présents dans ces sociétés au 1er août 2017 à travers :

- les indemnités de départ en retraite prévues par les conventions collectives ;
- le régime de retraites complémentaires couvrant 20 000 salariés. Ce régime était intégralement financé au 1er août 2017.

Figure 4.12 • Extrait du document de référence 2017, Groupe PSA (note 7, p. 182).

Autres avantages à long terme

La norme IAS 19 donne quelques exemples de ces avantages accordés au personnel : les congés sabbatiques, les indemnités d'incapacité de longue durée, l'intéressement ou des primes dont le paiement est différé, le compte épargne-temps et d'autres avantages liés à l'ancienneté comme, en France, les médailles du travail.

Une provision est constatée au passif du bilan et son montant est égal à la valeur actuelle des prestations à la clôture de l'exercice diminuée de la juste valeur, à la même date, des actifs du régime (s'ils existent) utilisés pour éteindre les obligations.

Médailles du travail

L'attribution d'une médaille du travail est une pratique courante en France. Elle vise à honorer les salariés fidèles à l'entreprise. L'employeur leur verse en général une prime, si celle-ci est prévue dans les conventions collectives de la branche professionnelle ou résulte d'usages appliqués régulièrement dans l'entreprise. Ces prestations sont enregistrées dans un compte de provision spécifique, dont le montant correspond au coût du versement probable lié aux salariés présents dans l'entreprise. La provision est constituée chaque année de présence des salariés et est fonction de la probabilité que ces derniers atteignent l'ancienneté requise (20 ans ou 30 ans, par exemple) pour l'attribution de la médaille et de la gratification qui l'accompagne. On tient compte pour l'évaluation de la provision du taux de rotation du personnel et des tables de mortalité.

Dans son document de référence 2017 (voir figure 4.13, l'annexe aux comptes consolidés « Note 8.2 Provisions »), le Groupe Casino précise qu'il a constaté au 31/12/2017 une provision pour médaille du travail pour un montant de 41 M€.

Composition des provisions pour retraites et engagements assimilés du Groupe Casino

	Au 31 décembre					
	2017			2016		
	Part non courante	Part courante	Total	Part non courante	Part courante	Total
Retraites	307	10	317	263	10	273
Médailles du travail	41	1	41	36	1	37
Prime pour services rendus	10	-	11	13	1	14
PROVISIONS POUR RETRAITES ET ENGAGEMENTS ASSIMILÉS	**358**	**11**	**369**	**312**	**12**	**324**

Figure 4.13 • Extrait du document de référence 2017, Groupe Casino (note 8, p. 78).

Intéressement, primes et rémunérations différées

Une entreprise doit comptabiliser le coût attendu des paiements à effectuer au titre de l'intéressement et des primes, si l'intégralité des paiements à effectuer au titre de l'intéressement des primes n'est pas due dans les 12 mois suivant la fin de l'exercice pendant lequel les salariés ont travaillé. Ces paiements constituent alors des avantages à long terme.

L'intéressement est un complément de rémunération qui présente un caractère collectif et aléatoire, et résulte d'une formule de calcul liée aux résultats ou aux performances de l'entreprise.

La comptabilisation et l'évaluation de ces avantages du personnel sont identiques aux règles présentées ci-dessus pour les régimes de retraite à prestations définies gérées en interne par l'entreprise par le biais de provisions.

Indemnités de cessation d'emploi (ou de fin de contrat de travail)

La norme IAS 19 (§ 159 et suivants) traite de ces indemnités séparément des autres avantages du personnel. Ce qui différencie cet avantage du personnel des autres avantages est que l'obligation de versement d'une indemnité n'est pas liée à l'activité du salarié mais à sa cessation d'activité.

Ce sont des avantages du personnel, payables à la suite de la résiliation par l'entité (l'entreprise) du contrat de travail d'un membre du personnel avant l'âge normal du départ à la retraite ou de la décision d'un salarié de partir volontairement en acceptant les indemnités proposées par l'entreprise. Le montant de ces indemnités peut être explicite (prévu par la loi ou des conventions collectives) ou implicite (versement habituel d'indemnités dans des cas similaires).

S'il s'agit d'un plan de licenciement, à la suite d'une restructuration, les règles prévues par l'IAS 37 (« Provisions ») s'appliquent (voir précédemment la section 2.3.4 et l'application 4.11) L'entreprise doit avoir un plan formalisé et détaillé de licenciement, sans possibilité réelle de se rétracter. Ce plan doit indiquer la date à laquelle il sera appliqué, la fonction et le nombre approximatif des salariés concernés et les indemnités de cessation d'emploi pour chaque classification. La mise en œuvre du plan doit débuter le plus tôt possible et ne pas être trop longue, afin d'éviter tout changement important dans son application. L'ensemble de ces dispositions a pour objet de limiter la possibilité pour les entreprises de comptabiliser des sommes excessives au titre de futures indemnités de licenciement.

Dans le cas d'une offre faite pour encourager les départs volontaires, l'évaluation des indemnités de fin du contrat de travail doit être effectuée sur la base du nombre de salariés susceptibles d'accepter l'offre. Un salarié peut aussi accepter de partir volontairement (démission) en échange d'indemnités. Ces indemnités sont généralement des montants forfaitaires, mais elles peuvent inclure aussi une amélioration des prestations de retraite ou le versement du salaire jusqu'à la fin du préavis. Elles sont comptabilisées au passif du bilan et en charges, dans le compte de résultat, si et seulement si l'entreprise s'est engagée à mettre fin au contrat de travail de façon indiscutable pour les raisons qui viennent d'être évoquées.

Pour les indemnités de fin de contrat de travail à régler dans les douze mois qui suivent la clôture de l'exercice au cours duquel elles ont été enregistrées, le traitement comptable est celui des avantages à court terme. Les indemnités dues plus de douze mois après la date de clôture suivent les dispositions prévues pour les autres avantages à long terme et doivent donc être actualisées.

Pour Sanofi, le document de référence 2017 indique que, dans le cadre de restructurations, le montant des indemnités de fin de contrat de travail provisionné fin 2017 s'élève à 862 M€. Un échéancier des reversements des indemnités de fin de contrat de travail est également présenté avec une ventilation par période (voir figure 4.14).

Application 4.15

Indemnités de cessation d'emploi

Afin de rationaliser son outil de production, la société Lipax, du secteur de l'électroménager, a pris la décision lors du conseil d'administration du 3 novembre 2017 de fermer un site de production spécialisé dans les fours encastrables dans dix mois, en août 2018. Toutefois, pour respecter des engagements pris auprès de distributeurs, il est proposé aux salariés qui le souhaitent de rester jusqu'à cette date.

Le plan social prévoit le licenciement de tous les salariés, soit 300 personnes, avec les modalités suivantes concernant les indemnités de cessation d'emploi à payer à chaque salarié :

- départ avant août 2018 : indemnité de 10 000 € versée immédiatement ;
- départ lors de la fermeture définitive de l'usine : indemnité de 30 000 €.

Lipax a anticipé un départ de 60 employés dans les prochains mois, avant la fermeture.

Comment analyser ces différents éléments ?

Montant de sorties de trésorerie attendues en raison du plan social

$$60 \times 10\,000 \text{ €} + 240 \times 30\,000 \text{ €} = 7\,800\,000 \text{ €}$$

Indemnités de cessation d'emploi

Lipax doit comptabiliser un passif, que le salarié reste jusqu'en août 2018 ou qu'il parte avant, soit :

$$300 \times 10\,000 \text{ €} = 3\,000\,000 \text{ €}$$

Indemnités versées aux salariés restant jusqu'à la fermeture

La sortie totale de trésorerie attendue est de 7,8 M€. Le décaissement certain minimum est de 3 M€. Donc il faut envisager des indemnités de : 7,8 – 3 = 4,8 M€€

L'entité comptabilisera, de fait, chaque mois une charge de 4,8 M€ / 10 mois = 480 000 € avec l'augmentation du passif pour le même montant.

Ce sont des avantages à court terme et, le règlement intervenant dans les douze mois, l'actualisation n'est pas requise.

Provisions pour restructuration de Sanofi

Le tableau ci-dessous présente les mouvements intervenus sur les provisions pour restructuration classées en passifs non courants et passifs courants :

(en millions d'euros)	2017	2016	2015
Solde à l'ouverture	1 420	1 343	1 399
Dont:			
• Classé en passifs non courants	744	762	835
• Classé en passifs courants	676	581	564
Variation des provisions constatées dans le résultat de la période	297	667	508
Utilisation des provisions	(616)	(641)	(570)
Transferts	7	38	-
Reclassement de l'activité Santé animale (a)	-	-	(12)
Effet de la désactualisation	3	4	6
Différences de conversion	(25)	9	12
Solde à la clôture	1 086	1 420	1 343
Dont :			
• Classé en passifs non courants	514	744	762
• Classé en passifs courants	572	676	581

Le montant provisionné au titre des indemnités de fin de contrat de travail s'élève à 862 millions d'euros au 31 décembre 2017 contre 1 159 millions d'euros au 31 décembre 2016 et 1 030 millions d'euros au 31 décembre 2015. Concernant la France, la provision s'établit à 588 millions d'euros au 31 décembre 2017 contre 933 millions d'euros au 31 décembre 2016 et 772 millions d'euros au 31 décembre 2015.

La provision en France prend en compte les montants actualisés des rentes brutes non externalisées concernant les plans de préretraite (les plans de cessation d'activité (CAA) et les plans de transition de fin de carrière (TFC) en cours ainsi que le nouveau plan de CFC (Congé de Fin de Carrière) mis en place fin 2016), auxquelles s'ajoutent les charges sociales et taxes Fillon, associées à ces rentes et celles ayant fait l'objet d'une externalisation.

La durée moyenne de portage résiduelle relative à ces plans est de 2,12 ans au 31 décembre 2017, 2,51 ans au 31 décembre 2016 et 2,64 ans au 31 décembre 2015. Comme en 2016, il n'y a pas eu de primes versées en 2017 au titre de l'externalisation des rentes (l'impact des réformes sur les anciens plans externalisés ayant pris fin en 2015 et sachant que les plans mis en place depuis 2011 ne sont plus externalisés) contre 4,4 millions d'euros au 31 décembre 2015.

L'échéancier des reversements des indemnités de fin de contrat de travail se présente comme suit :

Au 31 décembre 2017		Reversements par période			
(en millions d'euros)	Total	– d'1 an	De 1 à 3 ans	De 3 à 5 ans	+ de 5 ans
Indemnités de fin de contrat de travail					
• France	588	257	281	49	1
• Autres pays	274	197	70	5	2
Total	**862**	**454**	**351**	**54**	**3**
Au 31 décembre 2016		Reversements par période			
(en millions d'euros)	Total	– d'1 an	De 1 à 3 ans	De 3 à 5 ans	+ de 5 ans
Indemnités de fin de contrat de travail					
• France	933	374	413	142	4
• Autres pays	226	182	35	4	5
Total	**1 159**	**556**	**448**	**146**	**9**
Au 31 décembre 2015		Reversements par période			
(en millions d'euros)	Total	– d'1 an	De 1 à 3 ans	De 3 à 5 ans	+ de 5 ans
Indemnités de fin de contrat de travail					
• France	772	286	351	120	15
• Autres pays	258	197	56	2	3
Total	**1 030**	**483**	**407**	**122**	**18**

Figure 4.14 • Extrait du document de référence 2017, Sanofi (note D.19.2, p. 282).

2.4. Informations sur les provisions dans les états financiers

Pour chaque catégorie de provision, l'entreprise doit présenter aux utilisateurs des états financiers une information sur :

- la valeur comptable à l'ouverture et à la clôture de l'exercice ;
- l'augmentation des provisions existantes ;
- les nouvelles provisions constituées ;
- les montants utilisés au cours de l'exercice ;
- l'augmentation au cours de l'exercice du montant actualisé, qui résulte du temps écoulé, et les conséquences des modifications pouvant affecter le taux d'actualisation.

Elle doit également indiquer :

- une brève description de la nature de l'obligation (type d'opération concernée) ;
- la date d'échéance attendue ;
- les incertitudes relatives ;
- éventuellement, le montant de tout remboursement attendu.

En matière de présentation de l'information financière dans le bilan, les éléments courants doivent être obligatoirement distingués des éléments non courants, sauf « lorsqu'une présentation selon le critère de liquidité apporte des informations fiables et **plus** pertinentes », selon la norme IAS 1 (« Présentation des états financiers », § 60). Pour le passif du bilan, les éléments courants regroupent les dettes fournisseurs et la part à moins d'un an des dettes financières à long terme[6]. Les passifs non courants sont essentiellement constitués par les dettes financières, pour la fraction à plus d'un an.

Cette exigence nécessite d'analyser l'échéance de l'obligation, en prenant en considération le critère de la durée de référence, soit généralement 12 mois. Ainsi, pour une provision pour garantie donnée aux clients, la fraction qui couvre la période à moins d'un an se retrouve en Passifs courants et les montants provisionnés pour les périodes garanties à plus de 12 mois figurent en Passifs non courants.

6. La norme donne une liste de trois critères pour les passifs courants : un règlement au cours du cycle d'exploitation normal, un passif détenu aux fins d'être négocié ou un règlement de la dette dans les 12 mois après la clôture.

3. Passifs éventuels

Les passifs éventuels sont des risques non provisionnés, mais dont on souhaite informer les utilisateurs des documents financiers par une mention en annexe. Ce sont des obligations potentielles qui résultent d'événements passés et dont l'existence ne sera confirmée que par la survenance (ou non) d'un ou de plusieurs événements futurs incertains qui ne sont pas totalement sous le contrôle de l'entreprise.

Par exemple, il peut s'agir de la caution accordée par une entreprise à une autre entité, en garantie d'un emprunt, des effets escomptés non échus, etc. Les passifs éventuels ne sont pas comptabilisés, mais une information en annexe est toutefois exigée, plus descriptive que chiffrée (voir figure 4.15). Pour l'entreprise, et pour une catégorie d'événements, il existe une marge d'appréciation entre la comptabilisation au passif du bilan d'une obligation (provision) et la simple production d'une information en annexe. Le document de référence 2017 de Schneider Electric présente une note annexe consacrée aux passifs éventuels.

Passifs éventuels de Schneider Electric

D'une manière générale, la Direction considère que les provisions constituées au bilan, au titre des litiges connus à ce jour et auxquels le Groupe est partie, devraient être suffisantes pour qu'ils n'affectent pas de manière substantielle la situation financière ou les résultats du Groupe.

Il en est en particulier ainsi pour les conséquences possibles du litige impliquant actuellement en Belgique d'anciens dirigeants et cadres du Groupe.

Figure 4.15 • Extrait du document de référence 2017, Schneider Electric (note 29, p. 279).

Un **passif éventuel** est une obligation potentielle dont l'existence ne sera confirmée que par la survenance d'événements futurs qui ne sont pas totalement sous le contrôle de l'entreprise.

La figure 4.16 présente un arbre décisionnel qui permet de classifier un événement passé en provision à enregistrer au passif du bilan, en **passif éventuel** à mentionner dans l'annexe, ou bien en élément ne nécessitant pas d'information particulière.

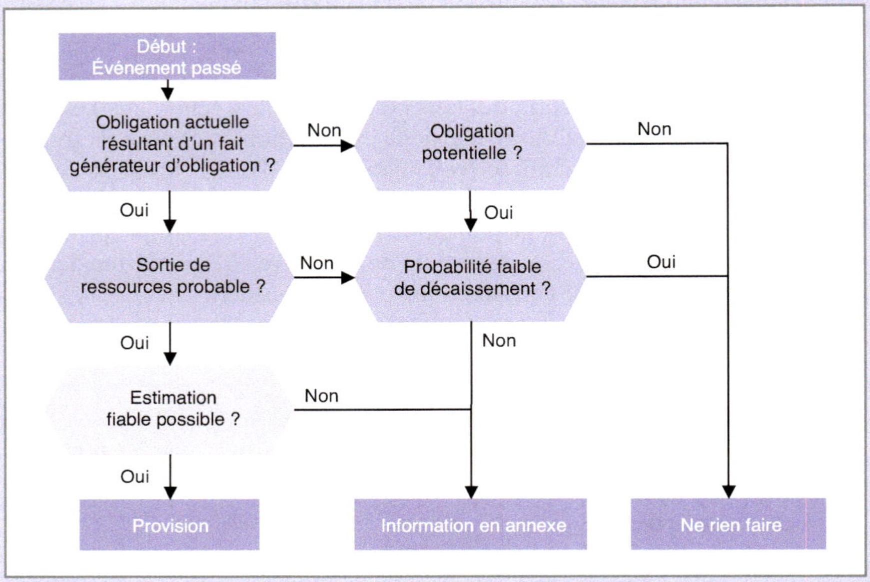

Figure 4.16 • Arbre décisionnel provision/passif éventuel.

Résumé

Les obligations non financières de l'entreprise sont composées de dettes, de provisions et de passifs éventuels. Pour une dette, tous les éléments significatifs (motif, échéance, montant à verser) sont connus.

Les provisions sont des dettes dont l'échéance et/ou le montant sont incertains. Elles sont soumises à des conditions strictes :

- Une provision ne peut être comptabilisée que si, à la clôture de l'exercice, l'entreprise a, à l'égard d'un tiers, une obligation actuelle, juridique ou implicite, qui résulte d'un événement passé. De plus, pour régler cette obligation, l'entreprise devra procéder à un décaissement dont le montant peut être évalué de manière fiable.
- Lorsque la « valeur temps » est significative, le montant de la provision doit être actualisé.
- Pour chaque catégorie de provision, l'entreprise doit donner aux utilisateurs des documents financiers, dans l'annexe, une information sur de nombreux points tels que la valeur comptable à l'ouverture et à la clôture de l'exercice, les provisions supplémentaires ou les montants utilisés au cours de l'exercice.
- Les grosses réparations sont comptabilisées en immobilisations, sous la forme d'un composant spécifique, et non en provisions.

Les avantages du personnel sont toutes les contreparties données par l'entreprise (salaires, congés payés, retraites, etc.) au titre des activités exercées par son personnel. Les engagements pour retraite représentent souvent des montants importants. Pour le traitement comptable, il convient de distinguer deux types de régimes :

- Les régimes à cotisations définies. L'obligation de l'entreprise se limite au versement de cotisations, sans se préoccuper du montant des prestations versées par le fonds ni des difficultés financières rencontrées par cet organisme.
- Les régimes à prestations définies. L'entreprise s'engage à payer les prestations convenues aux retraités et supporte le risque actuariel et le risque de placement.

Les passifs éventuels ne figurent pas dans le bilan, mais sont mentionnés dans l'annexe. Le caractère d'une obligation est seulement rempli en cas de survenance d'un événement non contrôlable par l'entreprise.

Activités

1. Provision pour remise en état

La Société sidérurgique lorraine (SSL) possède une usine métallurgique qui a beaucoup pollué le terrain sur lequel elle est installée. SSL considère que l'activité de son usine sera arrêtée aux alentours de 2028. Elle sera alors trop vétuste et il sera préférable de la fermer définitivement. Un organisme indépendant a estimé en novembre 2018 que le coût de remise en état des sols s'élèverait à 10 M€ et que le taux d'actualisation à appliquer pour d'éventuels calculs est de 3 %.

1. Les conditions requises sont-elles réunies pour enregistrer une provision ?
2. Au 31/12/2018, quel montant de provision doit apparaître dans les comptes de SSL ?
3. Quel montant de provision figurera dans le bilan au 31/12/2019 ? Comment sera comptabilisée la différence ?

2. Provision pour garantie donnée aux clients

La société informatique Axer vend des ordinateurs portables à une clientèle de particuliers. En 2018, comme les années précédentes, elle a accordé à ses clients une garantie de 12 mois, pièces et main-d'œuvre, sur les 100 000 ordinateurs vendus. Le service après-vente d'Axer estime que, pour chaque unité vendue, la probabilité est de 94 % pour qu'aucun défaut ne se déclare ; de 4 % que la réparation d'une pièce défaillante coûte 50 € à Axer ; de 2 % qu'une réparation majeure coûte 250 €.

Au 31/12/2018, quel montant de provision doit être enregistré dans les comptes d'Axer ?

3. Provision pour litige

L'éditeur parisien Delicioso publie des ouvrages culinaires dans toute l'Europe. Un client est resté trois mois à l'hôpital après s'être empoisonné à cause d'une recette qu'il a très mal exécutée et décide de porter plainte contre l'éditeur. Il lui réclame 1 M€ de dommages-intérêts. À la clôture des comptes de Delicioso, l'avocat de la société estime que la probabilité pour que la plainte ne soit pas jugée recevable est de l'ordre de 90 %.

Delicioso doit-il constituer une provision et, dans l'affirmative, pour quel montant ?

4. Provision pour litige

La Société auxerroise de construction (SAC) vient de terminer un important travail de restauration d'un pont. Cependant, le client, la municipalité auxerroise, constate que le pont, après restauration, présente des défauts importants et décide de porter plainte contre la SAC pour malfaçon le 15/07/2018. Selon l'avocat de la société, en cas de condamnation, la SAC pourrait être amenée à verser 300 000 € à titre de dommages-intérêts. En raison de la lenteur des procédures, le procès ne devrait pas avoir lieu avant courant 2021. Le taux d'actualisation à appliquer pour d'éventuels calculs est de 3 %.

1. La SAC doit-elle enregistrer une provision ? De quel montant ?
2. Pour quelle(s) raison(s) les dirigeants de la SAC pourraient-ils décider de ne pas enregistrer de provision ?

5. Provision pour contrat déficitaire

Le sous-traitant Nuclys participe, pour le compte d'une grande compagnie du secteur de l'énergie, à la construction d'une centrale nucléaire en Chine. En janvier 2014, un contrat est signé pour un chantier d'un montant de 100 M€ qui doit durer cinq ans (dont l'achèvement est prévu fin 2018). Au 31/12/2017, le service comptabilité de gestion de Nuclys précise que la société a enregistré des charges pour 89 M€ depuis janvier 2014 et estime que les charges à supporter en 2018, pour terminer les travaux, s'élèveront à 18 M€. L'augmentation des charges, par rapport aux prévisions de 2014, résulte principalement de l'augmentation du coût des salaires et des matériaux en Chine depuis cette date.

1. Quel est l'état de l'avancement au 31/12/2017 ?
2. Quel est le chiffre d'affaires comptabilisé jusqu'à cette date ?
3. Quelle est la perte attendue en 2018 ?
4. La société Nuclys doit-elle enregistrer une provision au 31/12/2017 ? Si oui, pour quel montant ?

6. « Manipulation » des provisions

La société de location de voitures Hearts a changé d'équipe dirigeante en novembre 2017. Pour l'année 2017, Hearts présente à son commissaire aux comptes un bilan qui fait apparaître des provisions pour litige quatre fois supérieures à celles de 2016 et des provisions pour réparation des véhicules trois fois supérieures. Le résultat de la société pour l'année 2017 fait ressortir un léger déficit.

Quelles raisons pourraient amener les nouveaux dirigeants à proposer de telles provisions ?

7. Absences rémunérées (congés payés)

La biscuiterie bretonne Le Phare breton (LPB) emploie 200 salariés, auxquels elle octroie 25 jours de congés payés par an. Au 31/12/2018, le crédit moyen non utilisé est de trois jours par personne. Selon les statistiques de LPB sur les 10 dernières années, les employés ne prennent en moyenne que 24 jours de congé par an. Les droits aux congés sont cumulables seulement sur deux ans et une journée de congé est valorisée à hauteur de 140 €.

Quelle devra être la provision correspondante dans les comptes de LPB au 31/12/2018 ?

8. Intéressement des employés

Fullsix, agence de communication, verse régulièrement depuis sa création 5 % de son bénéfice net à ses employés sous la forme d'intéressement. Au 31/12/2018, Fullsix compte 200 employés et son bénéfice net devrait être de 500 000 €.

Comment doit être enregistré l'intéressement chez Fullsix à la clôture de l'exercice 2018, dans la mesure où cette décision ne fait pas l'objet d'un accord formalisé avec les représentants des salariés ?

9. Avantages postérieurs à l'emploi

La Société mécanique de l'Oise (SMO) a signé en 1969, avec les syndicats, un accord toujours en vigueur qui stipule qu'elle doit verser un complément de retraite de 10 % de leur salaire de fin d'activité à tous les employés qui ont travaillé plus de 20 ans pour la SMO. En décembre de chaque année, une étude actuarielle est remise par une société spécialisée indépendante.

Quelles informations doit comporter cette étude et comment comptabiliser cette opération ?

10. Étude de cas : Biogaz

Biogaz, producteur de gaz industriel depuis 1967, emploie 1 000 personnes dans son centre de production principal au cœur de la région Centre et traite le gaz naturel, l'azote liquide et l'ozone. Début 2016, une plainte a été déposée par la municipalité de Bourg-les-Oies, la commune la plus proche du complexe industriel, qui accuse l'entreprise de polluer ses sols et une information judiciaire a été ouverte. Biogaz a provisionné 100 M€ en 2016 dans l'hypothèse d'une condamnation par le tribunal.

En 2017, Biogaz est effectivement condamné à verser 80 M€ de dommages-intérêts à la commune de Bourg-les-Oies et, de plus, le tribunal l'oblige à remettre intégralement en état le terrain pollué de son site de production après l'arrêt de ses activités prévu en 2047. Le coût de remise en état des sols est estimé à 300 M€ selon des rapports d'experts indépendants. Ni Biogaz, ni Bourg-les-Oies ne décident de faire appel de cette décision du tribunal.

Saisissant l'opportunité offerte par le jugement du tribunal, dix habitants de Bourg-les-Oies décident de demander à leur tour réparation à Biogaz. L'avocat de la société estime que, puisque Biogaz a déjà versé des indemnités à la commune, la probabilité que la plainte soit rejetée peut être évaluée à 80 %. Cependant, si celle-ci était acceptée, Biogaz pourrait devoir verser jusqu'à 100 000 € par personne courant 2019.

Le scandale provoqué par la décision du tribunal et les poursuites individuelles des habitants de Bourg-les-Oies amènent l'équipe dirigeante à donner leur démission, et les actionnaires nomment de nouveaux dirigeants. Ceux-ci réfléchissent à la possibilité d'abandonner le traitement de l'azote liquide pour se recentrer sur le gaz naturel et l'ozone. Les coûts liés à cette restructuration sont évalués à 50 M€.

1. Quel est l'effet de la décision du tribunal sur le résultat de Biogaz en 2017 ?
2. Quel est le montant de la provision pour remise en état des sols qui doit être constatée dans les comptes de Biogaz en 2017 ?

Le taux d'actualisation retenu par Biogaz est de 3 %.

3. Comment analyser et traiter comptablement, au 31/12/2017, les effets de la plainte des dix habitants de Bourg-les-Oies ?

4. Comment comptabiliser les coûts de restructuration résultant de la décision de la nouvelle équipe dirigeante ? Pour quelle(s) raison(s) ces nouveaux dirigeants pourraient-ils souhaiter enregistrer une provision ?

En 2018, Biogaz décide de cesser son activité dans l'azote liquide. L'entreprise licencie les 100 employés qui travaillaient dans ce secteur et propose une prime de départ de 50 000 € par personne. Les employés de Biogaz concernés refusent ce plan social en contestant le motif invoqué et assignent la société devant le tribunal compétent. Les avocats de Biogaz estiment que la société pourrait avoir à verser 80 000 € par employé en 2020.

5. Comment traiter ce litige dans les comptes de 2018 ?

Courant 2018, des négociations entre la direction de Biogaz et les représentants des salariés aboutissent à plusieurs accords :

- La direction de Biogaz accepte de faire participer ses 900 salariés aux bénéfices en leur reversant 4 % du bénéfice net, qui représente en 2018 un montant de 50 M€.
- Les salariés de Biogaz auront droit, désormais, à quatre jours de congé, au lieu de trois, pour les événements suivants : mariage, naissance d'un enfant et décès d'un parent. Ces absences seront rémunérées.
- Tout salarié qui prend sa retraite recevra une prime de départ égale à 1 % de son dernier salaire annuel par année d'ancienneté. Ainsi, pour un employé payé 40 000 € par an et qui part à la retraite après 25 ans de service chez Biogaz, le montant perçu sera de 10 000 €.

20 employés de Biogaz avec 29 ans d'ancienneté et un salaire annuel de 30 000 € en moyenne doivent prendre leur retraite courant 2019.

6. Quel est l'impact du plan d'intéressement sur les comptes de Biogaz en 2018 ?

7. Quel est l'impact de l'augmentation des droits à absences rémunérées des employés de Biogaz sur les comptes en 2018 ?

8. Comment traiter la prime de départ des 20 employés dans les comptes de 2018 ?

Chapitre 5

Actifs non courants

Ce chapitre présente le traitement des actifs qui vont générer pour l'entreprise des avantages économiques pendant une durée qui va au-delà de la durée d'un seul cycle annuel d'exploitation et qu'on appelle les « actifs non courants ». C'est principalement ce critère de la durée qui les distingue des actifs courants comme les stocks et les créances traités dans le chapitre 3.

Les actifs non courants peuvent s'analyser selon différents critères. La nature des actifs est généralement le premier critère retenu tant dans la présentation du bilan qu'au niveau des normes comptables. On distingue ainsi :

- les actifs incorporels, qui sont des actifs sans substance physique et non monétaires (logiciels, frais de développement, marques, licences, etc.) ;
- les actifs corporels, qui sont des biens physiques (terrains, constructions, machines, mobilier, équipement informatique, etc.) ;
- les actifs financiers non courants, qui sont des valeurs monétaires (participations dans d'autres entreprises, prêts accordés à long terme, etc.).

La durée pendant laquelle l'entreprise peut s'attendre à récupérer des avantages économiques par l'utilisation de l'actif est le second critère de classement des actifs non courants. On distingue :

- les actifs à durée d'utilité limitée (logiciels, machines, constructions, etc.) ;
- les actifs à durée d'utilité illimitée (terrains) ;
- les actifs à durée d'utilité indéterminée (certaines marques commerciales).

Ce chapitre suit principalement le classement par nature et présente d'abord les actifs incorporels et corporels, puis les actifs financiers (voir figure 5.1). Le critère de la durée d'utilité est abordé au sein de chacune des deux sections.

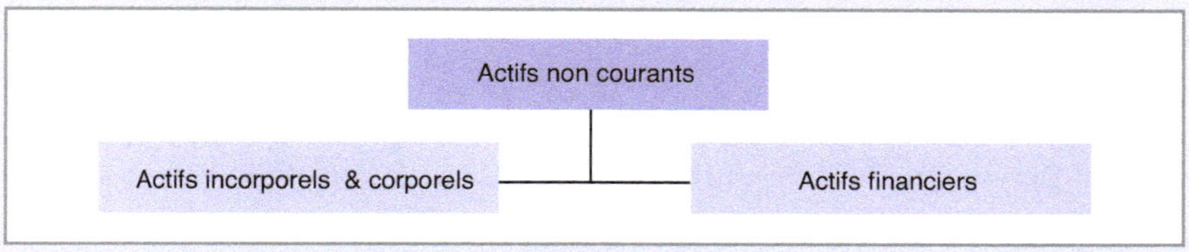

Figure 5.1 • Catégories d'actifs non courants.

1. Actifs incorporels et corporels

Les **actifs corporels** sont des biens physiques : terrains, constructions, machines, mobilier…

Les **actifs incorporels** sont sans substance physique et non monétaires : logiciels, frais de développement, marques, licences…

La **durée d'utilité** d'un actif est la période pendant laquelle l'entreprise s'attend à l'utiliser.

La **valeur résiduelle** d'un actif est le montant net qu'une entreprise s'attend à obtenir à la fin de sa durée d'utilité après déduction des coûts de sortie attendus.

L'**amortissement** est la répartition systématique du montant amortissable d'un bien sur sa durée d'utilité. Il reflète le rythme de la consommation des avantages économiques du bien, et il est irréversible.

La **juste valeur** est le montant pour lequel un actif pourrait être échangé entre parties bien informées, consentantes et agissant dans des conditions de concurrence normale.

Les **actifs corporels et incorporels** sont de diverses natures. Les règles d'enregistrement dans les comptes doivent tenir compte de cette diversité et présenter pour chaque actif une réponse adéquate à un ensemble de questions. Dans un premier temps, il convient d'identifier la date à laquelle le bien est enregistré pour la première fois dans les comptes de l'entreprise. Autrement dit, quand peut-on considérer qu'un actif existe et peut générer des avantages économiques pour l'entreprise ? Dans un second temps, il faut déterminer la valeur du bien à son entrée dans les comptes. À ce titre, on distingue essentiellement l'acquisition d'un actif de sa production par l'entreprise. La valeur initiale doit être suivie pendant les années subséquentes. La méthode de suivi varie selon la **durée d'utilité** de l'actif :

Pour les actifs dont la durée d'utilité est déterminée (machine, ligne de production, etc.), leur valeur économique sera un jour nulle ou bien égale à une **valeur résiduelle** à laquelle l'entreprise estime pouvoir les céder à autrui. La difficulté consiste à estimer de façon fiable le rythme et la durée de consommation des avantages économiques générés par l'actif au cours de son utilisation, c'est-à-dire à déterminer la méthode et la durée d'**amortissement**. De même, les pertes de valeur de l'actif doivent idéalement être enregistrées en temps réel dans les livres comptables de l'entreprise.

- Pour les actifs dont la durée d'utilité est indéterminée ou illimitée, un dispositif de veille doit être instauré afin de vérifier si la valeur comptable de l'actif à la date de clôture est toujours économiquement justifiée ou si l'enregistrement d'une dépréciation s'impose. La dépréciation peut également concerner des actifs à durée d'utilité limitée.
- La valeur économique d'un actif peut exceptionnellement augmenter dans le temps. C'est le cas notamment de certains terrains ou autres biens immobiliers dont la valeur de marché s'est fortement appréciée depuis l'acquisition. La question de la réévaluation de ces biens se pose alors. Ne pas tenir compte de la hausse de la valeur est certainement prudent, bien que la valeur nette comptable de ces actifs ne reflète alors pas leur valeur économique. Trouver un équilibre entre les deux objectifs de prudence et de présentation de la **juste valeur** économique s'avère difficile.
- La dernière opération à analyser est celle de la décomptabilisation (sortie) de l'actif des comptes de l'entreprise. Un bien sort du bilan lorsqu'il est cédé ou qu'il ne possède plus d'utilité pour l'entreprise (par exemple, il est mis au rebut ou détruit).

1.1. Date d'enregistrement

Un actif est enregistré dans les comptes de l'entreprise s'il est probable que des avantages économiques associés à l'actif iront à l'entreprise et qu'elle est en mesure d'estimer de manière fiable le coût de cet actif. Ce principe relativement abstrait a des conséquences pratiques significatives, dont certaines vont être présentées ci-dessous. La situation la plus simple est l'achat de l'actif avec un règlement comptant. L'application 5.1 illustre les mouvements qui ont alors lieu dans les comptes.

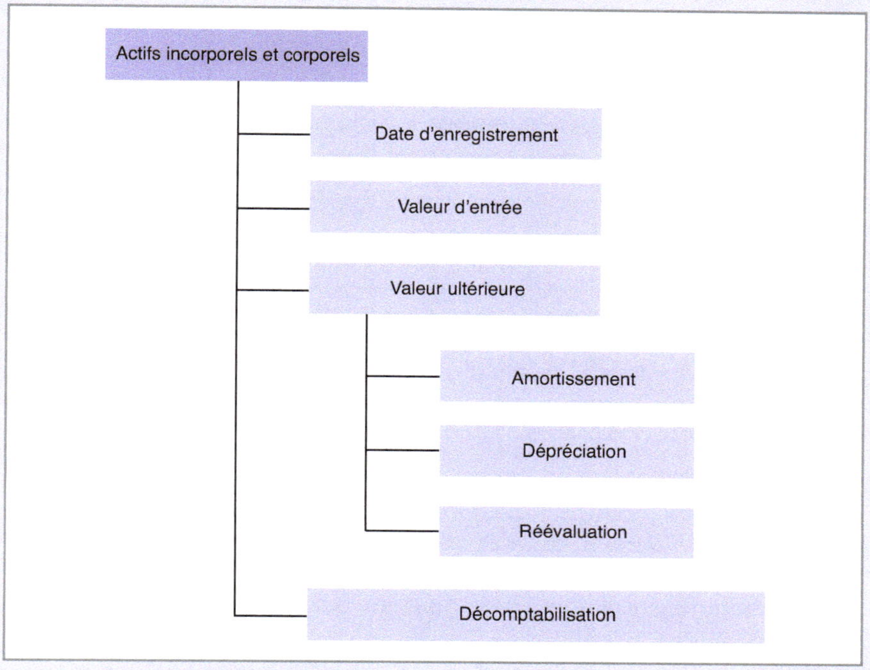

Figure 5.2 • Critères d'enregistrement des actifs corporels et incorporels.

Application 5.1

Acquisition d'un ordinateur par paiement comptant

Le 03/01/2018, le gérant de la société A achète un ordinateur portable pour 1 200 € dans un magasin spécialisé et le paie par chèque.

03/01/2018		
Immobilisations corporelles (+ A)	1 200	
Banque (– A)		1 200

L'approche économique observée pour les ventes (voir chapitre 2) s'applique également pour l'enregistrement d'actifs dans le bilan. La date du premier enregistrement ne s'oriente pas au transfert de la propriété juridique, mais à la prise de contrôle sur l'actif (voir application 5.2). Une entreprise peut ainsi enregistrer à l'actif des biens dont elle dispose et qu'elle utilise, bien qu'elle n'en soit pas encore propriétaire (et/ou qu'elle ne les ait pas encore payés dans leur totalité).

Application 5.2

Acquisition d'un ordinateur par paiement différé

Le 03/01/2018, le gérant de la société A achète un ordinateur portable pour 1 200 € dans un magasin spécialisé. Le commerçant lui accorde un délai de règlement de 30 jours.

03/01/2018		
Immobilisations corporelles (+ A)	1 200	
Fournisseurs (+ P)		1 200

Dans le cas de biens acquis, la date d'enregistrement peut en général être facilement identifiée. C'est la date à laquelle les risques et avantages liés à la propriété du bien sont transférés (voir chapitre 2).

En revanche, pour des actifs que l'entreprise produit elle-même, cela est plus difficile. La période de production peut s'étaler sur plusieurs années. Pendant cette phase, la valeur des actifs en cours est généralement suivie sur une ligne à part de l'actif. À ce stade, l'actif prend de la valeur à chaque date de clôture, mais n'est pas encore utilisé et ne génère donc pas d'avantages économiques futurs.

L'enregistrement des actifs en cours de production est particulièrement délicat pour les actifs incorporels. En effet, du fait de l'absence de substance physique, le moment précis de la création d'un actif incorporel est difficile à déterminer. Son existence pure et simple et son évaluation en sont d'autant plus dures à appréhender. Les normes IFRS (IAS 38) définissent une liste de critères qui, lorsqu'ils sont tous remplis, imposent l'enregistrement d'un actif incorporel créé. L'entreprise doit ainsi cumulativement démontrer :

1. La faisabilité technique de l'achèvement de l'actif incorporel afin de pouvoir l'utiliser ou de le vendre.
2. Son intention de compléter la production de l'actif pour le vendre ou l'utiliser.
3. Sa capacité de vendre ou d'utiliser l'actif produit.
4. L'aptitude de l'actif à générer des avantages économiques futurs soit par la vente sur un marché actif, soit par l'utilisation interne.
5. L'existence de ressources suffisantes pour mener à bien le projet.
6. Sa capacité à mesurer de façon fiable les coûts liés au projet.

Si au moins un de ces six critères n'est pas rempli, il ne s'agit pas d'un actif dans le sens d'IAS 38, et les dépenses correspondantes sont enregistrées dans les charges de l'exercice de l'entreprise.

Dans la pratique, cette démonstration est souvent difficile à mener (voir application 5.3 relative aux frais de développement dans l'industrie automobile).

Estimation des avantages économiques d'un projet véhicule

La démonstration du critère 4 de la liste précédente est assez difficile. Elle signifie que le constructeur automobile doit estimer l'ensemble des avantages économiques. Ces derniers s'étalent sur toute la durée de commercialisation du véhicule et plusieurs années au-delà (souvent entre six et huit ans), pendant lesquelles la vente de pièces de rechange contribue toujours aux avantages économiques du projet. Ainsi, la norme comptable exige du constructeur une estimation précise des avantages économiques qui vont s'étaler sur une période qui peut atteindre 12 ou 15 ans, voire plus.

La complexité de la problématique devient encore plus flagrante à la lecture de l'extrait du rapport financier annuel de 2017 du Groupe PSA (voir figure 5.3a).

Les types de projet dont les frais de développement sont enregistrés à l'actif (véhicules et organes mécaniques) y sont précisés. Le choix du style détermine l'étape dans le développement d'un véhicule à partir duquel l'ensemble des six critères sont remplis (engagement du projet). Les frais encourus pendant les étapes antérieures sont donc immédiatement enregistrés comme charges dans le compte de résultat. Le développement se termine avec le passage du véhicule en présérie en ligne. Cet extrait mentionne également le périmètre des coûts des projets avec une mention particulière de la méthodologie retenue pour les projets menés en coopération avec d'autres constructeurs.

Secteurs Automobile Peugeot – Citroën – DS et Automobile Opel – Vauxhall du Groupe PSA

Les frais de développement des véhicules et organes mécaniques (moteurs et boîtes de vitesses), supportés entre le jalon d'engagement du projet (correspondant au choix du style pour les véhicules), et le passage en production de présérie en ligne, sont enregistrés en immobilisations incorporelles. Ces frais sont amortis en linéaire à partir de l'accord de fabrication en série sur leur durée d'utilité plafonnée à sept ans pour les véhicules et dix ans pour les organes et modules. Les dépenses immobilisées incluent notamment le coût des personnels affectés aux projets, le coût des prototypes et les prestations externes facturées au titre du projet considéré. Ces dépenses excluent tous les coûts indirects imputables aux activités de Recherche et développement notamment les loyers, les amortissements des bâtiments et les coûts d'utilisation des systèmes informatiques. Par ailleurs, les dépenses immobilisées incluent la part des dépenses de développement supportée par le Groupe dans le cadre des coopérations (l'autre part étant refacturée aux partenaires). En général, les dépenses de développement facturées au Groupe par ses partenaires de coopérations sont aussi immobilisées si elles répondent aux critères d'activation. L'ensemble des coûts de développement organes destinés à répondre aux nouvelles normes antipollution est suivi par projet et immobilisé.

Figure 5.3a • Extrait du document de référence 2017, Groupe PSA (p. 175).

Il en résulte que les frais de recherche et de développement tels qu'ils figurent dans le compte de résultat se divisent essentiellement en deux composants :

- les frais de recherche et de développement de la période actuelle n'ayant pas rempli les critères pour un enregistrement à l'actif ;
- les dotations aux amortissements des frais de développement d'années antérieures et de l'année en cours ayant pu être enregistrées à l'actif.

Comme beaucoup d'autres groupes, le Groupe PSA indique le rapprochement entre ces éléments dans l'annexe (voir l'extrait ci-après). Ainsi, au cours de l'année 2017, un total de 2 932 M€ de frais de recherche et de développement a été enregistré. Parmi ces frais, 1 536 M€ remplissent les critères pour un enregistrement à l'actif, et c'est seulement le solde de 1 396 M€ qui figure comme charge dans le compte de résultat. Cette charge est complétée par les dotations aux amortissements des frais de développement activés d'un montant de 842 M€, ce qui aboutit à une charge totale de frais de recherche et de développement pour 2017 de 2 238 M€.

Frais de recherche et développement nets du Groupe PSA

	Au 31 décembre	
(en millions d'euros)	2017	2016
Total des dépenses engagées	(2932)	−2361
Frais de développement activés	1536	1267
Frais non activés	(1396)	(1094)
Amortissement des frais de développement activés	(842)	(821)
TOTAL	**(2238)**	**(1915)**

Figure 5.3b • Extrait du document de référence 2017, Groupe PSA (note 5.3, « Frais de recherche et de développement », p. 177).

1.2. Valeur d'entrée

Valeur d'entrée : valeur d'un actif ou d'un passif lors de son premier enregistrement dans les comptes de la société.

La **valeur d'entrée** d'un actif est son coût, dont la composition ne change pas selon qu'il s'agit d'une acquisition ou d'une production de l'entreprise. Le principe général retenu par les IFRS pour la détermination du coût est de retenir exclusivement les frais directement attribuables à l'actif, c'est-à-dire :

- Le prix d'achat de l'actif après déduction d'éventuels remises et rabais.
- Tout autre coût directement attribuable au transport de l'actif jusqu'à son lieu d'utilisation et à sa mise en état d'utilisation :
  - les frais de personnel ;
  - les frais de préparation du site ;
  - les frais de livraison et de manutention initiaux ;

– les frais d'installation et de montage ;

– les coûts des tests de bon fonctionnement ;

– les honoraires de professionnels.

- L'estimation initiale des coûts relatifs au démantèlement, à l'enlèvement de l'actif et à la remise en état du site où il se trouve, à condition que ce coût remplisse les critères pour un enregistrement comme provision, conformément à l'IAS 37 (voir chapitre 4).
- Ainsi, le groupe JCDecaux intègre dans le coût de son mobilier urbain le montant estimé de son futur démontage, à la fin du contrat. En augmentant le coût d'entrée, cette charge est de ce fait répartie sur la durée d'utilité des actifs, au lieu d'être enregistrée comme charge au moment de la dépense effective.

Immobilisations corporelles de JCDecaux

Les coûts actualisés de démontage de mobilier en fin de contrat sont comptabilisés à l'actif, en contrepartie d'une provision, et sont amortis sur la durée des contrats.

Figure 5.4 • Extrait du document de référence 2017, JCDecaux, (note 1.9, « Immobilisations corporelles », p. 118).

- Les coûts d'emprunts encourus pendant la période de fabrication du bien (IAS 23). Ils sont considérés comme un élément contributif de la valeur d'entrée de l'actif, car on considère que leur existence est directement liée à l'acquisition ou à la production de l'actif non courant.
- L'illustration du groupe Total (voir figure 5.5) confirme qu'il n'est pas nécessaire de disposer de financements spécifiques pour un projet pour pouvoir les inclure dans la valeur d'entrée de celui-ci. Total retient le taux moyen pondéré d'emprunt pour les projets sans financement spécifique.

Immobilisations corporelles hors actifs d'exploration et production de Total

Les immobilisations corporelles sont comptabilisées au bilan pour leur coût d'acquisition ou de revient, diminué des amortissements et pertes de valeur éventuellement constatés. Ce coût inclut les frais financiers supportés, lorsqu'ils sont directement attribuables à l'acquisition ou à la production d'un actif qualifié, jusqu'à leur mise en service. Les modalités de capitalisation de coûts d'emprunt sont les suivantes :

- si le projet bénéficie d'un financement spécifique, le coût d'emprunt est basé sur le taux de cet emprunt ;
- si le projet est financé par l'ensemble de la dette du Groupe, la capitalisation des coûts d'emprunt est basée sur le taux moyen pondéré d'emprunt de la période.

Figure 5.5 • Extrait du document de référence 2017, Total (note 7.2, p. 269).

Tous ces coûts sont intégrés dans la valeur d'entrée jusqu'à ce que l'actif se trouve à l'endroit adéquat et dans l'état nécessaire pour être utilisé selon les intentions de la direction de l'entreprise. Un autre élément peut affecter la valeur comptable de l'actif selon le résultat de l'analyse menée par l'entreprise : les subventions.

Les **subventions publiques** sont des aides prenant la forme de transferts de ressources à une entreprise, en échange du fait que celle-ci s'est conformée ou se conformera à certaines conditions liées à ses activités opérationnelles.

Les **subventions** accordées dans le cadre de l'acquisition d'un actif précis peuvent être considérées (IAS 20) comme :

– Des sources de financement supplémentaires. Elles apparaissent alors au passif dans les ressources propres et, le cas échéant, elles sont reprises progressivement, au fur et à mesure de l'amortissement de l'actif subventionné.

– Une réduction de la juste valeur de l'actif subventionné, si l'on considère que l'entreprise n'aurait pas acquis l'actif sans la subvention. Les évaluations ultérieures seront opérées sur ce coût minoré.

Les coûts non directement liés à l'actif ou à la phase de préparation telle qu'elle vient d'être définie sont exclus de sa valeur d'entrée. Il s'agit des :

- coûts d'ouverture d'une nouvelle installation ;
- coûts d'introduction d'un nouveau produit ou de services ;
- coûts d'exploitation d'une activité dans un nouveau lieu ou avec une nouvelle catégorie de clients ;
- frais administratifs ou généraux ;
- frais encourus entre l'achèvement de l'actif et sa mise en service effective ;
- frais de sous-activité ;
- coûts de relocalisation ou de restructuration ;
- coûts d'emprunt relatifs à la période après l'achèvement de l'actif.

Les dépenses réalisées dans le cadre d'opérations d'entretien, par exemple, sont systématiquement enregistrées en charges. Par contre, si ces dépenses sont de nature à créer des avantages économiques supplémentaires liés à l'actif, elles répondent alors à la définition d'un actif et sont enregistrées à l'actif du bilan selon les mêmes principes que les autres actifs non courants. C'est ainsi le cas des dépenses qui permettent une augmentation de la durée de vie d'un actif ou un accroissement de la qualité des produits d'une chaîne de production. Survenant à une date ultérieure à la date d'acquisition, ces dépenses vont néanmoins venir s'ajouter à la valeur de l'actif.

Le cas échéant, la valeur d'entrée doit également tenir compte de l'étalement des décaissements dans le temps. Par exemple, le décaissement lié à des frais de démantèlement et de remise en état du site après la période d'utilité aura lieu avec un décalage de plusieurs années. Afin de connaître la juste valeur de ce type de dépenses à la date d'entrée, il convient d'estimer ces dépenses futures au moment de l'acquisition de l'actif et de déterminer leur valeur actuelle, c'est-à-dire de les actualiser. Des évolutions ultérieures de ces dépenses futures estimées resteront sans impact sur le coût d'acquisition ou la valeur nette comptable de l'actif.

Actualisation de paiements différés : provision pour remise en état

Le 15/02/2018, la société Wong met en service un haut-fourneau pour une valeur d'entrée de 5 600 k€. Cette valeur n'inclut pas les frais de remise en état du site à la fin de l'utilisation du haut-fourneau dans 20 ans. Ces frais sont estimés à 400 k€. Le taux d'actualisation est de 5 %. Au lieu d'inscrire l'actif pour une valeur de 6 000 k€ (5 600 + 400), la fraction de 400 k€ correspondant à la remise en état du site doit être actualisée. Ainsi, des dépenses de 400 k€ dans 20 ans valent aujourd'hui 400 × $1,05^{-20}$, soit 151 k€. La valeur d'entrée du haut-fourneau s'élève donc à 5 600 + 151, soit 5 751 k€.

Le coût de remise en état n'est pas dû à un fournisseur au moment de l'entrée de l'actif dans les comptes de Wong. Il s'agit d'une obligation à réaliser ou à faire réaliser des travaux dans 20 ans, ce qui implique la constatation d'une provision au passif (IAS 37).

15/02/2018		
Immobilisations corporelles (+ A)	5 751	
Fournisseurs (+ P)		5 600
Provisions pour remise en état (+ P)		151

1.3. Valeur ultérieure

La valorisation ultérieure des actifs doit avoir pour objectif la cohérence entre leur valeur comptable au bilan et leur juste valeur, afin que le bilan reflète la situation financière de l'entreprise. Il faut notamment éviter de surévaluer des biens dans le bilan par rapport à cette juste valeur, sous peine de violer le principe de prudence. Cette section détaille donc les différents aspects comptables liés à la dépréciation des actifs. On distingue deux types de dépréciation :

- la dépréciation régulière, appelée amortissement ;
- les dépréciations ponctuelles non prévues à l'entrée dans les comptes de l'actif, généralement appelés pertes de valeur.

Il est également question de la prise en compte de gains de valeur d'un actif au cours de son utilisation dans l'entreprise.

1.3.1. Amortissement

L'**amortissement** d'un actif correspond à la valeur consommée ou utilisée par une entreprise pendant une période donnée. En effet, par définition, un actif génère des avantages économiques futurs qui se traduiront par des produits pour l'entreprise. Dans de nombreux cas, ces produits sont difficilement identifiables. Toutefois, en raison du principe de rapprochement des charges aux produits (voir chapitre 2), il est nécessaire d'identifier les charges (amortissements) à rattacher à ces produits. L'utilisation de l'actif – quantifiée par la charge d'amortissement annuelle – entraîne une dépréciation, qui est enregistrée au fur et à mesure des exercices comptables dans les *amortissements cumulés* et permet

L'**amortissement** d'un actif correspond à la valeur consommée ou utilisée par une entreprise pendant une période donnée.

La **valeur nette comptable** d'un actif à un moment donné se détermine ainsi comme la différence entre sa valeur d'entrée d'une part, et les amortissements cumulés et les pertes de valeur d'autre part.

Le **plan d'amortissement** détaille l'évolution de la valeur de l'actif pendant toute sa présence dans l'entreprise jusqu'à la fin de sa période d'utilité.

de déterminer la **valeur nette comptable**. La valeur nette comptable d'un actif à un moment donné se détermine ainsi comme la différence entre sa valeur d'entrée d'une part et les amortissements cumulés qui s'y rattachent (en considérant l'absence de pertes de valeur).

Compte tenu de la diversité des actifs susceptibles d'apparaître dans les comptes des entreprises, les normes comptables n'imposent généralement pas de méthodologie précise de calcul d'amortissement selon les catégories d'actifs. Dès l'entrée de l'actif dans les livres comptables, les entreprises établissent ce qu'on appelle un **plan d'amortissement**, qui doit notamment tenir compte des paramètres suivants :

- La durée pendant laquelle l'actif procurera des avantages économiques à l'entreprise.
- Le rythme selon lequel la valeur de l'actif baissera d'une année à l'autre.
- Une éventuelle valeur résiduelle que l'entreprise s'attend à obtenir à la fin de la période d'utilité lors de la cession de l'actif.

Mis à part la valeur d'entrée, tous les autres éléments du plan d'amortissement font l'objet d'estimations qui engagent l'entreprise pour des durées parfois très longues. Elle doit donc s'inspirer du traitement retenu pour des actifs de nature et/ou d'utilisation comparables afin d'établir un plan qui reflète au mieux la consommation des avantages économiques inhérents à l'actif, à la fois en ce qui concerne la durée et la méthode d'amortissement.

Durée d'amortissement

La durée d'amortissement affecte les états financiers. Ainsi, une entreprise peut chercher à présenter un résultat comptable plus important en étalant plus que nécessaire la durée d'amortissement de certains actifs. La charge d'amortissement annuelle est réduite par une durée de vie (supposée) de l'actif plus importante. La durée d'amortissement doit donc être estimée de la façon la plus fiable possible. Les normes IFRS ne mentionnent pas de durée indicative pour chaque catégorie d'actifs et l'entreprise doit donc agir en fonction de tous les éléments en sa possession pour trouver la durée la plus appropriée. Outre la référence à la pratique courante, l'utilisation réelle d'un actif a certainement un impact sur la durée d'utilité. Ainsi, un robot industriel qui est utilisé au rythme de 3×8 heures quotidiennes s'usera plus vite qu'un robot du même modèle utilisé seulement 8 heures par jour.

Composant : partie identifiable d'un actif qui peut être traitée de façon séparée et qui sera amortie sur une durée différente de celle du ou des autres composants.

Si un actif contient plusieurs **composants** qui, individuellement, ont un coût significatif et des durées d'utilité différents les uns des autres, chacun d'eux est amorti séparément. L'amortissement homogène sur la durée d'utilité la plus longue parmi ces éléments irait à l'encontre du principe de prudence, car les éléments à durées d'utilités courtes seraient encore en cours d'amortissement alors qu'ils seraient déjà inutilisables. La mise en place de cette démarche appelée « l'approche par composants » peut entraîner une diminution importante de la durée d'amortissement. La figure 5.6 montre pour Air France-KLM l'effet de l'application de cette approche.

Immobilisations aéronautiques d'Air France-KLM

Le prix d'acquisition des immobilisations aéronautiques est libellé en devises étrangères. Il est converti au cours du jour du Règlement ou, le cas échéant, au cours de couverture qui lui est affecté. Les remises constructeurs éventuelles sont portées en diminution de la valeur immobilisée.

Les avions sont amortis selon le mode linéaire sur leur durée moyenne d'utilisation estimée. Cette durée est fixée à 20 ans sans valeur résiduelle pour la plupart des avions de la flotte. Elle peut toutefois aller jusqu'à 25 ans pour certains avions.

Durant le cycle d'exploitation et dans le cadre de l'élaboration des plans de renouvellement de flotte, le Groupe examine si la base amortissable ou la durée d'utilité doivent être adaptées et le cas échéant, détermine si une valeur résiduelle doit être prise en compte et la durée d'utilité adaptée.

Les potentiels cellules et moteurs (hors pièces à durée de vie limitée) sont isolés du coût d'acquisition des appareils. Ils constituent des composants distincts et sont amortis sur la durée courant jusqu'à l'événement suivant de Grand Entretien prévu.

Les pièces de rechange permettant d'assurer l'utilisation de la flotte (activité maintenance) sont classées en immobilisations aéronautiques et font l'objet d'un amortissement linéaire sur la durée de vie restante estimée du type avion / moteur sur le marché mondial. La durée de vie est plafonnée à un maximum de 30 ans.

Figure 5.6 • Extrait du document de référence 2017, Air France-KLM (note 4.14, p. 218).

L'approche par composants conduit parfois à isoler le coût d'entretiens importants et à le traiter comme un actif autonome, alors qu'il ne s'agit pas d'un actif individuel. Cette technique est utilisée pour tous les travaux d'entretiens importants et planifiés (voir figure 5.7).

Immobilisations corporelles hors actifs d'exploration et production de Total

Les coûts d'entretien et de réparation sont pris en charges dans l'exercice au cours duquel ils sont encourus. Les coûts liés aux arrêts des raffineries et des grandes unités pétrochimiques sont immobilisés au moment où ils sont encourus, et amortis sur la période de temps séparant deux grands arrêts.

Figure 5.7 • Extrait du document de référence 2017, Total (note 7.2, p. 269).

L'organisation de révisions systématiques nécessite la séparation du composant Entretien du reste de l'actif dès l'enregistrement initial dans les comptes de l'entreprise. La révision planifiée est un indicateur pour le fait que certains éléments de l'actif ont une durée d'utilité bien inférieure à celle du reste de l'actif. Le fait de ne pas connaître exactement à l'avance les actifs à remplacer n'empêche pas de tenir compte de l'usure rapide d'une partie de l'actif en général. L'application 5.5 détaille l'enregistrement comptable d'un actif avec un composant Entretien.

Application 5.5

Approche par composants Entretien

Dans le cadre du processus de production de ses produits, la société industrielle Brooks exploite des installations techniques complexes qui doivent régulièrement être totalement arrêtées afin de subir des « entretiens lourds ».

Le 02/01/2018, Brooks met en service une nouvelle installation de ce type, dont la valeur d'entrée est de 1 600 k€ et dont la durée d'utilité est estimée à 15 ans. Cette installation doit être arrêtée pendant un mois tous les trois ans afin de réaliser l'entretien lourd. Sur la base des expériences avec les autres installations, le coût du premier entretien est estimé à 100 k€.

La réalisation planifiée d'un entretien important ne nécessite pas un enregistrement comptable isolé dans le bilan de Brooks. Au sein de l'installation d'une valeur de 1 600 k€, des éléments collectivement significatifs ont une durée d'utilité plus courte que le reste de l'installation. L'installation technique doit donc être décomposée comme suit :

02/01/2018		
Installations techniques (+ A)	1 500	
Installations techniques – Entretien (+ A)	100	
Fournisseurs (+ P)		1 600

L'installation technique sera amortie sur 15 ans et le composant Entretien sur une durée de trois ans. Ce dernier sera remplacé après trois ans par un nouveau composant Entretien enregistré à la valeur d'entrée issue du premier entretien réalisé. Au cours de la période d'utilité de 15 ans de l'installation technique, cinq composants Entretien se succéderont probablement, chacun d'une durée d'utilité de trois ans.

Afin de déterminer le montant de la charge d'amortissement, il convient d'estimer la durée d'utilité de l'actif à amortir. Trois cas sont à distinguer :

- Certains actifs ont une durée d'utilité illimitée. Ce sont surtout les terrains, qui ne peuvent pas disparaître physiquement et qui sont donc une source potentielle d'avantages économiques illimitée.
- D'autres actifs ont une durée d'utilité limitée, qui reste néanmoins difficile à estimer, car elle est indéterminée ou indéfinie. C'est le cas de certains droits ou du *goodwill*[1]. Il est donc également impossible d'appliquer l'une des méthodes d'amortissement présentées ci-dessous.
- La dernière catégorie d'actifs comprend tous ceux pour lesquels une estimation raisonnablement certaine de la durée d'utilité est possible. On parle aussi d'une « durée d'utilité définie ». Pour ces actifs, des plans d'amortissement sont établis.

Il est parfois difficile de choisir entre durée d'utilité définie ou indéfinie.

Les actifs les plus durables parmi les actifs amortissables sont généralement les immeubles avec, selon leur nature, des durées d'utilité comprises entre 20 et 50 ans, parfois même 100 ans. La figure 5.8 présente les durées d'amortissement du groupe Vinci.

1. Le goodwill est un actif incorporel. Lors de l'acquisition d'une entreprise par une autre, le prix payé peut différer de la juste valeur de l'actif net de l'entreprise acquise (juste valeur des capitaux propres). Si cet écart est positif, on l'appelle « goodwill » (voir chapitre 8).

Immobilisations corporelles de Vinci : durées d'amortissement

Les principales durées d'utilisation des différentes catégories d'immobilisations corporelles sont les suivantes :

Constructions :	
– Gros œuvre	de 20 à 50 ans
– Installations générales techniques	de 5 à 20 ans
Matériels de chantier et installations techniques	de 3 à 12 ans
Matériels de transport	de 3 à 5 ans
Agencements	de 8 à 10 ans
Mobiliers et matériels de bureau	de 3 à 10 ans

Figure 5.8 • Extrait du document de référence 2017, Vinci (note 16.1, p. 266).

Dans le cas d'AccorHotels (voir figure 5.9), la durée d'utilité d'actifs de même nature varie selon le type d'utilisation. Ainsi, se justifie le choix de durées d'amortissement différentes pour des constructions selon qu'il s'agit d'hôtels économiques, d'une part, et d'hôtels de milieu ou haut de gamme, d'autre part.

Immobilisations corporelles du Groupe AccorHotels : durée d'amortissement

	Économique	Luxe, Haut & Milieu de gamme
Constructions et frais accessoires associés	35 ans	50 ans
Installation générale, agencements et aménagements des constructions	7 à 25 ans	7 à 25 ans
Équipements	5 à 15 ans	5 à 15 ans

Figure 5.9 • Extrait du document de référence 2017, AccorHotels (note 9.2, p. 300).

Montant amortissable

La charge d'amortissement, ou dotation aux amortissements, a pour vocation de répartir la consommation totale de l'actif sur sa durée d'utilité. Cette utilisation entraîne une perte de valeur qui ne correspond pas toujours à la valeur d'entrée de l'actif. Il est possible d'estimer pour certains actifs leur valeur résiduelle dès leur mise en service. Celle-ci correspond à la valeur que l'entreprise va pouvoir récupérer par la vente de l'actif, après quelques années. Si cette valeur est relativement significative par rapport à la valeur initiale, le montant amortissable se calcule comme la différence entre la valeur d'entrée et la valeur résiduelle.

Méthodes d'amortissement

Plusieurs méthodes d'amortissement sont utilisées et si les référentiels comptables n'imposent en général aucune méthode particulière, ils exigent cependant la justification économique de la méthode choisie. La dotation aux amortissements d'une période doit correspondre au prorata des avantages économiques consommés de la période par rapport au total estimé. La figure 5.10 présente les quatre méthodes d'amortissement les plus courantes.

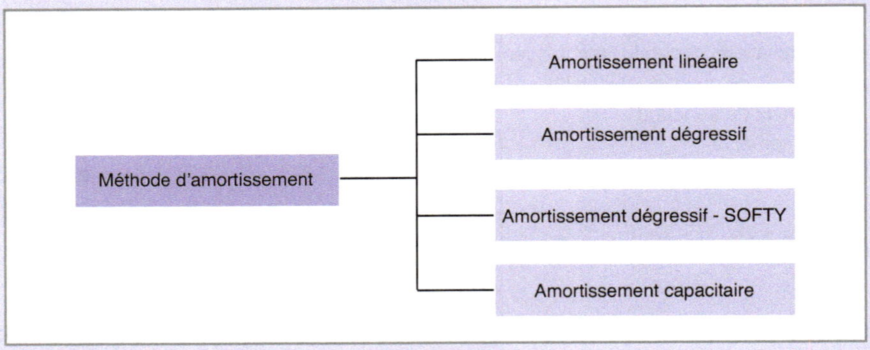

Figure 5.10 • Les quatre méthodes d'amortissement.

Amortissement linéaire : le montant de l'amortissement est égal à chaque période. La dotation aux amortissements d'une période est égale au montant amortissable divisée par le nombre de périodes.

La méthode **linéaire** est la plus simple. Elle est souvent utilisée par défaut, si aucune autre ne s'impose, et part de l'hypothèse que l'amortissement d'un actif se déroule linéairement dans le temps. Cela signifie que le montant de la dépréciation de la période N est égal à celui de la période N + 1, N + 2, etc. Pour connaître la dotation aux amortissements d'une période, il suffit de diviser le montant amortissable par le nombre de périodes.

$$A_n = (\text{Valeur d'entrée} - \text{Valeur résiduelle})/\text{Nombre d'années}$$

La figure 5.11 détaille la façon dont l'évolution de la Valeur nette comptable (VNC) peut être reflétée. L'application 5.6 illustre la mise en œuvre de cette méthode.

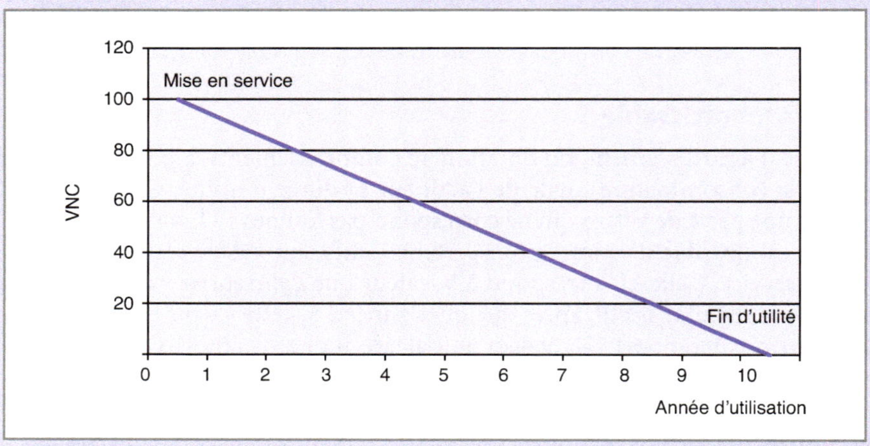

Figure 5.11 • Évolution de la VNC avec la méthode linéaire.

Amortissement linéaire

Le 03/01/2018, la société Pech achète pour 20 k€ un véhicule destiné aux services commerciaux. La durée d'utilité est estimée à cinq ans et Pech ne s'attend pas à une valeur résiduelle significative au-delà de cette période. L'amortissement linéaire semble la méthode la plus appropriée.

La dotation aux amortissements reflétant la consommation d'avantages économiques liés à l'utilisation du véhicule s'élève annuellement à 20 k€ / 5, soit 4 k€. Le plan d'amortissement qui en résulte est le suivant :

Années	Valeur au début de l'exercice	Dotation aux amortissements	Valeur nette comptable
2018	20 000	4 000	16 000
2019	16 000	4 000	12 000
2020	12 000	4 000	8 000
2021	8 000	4 000	4 000
2022	4 000	4 000	0

La dotation aux amortissements à la fin de l'année est enregistrée dans les charges ordinaires. En contrepartie, un compte *Amortissements des actifs non courants* accumule au fil du temps les dotations aux amortissements de l'actif. Son solde vient en déduction du montant de la valeur d'entrée. Cette méthode présente l'avantage de ne pas imputer les dotations aux amortissements directement aux valeurs d'entrée et de garder une trace de cette valeur, qui est un élément important de la vie de l'actif. La valeur nette comptable se détermine comme la différence entre la valeur d'entrée et le solde du compte *Amortissements* de l'actif concerné. L'écriture de l'année 2018 serait alors :

31/12/2018		
Dotations aux amortissements (– R, – FP)	4 000	
Amortissements (– A)		4 000

Certains actifs ne s'amortissent pas de manière linéaire. Par exemple, les véhicules subissent une dépréciation assez rapide pendant les premiers mois de leur utilisation, et d'autant plus lente les années suivantes. Cela n'a aucun impact sur le montant total à amortir ni sur la durée d'amortissement (= durée d'utilité). Cependant, cela affecte le montant de la charge d'amortissement pour une période donnée, en imputant une charge plus importante sur les premières périodes et en « soulageant » d'autant les périodes ultérieures. Cette méthode s'appelle l'**amortissement dégressif** ou « l'amortissement accéléré », en raison des dotations d'amortissement dégressives d'une période à l'autre. Deux techniques sont couramment utilisées. Selon la première, la dotation de la période se calcule en multipliant la valeur nette comptable à la fin de la période précédente (VNC_{n-1}) par le même taux de pourcentage chaque année (Td). La valeur nette comptable baissant chaque année, la dotation annuelle diminue elle aussi, d'où un effet dégressif de la charge annuelle.

Amortissement dégressif : la charge d'amortissement pour une période donnée varie, en imputant une charge plus importante sur les premières périodes.

$$A_n = VNC_{n-1} \times Td$$

La figure 5.12 montre l'évolution de la valeur nette comptable avec cette méthode.

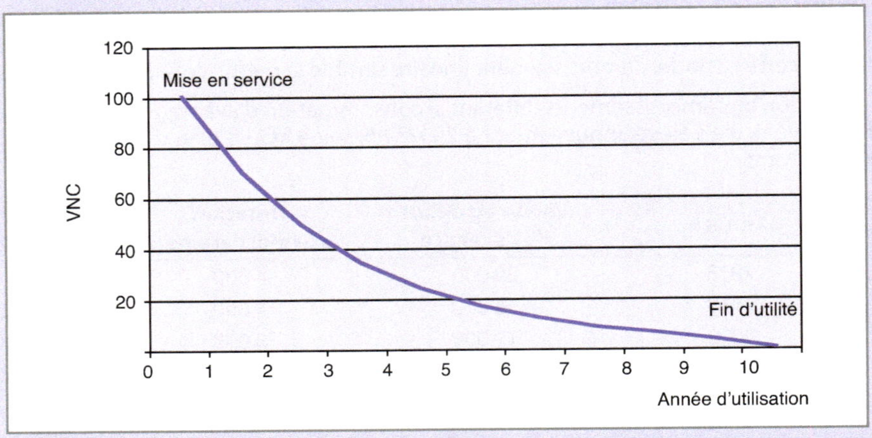

Figure 5.12 • Évolution de la VNC avec la méthode de l'amortissement dégressif.

L'application de cette méthode nécessite, après quelques années, une intervention technique dans le mode de calcul de la dotation aux amortissements. Sinon, la durée de l'amortissement dépasserait de loin la durée retenue pour l'actif concerné. Se basant sur la valeur nette comptable de l'année précédente, une valeur nette comptable nulle ne serait pratiquement jamais atteinte. Afin de respecter la durée d'utilité initialement retenue et indépendante de la méthode d'amortissement, la solution la plus courante consiste à basculer à un moment donné sur l'amortissement linéaire. Pour cela, il suffit de calculer pour chaque année le taux linéaire qui résulterait du passage à l'amortissement linéaire pour la durée résiduelle et de le comparer au taux dégressif (voir application 5.7). Dès que le taux linéaire dépasse le taux dégressif, il convient de changer la méthode.

Application 5.7

Amortissement dégressif

La situation de départ est la même que dans l'application 5.6, mais le chef comptable de Pech considère que l'amortissement dégressif est la méthode la plus appropriée, avec un taux d'amortissement de 40 %. La dotation aux amortissements reflétant la consommation d'avantages économiques liés à l'utilisation du véhicule s'élève à 40 % de 20 k€, soit 8 k€ en 2018.

La méthode d'amortissement change en 2021, après la comparaison du taux dégressif de 40 % avec le taux linéaire qui serait applicable cette année-là à la valeur restant à amortir. Deux années restant seulement, ce taux linéaire est de 50 %. Appliquée à la valeur au début de 2021 de 4,32 k€, la dotation qui en résulte est supérieure à celle calculée selon la méthode dégressive.

Un passage à la méthode linéaire en 2020 aurait été trop précoce. Il y aurait encore eu trois années d'utilité pour le véhicule et le taux linéaire aurait été de 33 %. Appliquée à la valeur du début de 2020 de 7,2 k€, la dotation de 2020 aurait été inférieure à celle de la méthode dégressive calculée avec le taux de 40 %.

☞

Application 5.7 (suite)

Le plan d'amortissement qui en résulte est le suivant :

Années	Valeur au début de l'exercice	Dotation aux amortissements	Valeur nette comptable
2018	20 000	8 000 (40 %)	12 000
2019	12 000	4 800 (40 %)	7 200
2020	7 200	2 880 (40 %)	4 320
2021	4 320	2 160 (50 %)	2 160
2022	2 160	2 160 (50 %)	0

L'écriture de l'année 2018 serait alors :

31/12/2018		
Dotations aux amortissements (– R, – FP)	8 000	
Amortissements (– A)		8 000

La charge d'amortissement en 2018 selon cette méthode (8 k€) est donc bien supérieure à celle calculée selon la méthode linéaire (4 k€). Cet effet se renversera progressivement les années suivantes, car le montant amortissable est identique selon les deux méthodes.

Une autre méthode qui aboutit à une évolution dégressive des dotations aux amortissements consiste à additionner les nombres d'années, à diviser le montant amortissable par cette somme et à multiplier le résultat de la division par le nombre d'années d'utilité restantes.

$$A_n = \frac{(\text{Valeur d'entrée} - \text{Valeur résiduelle}) \times \text{Nombre d'années restantes}}{\text{Somme nombre d'années}}$$

Comme ce nombre d'années d'utilité restantes baisse chaque année, un effet dégressif de la charge d'amortissement se produira dans le temps. Cette méthode est parfois appelée « méthode Softy » (*Sum Of The Year digits*). La figure 5.13 illustre l'évolution de la VNC. Cette technique n'exige pas un changement de méthode vers la fin de la durée d'utilité comme c'est le cas pour la technique présentée précédemment.

L'application 5.8 illustre ce calcul.

Pour certains actifs, la durée d'utilité peut être estimée en fonction du volume de production. Une machine A est capable de fabriquer X pièces au total avant d'être remplacée. Si l'entreprise s'attend à un volume de production assez variable d'une période à l'autre, elle a intérêt à calculer la dotation aux amortissements en fonction de la production de la période par rapport à la capacité totale X. Cette méthode s'appelle **l'amortissement capacitaire** et s'applique principalement à des actifs utilisés directement dans le cadre de la fabrication et d'une valeur significative (voir application 5.9).

Application 5.8

Amortissement dégressif : Softy

La situation de départ est la même que dans l'application 5.6, mais le chef comptable de Pech considère que l'amortissement dégressif dans la variante Softy est la méthode la plus appropriée. Le nombre total des *digits* est de 15 (= 1 + 2 + 3 + 4 + 5). La dotation aux amortissements correspondant à un *digit* est de 20 k€ / 15, soit 1,33 k€. La dotation aux amortissements reflétant la consommation d'avantages économiques liés à l'utilisation du véhicule s'élève à 5 × 1,33 k€, soit 6,66 k€ en 2018. En 2019, elle sera de 4 × 1,33 k€, soit 5,33 k€, et ainsi de suite. Le plan d'amortissement qui en résulte est le suivant.

Années	Valeur au début de l'exercice	Dotation aux amortissements	Valeur nette comptable
2018	20 000	6 660	13 340
2019	13 340	5 330	8 010
2020	8 010	4 000	4 010
2021	4 010	2 670	1 340
2022	1 340	1 340	0

L'écriture de l'année 2018 serait alors :

31/12/2018 Dotations aux amortissements (– R, – FP) Amortissements (– A)	6 660	6 660

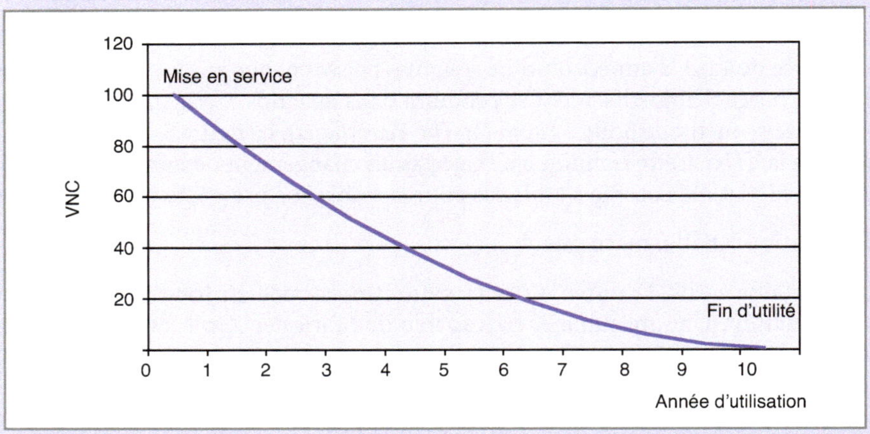

Figure 5.13 • Évolution de la VNC avec la méthode d'amortissement Softy.

Amortissement dégressif : capacitaire

La situation de départ est la même que dans l'application 5.6 mais, en raison d'une utilisation probablement variable du véhicule d'une année sur l'autre, le chef comptable de Pech souhaite tenir compte de l'utilisation réelle du véhicule sur la période pour le calcul de la dotation aux amortissements annuelle. Voici donc son estimation de l'utilisation du véhicule pour les cinq années à venir :

Années	Distance
2018	40 000 km
2019	50 000 km
2020	50 000 km
2021	40 000 km
2022	20 000 km
	soit 200 000 km parcourus au total

La dotation aux amortissements reflétant la consommation d'avantages économiques liés à l'utilisation du véhicule s'élève à 40 000 / 200 000 × 20 k€, soit 4 k€ en 2018. En 2019, elle sera de 50 000 / 200 000 × 20 k€, soit 5 k€, et ainsi de suite. Le plan d'amortissement qui en résulte est le suivant.

Années	Valeur au début de l'exercice	Dotation aux amortissements	Valeur nette comptable
2018	20 000	4 000	16 000
2019	16 000	5 000	11 000
2020	11 000	5 000	6 000
2021	6 000	4 000	2 000
2022	2 000	2 000	0

L'écriture de l'année 2018 serait alors :

31/12/2018		
Dotations aux amortissements (– R, – FP)	4 000	
Amortissements (– A)		4 000

Prorata

Un principe s'applique à toutes les méthodes d'amortissement : la dotation de la première année doit tenir compte de la date de mise en service de l'actif (l'amortissement capacitaire est, de fait, au prorata). Par exemple, il est économiquement injustifié d'imputer une charge d'amortissement correspondant à une utilisation pendant une année entière à un actif mis en service seulement à trois mois de la date de clôture. Il est nécessaire d'imputer un prorata à cette première dotation annuelle et d'ajouter le résidu à la fin de la dernière période d'utilité afin de rapprocher au maximum la durée d'utilité comptable de la durée d'utilité physique estimée. Ce prorata peut être au jour près, mais aussi au mois, voire au semestre. Dans ce dernier cas, les actifs mis en service au cours du premier semestre sont amortis à raison d'une annuité totale de charges d'amortissement et ceux mis en service au cours du second semestre à raison de la moitié d'une annuité.

1.3.2. Dépréciation

Tous les actifs peuvent être dépréciés de façon imprévue et les états financiers doivent tenir compte de cette perte de valeur. Le risque d'une telle dépréciation est moindre pour les actifs amortissables, bien qu'ils puissent être aussi concernés. En revanche, il concerne fortement les biens non amortissables qui, sans interventions ponctuelles, figureront toujours avec leur valeur d'entrée dans les comptes de l'entreprise, notamment les actifs incorporels.

Une procédure dite de **test de dépréciation** permet de faire face au risque de perte de valeur des actifs (IAS 36). Son objectif est de vérifier si à une date donnée, les flux de trésorerie futurs générés par un actif correspondent au moins à la valeur nette comptable enregistrée dans le bilan de l'entreprise à cette date. Cela suppose que des flux de trésorerie puissent être directement rattachés à un actif précis. Si c'est impossible, l'entreprise doit regrouper autant d'actifs que nécessaire pour pouvoir rattacher directement à ce groupe d'actifs des flux de trésorerie. Un tel groupe d'actifs est appelé une **Unité génératrice de trésorerie** (UGT). La figure 5.14 illustre la démarche du groupe AccorHotels qui identifie à la fois des actifs individuels et des UGT comme éléments pouvant faire l'objet de tests de dépréciation.

Modalités des tests de dépréciation du Groupe AccorHotels

Les tests de dépréciation sont réalisés individuellement pour les marques. Concernant les écarts d'acquisition, ils sont réalisés au niveau auquel ces derniers sont suivis par la Direction, correspondant à des UGT ou à des regroupements d'UGT. Les unités génératrices de trésorerie (« UGT ») correspondent à des entités opérationnelles générant des flux de trésorerie indépendants.

Ainsi, le Groupe a considéré que les écarts d'acquisition étaient suivis comme suit :

- pôle HotelServices : au niveau de la zone géographique présentée dans l'information sectorielle ;
- pôle Actifs Hôteliers : au niveau de l'hôtel ;
- pôle Nouvelles activités : au niveau de chaque ligne de métier (Services et Ventes digitales, Locations de résidences privées et Services de conciergerie).

Figure 5.14 • Extrait du document de référence 2017, AccorHotels (note 9.3, p. 301).

En règle générale, le test de dépréciation est réalisé seulement en cas d'indice particulier d'une perte de valeur de l'actif (ou de l'UGT). Certains indices proviennent de l'intérieur de l'entreprise (par exemple : obsolescence physique de l'actif, baisse de la performance économique), mais d'autres sont extérieurs (par exemple : évolution de la conjoncture ou des taux d'intérêt). En l'absence de tels indices, aucun calcul pour déterminer une éventuelle dépréciation n'est à réaliser. Le groupe AccorHotels a retenu deux indices, le chiffre d'affaires et l'excédent brut d'exploitation, pour déterminer s'il faut procéder à la deuxième étape du test de dépréciation, qui consiste à déterminer la valeur recouvrable de l'actif et à la comparer à sa valeur nette comptable (voir figure 5.15). Ces deux indices sont calculés pour chacun des quatre métiers du groupe.

Indices de perte de valeur du Groupe AccorHotels

Les indices de perte de valeur sont identiques pour l'ensemble des métiers :

- baisse de 15 % du Chiffre d'affaires à périmètre et change constants ; ou
- baisse de 30 % de l'Excédent brut d'exploitation (EBE) à périmètre, change et refinancement constants.

Figure 5.15 • Extrait du document de référence 2017, AccorHotels (note 9.3, p. 301).

Pour certains actifs, le test doit être obligatoirement réalisé chaque année, même en l'absence d'indices de dépréciation. C'est le cas des actifs incorporels à durée d'utilité indéterminée, des actifs incorporels en cours et du *goodwill*.

Le test de dépréciation n'est réalisé qu'une fois par an. Aucune date n'est imposée, notamment pas une date proche de la clôture annuelle. Mais la date retenue devrait être la même d'une année à l'autre. Le test consiste à comparer la valeur nette comptable de l'actif ou de l'UGT avec sa valeur recouvrable. La valeur recouvrable représente l'estimation du montant de trésorerie que l'actif ou l'UGT peut générer pour l'entreprise. Un actif ou une UGT peut générer de la trésorerie pour l'entreprise selon deux manières :

- Soit par son utilisation dans l'entreprise ce qui génère ainsi de la trésorerie à travers le chiffre d'affaires lié à la vente de ses produits. On parle alors de **valeur d'utilité (ou valeur d'usage)**.
- Soit par sa cession, la trésorerie générée se déterminant dans ce cas comme sa valeur de cession après déduction des frais nécessaires jusqu'à la cession. On parle alors de **juste valeur moins les coûts de cession**.

L'entreprise désireuse d'optimiser son profit choisit l'utilisation qui lui procure le maximum de ces deux valeurs, et c'est ce maximum qu'on appelle la valeur recouvrable. Si celle-ci est inférieure à la valeur nette comptable, l'actif en question doit faire l'objet d'une dépréciation de la différence.

Les IFRS ne précisent pas la méthode de calcul de la valeur d'utilité. Généralement, les entreprises prennent comme référence la valeur actualisée d'un multiple d'un indicateur de résultat. Le groupe AccorHotels, par exemple, a choisi une méthodologie en deux étapes, dont la première se base sur un multiple de l'excédent brut d'exploitation, et la seconde sur un test des flux de trésorerie future. La figure 5.16 illustre la difficulté de la mise en place d'une méthodologie adaptée à la réalité économique d'une entreprise donnée.

Détermination de la valeur recouvrable du Groupe AccorHotels

Le Groupe apprécie la valeur recouvrable en tenant compte des spécificités propres à chaque activité :

- Pour les UGT des pôles HotelServices et Nouvelles activités, la valeur recouvrable est approchée par la valeur d'utilité. Les projections de flux de trésorerie d'une durée maximale de 5 ans sont actualisées sur la base du coût moyen pondéré du capital de clôture. Le taux de croissance à l'infini est adapté en fonction de l'évolution économique de chacun des pays ou des zones. Chaque calcul tient compte des caractéristiques propres à chaque pays ou chaque zone testée. Cette technique est une technique de valorisation de niveau 3 selon IFRS 13.
- Pour les UGT du pôle Actifs Hôteliers, la valeur recouvrable est approchée, en premier lieu, par la juste valeur fondée sur un multiple normatif de l'excédent brut d'exploitation. Pour les établissements hôteliers, ce principe de calcul apparaît comme la meilleure méthode de reconstitution de la juste valeur et permet d'approcher au mieux la valeur de réalisation d'un actif en cas de mise en vente. Cette méthode consiste à calculer l'EBE moyen des deux dernières années de chaque établissement hôtelier, puis à lui appliquer un multiple en fonction du type d'établissement et de sa situation géographique. Les multiples retenus, correspondant à des moyennes de transactions ayant eu lieu sur le marché, se détaillent de la manière suivante :

Segment	Multiples
Luxe et haut de gamme	$8,1 < x < 11,9$
Milieu de gamme	$7,8 < x < 12,0$
Économique	$7,6 < x < 12,6$

Cette technique est une technique de valorisation de niveau 2 selon IF RS 13. En cas d'identification d'une perte de valeur, un test sur les flux futurs de trésorerie est alors réalisé.

Pertes de valeur

Une provision pour dépréciation est comptabilisée dans la ligne « Produits et charges non courants » dès lors que le test fait apparaître une perte de valeur. Une perte de valeur constatée sur un actif autre qu'un écart d'acquisition peut être reprise s'il existe des indices que la perte de valeur a diminué ou n'existe plus. La reprise éventuelle est alors basée sur les nouvelles estimations de la valeur recouvrable. Toutefois, la valeur de l'actif considéré, tenant compte d'une telle reprise, ne peut excéder la valeur qui aurait été déterminée si aucune perte de valeur n'avait été comptabilisée au cours des périodes précédentes.

Figure 5.16 • Extrait du document de référence 2017, AccorHotels (note 9.3, p. 302).

Lorsqu'une UGT fait l'objet d'une dépréciation, il se pose la question de l'affectation de cette perte de valeur aux différents actifs de l'UGT. La seule orientation donnée par les IFRS consiste à exiger la dépréciation en priorité d'un *goodwill* si un tel fait partie de l'UGT à déprécier. En dehors de cela, l'entreprise est libre d'imputer la perte de valeur au prorata à l'ensemble des actifs composant l'UGT, ou à certains actifs en priorité avant d'en affecter d'autres.

Après l'enregistrement d'une dépréciation, l'entreprise vérifie chaque année si des indices existent pour une reprise de la valeur de l'actif et la disparition de la dépréciation. Dans ce cas, la dépréciation doit également être reprise dans les documents comptables, excepté pour le *goodwill*.

L'application 5.10 illustre la démarche à suivre pour constater une dépréciation.

Test de dépréciation

Le 01/01/2018, la société Ragnar met en service une machine du type XB-15/A. Le coût d'acquisition est de 200 000 €. Cette machine a une durée d'utilité de cinq ans pour Ragnar. Cette société considère que la méthode linéaire reflète correctement la dépréciation de la machine pendant cette période et pense pouvoir réaliser un prix de cession de 20 000 € à la fin de cette période de cinq ans. Cette nouvelle machine générera une croissance du chiffre d'affaires de Ragnar comme suit :

Années	Chiffre d'affaires supplémentaire
2018	200 000 €
2019	240 000 €
2020	280 000 €
2021	320 000 €
2022	360 000 €

La marge moyenne de Ragnar avant amortissement et impôt est de 15 %. La marge supplémentaire estimée pour 2019 correspond ainsi à 15 % de 240 000 €, soit 36 000 €. Le taux d'actualisation, qui prend également en compte les risques de l'activité, est de 10 %.

Doit-on constater une perte de valeur au 31/12/2018 ?

Première étape : calcul de l'amortissement et de la valeur nette comptable

- Amortissement au titre de l'année 2018 : (200 000 – 20 000) / 5 = 36 000 €.
- Valeur nette comptable de la machine : 200 000 – 36 000 = 164 000 €.

Seconde étape : comparaison de la valeur nette comptable avec la valeur recouvrable

La valeur d'utilité du matériel est égale à la valeur actualisée des flux de trésorerie encore attendus pendant les quatre années à venir. Ces flux incluent les marges liées aux augmentations du chiffre d'affaires attendues et à la valeur actualisée du prix de cession de 20 000 € à la fin de l'année 2022 :

$$(240\,000 \times 15\,\% \times 1{,}10^{-1}) + (280\,000 \times 15\,\% \times 1{,}10^{-2}) + (320\,000 \times 15\,\% \times 1{,}10^{-3}) + (360\,000 \times 15\,\% \times 1{,}10^{-4}) + (20\,000 \times 1{,}10^{-4}) = 154\,044\ €$$

Conclusion

La valeur nette comptable de 164 000 € dépasse la valeur recouvrable de 154 044 € et il y a lieu de procéder à une dépréciation de la machine à raison de la différence, soit 9 956 €.

La valeur nette comptable ainsi corrigée est de 154 044 €. Si la valeur résiduelle reste inchangée à 20 000 €, le plan d'amortissement sera modifié afin d'affecter une charge d'amortissement de (154 044 – 20 000) / 4, soit 33 511 €, à chacune des quatre années restantes.

L'écriture de l'année 2018 inclut la dotation aux amortissements relative à l'année écoulée ainsi que la dépréciation constatée à la fin de l'année. Les deux éléments sont enregistrés dans les charges ordinaires de l'exercice 2018. L'écriture correspondante est alors :

31/12/2018		
Dotations aux amortissements (– R, – FP)	36 000	
Dotations aux dépréciations (– R, – FP)	9 956	
Amortissements (– A)		45 956

1.3.3. Réévaluation

Toutes les futures valorisations de l'actif dans les états financiers de l'entreprise sont généralement déterminées par l'enregistrement initial à la valeur d'entrée, qui est égal au coût d'acquisition ou au coût de production. La plupart des référentiels comptables privilégient l'évaluation sur la base du coût. Cependant, les valeurs des actifs à durée d'utilité illimitée ou très longue (terrains, immeubles) peuvent significativement évoluer vers la hausse au fil des années. Une valorisation sur la base du coût historique génère alors une sous-évaluation croissante de ce type d'actif. Tant qu'une transaction réelle sur un actif n'a pas lieu, la plus-value reste une plus-value latente et est donc soumise aux risques généraux de son estimation. Certains référentiels comptables tranchent ce conflit entre présentation de la valeur économique et principe de prudence en interdisant toute **réévaluation**. Les IFRS autorisent deux méthodes de réévaluation, chacune soumise à un certain nombre de conditions : la réévaluation générale et la juste valeur.

Réévaluation : nouvelle estimation de la valeur d'un actif ou d'un passif.

Réévaluation générale

La méthode générale de réévaluation (IAS 16) peut s'appliquer à tous les actifs corporels et incorporels, et représente une alternative au maintien du coût historique. C'est à l'entreprise de décider si elle souhaite ou non procéder à des réévaluations. Tous les éléments d'une même catégorie d'actifs doivent, le cas échéant, être réévalués, la réévaluation d'actifs isolés étant interdite. Les autres caractéristiques de cette méthode sont les suivantes :

- La réévaluation n'est pas obligatoire chaque année, notamment pour les actifs à durée d'utilité longue qui ne font pas l'objet de variations de valeur importantes entre deux dates de clôture. Il peut être raisonnable de les réévaluer par exemple tous les trois à cinq ans. Entre ces deux dates de réévaluation, l'actif continue à être amorti sur la base de la dernière valeur d'entrée enregistrée.

- Initialement, la réévaluation n'a aucun impact sur le résultat de l'exercice. Plutôt que de l'enregistrer comme un gain de l'exercice, la méthode prévoit l'enregistrement de la contrepartie (à la hausse de l'actif) au sein des réserves dans un poste distinct Réserve de réévaluation.

- La base d'amortissement augmentant, les dotations aux amortissements des années à venir seront plus importantes, avec un impact correspondant sur les résultats des années à venir.

- Pour les actifs à durée d'utilité limitée, la réévaluation n'a pas d'impact direct sur la durée d'utilité, mais elle peut être un indice pour un allongement de celle-ci et doit inciter l'entreprise à réfléchir sur cette question. Si la durée d'utilité est maintenue, les dotations annuelles sont adaptées et alors majorées afin que la valeur nette comptable atteigne la valeur résiduelle à la fin de la durée d'utilité.

- À l'actif du bilan, la valeur nette comptable correspondra à la valeur réévaluée et il faut rétablir la cohérence entre la valeur d'entrée, les amortissements cumulés et la valeur nette comptable. Cela peut se faire soit en augmentant la valeur brute et le montant des amortissements du même pourcentage que la valeur nette comptable, soit en retenant la valeur réévaluée comme nouvelle valeur d'entrée et en remettant à zéro les amortissements cumulés.

L'application 5.11 illustre les modalités d'application de la méthode de réévaluation.

Application 5.11

Réévaluation des immeubles

Bien que non coté en Bourse, le groupe Estelle décide d'adopter les IFRS à compter de 2018. Estelle est propriétaire d'un seul immeuble situé sur un boulevard prestigieux de Paris. Cet immeuble est presque entièrement amorti au moment du passage aux normes IFRS. Le groupe décide de le réévaluer et de procéder par la suite à de nouvelles réévaluations dans des intervalles de trois à cinq ans. La valeur d'entrée historique était de 15 M€. La valeur nette comptable au 31/12/2017 est de 2 M€.

La consultation d'un expert indépendant permet de retenir une valeur nette comptable de 30 M€ dans le bilan d'ouverture au 01/01/2018. La durée d'utilité restante est estimée à 30 ans. Deux méthodes d'enregistrement sont envisageables :

- La première option consiste à multiplier toutes les valeurs actuellement comptabilisées dans les comptes par un facteur 15 (= 30 M€ / 2 M€). Cela conduit à remplacer l'ancienne valeur brute de 15 M€ par 15 × 15 M€, soit 225 M€, et à remplacer le montant des amortissements cumulés historiques de 13 M€ par 15 × 13 M€, soit 195 M€. La valeur nette évaluée par l'expert de 30 M€ en résulte par différence (225 M€ – 195 M€).

01/01/2018		
Immeubles (225 – 15) (+ A)	210	
Amortissement d'immeubles (195 – 13) (– A)		182
Réserve de réévaluation (+ FP)		28

- La seconde option est de remettre à zéro les valeurs actuellement inscrites dans les comptes et de recommencer une nouvelle vie comptable de l'immeuble. L'ancienne valeur d'entrée de l'immeuble est remplacée par la valeur estimée par l'expert indépendant et les amortissements cumulés sont remis à zéro. Il en résulte une valeur nette comptable de 30 M€.

01/01/2018		
Immeubles (30 – 15) (+ A)	15	
Amortissement d'immeubles (0 – 13) (+ A)	13	
Réserve de réévaluation (+ FP)		28

Ces deux options aboutissent à la même valeur nette comptable et à la même réserve de réévaluation. Les dotations aux amortissements et dépréciations des années ultérieures seront calculées sur la base de cette nouvelle évaluation. Ainsi, l'écriture de l'année 2018 selon les deux options sera identique.

31/12/2018		
Dotations aux amortissements (30 M€ / 30 ans) (– R)	1	
Amortissements d'immeubles (– A)		1

Toute hausse de valeur est enregistrée en **réserve de réévaluation** des capitaux propres. Une éventuelle perte de valeur sera d'abord imputée sur cette réserve de réévaluation et aura un impact sur le résultat de la période seulement lorsque la réserve de réévaluation aura été entièrement consommée.

Réserve de réévaluation : compte de capitaux propres dans lequel sont enregistrées les variations de valeur dues aux réévaluations.

Un cas particulier d'application de la méthode de réévaluation est le moment de la première application des normes IFRS. La norme IFRS 1 (*First-adoption of*

IFRS) autorise en effet exceptionnellement la réévaluation d'actifs isolés à la place d'une application à une catégorie d'actifs entière. Comme dans le cas général de la réévaluation, cette nouvelle valeur comptable sert de base aux évaluations des années ultérieures, notamment les dotations aux amortissements.

Juste valeur

À l'instar de la réévaluation générale, cette méthode est une méthode alternative à la méthode du coût historique et c'est l'entreprise qui choisit la méthode à retenir (IAS 40). Son champ d'application potentielle est très restreint, car seule une partie des biens immobilisés de l'entreprise peut être traitée ainsi. Il s'agit des immeubles et/ou terrains dits « de placement » : l'entreprise souhaite en tirer des loyers ou valoriser ainsi son capital, et non pas les occuper ni les utiliser dans le cadre de son activité industrielle, commerciale ou administrative. Cela les rapproche des instruments financiers et les IFRS permettent donc leur évaluation à la juste valeur (voir ci-dessous les principes d'évaluation des actifs financiers non courants). La méthode de la juste valeur s'applique seulement à l'ensemble des biens immobiliers de placement, et non à certains biens isolés. Contrairement aux actifs évalués selon la méthode de réévaluation, les biens évalués ne sont plus amortis. À chaque date de clôture, la nouvelle juste valeur est déterminée et toute variation par rapport à la valeur comptable à cette date est enregistrée comme produit ou charge de la période.

Une grande entreprise applique la méthode de la juste valeur pour ses immeubles de placement et donne les précisions suivantes sur la méthodologie retenue (voir figure 5.17).

Immeubles de placement (IAS 40 et IFRS 13) d'Unibail-Rodamco

En application de la méthode préférentielle proposée par l'IAS 40, les immeubles de placement sont valorisés à leur valeur de marché. Selon IFRS 13, la juste valeur est définie comme le prix qui serait reçu pour la vente d'un actif ou payé pour le transfert d'un passif lors d'une transaction normale entre des intervenants du marché à la date d'évaluation (valeur de sortie). Les améliorations ou modifications futures prévues sur l'actif (ex. : rénovation/extension) doivent être prises en compte dans l'expertise afin de refléter son utilisation optimale.

Unibail-Rodamco respecte les règles d'évaluation à la juste valeur édictées par la norme IFRS 13 ainsi que l'exposé de principes sur IFRS 13 établi par l'EPRA, l'organisme représentatif des sociétés immobilières cotées en Europe.

Les coûts d'acquisition liés à l'acquisition d'un actif sont capitalisés dans la valeur de l'immeuble de placement. Les dépenses capitalisées incluent le coût des travaux, les indemnités d'éviction, les frais financiers capitalisés, les frais de commercialisation et d'autres coûts internes dans le cadre de développement de projets.

Les Immeubles de Placement en cours de Construction (IPUC) rentrent dans le champ d'application d'IAS 40 et peuvent être évalués à la juste valeur. Conformément à la méthode de valorisation des immeubles de placement du Groupe, ils sont valorisés à leur valeur de marché par un expert externe deux fois par an.

Les projets pour lesquels la juste valeur ne peut être déterminée de manière fiable continuent à être valorisés à leur coût jusqu'à ce qu'il soit possible de déterminer une juste valeur de façon fiable ou jusqu'à un an avant que la construction ne soit achevée.

Le Groupe estime qu'un projet de développement peut être évalué de façon fiable à la juste valeur si les trois conditions suivantes sont toutes remplies :

- toutes les autorisations administratives nécessaires à la réalisation du projet ont été obtenues ;
- le contrat de construction a été signé et les travaux ont débuté ;
- l'incertitude sur le montant des loyers futurs a été levée.

Si la date de livraison de l'actif est inférieure à une année, le projet est systématiquement évalué à sa juste valeur.

Pour les immeubles évalués à la juste valeur, la valeur de marché retenue est celle déterminée à partir des conclusions des experts indépendants qui valorisent le patrimoine du Groupe au 30 juin et au 31 décembre de chaque année. La valeur brute est diminuée d'une décote afin de tenir compte des frais de cession et des droits d'enregistrement. Le taux de la décote varie selon le pays et le statut fiscal de l'actif.

Figure 5.17 • Extrait du document de référence 2017, Unibail-Rodamco (note 5.1, p. 257).

1.4. Décomptabilisation

Un actif est décomptabilisé soit lors de sa sortie par cession ou par mise au rebut, soit lorsque aucun avantage économique ne peut plus être attendu de son utilisation. La différence entre un éventuel produit net de sortie et la valeur nette comptable de l'actif non courant constitue le résultat net de la décomptabilisation, qui est inclus dans le résultat de l'exercice. S'il s'agit d'un profit, celui-ci ne doit pas être classé dans les produits des activités ordinaires.

1.5. Actifs détenus dans le cadre de contrats de concessions de services publics

Les contrats de concession de services publics sont d'une grande diversité et l'appréciation du traitement comptable des actifs concédés doit faire l'objet d'une analyse approfondie.

En principe, c'est la norme IAS 16 qui s'applique et l'actif devrait figurer dans le bilan du partenaire identifié comme contrôlant l'actif. Ainsi, si c'est l'entité concessionnaire qui contrôle l'actif, elle l'enregistre et l'évalue dans son bilan.

En revanche, pour les nombreux cas d'un contrôle de l'actif par le concédant, les IFRS n'ont pas, pendant longtemps, proposé de réponse de traitement. C'est seulement l'interprétation IFRIC 12, applicable depuis 2010, qui apporte des clarifications quant au traitement de ces types d'accords. Elle précise que, si le concessionnaire ne contrôle pas l'actif concédé, celui-ci ne peut pas figurer dans son bilan. En revanche, elle impose l'enregistrement du droit du concessionnaire à recevoir sa rémunération, en distinguant deux cas de figure :

- S'il s'agit d'un droit inconditionnel à recevoir de l'argent, avec notamment un montant fixe et un échéancier, ce droit s'assimile à une créance et elle est enregistrée comme un actif financier dans le bilan du concessionnaire (voir section 2). Tout versement reçu diminuera le montant résiduel de la créance.
- Si le montant à recevoir n'est pas fixe, la situation est différente car on ne connaît pas exactement la valeur de la rémunération à recevoir. C'est le cas notamment d'un concessionnaire qui a le droit de facturer un service aux utilisateurs sans toutefois connaître exactement le volume d'utilisation du service proposé (par exemple, celui d'une autoroute à péage). Dans ce cas, IFRIC 12 impose l'enregistrement d'un actif incorporel dans le bilan du concessionnaire dont la valeur correspond au coût de l'actif concédé et qui est amorti sur la durée de la concession.

2. Actifs financiers

À l'instar des actifs dont l'utilisation directe par l'entreprise est nécessaire à ses activités ordinaires, les **actifs financiers** sont des investissements à court ou à long terme censés générer des avantages futurs à l'entreprise par le simple fait de leur possession (par exemple, dividendes reçus) et/ou de leur revente (par exemple, plus-values). Les actifs financiers à court terme ou de placement ont été traités au chapitre 3 avec les actifs courants. Cette section traite des actifs

Les **actifs financiers** sont des investissements à court ou à long terme censés générer des avantages futurs à l'entreprise par le simple fait de leur possession (par exemple, dividendes reçus) et/ou de leur revente (par exemple, plus-values).

financiers à long terme, quelle que soit leur nature (actions, obligations). Toutefois, l'acquisition d'un certain nombre d'actions d'une entreprise, à des fins de prise de contrôle par exemple, est considérée comme une « participation financière ». Nous aborderons les participations financières au chapitre 9, qui traite de la consolidation des entités.

Les actifs financiers (ou instruments financiers) à long terme correspondent à des réserves de trésorerie que l'entreprise souhaite conserver sur plusieurs exercices dans l'attente d'une revente ultérieure, tout en retirant des dividendes et autres produits d'intérêt pendant leur possession. Ainsi, lorsque de nouvelles opportunités d'investissements apparaîtront, l'entreprise pourra recourir à ces ressources financières pour procéder à l'investissement. D'un point de vue comptable, il convient toutefois de distinguer les actifs financiers disponibles à la vente des actifs détenus jusqu'à leur échéance. En effet, l'évaluation et la comptabilisation de ces actifs financiers diffèrent selon leur classification. De plus, le transfert d'actif financier d'une catégorie à l'autre est soit interdit, soit très réglementé et peut être assorti de sanctions[2].

2.1. Actifs financiers détenus jusqu'à leur échéance

Actifs détenus jusqu'à l'échéance : actifs que l'entreprise compte garder ou doit garder pendant toute leur durée de vie (des obligations, par exemple).

Coût amorti : montant auquel un actif ou un passif a été évalué lors de sa comptabilisation initiale, diminué des remboursements du capital et de toute réduction pour dépréciation.

Coût de transaction : coût annexe à une transaction.

Les **actifs financiers détenus jusqu'à leur échéance** sont par définition généralement détenus à long terme. Ce sont des actifs à paiement fixe ou déterminable, avec une échéance fixe (par exemple, une obligation à taux fixe). Contrairement aux actifs financiers à court terme – réserves de trésorerie « spéculative » –, il serait incohérent que les variations de juste valeur des actifs à l'échéance affectent les états financiers au cours des exercices. Ainsi, dans le cas d'une acquisition d'une obligation de valeur nominale de 1 000 €, si l'entreprise a l'intention de la détenir jusqu'à son remboursement par l'émetteur, il n'y a aucune raison de faire apparaître la plus-value ou moins-value potentielle sur cet actif dans les états financiers. L'entreprise n'est pas concernée par les variations de juste valeur de l'obligation. Elle recevra à l'échéance 1 000 €, la valeur nominale du titre. L'évaluation et la comptabilisation ultérieure de cette obligation (des actifs détenus à l'échéance) se feront au **coût amorti** selon la méthode du taux d'intérêt effectif. Toutefois, l'intention de l'entreprise de détenir les actifs (jusqu'à l'échéance) ne suffit pas : elle doit aussi en avoir la capacité. En effet, il paraîtrait paradoxal qu'une entreprise classe un grand nombre d'obligations en actifs détenus à l'échéance, alors qu'elle connaît déjà des problèmes de trésorerie.

Lors de la comptabilisation initiale (à l'acquisition), les actifs détenus jusqu'à l'échéance sont évalués à leur juste valeur augmentée des **coûts de transaction** directement attribuables à l'acquisition ou à l'émission du titre.

2. Comme cela est indiqué au chapitre 3, pour les exercices comptables ouverts au 1er janvier 2018, l'IFRS 9 remplace l'IAS 39. Ainsi, les actifs financiers seront classés selon le modèle économique utilisé par l'entité pour leur gestion. Les catégories actuelles d'actifs financiers disparaîtront et seront remplacées par une approche simplifiée (voir annexe du chapitre 3).

Méthode du coût amorti

Le 01/01/2018, l'entreprise Omega achète 500 obligations (actifs financiers détenus jusqu'à l'échéance) émises à 980 €, pour un nominal de 1 000 € (unitaire) avec un taux d'intérêt fixe de 5 %. Celles-ci sont remboursables le 31/12/2025. Les coûts de transaction étaient de 4 000 €. Lors de l'acquisition du titre, l'entreprise passe l'écriture suivante :

01/01/2018		
Actif financier (à l'échéance) (+ A)	494 000	
Trésorerie (980 × 500 + 4 000) (– A)		494 000

À la clôture de chacun des états financiers suivants, les actifs financiers détenus jusqu'à l'échéance seront comptabilisés à leur coût amorti selon la méthode du **taux d'intérêt effectif**. « Le coût amorti d'un actif ou d'un passif financier est le montant auquel l'actif ou le passif a été évalué lors de sa comptabilisation initiale diminué des remboursements du capital et de toute réduction pour dépréciation. » (IAS 39, § 9)

Taux d'intérêt effectif : taux d'intérêt annuel réel recalculé en prenant en compte tous les frais de transactions et frais annexes.

Si une obligation est émise à une valeur inférieure à sa valeur nominale, on parle de **prime d'émission**. Si elle est remboursée à une valeur supérieure à sa valeur nominale, on parle de **prime de remboursement**. Ces primes n'entrent pas dans le coût initial d'un actif financier, mais dans le calcul du coût amorti. Elles vont être réintégrées graduellement à la valeur comptable de l'obligation sur la durée de l'emprunt. La valeur comptable de l'actif financier est déterminée par la méthode du coût amorti, avec une méthode d'amortissement particulière, la méthode du taux d'intérêt effectif.

Méthode du coût amorti (suite)

Les différents types de flux (encaissements et décaissements) vont permettre de trouver le taux d'intérêt effectif :

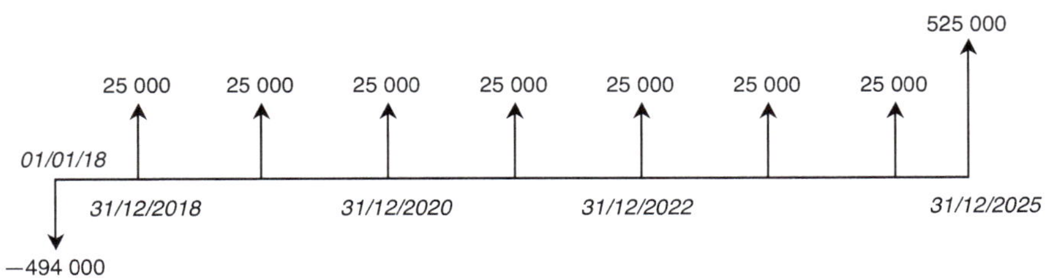

Le taux se calcule à partir de l'équation :

$$-494\,000 + \sum_{t=1}^{7} \frac{25\,000}{(1+taux)^t} + \frac{525\,000}{(1+taux)^8} = 0$$

On obtient taux = 0,05187, soit un taux de 5,19 %.

☞

Application 5.13 (Suite)

La fonction TRI (taux de rendement interne) de la plupart des tableurs peut aider à réaliser le calcul du taux d'intérêt effectif. Il est de 5,19 %.

Le coût amorti de l'actif est calculé grâce au taux d'intérêt effectif (les calculs ont été réalisés avec tous les chiffres après la virgule du TRI).

Dates	Intérêts effectifs	Intérêts	Amortissement	Coût amorti
01/01/2018				494 000
31/12/2018	25 624[(a)]	25 000[(b)]	624[(c)]	494 624[(d)]
31/12/2019	25 656	25 000	656	495 280
31/12/2020	25 691	25 000	691	495 971
31/12/2021	25 726	25 000	726	496 697
31/12/2022	25 764	25 000	764	497 461
31/12/2023	25 804	25 000	804	498 265
31/12/2024	25 845	25 000	845	499 110
31/12/2025	25 890	25 000	890	500 000
			6 000	

[(a)] 25 624 = 494 000 × TRI.

[(b)] 25 000 = 500 titres × 1 000 × 5 %.

[(c)] 624 = 25 624 – 25 000.

[(d)] 494 624 = 494 000 + 624.

Les écritures sont donc :

Au 01/01/2018		
Obligations (+ A)	494 000	
Trésorerie (– A)		494 000
Au 31/12/2018		
Trésorerie (+ A)	25 000	
Obligations (+ A)	624	
Produits financiers (+ R, + FP)		25 624
Au 31/12/2019		
Trésorerie (+ A)	25 000	
Obligations (+ A)	656	
Produits financiers (+ R, + FP)		25 656

Remarque

La somme de tous les « amortissements », soit 6 000, correspond bien à la différence entre la valeur initiale des actifs et leur valeur finale (500 000 – 494 000). Cette différence est étalée ou « amortie » sur la durée de l'actif financier.

La valeur comptable de l'actif financier augmente chaque année. La même écriture est donc à constater en 2020, 2021, 2022, 2023, 2024 et 2025 (avec des montants différents, fonction de l'évolution du coût amorti). Le montant que l'entreprise percevra au 31/12/2025 est de 500 000 € (coût amorti en dernière ligne).

À la différence des actifs financiers détenus à des fins de transaction (c'est-à-dire en *juste valeur par résultat*), les actifs financiers détenus jusqu'à l'échéance font l'objet d'un test de dépréciation et sont dépréciés si nécessaire. Comme pour les actifs non financiers, des indicateurs objectifs de pertes de valeur sont nécessaires. Une simple baisse du cours de bourse est insuffisante pour constater une dépréciation.

La dotation (ou dépréciation) est ajustée les années suivantes, en fonction de l'évolution de la juste valeur des obligations. Si celle-ci augmente, un produit doit être constaté. La reprise en résultat (directement ou indirectement) ne doit pas conduire à un montant d'actif comptabilisé supérieur au coût amorti qui aurait été constaté à la date de reprise de dépréciation si aucune dépréciation n'avait été comptabilisée.

Hypothèse différente pour 2023

Au 31/12/2023, Omega apprend que l'entreprise émettrice de l'emprunt obligataire rencontre des difficultés financières importantes et qu'elle ne pourra probablement pas rembourser la totalité de son emprunt à échéance, mais seulement 70 % (soit 350 000 €).

Le taux d'intérêt effectif est toujours de 5,19 %, car il doit être calculé à l'acquisition. À cette date, l'entreprise Omega ne sait pas encore que l'émetteur aura des difficultés financières. Le coût amorti de l'actif est déterminé de façon identique jusqu'au 31/12/2023. À cette date, la valeur comptable de l'actif est de 498 265 €. Or, l'entreprise ne pourra récupérer que 350 000 €. Il convient alors de déterminer la nouvelle valeur de cet actif étant donné les flux à recevoir, actualisés au taux d'intérêt effectif calculé initialement. La différence entre cette nouvelle valeur de l'actif (362 675 €) et le coût amorti initialement calculé pour cette même date (498 265 €), soit 135 590 €, fera l'objet d'une dotation pour dépréciation (voir ci-dessous l'écriture au 31/12/2023).

Dates	Intérêts effectifs	Intérêts	Amortissement	Coût amorti
01/01/2018				494 000
31/12/2018	25 624	25 000	624	494 624
31/12/2019	25 656	25 000	656	495 280
31/12/2020	25 691	25 000	691	495 971
31/12/2021	25 726	25 000	726	496 697
31/12/2022	25 764	25 000	764	497 461
31/12/2023	25 804	25 000	804	498 265

Valeur, selon les nouveaux flux attendus :

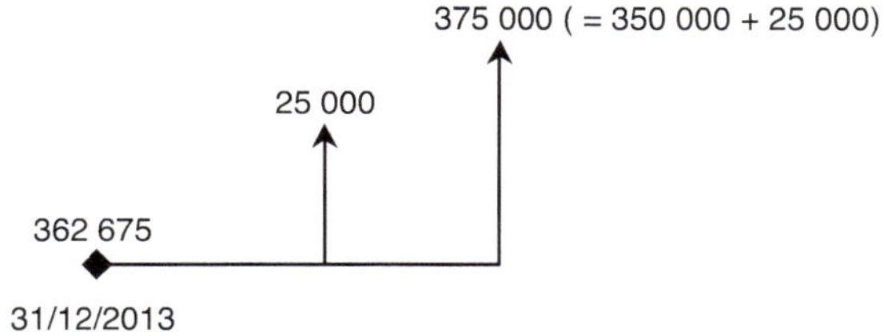

☞

Application 5.14 *(Suite)*

31/12/2023 31/12/2024 31/12/2025	25 804 18 823 18 502	25 000 25 000 25 000	804 – 135 590 (6 177) (6 498) (144 000)	362 675 356 498 350 000

Au 31/12/2023, le coût amorti est de 498 265 € au lieu de 362 675 € (nouvelle valeur déterminée par actualisation des flux futurs au taux d'intérêt effectif d'origine). Il convient donc de déprécier l'actif de la différence, soit : 498 265 – 362 675 = 135 590 €. L'écriture de dépréciation au 31/12/2023 est donc :

31/12/2023 Dotations pour dépréciation (– R, – FP) Dépréciation des obligations (– A)	135 590	 135 590

Lors des exercices suivants, la méthode du coût amorti continue de s'appliquer. Cette fois, l'intérêt réellement perçu est nettement supérieur au produit d'intérêt à constater (25 000 – 18 823), ce qui est logique étant donné la perte de valeur du titre (dépréciation). L'écriture de 2023 sera la suivante :

Trésorerie (+ A) Obligations (– A) Produits financiers (+ R, + FP)	25 000	 6 177 18 823

Remarque

La somme de tous les « amortissements » y compris la dépréciation, soit (144 000), correspond bien à la différence entre la valeur initiale des actifs et leur valeur finale (494 000 – 350 000).

2.2. Actifs financiers disponibles à la vente

Les **actifs disponibles à la vente** correspondent à des actifs financiers détenus dans le but de dégager des plus-values à moyen ou à long terme, en plus des dividendes ou intérêts perçus pendant leur possession. Ces actifs sont des titres à revenu fixe ou variable, qui ne sont pas classés dans l'une des autres catégories d'actifs financiers (actifs de transaction, prêts et créances ou actifs détenus à l'échéance). À la différence des actifs détenus jusqu'à l'échéance, seule l'intention de l'entreprise est suffisante pour leur classification. Dans la mesure où l'entreprise peut à tout moment vendre ces réserves de trésorerie, les plus-values ou moins-values latentes doivent apparaître dans les états financiers.

Comme pour les actifs détenus jusqu'à l'échéance, les actifs financiers disponibles à la vente sont, lors de leur comptabilisation initiale, mesurés à leur juste valeur augmentée des coûts de transaction qui sont directement attribuables à l'acquisition ou à l'émission de l'actif. Les instruments de capitaux propres, tels que les actions non cotées sur un marché financier actif, font cependant exception. Leur juste valeur ne peut être déterminée avec fiabilité ; ils sont donc évalués à leur coût et font l'objet de tests de dépréciation. Les variations de juste valeur des actifs disponibles à la vente sont comptabilisées dans le résultat global (RG), c'est-à-dire les capitaux propres.

Application 5.15

Actifs financiers disponibles à la vente

L'entreprise Momi achète des titres de la société Bêta, qu'elle a classés en actifs disponibles à la vente, le 15/12/2017, pour 2 000 €. Au 31/12/2017, les titres ont une juste valeur de 2 020 €.

Au 15/12/2017		
Titres (+ A)	2 000	
Trésorerie (– A)		2 000
Au 31/12/2017		
Titres (+ A)	20	
Ajustement de valeur (+ RG, + FP)		20
Le profit latent est comptabilisé dans les capitaux propres		

Le 31/12/2018, la juste valeur des titres (obligations/actions) de Bêta diminue : elle passe à 2 015 €.

Au 31/12/2018		
Ajustement de valeur (– RG, – FP)	5	
Titres (– A)		5

Comme les actifs détenus à l'échéance, les actifs disponibles à la vente peuvent faire l'objet de dépréciations. « Un actif financier est déprécié si sa valeur comptable est supérieure à sa valeur recouvrable estimée. » (IAS 39, § 58) Toutefois, la seule baisse du cours de bourse ne suffit pas pour procéder à une dépréciation. Des indicateurs objectifs de cette dépréciation doivent exister, par exemple des difficultés financières importantes de l'émetteur des titres, une rupture de contrat effective telle qu'un défaut de paiement des intérêts ou du principal, une forte probabilité de faillite de l'émetteur, etc.

Application 5.16

Actifs financiers disponibles à la vente (suite)

Le 31/12/2018, la société Bêta est en liquidation et seuls 1 200 € sont estimés récupérables. L'écriture d'ajustement sera la suivante :

Au 31/12/2018		
Ajustement de valeur (– RG, – FP)	15	
Dépréciation des titres (– R, – FP)	800	
Titres (– A)		815
Constatation, dans le compte de résultat, de la perte sur titres		

La juste valeur de l'actif financier disponible à la vente peut augmenter après une dépréciation. Une reprise est alors possible si un indicateur objectif d'amélioration existe. Elle ne s'applique toutefois qu'aux instruments de taux d'intérêt et les actions en sont donc exclues. Dans ce cas, « la perte doit être reprise et le montant de la reprise inclus dans le résultat net de l'exercice » (IAS 39, § 67). La reprise comptabilisée en résultat ne peut excéder la dépréciation précédemment enregistrée.

Application 5.17

Actifs financiers disponibles à la vente (suite)

Il s'avère que l'on pourra récupérer 1 300 € des titres Bêta au 31/12/2019.

Au 31/12/2019		
Titres (+ A)	100	
Reprise de dépréciation (+ R, + FP)		100

Lorsque des actifs disponibles à la vente sont cédés, les montants comptabilisés dans le résultat global (capitaux propres) sont repris au compte de résultat (comme pour la dépréciation de ces actifs). La différence entre la juste valeur de l'actif, son coût d'acquisition (diminué, s'il y a lieu, des remboursements et des amortissements) et les dépréciations constatées est portée en charges.

Application 5.18

Actifs financiers disponibles à la vente (fin)

Si l'on suppose qu'il n'y a pas eu de dépréciation, le 28/05/2019, les titres (actions ou obligations) sont cédés pour 2 018 €.

Au 28/05/2019		
Trésorerie (+ A)	2 018	
Ajustement de valeur (– RG, – FP)	15	
Titres (– A)		2 015
Produits financiers (+ R)		18

Annexe : Comptabilité de couverture

Les instruments financiers, et tout particulièrement les instruments dérivés, peuvent être utilisés afin de se couvrir contre divers risques (de taux, de prix, etc.). Les normes internationales (IAS 39) permettent alors un traitement comptable particulier afin que les états financiers reflètent bien la couverture que l'entreprise a mise en place. Il convient de préciser que la comptabilité de couverture n'est ni une obligation, ni un droit. Elle n'est pas obligatoire, elle reste une option pour l'entreprise. Ainsi, une entreprise peut se couvrir en pratique, sans pour autant décider d'opter pour la comptabilité de couverture. Elle n'est pas un droit, dans la mesure où il faut pouvoir remplir un certain nombre de critères afin d'utiliser cette option de comptabilisation. Par exemple, la relation de couverture n'est reconnue que si *toutes* les conditions suivantes sont réunies (IAS 39, § 88).

- Il existe des documents formalisés décrivant à la fois cette relation, l'objectif de l'entreprise en matière de gestion des risques et sa stratégie de couverture.
- L'entreprise s'attend que la couverture soit efficace parce que les variations de juste valeur ou de flux de trésorerie de l'élément couvert sont presque intégralement compensées par les variations de juste valeur ou de flux de trésorerie de l'instrument de couverture. L'IAS 39 précise que le résultat global attendu (résultat de l'élément couvert augmenté du résultat de l'instrument de couverture) se situe dans un intervalle compris entre 80 % et 125 % (IAS 39, AG 105-113).
- Les transactions anticipées couvertes contre les variations de flux de trésorerie sont hautement probables.
- L'efficacité de la couverture peut être appréciée de façon fiable.
- La couverture a été évaluée sur une base de poursuite de l'activité.

Il existe trois types de relations de couverture au sens des IFRS (IAS 39, § 86) :

- La **couverture de juste valeur** (*fair value hedge*), qui consiste à couvrir de l'exposition aux variations de juste valeur un instrument (ou une partie identifiée d'un instrument) qui est exposé à un risque particulier, susceptible d'affecter le résultat de l'entreprise. Il peut s'agir, par exemple, de la protection d'un placement à taux fixe contre les variations des taux d'intérêt.
- La **couverture de flux de trésorerie** (*cash-flow hedge*), qui consiste à couvrir les variations de flux d'un instrument financier comptabilisé ou de transaction anticipée, ces variations de flux étant susceptibles d'affecter le résultat de l'entité. Il peut s'agir, par exemple :
  - de couvrir les intérêts futurs d'un emprunt ou d'un prêt ;
  - de couvrir le risque de prix d'un achat ou d'une vente planifiée ;
  - de couvrir une transaction planifiée contre le risque de change.
- La **couverture d'un investissement net dans une entreprise étrangère** (*hedge of a net investment in a foreign entity*), tel que défini par l'IAS 21. Cette couverture n'est pas traitée dans cet ouvrage.

La comptabilisation de la couverture va dépendre du type de couverture. Ainsi, pour la **couverture de juste valeur**, le profit (ou la perte) résultant de la réévaluation de l'instrument de couverture à sa juste valeur est comptabilisé au résultat de l'entreprise. La perte (ou le profit) attribuable au risque couvert et résultant de la réévaluation de l'élément couvert doit être, elle aussi, comptabilisée au résultat de l'entreprise (IAS 39, § 89). L'application 5.19 illustre de façon volontairement simplifiée cette comptabilisation.

Application 5.19

Couverture de juste valeur

Le 01/10/2017, l'entreprise Hedge, cherchant à placer une partie de sa trésorerie excédentaire, a acquis des obligations à taux fixe pour 100 000 € (frais de transaction inclus). Ces obligations sont classées en actifs disponibles à la vente. La direction financière de Hedge craint une hausse des taux d'intérêt, qui conduirait à une dévalorisation de son placement (les obligations). Elle décide donc de se couvrir contre ce risque avec des contrats à terme (vendeur) de taux d'intérêt arrivant à échéance fin octobre 2018 pour un montant nominal de 100 000 €. À la fin de l'exercice 2017, les contrats et les obligations cotaient 98 000 €. Les écritures de 2017 sont les suivantes :

01/10/2017		
Obligations (+ A)	100 000	
Trésorerie (– A)		100 000
31/12/2017		
Dérivés de couverture (+ A)	2 000	
Résultat – Ajustement de la juste valeur (+ R, + FP)		2 000
Résultat – Ajustement de la juste valeur (– R, – FP)	2 000	
Obligations (– A)		2 000

Au 31/12/2017, la juste valeur du contrat à terme (le future) est de 100 000 € – 98 000 € = 2 000 €. En effet, il permet de vendre à terme des obligations pour 100 000 € alors que les conditions au 31/12/2017 des nouveaux contrats futures ne permettent que de vendre (à terme, soit fin octobre 2018) pour une valeur de 98 000 €. Si l'entreprise Hedge décidait de vendre son contrat future le 31/12/2017, elle pourrait en espérer 2 000 €. Cette valeur est la juste valeur du future, qu'il convient de présenter à l'actif et d'inclure au compte de résultat. Le produit de 2 000 € au compte de résultat est parfaitement compensé par la perte de valeur des obligations (du fait de la hausse des taux d'intérêt). Ainsi, le résultat net n'est pas affecté par ces écritures, ce qui est l'objectif de la comptabilité de couverture. Si l'entreprise ne s'était pas couverte, elle aurait seulement comptabilisé la perte de valeur de 2 000 € de ses obligations et aurait observé une baisse du même montant de son résultat net.

Pour **la couverture de flux de trésorerie,** le profit (ou la perte) réalisé sur l'instrument de couverture est comptabilisé en résultat global (capitaux propres) pour le montant correspondant à la couverture efficace. La partie inefficace de la couverture est imputée au compte de résultat (IAS 39, § 95). En cas de couverture d'une transaction anticipée, *au moment où la transaction anticipée est comptabilisée, les profits ou pertes associés qui ont été enregistrés en capitaux propres sont intégrés dans l'évaluation initiale de l'instrument concerné* (IAS 39, § 96-98). Dans tous les autres cas, les montants comptabilisés en capitaux propres sont intégrés au résultat de l'exercice au cours duquel l'engagement couvert affecte le résultat de l'entreprise (IAS 39, § 96-98). L'application 5.20 illustre, ici aussi de façon volontairement simplifiée, cette comptabilisation.

Application 5.20

Couverture d'une transaction anticipée – couverture de flux de trésorerie

Le 01/11/2017, la société Hedge anticipe qu'elle devra acquérir 100 tonnes de matières premières dans quatre mois, le 01/02/2018. Craignant une hausse du cours des matières premières, elle achète un contrat à terme quatre mois, portant sur 100 tonnes de cette matière, au prix de 1 200 € la tonne (pour se couvrir contre le risque de prix auquel elle est exposée). Le 31/12/2017, à la clôture de l'exercice de la société Hedge, le cours à terme un mois s'élève à 1 400 € la tonne. Le 01/02/2018, elle achète les 100 tonnes de matières premières dont elle a besoin au prix comptant de 1 350 €.

Le 31/12/2017, le prix à terme est passé de 1 200 € à 1 400 € ; la valeur du contrat a donc augmenté de (200 € × 100 tonnes) = 20 000 €.

31/12/2017		
Dérivés de couvertures (+ A)	20 000	
Ajustements de valeur (+ RG, + FP)		20 000

Lors du dénouement du contrat à terme et de l'achat de la matière première, le prix à terme est passé de 1 400 € à 1 350 € (entre le 31/12/2017 et le 01/02/2018), soit 5 000 € (50 € × 100 tonnes). Il convient donc dans un premier temps de mettre à jour la juste valeur du dérivé de couverture…

01/02/2018		
Ajustements de valeur (– RG, – FP)	5 000	
Dérivés de couvertures (– A)		5 000

… avant de solder le compte : autrement dit, au dénouement du contrat, l'entreprise reçoit 15 000 €.

01/02/2018		
Trésorerie (+ A)	15 000	
Dérivés de couvertures (– A)		15 000

Au même moment, Hedge achète pour 135 000 € de matières premières (1 350 € × 100 tonnes), qui ne lui coûtent que 120 000 €, si l'on tient compte de l'ensemble des opérations. C'était bien l'objectif de la couverture : fixer à l'avance le coût des matières premières pour l'entreprise.

01/02/2018		
Matières premières (+ A)	120 000	
Ajustements de valeur (– RG, – FP)	15 000	
Trésorerie (– A)		135 000

Résumé

Les actifs non courants peuvent être corporels, incorporels ou financiers.

Les actifs incorporels sont des actifs dont la valeur est principalement sans substance physique (logiciels, frais de développement, marques, licences, etc.). Les actifs corporels sont des biens physiques (terrains, constructions, machines, mobilier, équipement informatique, etc.). Les immobilisations financières sont des valeurs monétaires (participations dans d'autres entreprises, prêts accordés à long terme, etc.).

L'utilisation des actifs non courants (autres que financiers) constitue une charge ordinaire annuelle enregistrée sous le poste Dotations aux amortissements. Cette utilisation peut être linéaire (amortissement linéaire) ou accélérée (amortissement dégressif). Pour les actifs non courants à durée de vie illimitée ou non déterminée (par exemple, terrain, goodwill), il n'y a pas de charge d'amortissement.

Tous les actifs non courants (y compris financiers) sont susceptibles de faire l'objet d'un test de dépréciation (une fois par an pour les actifs incorporels sans durée d'utilité déterminée). Ce test consiste à comparer la valeur nette comptable de l'actif avec sa valeur recouvrable afin de déterminer si la dépréciation de sa valeur présente dans les états financiers s'impose.

Les actifs financiers non courants sont évalués initialement à leur juste valeur plus les coûts de transactions directement nécessaires à leur acquisition. Ils sont classés en deux catégories : actifs à l'échéance ou actifs disponibles à la vente. Les actifs financiers détenus jusqu'à l'échéance seront évalués ultérieurement selon la méthode du coût amorti. Les actifs financiers disponibles à la vente seront évalués ultérieurement à leur juste valeur, qui est enregistrée en contrepartie dans le résultat global (fonds propres), dans un compte d'ajustement de valeur. Ce n'est qu'à la cession du titre que cette réserve (positive ou négative) affectera le compte de résultat.

1. Plan d'amortissement

Le 01/09/2018, la société Helmsley achète du matériel pour une usine. La valeur d'entrée est de 200 k€. La durée d'utilité est estimée à six ans et Helmsley s'attend à une valeur résiduelle de 20 k€ après cette période de six ans. La méthode d'amortissement envisagée est la méthode linéaire.

1. Établissez le plan d'amortissement en tenant compte d'un prorata approprié et de la valeur résiduelle.
2. Enregistrez la dotation aux amortissements de l'année 2018.

2. Valeur d'entrée

En partant des données de l'exercice 1, quel est l'impact d'un délai de règlement de deux ans accordé par le fournisseur ?

1. Établissez le plan d'amortissement en tenant compte d'un prorata approprié et de la valeur résiduelle.
2. Enregistrez la dotation aux amortissements de l'année 2018.

3. Subvention d'investissement

En partant des données de l'exercice 1, quel peut être l'impact d'une subvention de 30 k€ accordée par la région pour l'acquisition de ce type de matériel ?

1. Établissez le plan d'amortissement modifié.
2. Enregistrez la dotation aux amortissements de l'année 2018.

4. Composant Entretien

En partant des données de l'exercice 1, quel est l'impact d'un contrôle technique tous les deux ans ? Le responsable opérationnel de l'usine justifie une telle décision en raison des normes de sécurité à respecter. Le coût de chaque intervention est estimé à 26 k€.

1. Établissez le plan d'amortissement modifié.
2. Enregistrez la dotation aux amortissements de l'année 2018.

5. Réévaluation

La société Rapide SA est une société industrielle qui dispose d'unités de production de matériel de sport automobile dans divers pays européens. L'entreprise s'est bien établie en tant que sous-traitant de produits standardisés pour de grandes marques automobiles. Au 01/01/2018, une nouvelle installation de production de « sièges sport » a été mise en exploitation dans la succursale française. Sa valeur d'acquisition s'est élevée à 1 680 000 €. On table sur une durée d'utilisation de six ans, l'installation devant être amortie à zéro de manière linéaire durant cette période. Compte tenu de la bonne qualité marchande des installations de production (installations standardisées), la totalité des machines de la société Rapide SA est évaluée à la juste valeur. Voici les estimations de la juste valeur des installations de fabrication :

- 01/01/2019 : 1 500 000 € ;
- 01/01/2020 : 1 000 000 € ;
- 01/01/2021 : 900 000 € ;
- 01/01/2022 : 500 000 €.

1. Indiquez la façon dont l'installation de production des « sièges sport » peut être comptabilisée à la juste valeur selon l'IAS 16 durant la période du 01/01/2018 au 01/01/2022.
2. Procédez à la comptabilisation selon les variantes suivantes :
   - Une nouvelle évaluation n'est effectuée que tous les trois ans, c'est-à-dire le 01/01/2019 et le 01/01/2022.
   - Une nouvelle évaluation est effectuée une fois par an.

6. Coût amorti et taux d'intérêt effectif

Le 1er janvier, une entreprise acquiert 4 000 obligations à la date de leur émission, dont voici les caractéristiques :

- valeur nominale : 50 € ;
- remboursement *in fine* dans quatre ans ;
- prix d'émission après frais d'émission : 95 % ;
- intérêt payé annuellement chaque 1er janvier au taux de 6 %.

L'entreprise entend détenir ces titres jusqu'à leur échéance.

1. Déterminez les flux de trésorerie liés à cet actif.
2. Quel est le taux d'intérêt effectif ?
3. Passez toutes les écritures qui résultent de la possession de cette obligation.

7. Acquisition et cession d'actifs financiers disponibles à la vente

Courant janvier 2018, une entreprise cède 10 000 actions qu'elle avait classées comme disponibles à la vente, pour 652 000 €. Au moment de leur acquisition, l'action coûtait 59,80 € et l'entreprise avait versé 3 000 € de frais divers (commission). À la clôture des comptes au 31/12/2017, le cours de l'action était de 61 €.

Enregistrez l'ensemble de l'opération :

1. L'acquisition des titres.
2. L'ajustement à la clôture.
3. La cession.

8. Dépréciation d'un actif financier disponible à la vente

Des obligations acquises par la société Agia pour 2 000 000 € (disponibles à la vente) ont été évaluées à la clôture de l'exercice 2018 pour 1 800 000 €. Début février 2019, Agia apprend que l'entreprise émettrice ne pourra pas rembourser – en raison de sérieuses difficultés financières – plus de 500 000 €.

1. Enregistrez les écritures nécessaires.
2. En supposant qu'en avril 2019, Agia pourra finalement récupérer 600 000 €, quelle écriture devez-vous enregistrer ?

Chapitre 6

Moyens de financement

Les ressources économiques (actifs) nécessaires à l'activité de l'entreprise ne sont pas toujours payées immédiatement (au comptant) à partir des flux financiers générés par son activité, mais doivent souvent être financées. Plusieurs alternatives sont possibles. Les achats de matières premières ou de marchandises, par exemple, se font souvent à crédit et ce sont les fournisseurs qui financent temporairement l'entreprise *via* leur autorisation de crédit. Le recours aux dettes financières, comme des emprunts classiques (indivis), est une solution courante. L'entreprise peut faire appel à une banque ou à l'épargne publique dans le cas d'une émission de dette sur un marché organisé (section 1). L'acquisition d'un actif n'est pas toujours souhaitable et l'entreprise peut choisir de financer un bien sans pour autant l'acquérir formellement, tout en en disposant économiquement pour ses activités. Il s'agit de locations financements (section 2). Enfin, le financement de l'entreprise peut venir directement des propriétaires par leurs apports (section 3).

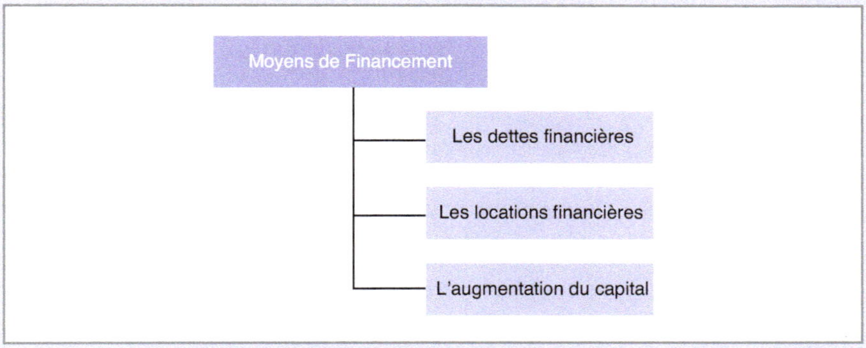

Figure 6.1 • Les différents moyens de financement.

1. Dettes financières

Un **passif financier** est un emprunt ou un titre de trésorerie (titre de propriété [action, part sociale] ou titre de créance [obligation]) émis par l'entreprise, une dette d'exploitation ou un instrument financier dérivé. Comme tout passif, il constitue une obligation contractuelle de remettre à une autre entreprise de la trésorerie ou un autre actif financier, ou d'échanger des instruments financiers avec une autre entreprise dans des conditions potentiellement défavorables. Il est comptabilisé initialement à son coût (coût de transaction inclus).

Un **passif financier** est un emprunt ou un titre de trésorerie [titre de propriété (action, part sociale) ou titre de créance (obligation)] émis par l'entreprise, une dette d'exploitation ou un instrument financier dérivé.

Application 6.1

Comptabilisation d'un emprunt classique : remboursement *in fine*

Une entreprise émet 1 000 obligations le 01/01/2018. Ces obligations ont été émises au pair, c'est-à-dire à leur valeur nominale de 1 000 € (unitaire) avec un taux d'intérêt fixe de 6 %. Elles sont remboursables le 31/12/2021. Les coûts de transaction (frais d'émission) sont négligeables. L'entreprise passe les écritures suivantes :

01/01/2018		
Trésorerie (1 000 × 1 000 €) (+ A)	1 000 000	
Emprunt (+ P)		1 000 000
31/12/2018, 31/12/2019, 31/12/2020		
Charges financières (1 000 000 × 6 %) (– R, – FP)	60 000	
Trésorerie (– A)		60 000
31/12/2021		
Emprunt (– P)	1 000 000	
Charges financières (– R, – FP)	60 000	
Trésorerie (– A)		1 060 000

Le **coût amorti** est le montant des flux futurs à décaisser actualisé au taux d'intérêt effectif d'origine.

Ultérieurement, les passifs financiers seront évalués à leur **coût amorti**[1]. Le coût amorti (CA) est le montant des flux futurs à décaisser actualisé au taux d'intérêt effectif d'origine. Ce taux (i) permet d'égaliser les flux futurs (CF) au montant perçu à l'émission, net des frais d'émission, soit :

$$CA = \sum_{t=1}^{n} \frac{CF_t}{(1+i)^t}$$

Le taux d'intérêt ainsi obtenu est imputé au résultat de l'entité. L'écart entre le montant effectivement décaissé par l'entité et le montant amorti vient en augmentation ou en diminution du montant emprunté.

La comptabilisation au coût amorti prend en compte le fait que des emprunts peuvent être émis et/ou remboursés à des montants supérieurs ou inférieurs au montant nominal (la valeur nominale ou faciale sert de référence à laquelle s'applique le taux d'intérêt). On parle alors de **prime d'émission** positive ou négative, lorsque le montant perçu est respectivement inférieur ou supérieur à la valeur nominale de l'emprunt. On parle de **prime de remboursement** positive ou négative, lorsque le montant remboursé est respectivement supérieur ou inférieur à la valeur nominale de l'emprunt. Le taux d'intérêt demandé par l'entreprise est ajusté en fonction des taux d'intérêt du marché au moment de l'émission et de l'existence d'une prime d'émission et/ou de remboursement, afin que le taux effectif de l'emprunt soit égal à celui exigé par le marché compte tenu du risque de l'entreprise.

1. Les passifs en « juste valeur par résultat » et les instruments dérivés doivent être évalués à la juste valeur. Ils ne sont pas abordés dans cet ouvrage.

Application 6.2

Comptabilisation d'un emprunt classique : avec annuité constante

Le 01/01/2018, une entreprise emprunte 1 000 000 € au taux de 5 %, remboursables en trois annuités constantes. Les frais associés à cet emprunt sont négligeables. Le tableau ci-dessous permet de décomposer les intérêts du remboursement. L'annuité d'un emprunt se détermine de la façon suivante* :

$$a = 1\,000\,000 \times \frac{0{,}05}{1-(1+0{,}05)^{-3}} = 367\,208$$

Dates	(1) Capital restant dû	(2) Intérêts = (1) × 5 %	(3) Remboursement = (4) – (2)	(4) Annuités
31/12/2018	1 000 000	50 000	317 208	367 208
31/12/2019	682 792	34 139	333 068	368 208
31/12/2020	349 724	17 486	349 724**	369 208
	0		1 000 000	

* Pour rappel, une annuité $a = V_0 \times \frac{r}{1-(1+r)^{-n}}$

avec : a = flux périodique ;

n = nombre de versements ou de périodes ;

r = taux d'intérêt par période de capitalisation ;

V = valeur acquise par la suite des flux.

** Données arrondies.

Les écritures permettant d'enregistrer l'emprunt, le paiement des intérêts et les remboursements sont les suivantes :

01/01/2018		
Trésorerie (+ A)	1 000 000	
Emprunt (+ P)		1 000 000
31/12/2018		
Charges financières (– R, – FP)	50 000	
Emprunt (– P)	317 028	
Trésorerie (– A)		367 208
31/12/2019		
Charges financières (– R, – FP)	34 139	
Emprunt (– P)	333 068	
Trésorerie (– A)		367 208
31/12/2020		
Charges financières (– R, – FP)	17 486	
Emprunt (– P)	349 724	
Trésorerie (– A)		367 208

Application 6.3

Comptabilisation d'un emprunt avec prime d'émission

Une entreprise émet 1 000 obligations le 01/01/2018. Ces obligations ont été émises à 950 € pour un nominal de 1 000 € (unitaire) avec un taux d'intérêt fixe de 6 %. Elles sont remboursables le 31/12/2021. Les frais d'émission qui sont défalqués de la somme obtenue sont de 47 000 €. À l'émission de l'emprunt, l'entreprise passe l'écriture suivante :

01/01/2018		
Trésorerie (1 000 × 950 – 47 000) (+ A)	903 000	
Emprunt (+ P)		903 000

Les montants reçus et à verser par l'entreprise sont :

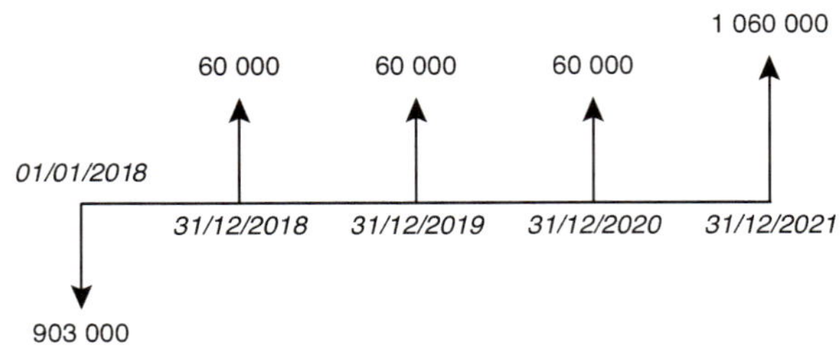

- les intérêts, représentant 6 % du montant restant dû de l'emprunt, sur la base d'un montant à rembourser de 1 000 000 € ;
- les frais d'émission de 47 000 €, à payer à la date d'obtention de l'emprunt ;
- la prime d'émission de 50 000 €, en tant qu'écart entre le montant obtenu le 01/01/2018 et le montant à rembourser le 31/12/2021.

Le taux d'intérêt effectif tient compte de cette réalité économique et intègre l'ensemble des éléments du coût de l'emprunt. Il permet de trouver l'équilibre entre les flux entrants et sortants liés à l'emprunt :

$$903\,000 = \sum_{t=1}^{4} \frac{60\,000}{(1+taux)^t} + \frac{1\,000\,000}{(1+taux)^4}$$

Soit un taux d'intérêt effectif de 9 % (précisément de 8,9937 %).

Au passif du bilan de l'entité, le coût amorti de l'emprunt est calculé avec ce taux d'intérêt effectif (ou taux de rendement interne, TRI). La différence entre les intérêts effectifs calculés de la période et les intérêts nominaux versés s'ajoute de période en période au montant de l'emprunt. Celui-ci augmente ainsi régulièrement pour atteindre le montant remboursable à la date d'échéance de l'emprunt.

Dates	Intérêts effectifs	Intérêts	Amortissement	Coût amorti
01/01/2018				903 000
31/12/2018	81 213[a]	60 000[b]	21 213[c]	924 213[d]
31/12/2019	83 121	61 000	23 121	947 334
31/12/2020	85 200	62 000	25 200	972 534
31/12/2021	87 466	63 000	27 466	1 000 000
			97 000	

[a] 81 213 = 903 000 × TRI. [b] 60 000 = 1 000 titres × 1 000 × 6 %. [c] 21 213 = 81 213 – 60 000. [d] 924 213 = 903 000 + 21 213.

Application 6.3 *(Suite)*

31/12/2018		
Charges financières (– R, – FP)	81 213	
Emprunt (+ P)		21 213
Trésorerie (– A)		60 000
31/12/2019		
Charges financières (– R, – FP)	83 121	
Emprunt (+ P)		23 121
Trésorerie (– A)		60 000

La comptabilisation ultérieure des intérêts et de l'emprunt est donc la suivante :

31/12/2020		
Charges financières (– R, – FP)	85 200	
Emprunt (+ P)		25 200
Trésorerie (– A)		60 000
31/12/2021		
Charges financières (– R, – FP)	87 466	
Emprunt (+ P)		27 466
Trésorerie (– A)		60 000
Emprunt (– P)	1 000 000	
Trésorerie (– A)		1 000 000

Les passifs financiers peuvent représenter des montants significatifs (voir figure 6.2). La société Total recourt au crédit-bail pour financer ses activités. Les contrats de location sont en effet un moyen de financement à long terme.

Dettes financières non courantes et instruments financiers associés de Total
Au 31 décembre 2017
(en millions de USD)

(ACTIF)/PASSIF Garanties	Garanties	Non garanties	Total
Dettes financières non courantes	1 310	40 030	41 340
dont instruments de couverture de la dette non courante (passif)	-	1 082	1 082
Actifs financiers non courants	-	(679)	(679)
dont instruments de couverture de la dette non courante (actif)	-	(606)	(606)
DETTES FINANCIÈRES NON COURANTES ET INSTRUMENTS FINANCIERS ASSOCIÉS	**1 310**	**39 351**	**40 661**
Emprunts obligataires après couverture de juste valeur	-	20 620	20 620
Emprunts obligataires à taux fixe ou après couverture de flux futurs	-	16 469	16 469
Autres emprunts à taux variable	70	1 692	1 762
Autres emprunts à taux fixe	123	623	746
Dettes financières des contrats de location financement	1 117	-	1 117
Instruments non courants détenus à fin de transactions - (53) (53)	-	(53)	(53)
DETTES FINANCIÈRES NON COURANTES ET INSTRUMENTS FINANCIERS ASSOCIÉS	**1 310**	**39 351**	**40 661**

Figure 6.2 • Extrait du document de référence 2017, Total (note 15.1, p. 303).

2. Contrats de location

Cette section analyse le traitement comptable des contrats de location. Une location ne pose généralement pas de problèmes particuliers. Conformément aux principes énoncés dans le chapitre 2, le loyer est enregistré dans le compte de résultat du locataire comme une charge affectant le résultat de la période de location.

Le chapitre 5 définit le périmètre des biens à inscrire dans le bilan de l'entreprise et explique le concept de la propriété économique. Selon ce concept, tous les biens pour lesquels l'entreprise dispose de la quasi-totalité des risques et avantages liés à leur propriété figurent dans son bilan, qu'elle en soit le propriétaire juridique ou non. Ainsi, certains contrats de location ressemblent plutôt, en substance, à des contrats de vente qu'à de véritables contrats de location. On parle alors de **contrats de location-financement**, les « véritables » contrats de location étant souvent appelés des **locations simples**.

La distinction entre ces deux types de contrats est capitale. Considéré comme acquis par le locataire dans le cas d'une location-financement, le bien loué n'est néanmoins pas encore payé au moment de sa première inscription dans le bilan, car le paiement s'étalera sur la période de location à travers le paiement des loyers. Par conséquent, une dette financière est enregistrée dans le bilan du locataire. En revanche, le bailleur doit considérer le bien comme vendu. Il l'élimine de son bilan et enregistre une vente dans son compte de résultat, tout en restant son propriétaire juridique. Cette vente n'étant pas encore réglée par le client locataire, elle génère l'enregistrement d'une créance dans le bilan du bailleur.

Après la présentation du périmètre des contrats concernés, cette section analyse les critères de distinction entre locations simples et locations-financements, puis étudie les incidences sur le bilan et le compte de résultat du retraitement d'un contrat de location simple en location-financement (IAS 17).

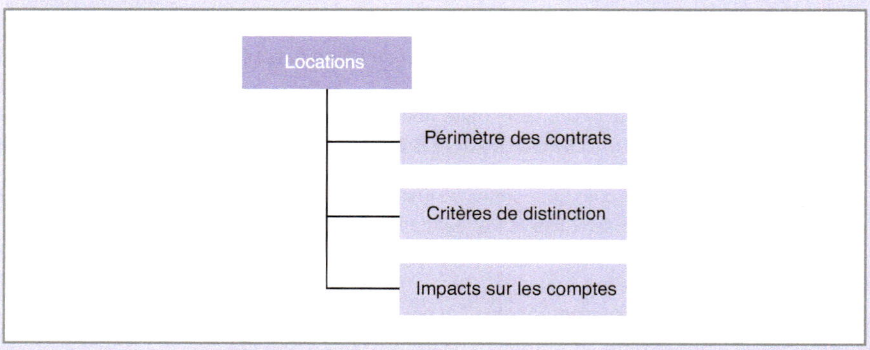

Figure 6.3 • Les contrats de location.

2.1. Périmètre des contrats à analyser

Un contrat de location se caractérise par les éléments suivants (IAS 17) :

- Le bailleur transfère au locataire le droit d'utiliser un bien.
- Ce droit est accordé pour une période déterminée.
- En contrepartie, le locataire verse des paiements au bailleur.

Pendant la période de location, le locataire dispose économiquement des mêmes droits et obligations relatifs au bien qu'un propriétaire, excepté que ceux-ci sont limités dans le temps. Il n'est pas nécessaire que le contrat revête la forme juridique d'un contrat de location. Le chapitre 2 mentionne l'exemple d'une vente avec clause de rachat qui, économiquement, est assimilée à une location plutôt qu'à une vente. Les contrats de services en sont un autre exemple parce qu'ils comprennent souvent un important composant Location.

Un **contrat de location** transfère, du bailleur au locataire, le droit d'utiliser un bien pour une période déterminée en contrepartie d'un paiement.

Contrat de services

La société Albi a conclu un contrat de services avec la société Rodier sur une période ferme de cinq ans, moyennant le versement par Albi d'une redevance annuelle forfaitaire à régler en quatre versements trimestriels. Selon les termes du contrat, Rodier installe, au début du contrat, 17 photocopieuses dans les locaux d'Albi et assure ensuite leur entretien et, le cas échéant, leur renouvellement. Le forfait annuel inclut également la réparation des photocopieuses dans un délai maximal de deux jours ouvrables après signalement d'une panne au centre technique de Rodier.

Dans quelle mesure s'agit-il d'un contrat de location ?

Réponse

Le contrat inclut plusieurs éléments. Il accorde à Albi le droit d'utiliser les photocopieuses pendant la période de cinq ans. Albi verse à Rodier un forfait annuel qui inclut la rémunération pour le droit d'utilisation. Ainsi, la partie relative à l'utilisation des photocopieuses répond aux critères d'un contrat de location.

La valeur des photocopieuses ainsi que la quote-part du loyer dans les forfaits annuels successifs sont à déterminer et à analyser selon les critères présentés plus loin dans ce chapitre. Le versement correspondant aux autres prestations incluses dans le contrat est traité comme un service extérieur et enregistré comme charge dans le résultat de la période correspondante.

Des actifs de toutes natures peuvent être concernés (terrains et constructions, machines, véhicules et autres moyens de transport, mobilier et matériel de bureautique, de télécommunication, etc.).

Lorsqu'un contrat porte sur des biens de natures différentes, le contrat doit parfois être scindé pour analyser séparément chaque catégorie d'actifs. Cela concerne notamment les contrats de location immobilière qui comprennent à la fois la location d'un terrain et celle d'une construction. L'analyse est menée séparément et le composant Terrain du contrat peut très bien être considéré comme une location simple, alors que le composant Immeuble répond aux critères d'une location-financement.

Application 6.5

Location immobilière

La société Davis a signé avec la société immobilière Rubini un contrat de location pour un local commercial dans une zone commerciale à proximité de Reims. Outre le magasin proprement dit, le contrat porte sur un terrain de 3 000 m^2 incluant un parking d'environ 80 places et quelques zones vertes.

Comment faut-il analyser ce contrat ?

Réponse

Le contrat comprend deux éléments qu'il faut analyser séparément : le terrain et la construction. Il convient donc de leur affecter une valeur respective et une quote-part du loyer, ce qui serait inutile si la valeur du terrain était négligeable par rapport à la valeur totale de l'ensemble immobilier. Étant donné les circonstances (il s'agit notamment d'un terrain situé dans une zone commerciale près d'une ville importante), la scission du contrat pour le besoin de l'analyse sera probablement inévitable.

En revanche, lorsque plusieurs contrats portent sur la location du même bien, ils doivent être analysés ensemble, afin que la situation économique « location » soit analysée dans son ensemble, et non pas seulement un de ses composants. Il peut ainsi arriver (notamment pour des biens importants comme des biens immobiliers, des installations techniques lourdes, des flottes de véhicules, d'ordinateurs, etc.) que l'opération soit réalisée à l'aide de plusieurs contrats juridiquement séparés par exemple :

- le contrat de location proprement dit ;
- un contrat d'entretien du ou des biens loués ;
- un contrat de financement, impliquant éventuellement un établissement financier extérieur.

C'est l'analyse de l'ensemble des relations établies dans le cadre de l'opération de location qui détermine son traitement dans les comptes annuels du locataire et du bailleur.

L'analyse intervient au **commencement du contrat**, en règle générale à la date de signature. Son résultat vaut pour toute la **durée du contrat**. Ainsi, un contrat de location simple ne pourra pas être requalifié ultérieurement en contrat de location-financement et *vice versa*. Le commencement du contrat doit être distingué du début du contrat qui est le début de la période de location. Le commencement et le début du contrat peuvent être très éloignés l'un de l'autre.

Le **commencement du contrat** de location est la date de signature du contrat de location ou, si elle est antérieure, la date d'engagement réciproque des parties sur les principales clauses du contrat de location.

La **durée du contrat de location** désigne la période non résiliable pour laquelle le preneur s'est engagé à louer l'actif ainsi que toutes périodes ultérieures pour lesquelles le preneur dispose d'une option préférentielle pour obtenir la poursuite de son contrat de location.

2.2. Critères de distinction entre location simple et location-financement

L'objectif de l'analyse est de déterminer si l'essentiel des avantages et des risques inhérents à la propriété du bien est transféré au locataire. Pour cela, il est impossible d'établir une liste exhaustive de critères, mais on peut néanmoins en citer quelques-uns qui conduisent, en principe, à la classification du contrat comme location-financement :

Location d'un ensemble immobilier : société Bidault

Cette application sera reprise tout au long de cette section, afin de mettre en évidence l'intégralité des raisonnements dans le cadre de l'analyse d'un contrat de location.

La société Bidault négocie avec la société Bailexpert un contrat de location portant sur un ensemble immobilier (terrain et construction) à destination commerciale, avec les caractéristiques suivantes :

- construction de l'immeuble selon les spécificités de Bidault dans un délai de 15 mois après la signature ;
- signature du contrat : 06/10/2016 ;
- début du contrat (occupation des lieux par Bidault) : 01/01/2018 ;
- ni transfert automatique de propriété ni option préférentielle d'achat ;
- valeur prévisionnelle de l'ensemble au début du contrat : 10 000 k€, dont terrain 4 000 k€ et immeuble 6 000 k€.

Question 1

Quel contrat faut-il analyser ?

Réponse

Il y a un seul contrat de location, qui porte sur deux éléments économiquement différents :

- le terrain ;
- la construction.

Le terrain, d'une valeur de 4 000 k€, représente 40 % de la valeur de l'ensemble immobilier ce qui est bien plus que négligeable. La valeur du terrain ne peut donc pas être considérée comme une majoration de celle de la construction.

En conclusion, l'immeuble et la construction sont analysés séparément, comme s'il s'agissait de deux contrats distincts.

Question 2

Quelle est la date à laquelle l'analyse s'effectue ?

Réponse

Dans le cas d'une location simple ou d'une location-financement, la date à laquelle la décision est prise est celle du commencement du contrat, au plus tard la date de sa signature. La date de la signature du contrat est le 06/10/2016. C'est donc la date à laquelle s'effectue l'analyse des deux composants du contrat (terrain et construction).

Bidault entre dans les lieux le 01/01/2018, à l'achèvement des travaux. Cette date est celle à laquelle les biens loués sont enregistrés dans le bilan du locataire dans le cas d'une location-financement.

a. **Le transfert automatique de la propriété**. Au terme de la période de location, la propriété du bien est automatiquement transférée au locataire. Le locataire est alors le seul à pouvoir tirer des avantages de l'utilisation du bien pendant sa durée d'utilité et le bailleur lui fera probablement payer au moins la totalité de sa valeur. Ainsi, le locataire est considéré comme propriétaire économique dès le début de la période de location.

b. **L'option préférentielle d'achat**. Au terme de la période de location, le locataire dispose d'une option d'achat du bien loué à un prix tellement avantageux qu'il va certainement lever cette option au commencement du contrat. Le raisonnement sous-jacent à cette analyse est comparable à celui du précédent critère. Cela signifie aussi que la seule existence d'une option d'achat n'indique pas automatiquement qu'il s'agit d'un contrat de location-financement. Pour cela, il faut la « quasi-certitude » que cette option sera levée au terme du contrat.

c. **La durée ferme du contrat**. La durée non résiliable du contrat couvre la **majeure partie** de la durée d'utilité de l'actif. Ce critère part de l'hypothèse que, dans une telle situation, aucun autre locataire ni le bailleur ne bénéficiera d'avantages économiques significatifs à l'issue du contrat. La durée d'utilité à retenir est celle que le locataire retient généralement pour l'amortissement d'actifs de même nature lorsqu'ils sont acquis. Il n'existe pas de valeur officielle précisant la notion de « majeure partie ». Mais le seuil de 75 % de la durée d'utilité, issu de la norme américaine relative à ce sujet, sert souvent d'orientation. Toutefois, ce n'est pas parce que le taux s'établit à 74,5 % que le critère n'est pas rempli et que le contrat pourrait être considéré comme une location simple (contrairement à ce qui serait le cas selon les normes américaines qui préconisent une approche plus arithmétique à ce sujet).

d. **Les paiements minima**. Ce critère utilise les risques financiers liés à la propriété du bien, c'est-à-dire son paiement pour identifier son propriétaire économique. Si la valeur actualisée des paiements minima correspond à la **quasi-totalité** de la valeur du bien loué, ce dernier est réputé acquis par le locataire. Comme pour la notion de « majeure partie » du critère de la durée, aucun seuil « officiel » ne précise la notion de « quasi-totalité ». La pratique se réfère souvent au critère américain de 90 %. Mais cela ne représente qu'une orientation, comme pour le critère précédent. Un taux de 89,9 % n'est pas une garantie pour une qualification d'un contrat comme une location simple.

Le choix du taux d'actualisation a un impact significatif sur la qualification du contrat, puisque les paiements à prendre en compte s'étalent souvent sur des périodes très longues. Plusieurs cas sont à distinguer :

– Si un taux est mentionné dans le contrat de location, c'est ce **taux contractuel** qui est retenu.

– Si ce n'est pas le cas, il est parfois possible de déterminer un **taux implicite**, mais seulement lorsqu'il y a transfert automatique de propriété ou option préférentielle d'achat. Dans ces situations, la valeur actualisée de l'ensemble des paiements à réaliser par le locataire constitue son coût d'acquisition. Il est ainsi possible de déterminer le taux implicite d'actualisation en le comparant avec la juste valeur de l'actif au commencement du contrat.

– En l'absence de taux contractuel, de transfert automatique et d'option préférentielle d'achat, le locataire applique le taux qu'il aurait probablement payé à un établissement financier extérieur s'il avait dû financer l'acquisition du bien loué. S'il dispose de financements très avantageux avec des taux bas, la valeur actualisée ainsi déterminée peut dépasser la juste valeur du bien au commencement du contrat. Dans ce cas, le taux implicite permettant d'équilibrer les paiements fermes et la juste valeur du bien loué est retenu comme taux d'actualisation.

La figure 6.4 résume les critères à retenir lors de la détermination du taux d'actualisation.

e. Le caractère spécifique du bien loué. Si le bien loué est tellement spécifique que seul le preneur peut l'utiliser sans modifications importantes, on peut considérer qu'il est le seul utilisateur du bien pendant toute sa durée d'utilité. Le bailleur lui fera certainement supporter l'intégralité du financement et il est considéré comme propriétaire économique.

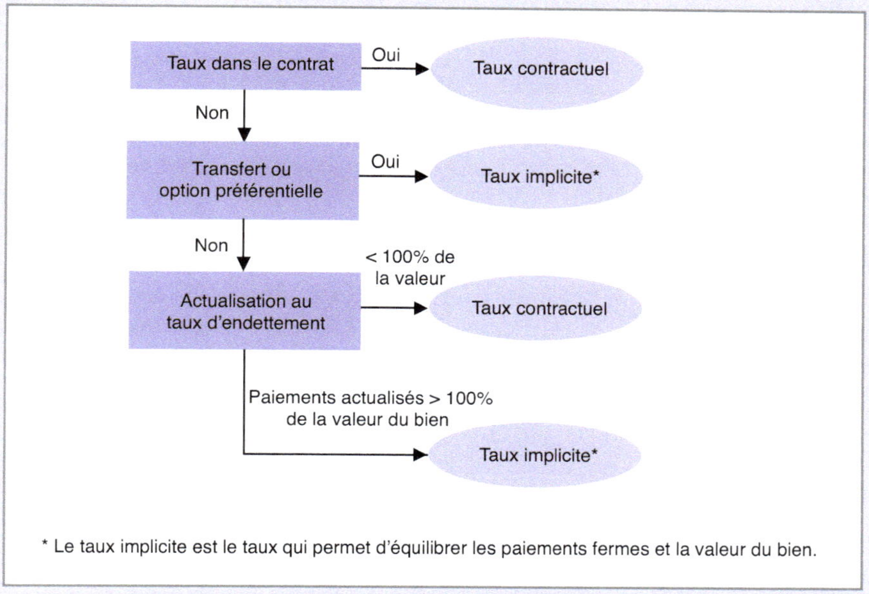

Figure 6.4 • Détermination du taux d'actualisation.

Il suffit que le contrat remplisse un seul de ces critères pour qu'il soit considéré comme location-financement. D'autres critères existent d'ailleurs. Mais c'est la substance économique de l'opération qui compte pour le résultat de l'analyse : s'agit-il économiquement d'une acquisition financée par le bailleur ou pas ? Si oui, il s'agit d'une location-financement et sinon, d'une location simple.

La liste des critères est plus limitée dans le cas de locations de terrains. Leur durée d'utilité illimitée empêche de transférer la quasi-totalité des avantages liés à la propriété d'un terrain sans transfert de la propriété elle-même. Autrement dit, si aucun des critères **a.** (transfert automatique de la propriété) et **b.** (option préférentielle d'achat) n'est rempli, la location d'un terrain est toujours considérée comme une location simple.

À l'exception du critère **a.** dans la liste précédente, tous les autres critères comprennent des notions (préférentiel, majeure partie, quasi-totalité, spécifique) soumises à interprétation. Cette approche du normalisateur comptable (IASB) est volontaire, afin d'éviter la tentation de contourner des seuils fixes.

Application 6.7

Critères de distinction des contrats de location

La société Freddy est sur le point de signer un contrat de location d'une nouvelle usine. Le directeur financier, M. Bermis, souhaite éviter la qualification du contrat comme location-financement, afin de ne pas faire apparaître la dette liée au financement de ce projet et d'éviter ainsi une dégradation de la situation financière de la société. Dans cette perspective, il a réussi à négocier une durée ferme de location de 20 ans, ce qui correspond à seulement 50 % de la durée d'utilité de l'usine. Les négociations avec le bailleur au sujet des paiements pour cette période ont été plus difficiles, car leur valeur actualisée s'élève à 89,9 % de la valeur de l'usine.

S'agit-il d'une location simple ou d'une location-financement ?

Réponse

Selon les normes américaines, la réponse serait simple : on respecterait le seuil de 90 % et le contrat serait qualifié de location simple. Avec les IFRS, c'est moins évident. Le fait que le taux soit inférieur de 0,1 % au seuil « non officiel » ne change pas la substance économique du contrat et celui-ci devra probablement être traité comme une location-financement. Si une réponse sur la seule base des cinq critères listés ci-dessus est impossible, une lecture exhaustive du contrat donnera peut-être des indications complémentaires.

Beaucoup de contrats de location contiennent des options de renouvellement. Dans certains cas, une pénalité est prévue lorsque l'option de renouvellement n'est pas levée par le locataire. Le cas échéant, les deux éléments doivent être inclus dans l'analyse du contrat de location.

Application 6.8

Critères de distinction des calculs de location *(suite)*

Devant les doutes quant à la qualification du précédent contrat, M. Bermis a demandé de nouvelles propositions au bailleur. Celui-ci présente le scénario suivant :

- Une première période de location de 20 ans ferme, la valeur actualisée des paiements s'élève à 65 % de la valeur de l'usine.
- Une option pour Freddy sur une seconde période de location de 10 ans, la valeur actualisée des paiements pour cette période s'élève à 30 % de la valeur de l'usine.
- Si Freddy ne lève pas l'option au terme de la première période de location, la société versera au bailleur une pénalité, dont la valeur actualisée correspond à 25 % de la valeur de l'usine.

S'agit-il d'une location simple ou d'une location-financement ?

Réponse

La première période de location respecte sans doute les critères d'une location simple. Mais il y aura inévitablement des versements supplémentaires en fonction du choix de Freddy. Soit la société lève l'option et la durée de l'option et les paiements supplémentaires sont alors intégrés dans l'analyse. Soit Freddy ne lève pas l'option et elle paie la pénalité, qui doit être intégrée dans le calcul des paiements minima.

Dans le premier cas, la durée est de 20 + 10, soit 30 ans, ou 75 % de la durée d'utilité avec des paiements correspondant au total à 95 % de la valeur de l'usine. Il s'agit donc d'une location-financement.

Dans le second cas, la durée reste de 20 ans ou 50 % de la durée d'utilité, mais les paiements s'élèvent à 65 + 25, soit 90 % de la valeur d'utilité en incluant la pénalité. Ici aussi, il s'agit d'une location-financement.

Indépendamment du choix de Freddy, ce contrat est dans tous les cas considéré comme une location-financement.

Location d'un ensemble immobilier : société Bidault *(suite)*

Le contrat entre Bidault et Bailexpert contient les clauses suivantes :

- loyer annuel : 1 200 k€, charges : 100 k€ ;
- durée non résiliable du contrat : 10 ans ;
- durée d'amortissement de la construction en cas d'acquisition selon les normes comptables de Bidault : 20 ans ;
- taux moyen pondéré de l'endettement de Bidault du quatrième trimestre 2016 : 4,6 %.

Question 3

Comment s'analyse le composant Terrain du contrat ?

Réponse

Le contrat ne comprend ni de transfert automatique de la propriété, ni une option préférentielle d'achat. Ainsi, Bidault n'obtient pas la quasi-totalité des avantages liés à la propriété du terrain.

Conclusion

La location du terrain est une location simple.

Question 4

Comment s'analyse le composant Construction du contrat ?

Réponse

Pour les critères a et b :

Le contrat ne comprend ni transfert automatique, ni option préférentielle d'achat.

Pour le critère c :

La durée ferme initiale est de 10 ans, et il n'y a pas d'option préférentielle de renouvellement. 10 ans représentent 50 % de la durée d'amortissement de 20 ans, ce qui est inférieur au seuil (non officiel) de 75 %.

Pour le critère d :

Le loyer est calculé au prorata de la valeur de la construction par rapport à celle de l'ensemble immobilier (6 000 / 10 000 = 60 %). Le loyer annuel à retenir est 60 % de 1 200 k€, soit 720 k€.

En l'absence de taux implicite du contrat, les paiements fermes sont actualisés au taux de 4,6 %. La valeur actualisée peut être calculée avec la fonction Excel VA :

- taux : 0,046 (pour 4,6 %) ;
- npm : 10 (nombre des paiements pendant la durée) ;
- VPM : – 720 (décaissement annuel du loyer de 720 k€).

Le résultat du calcul est de 5 669 k€, ce qui représente 94,5 % de la valeur initiale du terrain de 6 000 k€, donc plus que le seuil (non officiel) de 90 %.

Conclusion

Le seuil « non officiel » de 90 % pour les paiements fermes étant franchi, la location de la construction est une location-financement. La décision étant prise le 06/10/2016 (signature du contrat), la construction apparaît à l'actif dès la prise de contrôle, le 01/01/2018 (prise de possession des lieux).

2.3. Impact sur les comptes d'une location-financement

2.3.1. Comptes du locataire

La qualification d'un contrat comme location-financement entraîne des mouvements à l'actif et au passif du bilan, mais aussi dans le compte de résultat.

Vie comptable de l'actif

Le bien loué est considéré acquis par le locataire et apparaît à l'actif de son bilan. Il est ensuite traité comme n'importe quel autre actif de même nature s'il avait été acheté. Cela concerne notamment le choix de la méthode d'amortissement et la détermination de la durée d'utilité. Sa valeur d'entrée dépend de l'intention du locataire.

- S'il devient propriétaire du bien au terme de la période de location, il l'amortit sur la durée d'utilité généralement retenue pour des actifs acquis de même nature.
- En revanche, si la propriété n'est pas transférée, la durée d'amortissement est la durée la plus courte parmi la durée ferme de location, en y incluant d'éventuelles périodes de renouvellement préférentielles, et la durée d'utilité généralement retenue pour des actifs de même nature. La valeur d'entrée qui est la base pour le calcul des amortissements correspond à la valeur actualisée des paiements fermes à payer tout au long du contrat.

Vie comptable de la dette

Au début du contrat, la dette correspond à la valeur du bien loué enregistrée à l'actif. Elle est remboursée au fil du temps par l'intermédiaire des versements du locataire. Le remboursement correspond à la différence entre le versement et les intérêts. Les intérêts se calculent en appliquant le taux d'actualisation au montant de la dette.

Vie comptable du loyer

Le compte de résultat ne fait pas apparaître de loyer, car économiquement il n'y a pas de location mais acquisition du bien par le locataire juridique. En revanche, le compte de résultat est touché par la charge d'amortissement et la charge d'intérêts théorique estimée selon les modalités respectives indiquées ci-dessus. On arrive ainsi à une amélioration du résultat ordinaire, car les intérêts sont enregistrés en résultat financier et la fraction correspondant à la dotation aux amortissements est généralement bien inférieure aux charges de location. Certains groupes comme AccorHotels décrivent leur méthodologie de traitement dans le rapport annuel (voir figure 6.5).

L'application 6.10 illustre l'intégralité de la démarche d'analyse d'un projet de location, ainsi que l'enregistrement des opérations dans les documents comptables de la société.

Location financement du Groupe AccorHotels

Lors de la conclusion de contrats de location de longue durée, portant notamment sur les actifs immobiliers, le Groupe procède à l'analyse des dispositions contractuelles afin de déterminer s'il s'agit de contrats de location simple ou de contrats de location-financement. Les contrats qui transfèrent à AccorHotels la quasi-totalité des risques et avantages inhérents à la propriété de l'actif loué sont qualifiés de location-financement et comptabilisés comme suit :

- au commencement du contrat, les actifs correspondants sont inscrits en immobilisations corporelles pour la juste valeur du bien ou, si elle est inférieure, pour la valeur actualisée des paiements minimaux au titre de la location ;
- les engagements de loyers figurent en dettes financières de l'état de la situation financière ;
- les paiements effectués sont ventilés entre la charge financière et l'amortissement de la dette.

Si le contrat de location contient une option d'achat considérée comme attractive, le bien est amorti sur sa durée d'utilité, selon une approche par composantes, conformément aux règles du Groupe. Dans le cas contraire, le bien est amorti sur la durée la plus courte de sa durée d'utilité et de la durée du contrat.

Figure 6.5 • Extrait du document de référence 2017, AccorHotels (note 14, p. 300).

Application 6.10

Location d'un ensemble immobilier : société Bidault *(suite)*

Question 5

Quelle est la durée d'amortissement de l'actif inscrit dans le bilan de Bidault ?

Réponse

Il n'y a pas de transfert de propriété à la fin du contrat (ni transfert automatique, ni option préférentielle d'achat). La durée à retenir est donc la plus courte entre la durée ferme du contrat (10 ans) et la durée d'amortissement retenue par le groupe pour la même catégorie d'actifs (20 ans).

Conclusion

L'actif immobilisé au titre de la location de la construction est amorti sur une durée de 10 ans.

Question 6

Quels sont les effets dans le bilan et le compte de résultat de Bidault à partir du 06/10/2016 ?

Réponse

Il n'y a aucun effet dans le bilan ni dans le résultat jusqu'au 01/01/2018. En attendant, la mention d'un engagement hors bilan avec les détails demandés par IAS 17 est obligatoire à partir du 06/10/2016. Ces informations sont mises à jour jusqu'à la fin de l'engagement, le 31/12/2027.

L'engagement hors bilan porte sur la totalité du loyer, terrain et construction, et pas seulement sur le loyer relatif à la construction inscrite à l'actif.

Question 7

Quels sont les effets dans le bilan et le compte de résultat de Bidault le 01/01/2018 ?

Réponse

À la date de prise de possession des lieux, la construction est immobilisée comme si elle était achetée. La valeur à inscrire à l'actif est le minimum des paiements fermes actualisés (5 669 k€) et de la valeur de la construction (6 000 k€), c'est-à-dire 5 669 k€.

☞

Application 6.10 *(Suite)*

En contrepartie, une dette financière de la même valeur est inscrite au passif. Elle est scindée en deux parties :

- l'amortissement de la période à venir (459 k€ pour l'année 2018) en passifs courants ;
- l'amortissement des années ultérieures (5 210 M€ en 2018) en passifs non courants.

Immobilisations corporelles (+ A)	5 669	
Dettes financières courantes (+ P)		459
Dettes financières non courantes (+ P)		5 210
Enregistrement de l'immeuble et de la dette financière		

Question 8

Quels sont les effets dans le bilan et le compte de résultat de Bidault à la fin 2018 ?

Réponse

La location du terrain ne génère pas de traitements particuliers. Le loyer est enregistré en charge ordinaire, en contrepartie d'une dette ou d'un compte de trésorerie.

Pour l'immeuble, le tableau ci-dessous résume l'évolution des valeurs dans le bilan et le compte de résultat pendant toute la période de location :

- Les loyers sont stables pendant toute la période de location avec 720 k€ par an, alors que leur valeur actualisée diminue naturellement avec l'éloignement du paiement du début du contrat.
- L'amortissement de la dette se calcule comme la différence entre le versement annuel (720 k€) et les intérêts de la période. Les intérêts sont calculés en appliquant le taux d'intérêt (4,6 %) au montant de la dette (5 669 € en 2018). La part d'intérêts diminue d'année en année avec les remboursements successifs de l'emprunt, ce qui augmente progressivement la part du remboursement dans le versement respectif.
- L'amortissement de l'immeuble se calcule en linéaire, à raison d'un dixième de la valeur d'entrée de 5 669 k€, soit 567 k€.

À la fin d'une année, la fraction de l'emprunt remboursable l'année suivante est reclassée en dettes courantes.

Année	Loyer actualisé			Vie de la dette financière				Vie de l'actif		
	Loyer	Année	Val. actualisée	Emprunt ouvert.	Amort.	Ch. Fin.	Emprunt clôture	VNC actif ouvert.	Dotation	VNC actif clôture
2018	720	1	688	5 669	459	261	5 210	5 669	567	5 102
2019	720	2	658	5 210	480	240	4 730	5 102	567	4 535
2020	720	3	629	4 730	502	218	4 227	4 535	567	3 968
2021	720	4	601	4 227	526	194	3 702	3 968	567	3 402
2022	720	5	575	3 702	550	170	3 152	3 402	567	2 835
2023	720	6	550	3 152	575	145	2 577	2 835	567	2 268
2024	720	7	526	2 577	601	119	1 976	2 268	567	1 701
2025	720	8	502	1 976	629	91	1 346	1 701	567	1 134
2026	720	9	480	1 346	658	62	688	1 134	567	567
2027	720	10	459	688	688	32	0	567	567	0
Total	**7 200**		**5 669**		**5 669**	**1 531**			**5 669**	

☞

Application 6.10 *(Suite)*

Les écritures qui en découlent pour la fin 2018 sont les suivantes :

Loyer (– R, – FP)	480	
Disponibilités (– A)		480
Loyer du terrain		
Charges d'intérêts (– R, – FP)	261	
Dettes financières courantes (– P)	459	
Disponibilités (– A)		720
Loyer de l'immeuble		
Dotations aux amortissements (– R, – FP)	567	
Amortissements (– A)		567
Amortissement de l'immeuble		
Dettes financières non courantes (– P)	480	
Dettes financières courantes (+ P)		480
Reclassement en passif courant de l'amortissement de la dette de 2019		

2.3.2. Comptes du bailleur

Le bailleur est réputé vendre le produit à la date du transfert des risques et avantages, ce qui correspond à la date du début du contrat. L'actif donné en location disparaît de son bilan avec, en contrepartie, une charge Coût des ventes dans le compte de résultat. De plus, une vente est enregistrée dans le compte de résultat à hauteur de la valeur actualisée des paiements minima, avec pour contrepartie une créance du même montant à l'actif du bilan.

Application 6.11

Location d'un ensemble immobilier : société Bidault *(suite)*

Le coût d'acquisition de l'immeuble pour Bailexpert était de 5 172 k€, celui du terrain de 3 452 k€.

Question 9

Quels sont les effets dans le bilan et le compte de résultat de Bailexpert le 01/01/2018 ?

Réponse

À la date de prise de possession des lieux par le locataire, l'immeuble actuellement enregistré au coût d'acquisition est vendu et doit sortir du bilan au prix de vente. L'effet résultat de la location est alors immédiatement enregistré dans le compte de résultat de Bailexpert.

La location du terrain ne génère pas de mouvements de comptes à ce stade.

☞

Application 6.11 (Suite)

Coût des ventes (– R, – FP)	5 172	
Immobilisations corporelles (– A)		5 172
Élimination de l'immeuble du bilan		
Immobilisations financières – Créances (+ A)	5 669	
Ventes (+ R, + FP)		5 669
Constatation de la vente		
Créances (+ A)	459	
Immobilisations financières – Créances (– A)		459
Reclassement de la part à court terme de la créance en actif courant		

Question 10

Quels sont les effets dans le bilan et le compte de résultat de Bailexpert à la fin 2018 ?

Réponse

L'encaissement du loyer de 480 k€ pour le terrain génère un produit de location à enregistrer dans le résultat opérationnel.

Le loyer encaissé au titre de l'immeuble, de 720 k€, est à scinder en produits financiers pour la partie intérêts (261 k€) et en règlement de la créance courante pour le solde de 459 k€.

La part de la créance à régler en 2019 (480 k€) est ensuite reclassée de l'actif financier non courant en créance courante.

Disponibilités (+ A)	480	
Loyers (+ R, + FP)		480
Encaissement du loyer pour le terrain		
Disponibilités (+ A)	720	
Produits d'intérêts (+ R, + FP)		261
Créances (– A)		459
Encaissement du loyer pour l'immeuble		
Créances (+ A)	480	
Immobilisations financières – Créances (– A)		480
Reclassement de la part à court terme de la créance en actif courant		

3. Opérations sur capital

Diverses raisons peuvent inciter une entreprise à accroître (ou réduire) son capital. De nombreux moyens permettent de procéder à des augmentations de capital, mais ils ne sont pas sans conséquence sur la structure financière de l'entreprise. Avant d'aborder les écritures comptables nécessaires à l'enregistrement de ces opérations, il convient de comprendre les effets de chacune des opérations sur les états financiers (structure financière de l'entreprise).

3.1. Augmentation de capital

Les apports en espèces (dits en **numéraire**) se traduisent par une augmentation simultanée des **capitaux propres** et des liquidités de l'entreprise. Ils entraînent ainsi une amélioration de la structure financière de l'entreprise. En effet, in fine, les liquidités seront utilisées pour l'acquisition d'actifs, sans recourir à des capitaux externes (les créanciers). Les apports de liquidités ne sont toutefois pas systématiques. Par exemple, les apports en nature se traduisent par une augmentation simultanée des capitaux propres et de l'actif immobilisé. L'augmentation de capital peut également résulter de la conversion d'emprunts obligataires en actions. Lorsqu'une entreprise émet des obligations convertibles, une augmentation de capital peut intervenir à tout moment, au fur et à mesure des demandes de conversion. La conversion de dettes entraîne une augmentation des capitaux propres et une réduction du passif financier. L'effet sur la structure financière est évident et la dépendance financière de l'entreprise (vis-à-vis des créanciers) s'en trouve réduite.

Enfin, l'incorporation de réserves n'est pas une augmentation de capital en tant que telle, dans la mesure où le total des fonds propres n'est pas modifié. Elle se traduit par une augmentation du capital social et une diminution des réserves (ou une diminution des résultats reportés). L'incorporation de réserves (ou de bénéfices non encore affectés) ne modifie pas la structure financière de l'entreprise. Une synthèse simplifiée des écritures selon le mode d'augmentation du capital se présente ainsi :

Apports en espèces		**Apports en nature**		**Incorporation de réserves**		**Conversion d'obligations**	
Capital social		*Capital social*		*Capital social*		*Capital social*	
	10 000		10 000		10 000		10 000
Disponibilités		*Immobilisations*		*Réserves*		*Obligations*	
10 000		*10 000*		*10 000*		*10 000*	

Lorsque l'entreprise procède à une augmentation de capital, elle émet un certain nombre d'actions sans pour autant être certaine du montant total qu'elle recevra (nombre d'actions acquises par les investisseurs). La procédure généralement suivie consiste à émettre des actions avec une valeur nominale, bien que dans plusieurs pays (Canada, États-Unis, etc.) il soit aussi possible d'émettre des actions sans valeur nominale.

Deux raisons expliquent le recours à une valeur nominale de l'action. D'une part, dans le but de protéger les créanciers, certains pays n'autorisent pas le paiement de dividendes au-delà de la valeur nominale. D'autre part, le choix d'une valeur nominale (inférieure au prix d'émission) permet de ne pas léser les actionnaires en place. En effet, les bénéfices de l'entreprise accumulés au cours des années antérieures à l'augmentation de capital n'ont généralement pas été totalement distribués sous forme de dividendes. Une partie de ces bénéfices est conservée dans les réserves de l'entreprise. Les actionnaires en place ont un droit sur ces dividendes. Or, en cas d'augmentation de capital, les nouveaux actionnaires ont les mêmes droits sur les réserves que les anciens, alors qu'ils n'ont supporté aucun risque. Deux éléments permettent donc d'éviter la pénalisation des anciens actionnaires :

- la proposition d'un prix d'émission des actions nouvelles supérieur à la valeur nominale ;
- l'offre d'un droit préférentiel de souscription pour les actionnaires en place.

Le prix d'émission est le prix que doit payer un actionnaire (nouveau ou déjà en place) pour acquérir une action nouvelle. Il est généralement supérieur à la valeur nominale, pour compenser la fraction de réserves dorénavant disponibles aux nouveaux actionnaires (sans y avoir contribué). Il est au plus égal à la juste valeur d'une action de l'entreprise après l'augmentation de capital :

$$\text{Valeur nominale} \leq \text{prix d'émission} \leq \text{juste valeur de l'action après l'augmentation.}$$

Quand le prix d'émission égale la valeur nominale, l'émission est dite **au pair**. La différence entre le prix d'émission et la valeur nominale constitue la prime d'émission (prix d'émission – valeur nominale = prime d'émission). Afin de ne pas léser les actionnaires en place, ces derniers sont prioritaires pour souscrire à l'augmentation de capital, proportionnellement à la part de capital qu'ils détiennent. Ils ont donc un **droit préférentiel de souscription** (DPS), qui leur permet de conserver, s'ils le désirent, leur part dans le capital de la société.

$$\text{Prix d'émission} + n \times \text{DPS} = \text{juste valeur de l'action après l'augmentation de capital}$$

$$n \times \text{DPS} = \text{juste valeur après l'augmentation} - \text{prix d'émission}$$

avec n = nombre de DPS nécessaires pour acquérir une nouvelle action

Ainsi, l'actionnaire qui possède 30 % du capital a priorité pour souscrire à 30 % de l'augmentation de capital. Toutefois, les actionnaires actuels ne sont pas obligés de souscrire à l'augmentation de capital. Ils peuvent vendre leurs droits pour que d'autres investisseurs qui désirent souscrire sans avoir les droits nécessaires (nouveaux ou anciens actionnaires souhaitant acquérir plus que leurs parts actuelles dans le capital) puissent acheter des actions. La juste valeur de l'action après l'augmentation de capital correspond à la moyenne pondérée du cours ancien et du prix d'émission des nouvelles actions, déterminée selon la formule suivante :

$$\text{Juste valeur de l'action après l'augmentation de capital} = \frac{(\text{cours moyen ancien} \times \text{nombre d'anciennes actions}) + (\text{prix d'émission} \times \text{nombre de nouvelles actions})}{\text{nombre total d'actions après augmentation de capital}}$$

Le prix d'émission et le droit préférentiel de souscription (DPS) permettent de réaliser l'égalité entre anciens et nouveaux actionnaires. L'application 6.12 permet de comprendre les mécanismes d'ajustement des DPS et du prix d'émission.

Valeur nominale et droit préférentiel de souscription

Pour financer ses futurs investissements de 2 000 000 €, la société Leblanc souhaite recourir à une augmentation de capital du même montant. Les fonds propres de la société se présentent actuellement comme suit :

Capital social	*5 000 000*	(100 000 actions de 50 €)
Réserves	10 000 000	
	15 000 000	

La première étape consiste à déterminer la juste valeur des actions de la société Leblanc avant l'augmentation de capital. Des immeubles sont sous-évalués de 1 000 000 €, d'où une juste valeur des actions avant l'augmentation de :

$$\frac{5\,000\,000 + 10\,000\,000 + 1\,000\,000}{100\,000} = 160\text{ €}$$

Si le prix d'émission des actions nouvelles est, par exemple, fixé à 100 €, alors le nombre d'actions nouvelles sera de 2 000 000 € / 100 €, soit 20 000 actions. La juste valeur des actions après l'augmentation de capital est de :

$$\frac{(5\,000\,000 + 10\,000\,000 + 1\,000\,000) + 2\,000\,000}{100\,000 + 20\,000} = 150\text{ €}$$

Alors, la valeur théorique du droit de souscription est de 150 € – 100 €, soit 50 €. Or, les 100 000 actions anciennes offrent donc 100 000 DPS pour l'acquisition possible de 20 000 nouvelles actions, soit 5 DPS pour acquérir une action nouvelle (100 000 actions / 20 000 actions). Donc, un DPS vaut 50 € / 5, soit 10 €. Ainsi, un nouvel actionnaire souhaitant souscrire à l'augmentation de capital va devoir payer le prix d'émission 100 € + 5 DPS (5 × 10 €), soit 150 €, ce qui correspond exactement à la juste valeur des actions après l'augmentation de capital. Il n'est pas lésé puisqu'il paie ses actions à leur juste valeur. Il doit par ailleurs acquérir des DPS auprès des actionnaires en place qui ne souhaitent pas souscrire et qui reçoivent une compensation en vendant leurs DPS.

La comptabilisation de l'augmentation de capital consiste à augmenter le capital souscrit de la valeur nominale de la souscription. La différence entre le prix d'émission et la valeur nominale est enregistrée en fonds propres en **prime d'émission**.

Trésorerie (+ A)	Prix d'émission	
Capital souscrit (+ FP)		Valeur nominale
Prime d'émission d'actions (+ FP)		Par différence

Application 6.13

Valeur nominale et droit préférentiel de souscription *(suite)*

La société Leblanc a procédé à l'augmentation de capital de 2 000 000 € telle que prévue initialement. Elle enregistre dans ses comptes l'opération (avec par exemple une valeur nominale des actions nouvelles de 50 € comme les anciennes actions) :

Trésorerie (100 € × 20 000 actions) (+ A)	2 000 000	
Capital souscrit (50 € × 20 000 actions) (+ FP)		1 000 000
Prime d'émission d'actions (+ FP)		1 000 000

Après l'augmentation de capital, les fonds propres de Leblanc se présentent ainsi :

Capital social	6 000 000	(120 000 actions de 50 €)
Réserves	10 000 000	
Prime d'émission	1 000 000	
	17 000 000	

La prime d'émission est généralement reversée en réserve :

Prime d'émission d'actions (– FP)	1 000 000	
Réserves (+ FP)		1 000 000

Les fonds propres se présentent alors ainsi :

Capital social	6 000 000	(120 000 actions de 50 €)
Réserves	11 000 000	
	17 000 000	

Si la valeur nominale des nouvelles actions était de 100 €, comme le prix d'émission, il n'y aurait pas de prime d'émission. Les fonds propres se présenteraient ainsi :

Capital social	7 000 000	(100 000 actions de 50 € et 20 000 à 100 €)
Réserves	10 000 000	
	17 000 000	

3.2. Réduction du capital

La **réduction du capital** résulte généralement d'une absorption de perte, ou d'un rachat d'actions.

La **réduction du capital** résulte généralement soit d'une absorption de perte, soit d'un rachat d'actions. Dans ce dernier cas, il convient toutefois de distinguer les rachats pour annulation définitive des rachats dans le but de revendre ou de distribuer ces actions dans le futur.

- **L'absorption de perte.** Lorsqu'une entreprise a accumulé des pertes importantes, elle peut en éponger une partie en réduisant le capital, sans sortie de fonds. C'est l'inverse d'une augmentation de capital par incorporation de réserves.

Absorption de perte

La société Lebleu connaît depuis plusieurs années des difficultés commerciales qui se traduisent par des pertes récurrentes. Au fur et à mesure des exercices, ces pertes sont devenues importantes. Les fonds propres de Lebleu se présentent comme suit :

Capital social	1 500 000	(1 000 actions de 150 €)
Pertes reportées	– 200 000	
	1 300 000	

Les dirigeants de la société souhaitent éponger les pertes. L'écriture suivante est alors passée :

Capital social (– FP)	200 000	
Pertes reportées (+ FP)		200 000

Dans la mesure où le montant de capital social est réduit, alors que le nombre d'actions est resté inchangé, ce type d'opération se traduit généralement par une réduction de la valeur nominale des actions. Dans le cas de la société Lebleu, la valeur nominale de l'action est réduite de 200 000 / 1 000, soit 20 €. Les actions ont donc une nouvelle valeur nominale de 130 €.

- **Le rachat d'actions**. De nombreuses sociétés procèdent au rachat de leurs propres actions. Il peut s'agir de maintenir le cours de l'action, voire de l'augmenter, ou de rémunérer les actionnaires en rachetant leurs titres à des cours avantageux. L'objectif peut aussi être de détenir ses propres actions dans le but de les revendre ou de les attribuer à des membres de l'entreprise dans le cadre d'un plan d'intéressement ou de rémunération. Si l'entreprise ne souhaite conserver ses actions, la comptabilisation d'un rachat d'actions consiste à réduire le capital social.

Rachat définitif d'actions

La société Legris décide de racheter 100 000 actions au cours en vigueur à la fin du mois, soit 60 € (donc pour un total de 6 000 000 €). Ces actions avaient été émises pour 3 000 000 € avec une valeur nominale de 10 €. L'écriture du rachat des actions est la suivante :

Capital social (100 000 actions × 10 €) (– FP)	1 000 000	
Prime d'émission d'actions (– FP)	2 000 000	
Réserves (– FP)	3 000 000	
Trésorerie (100 000 actions × 60 €) (– A)		6 000 000

Il convient de débiter le montant du capital social à la valeur nominale des actions, soit 1 000 000 €. Le reliquat de 5 000 000 € est déduit des réserves, ou de la prime d'émission si elle n'a pas été reversée initialement dans les réserves. Sur l'opération, la société Legris fait une moins-value de 6 000 000 – 3 000 000, soit 3 000 000 €. Elle aurait aussi pu réaliser une plus-value si le prix de rachat avait été inférieur au prix d'émission. Les plus-values ou moins-values sur capital n'affectent pas le compte de résultat, mais les fonds propres.

☞

Application 6.15 *(Suite)*

Si, par contre, l'entreprise souhaite conserver ses actions, le capital souscrit en tant que tel n'est pas affecté et un compte *actions propres* apparaît dans le tableau de variation des capitaux propres. Par contre, le solde du compte *actions propres* réduit le montant des fonds propres.

Application 6.16

Rachat « temporaire » d'actions

La société Lerouge décide de racheter 100 000 actions au cours en vigueur à la fin du mois, soit 60 € (donc pour un total de 6 000 000 €). Ces actions avaient été émises pour 6 000 000 € avec une valeur nominale de 10 €. La société a besoin de ses actions pour respecter ses engagements contractuels vis-à-vis des cadres dirigeants. En effet, ces derniers ont la possibilité d'exercer des options d'achat d'actions du fait d'un plan d'incitation particulier. Au moment du rachat des actions, l'entreprise passe l'écriture suivante :

Actions propres (100 000 actions × 60 €) (– FP)	6 000 000	
Trésorerie (– A)		6 000 000

Si les actions propres sont vendues ultérieurement pour un prix unitaire de 70 €, soit à un prix supérieur à celui du rachat, la société Lerouge passe alors l'écriture suivante :

Trésorerie (100 000 actions × 70 €) (+ A)	7 000 000	
Prime d'émission d'actions (+ FP)		1 000 000
Actions propres (100 000 actions × 60 €) (+ FP)		6 000 000

Si les actions propres sont vendues ultérieurement pour un prix unitaire de 50 €, soit à un prix inférieur à celui du rachat, la société Lerouge passe alors l'écriture suivante :

Trésorerie (100 000 actions × 50 €) (+ A)	5 000 000	
Prime d'émission d'actions (– FP)	1 000 000	
Actions propres (100 000 actions × 60 €) (+ FP)		6 000 000

3.3. Tableau de variation des capitaux propres

L'accroissement (ou la réduction) de richesse des actionnaires se mesure par la variation des fonds propres observée entre le début et la fin d'un exercice. Or, cette variation peut provenir de diverses opérations qui, pour certaines, comme les augmentations de capital, ne résultent pas d'un accroissement de richesse. Le **tableau de variation des capitaux propres** présente l'ensemble des transactions qui affectent le total des fonds propres d'une entreprise au cours d'un exercice. Ainsi, l'utilisateur de cet état financier (obligatoire en plus des trois autres états financiers) est en mesure d'identifier la richesse créée et/ou potentielle disponible pour les actionnaires. L'identité fondamentale permet de comprendre les facteurs susceptibles d'affecter la variation de richesse des actionnaires. En effet :

Le **tableau de variation des capitaux propres** est un état financier obligatoire. Il présente l'ensemble des transactions qui affectent le total des fonds propres d'une entreprise au cours d'un exercice.

$$\text{Capital} = \text{Actifs} - \text{Passifs} \Leftrightarrow \Delta\text{Capital} = \Delta\text{Actifs} - \Delta\text{Passifs}.$$

Quatre principales sources affectent la variation du capital :

- Le résultat net mesuré par le compte de résultat est la première source de variation de richesse des actionnaires. Il est reporté dans le tableau de variation des capitaux propres. Il y a enrichissement en cas de bénéfice et appauvrissement lors d'une perte.
- La deuxième source provient de la rémunération des actionnaires. Les dividendes ponctionnés sur le résultat ou les réserves sont une distribution de richesse aux actionnaires. Une fois distribuée, cette richesse n'est alors plus disponible.
- Les opérations sur le capital ont un impact évident sur le montant du capital. Toutefois, il convient de distinguer les augmentations de capital des rachats d'actions. Les premières n'affectent pas la richesse des actionnaires. Il n'y a pas de création de valeur. Les rachats d'actions sont à considérer comme des dividendes, car ils sont une rémunération des actionnaires. Ils réduisent la richesse disponible aux actionnaires restants.
- Enfin, comme le montre l'identité fondamentale, même en l'absence d'opération sur capital, et pour un résultat net nul, il est possible d'observer une variation du capital. En effet, (ΔCapital = ΔActifs − ΔPassifs) la variation de valeur de certains éléments d'actif peut affecter la richesse des actionnaires, du moins leur richesse potentielle. Toutes les variations d'actifs qui ne sont pas prises en compte dans le compte de résultat le sont directement dans le tableau de variation des capitaux propres. Il s'agit, par exemple, des réévaluations positives d'actifs immobilisés ou des ajustements de valeur à la hausse de certains instruments financiers lorsqu'ils sont « disponibles à la vente[2] ».

Tous ces éléments sont pris en compte dans le tableau de variation des capitaux propres. La figure 6.6 présente le tableau de variation des capitaux propres de Total. Une analyse plus détaillée du tableau de variation des fonds propres de la société Total SA permet de comprendre les mécanismes comptables qui ont permis d'aboutir à cet état financier.

Le montant global des capitaux propres du groupe Total ne varie pas uniquement en fonction du résultat net et des dividendes versés.

- Le montant des capitaux propres au début de l'année 2017 (c'est-à-dire à la fin de 2016) était de 101 574 M€.
- L'effet positif du résultat net 2017 de 8 299 M€ est plus que compensé par le versement des dividendes au titre du résultat de 2016 de 7 133 M€.
- La société a émis 98 623 754 actions nouvelles pendant l'exercice et a collecté à cette occasion 4 709 M€, qui se décomposent en 278 M€ de capital souscrit à la valeur nominale et 4 431 M€ en prime d'émission. On peut imaginer l'écriture nécessaire à ce résultat :

Trésorerie (+ A)	4 709 000 000	
Capital souscrit (+ FP)		278 000 000
Prime d'émission d'actions (+ FP)		4 431 000 000

2. D'autres opérations affectent directement le tableau de variation des capitaux propres. Pour une liste de ces éléments, voir chapitre 11. Selon IAS 1 révisé, ces éléments ne font plus partie du tableau de variation des Capitaux propres depuis 2009. Ils sont dorénavant intégrés dans l'état du résultat global.

Variation des capitaux propres consolidés de Total

(en millions d'euros)	Actions émises Nombre	Actions émises Montant	Primes et réserves consolidées	Écarts de conversion	Actions autodétenues Nombre	Actions autodétenues Montant	Capitaux propres - part du Groupe	Intérêts ne conférant pas le contrôle	Capitaux propres
AU 1er JANVIER 2015	**2 385 267 525**	**7 518**	**94 646**	**(7 480)**	**(109 361 413)**	**(4 354)**	**90 330**	**3 201**	**93 531**
Résultat net 2015	-	-	5 087	-	-	-	5 087	(301)	4 786
Autres éléments du résultat global	-	-	185	(4 639)	-	-	(4 454)	(81)	(4 535)
Résultat global - - 5 272 (4 639) - - 633 (382) 251	-	-	5 272	(4 639)	-	-	633	(382)	251
Dividendes	-	-	(6 303)	-	-	-	(6 303)	(100)	(6 403)
Émissions d'actions	54 790 358	152	2 159	-	-	-	2 311	-	2 311
Rachats d'actions	-	-	-	-	4 711 935	(237)	(237)	-	(237)
Cessions d'actions	-	-	(6)	-	105 590	6	-	-	-
Paiements en actions	-	-	101	-	-	-	101	-	101
Annulation d'actions	-	-	-	-	-	-	-	-	-
Émission de titres subordonnés à durée indéterminée	-	-	5 616	-	-	-	5 616	-	5 616
Rémunération des titres subordonnés à durée indéterminée	-	-	(114)	-	-	-	(114)	-	(114)
Autres opérations avec les intérêts ne conférant pas le contrôle	-	-	23	-	-	-	23	64	87
Autres éléments	-	-	134	-	-	-	134	132	266
AU 31 DÉCEMBRE 2015	**2 440 057 883**	**7 670**	**101 528**	**(12 119)**	**(113 967 758)**	**(4 585)**	**92 494**	**2 915**	**95 409**
Résultat net 2016	-	-	6 196	-	-	-	6 196	10	6 206
Autres éléments du résultat global	-	-	(108)	(1 752)	-	-	(1 860)	1	(1 859)
Résultat global	-	-	6 088	(1 752)	-	-	4 336	11	4 347
Dividendes	-	-	(6 512)	-	-	-	(6 512)	(93)	(6 605)
Émissions d'actions	90 639 247	251	3 553	-	-	-	3 804	-	3 804
Rachats d'actions	-	-	-	-	-	-	-	-	-
Cessions d'actions	-	-	(163)	-	3 048 668	163	-	-	-
Paiements en actions	-	-	112	-	-	-	112	-	112
Annulation d'actions	(100 331 268)	(317)	(3 505)	-	(100 331 268)	3 822	-	-	-
Émission de titres subordonnés à durée indéterminée	-	-	4 711	-	-	-	4 711	-	4 711
Rémunération des titres subordonnés à durée indéterminée	-	-	(203)	-	-	-	(203)	-	(203)
Autres opérations avec les intérêts ne conférant pas le contrôle	-	-	(98)	-	-	-	(98)	(43)	(141)
Autres éléments	-	-	36	-	-	-	36	104	140
AU 31 DÉCEMBRE 2016	**2 430 365 862**	**7 604**	**105 547**	**(13 871)**	**(10 587 822)**	**(600)**	**98 680**	**2 894**	**101 574**
Résultat net 2017	-	-	8 631	-	-	-	8 631	(332)	8 299
Autres éléments du résultat global	-	-	718	5 963	-	-	6 681	44	6 725
Résultat global	-	-	9 349	5 963	-	-	15 312	288	15 024
Dividendes	-	-	(6 992)	-	-	-	(6 992)	(141)	(7 133)
Émissions d'actions	98 623 754	278	4 431	-	-	-	4 709	-	4 709
Rachats d'actions	-	-	-	-	-	-	-	-	-
Cessions d'actions	-	-	(142)	-	2 211 066	142	-	-	-
Paiements en actions	-	-	151	-	-	-	151	-	151
Annulation d'actions	-	-	-	-	-	-	-	-	-
Émission de titres subordonnés à durée indéterminée	-	-	-	-	-	-	-	-	-
Rémunération des titres subordonnés à durée indéterminée	-	-	(302)	-	-	-	(302)	-	(302)
Autres opérations avec les intérêts ne conférant pas le contrôle	-	-	(8)	-	-	-	(8)	4	(4)
Autres éléments	-	-	6	-	-	-	6	12	18
AU 31 DÉCEMBRE 2017	**2 528 989 616**	**7 882**	**112 040**	**(7 908)**	**(8 376 756)**	**(458)**	**111 556**	**2 481**	**114 037**

Figure 6.6 • Extrait du document de référence 2017, Total (p. 384).

- Le groupe avait procédé à des rachats d'actions en 2013, pour un montant de 237 M€ :

Capital souscrit (- FP) Trésorerie (– A)	237 000 000	 237 000 000

Les écarts de conversion ont aussi un impact sur les fonds propres (voir chapitre 9).

D'autres éléments peuvent également être présents dans le tableau de variation des fonds propres. Il s'agit des ajustements de valeur des instruments financiers disponibles à la vente (voir chapitre 5) et des opérations de couverture.

Résumé

Trois moyens de financement ont été présentés : les dettes financières, les contrats de location-financement et le recours aux actionnaires.

Les dettes financières sont évaluées et comptabilisées au coût amorti selon la méthode du taux d'intérêt effectif. Les instruments dérivés sont évalués à leur juste valeur par le compte de résultat.

Économiquement, les contrats de location sont parfois considérés comme des contrats de vente plutôt que des contrats de location simple. Les critères de distinction ne sont pas toujours évidents. Aucune liste limitative n'existe, même si cinq critères de base peuvent néanmoins être identifiés. Le retraitement en contrat de location-financement implique d'importantes conséquences dans le bilan du locataire et du bailleur.

Le bailleur enregistre une vente et constate immédiatement un résultat à hauteur de la marge réalisée sur la totalité de la durée de location, tout en éliminant l'actif de son bilan et en y inscrivant une créance financière.

Le locataire devient économiquement propriétaire de l'actif et le traite dans ses comptes comme tout autre actif de même nature dont il est le propriétaire juridique, notamment en l'amortissant selon la même méthode et sur la même durée que d'autres actifs de même nature. Par ailleurs, une dette financière du même montant que la valeur d'entrée de l'actif est enregistrée au bilan et elle est remboursée par les « loyers » successifs payés par le locataire, après déduction des intérêts sur la dette.

Le tableau de variation des capitaux propres présente l'ensemble des transactions qui affectent le total des fonds propres d'une entreprise au cours d'un exercice. Cette variation peut provenir de diverses opérations qui, pour certaines, comme les augmentations de capital, ne résultent pas d'un accroissement de richesse. L'identité fondamentale permet de comprendre les facteurs susceptibles d'affecter la variation de richesse des actionnaires.

La réduction du capital résulte généralement soit d'une absorption de perte, soit d'un rachat d'actions. Dans le cas du rachat d'actions, il convient toutefois de distinguer les rachats pour annulation définitive des rachats dans le but de revendre ou de distribuer ces actions dans le futur.

Activités

1. Date d'analyse

Le 02/10/2018, un contrat de location portant sur un terrain est signé entre les sociétés Davis et Rubini. À cette date, le terrain est vague. Selon les termes du contrat, au cours des 16 mois suivants, Rubini construit sur le terrain un magasin conformément aux critères établis par Davis. La période de location débute le 01/02/2019 et couvre une période ferme de 12 ans.

Quand faut-il analyser le contrat en vue de son traitement dans les comptes du bailleur (Rubini) et du locataire (Davis) ?

2. Définitions

1. Expliquez le concept de propriété économique.
2. Expliquez la différence entre le début et le commencement d'un contrat.

3. Comptabilisation d'un emprunt

Une entreprise emprunte 500 000 € au taux de 4 % remboursables en cinq annuités constantes. En supposant qu'on néglige les frais associés à l'emprunt :

1. Calculez le montant d'une annuité.
2. Dressez le tableau de remboursement de l'emprunt en faisant apparaître pour chaque année le montant du capital restant, les annuités et la répartition pour chaque annuité entre remboursement du capital et paiement des intérêts.
3. Passez les écritures comptables relatives au paiement de la première annuité.

4. Location d'un immeuble de bureau

La société Senguillot souhaite louer un immeuble de bureaux à long terme. Elle passe un contrat avec la société Bilout, qui vient d'achever la construction d'un immeuble neuf dont le terrain a coûté 3 M€ et le bâtiment 5 M€. Le contrat l'engage à :

- verser un loyer annuel de 1 M€ et des charges annuelles de 100 000 € ;
- ne pas résilier le contrat pendant au moins 10 ans.

Par ailleurs, la société Senguillot amortit habituellement ses investissements immobiliers sur 25 ans et le taux moyen pondéré de son endettement au moment de la signature du contrat est de 5 %.

1. La location est-elle une location simple ou une location en location-financement ?
2. L'immeuble doit-il apparaître au bilan de Senguillot et, si oui, sur quelle durée doit-il être amorti ?

3. Quel est le résultat de la location sur les comptes de la société Bilout ?
4. Quels sont les enregistrements comptables à l'issue de la première année de location dans les comptes de Bilout ?

5. Augmentations de capital

Énumérez les différentes façons d'augmenter les capitaux propres d'une société.

6. Émission de nouvelles actions

Le bilan de la société Caillechat fait apparaître des fonds propres de 20 M€ constitués pour moitié de capital en actions (100 000 actions d'une valeur faciale de 100 €) et pour moitié de réserves accumulées au cours des années. La société souhaite financer ses prochains investissements en augmentant son capital de 10 M€.

1. Si on suppose que les actifs et les passifs de Caillechat sont bien évalués, quelle est d'un point de vue comptable la juste valeur de ses actions ?
2. Si on décide d'offrir 100 000 nouvelles actions au prix de 100 €, quelle est la juste valeur comptable des actions après l'augmentation du capital ?
3. Quelle est donc la valeur théorique comptable du bon de souscription ?
4. Les anciens actionnaires seront-ils lésés par rapport aux nouveaux ?

7. Exercices déficitaires

La société Maqueroux connaît son troisième exercice déficitaire consécutif. Ses capitaux propres sont constitués de 100 000 actions d'une valeur nominale de 100 € et de 2 M€ de pertes reportées.

1. Si ses dirigeants souhaitent éponger les pertes, quelle sera la nouvelle valeur nominale d'une action ?
2. À partir de quel moment n'importe quel actionnaire peut-il demander la dissolution de la société ?

8. Rachat d'actions

La société Cahout souhaite acheter 100 000 de ses actions cotées en Bourse au cours de 20 €, afin de respecter ses engagements auprès de ses cadres supérieurs en termes de stock-options. Ces actions ont une valeur nominale de 10 € dans les comptes de Cahout.

1. Quelles sont les écritures comptables passées par la société Cahout ?
2. Les actions sont finalement revendues à 18 €. Passez les écritures comptables qui s'imposent.

Chapitre 7

Fiscalité

L'entreprise recourt à un certain nombre de services publics, dont certains sont gratuits. Cette gratuité n'est cependant qu'apparente, car l'État ne peut les fournir que grâce aux impôts et taxes qu'il prélève (il en est de même des collectivités locales). Aussi, l'impôt constitue-t-il un prélèvement à enregistrer dans les comptes de l'entreprise. L'un de ces impôts est celui calculé sur les bénéfices dégagés par la structure, établi à partir de la comptabilité en France officiellement depuis 1917. Pour déterminer l'impôt dû par les entreprises, le système fiscal français présente ainsi un compromis entre deux solutions :

- établir des règles fiscales propres en matière d'évaluation et de détermination du revenu ;
- accepter comme base de détermination les règles comptables.

Si le double bilan comptable et fiscal n'a pas été retenu, une détermination de l'impôt à partir des seules règles comptables ne l'a pas davantage été et le résultat imposable des entreprises françaises découle ainsi indirectement de leur résultat comptable. La comptabilité détermine donc en partie ce résultat et apporte l'outil de contrôle indispensable aux contrôles fiscaux. Ce lien entre comptabilité et fiscalité est, en fait, commun à tous les pays, même s'il peut y être plus ou moins ténu. Une véritable situation de dépendance est davantage propre à la majeure partie des pays de l'Europe continentale. Une bonne connaissance de la comptabilité est ainsi nécessaire pour comprendre la fiscalité, dont l'étude est elle-même le prolongement logique et indispensable de la matière comptable.

Aussi convient-il, dans un premier temps, de préciser les impôts et taxes que les entreprises supportent (section 1). Si la terminologie diffère (taxe, contribution, participation, etc.), le principe de prélèvement demeure identique. Ce chapitre aborde, de façon plus approfondie, l'imposition du bénéfice, exigible et différée (sections 2 et 3), ainsi que celle du chiffre d'affaires (section 4).

Il n'existe qu'une seule norme comptable internationale relative à l'impôt sur les bénéfices ; il s'agit de la norme IAS 12, « Impôts sur le résultat ». Cette norme a été homologuée par le règlement CE n° 1725/2003 du 29 septembre 2003, à partir d'une version publiée dès octobre 1996. La Commission européenne a souhaité, en 2008, regrouper, dans un nouveau règlement CE n° 1126/2008, du 3 novembre, cette norme et ses interprétations homologuées successives. Ce règlement, dans sa version la plus récente, traite de la comptabilisation, de l'évaluation et de la présentation du seul impôt sur les bénéfices dans les états financiers ; s'il porte sur l'ensemble des impôts nationaux ou étrangers basés sur le résultat imposable, tous les autres prélèvements en sont exclus. L'IFRIC a d'ailleurs été interrogé, à deux reprises en 2006 et 2009, sur le champ d'application de la norme et a retenu que, pour être qualifiée d'impôt sur le résultat, une taxe doit avoir pour base un montant net de produits et de charges, et non un montant brut de produits ou d'actifs, excluant de fait la taxe sur le chiffre d'affaires, et ce, même si toute taxe assise sur un montant net de produits et de charges ne constitue pas forcément un impôt sur le résultat (la question s'est notamment posée pour la contribution économique territoriale ; voir section 1.4).

Cette norme ne semble pas répondre pleinement aux besoins des utilisateurs des comptes. Un projet de révision, issu du plan de convergence entre les normes comptables américaines et les normes internationales, a d'ailleurs été publié le 31 mars 2009 par l'IASB. Ce projet n'a pas abouti, suite à une décision d'octobre de la même année. Quelques amendements, portant notamment sur les impôts différés et publiés par l'IASB le 20 décembre 2010, ont ensuite donné lieu à discussion au niveau européen (ainsi que français). Deux notes d'information de l'Autorité des normes comptables ont été publiées, en date du 11 janvier et du 16 mai 2011, suite à la constitution en 2010 d'un groupe de travail interne chargé de réexaminer l'ensemble des problématiques liées au traitement comptable des impôts, taxes et versements assimilés. Dans ce contexte, l'EFRAG a publié, fin 2011, pour appel à commentaires jusqu'à fin juin 2012, un *discussion paper*, comme point de départ à l'élaboration d'une nouvelle norme ; le processus n'a pas davantage abouti.

L'IASB a, par ailleurs, publié le 27 mai 2013 une interprétation sur le traitement des droits ou des taxes imposés par les autorités publiques (IFRIC 21, « *Levies* »), apportant notamment des précisions sur le fait générateur d'obligation qui crée un passif à comptabiliser au titre du droit ou de la taxe exigible. L'EFRAG a présenté à l'Union européenne le 19 juillet 2013 un projet d'approbation, soumis à commentaires, de cette interprétation (l'ANC a en particulier émis des commentaires défavorables le 25 juillet 2013), puis a adressé son accord à l'approbation le 12 septembre de la même année. Le texte est adopté par la Commission européenne et est désormais applicable obligatoirement aux exercices ouverts depuis le 17 juin 2014. L'IFRIC 21 indique ainsi que :

- le fait générateur du passif est l'activité qui déclenche le paiement de la taxe, tel qu'identifié par la législation ou la réglementation ;
- le passif est reconnu de manière progressive si le fait générateur de la taxe est progressif ;
- la contrepartie du passif est une charge, sauf si un actif est comptabilisé conformément à une autre norme.

L'IFRIC 21 vise les taxes autres que les impôts sur le résultat (IAS 12) et les cotisations sociales (IAS 19). Il s'agit davantage de celles qui entrent, par défaut, dans le champ d'application de l'IAS 37. Cela concerne en France, en particulier, la contribution sociale de solidarité des sociétés (C3S), les taxes foncières, avec comptabilisation d'une dette au 1er janvier N pour l'intégralité de la taxe due au titre de cette année, ou encore la cotisation foncière des entreprises, avec reconnaissance cette fois *prorata temporis* de la dette.

1. Impôts et taxes

L'objectif de l'entreprise est de créer de la valeur, qui est ensuite répartie entre les différentes parties prenantes. Dans une conception partenariale de la firme, l'État est l'une de ces parties prenantes, en tant que fournisseur de biens et de services publics. L'administration fiscale peut ainsi être considérée comme un partenaire de l'entreprise, bien qu'atypique et occupant une place particulière dans l'environnement de la firme. Destinataire de l'information comptable pour établir et collecter l'impôt, l'État représente en fait une partie non invitée qui s'impose dans tous les contrats, par l'apport de « clauses contractuelles » communes non négociables : les règles fiscales. Cette situation se justifie par les exigences spéciales de l'application de l'impôt : la loi fiscale vise essentiellement à procurer des ressources à l'État, qui les redistribue ensuite. À cet effet, elle se doit d'évaluer la capacité contributive de l'entreprise à un moment donné, le plus efficacement possible, en facilitant le contrôle des agents de son administration. La relation de fait entre l'entreprise et l'administration fiscale repose sur l'existence d'un système déclaratif. L'entreprise établit les documents nécessaires au calcul de l'impôt et l'administration vérifie le respect par le « contribuable - entreprise » des règles qui sous-tendent cet établissement.

Les entreprises sont des contribuables sujets à une variété d'impôts. Elles doivent avoir une bonne connaissance de la nature de ces prélèvements pour mieux les gérer, d'autant plus qu'elles peuvent en assurer le recouvrement pour le compte de l'État (TVA). À cet effet, il convient principalement de distinguer l'imposition du bénéfice de celle du chiffre d'affaires. Toutefois, l'entreprise est soumise à d'autres impositions encore, notamment celle sur les salaires.

1.1. Imposition du bénéfice

L'imposition du bénéfice (fiscal et non comptable) varie en fonction de la forme ou de la structure juridique de l'entreprise. En France, ce prélèvement s'effectue dans le cadre de l'impôt sur le revenu des personnes physiques (IR) ou de l'impôt sur les sociétés (IS).

Ainsi, dans le cadre d'une entreprise individuelle, le bénéfice dégagé par l'exploitant n'est pas imposé au niveau de l'entreprise, mais vient s'ajouter (ou se soustraire, en cas de déficit) à ses autres revenus personnels. L'impôt est calculé en fonction de l'importance des revenus globaux, mais aussi de la situation familiale de l'exploitant, selon un barème progressif qui varie de 0 % à 45 % (IR 2017, hors prélèvements sociaux additionnels et contribution exceptionnelle sur les hauts revenus). Il s'agit d'un impôt personnel global qui n'apparaît pas dans les comptes de l'entreprise individuelle, dans la mesure où il ne constitue pas une charge de l'entreprise, mais bien une dépense personnelle de l'exploitant. Le bénéfice dégagé par l'entreprise individuelle est, par conséquent, toujours avant impôt. Il en est de même pour les sociétés dites de personnes, comme les sociétés en nom collectif, transparentes sur le plan fiscal, sauf option particulière. Là encore, le bénéfice dégagé par ces sociétés n'est pas imposé à leur niveau, mais au niveau de leurs associés en fonction de leurs propres caractéristiques.

Dans le cadre des sociétés à risque limité, il en va, en principe, tout autrement. Contrairement à l'entreprise individuelle ou à la société de personnes non reconnue comme contribuable à part entière (seul l'exploitant ou l'associé l'est), la société dite « de capitaux » (SA et SARL notamment) est dotée d'une personnalité fiscale ; elle détermine son impôt et le paie à un taux proportionnel. Il s'agit d'une charge propre de la société, comptabilisée en tant que telle, et le résultat apparaît par conséquent net d'impôt. Les associés de la société ne sont pas imposés sur les bénéfices (ils ne le seront que si la société procède à une distribution de dividendes), sauf option particulière.

Certaines sociétés à risque limité peuvent, en effet, choisir l'impôt sur le revenu, tout comme certaines structures à risque illimité peuvent choisir l'impôt sur les sociétés.

1.2. Imposition du chiffre d'affaires

L'imposition du chiffre d'affaires relève d'une tout autre logique fiscale. La taxe sur la valeur ajoutée (TVA) constitue en effet un impôt indirect, alors que l'impôt sur le revenu et l'impôt sur les sociétés sont des impôts directs. La TVA ne constitue en fait pas un impôt en tant que tel pour l'entreprise individuelle ou sociétaire. L'entreprise joue à ce niveau le rôle de collecteur d'impôt, d'un impôt que le consommateur final supportera, seul en principe, *in fine*. Elle collecte de la TVA sur ses ventes et prestations de services. Puis, elle déduit de ce montant la TVA qu'elle a payée sur ses achats d'immobilisations ou d'autres biens et services (à moins que la loi n'interdise la déduction). Si la différence est positive, elle la reverse à l'État. À défaut, elle détient une créance sur ce dernier. En principe, tous ces mouvements affectent uniquement des comptes d'actif ou de passif du bilan, et non le compte de résultat de l'entreprise.

1.3. Imposition des salaires

L'imposition des salaires ne fait pas référence aux cotisations sociales patronales payées par l'entreprise, mais à d'autres charges de nature purement fiscale qui ont comme base les salaires bruts versés. Il s'agit en France de :

- **La taxe d'apprentissage.** Elle est principalement consacrée au financement de l'apprentissage et calculée au taux de 0,68 % sur le montant des salaires bruts depuis 2015 (avec des règles de gestion et d'affectation modifiées) ; ce taux peut être majoré en fonction de l'effort des entreprises concernées en faveur de l'apprentissage.
- **La participation à la formation professionnelle continue.** Tout employeur, quel que soit l'effectif de son entreprise, est en principe soumis à cette participation en faveur du développement de la formation professionnelle. Son taux, applicable au montant des salaires bruts versés, varie selon le nombre de salariés.
- **La participation à l'effort de construction.** Il s'agit d'une dépense annuelle que l'employeur d'au moins vingt salariés doit consacrer au financement de la construction de logements ou d'opérations assimilées. Cette participation est égale à 0,45 % du montant des salaires bruts payés l'année civile précédente.
- **La taxe sur les salaires.** Cette taxe assise sur les salaires est due par tout employeur qui verse des rémunérations, imposables en traitements et salaires

chez leur bénéficiaire, et n'est pas assujetti à la TVA (les employeurs totalement assujettis à la TVA en sont exonérés). Les taux progressifs (4,25, 8,50, 13,60 et 20 %, en fonction de l'importance des sommes versées) s'appliquent sur le montant brut des rémunérations en cause.

1.4. Autres impositions

En France, l'entreprise est soumise à d'autres impositions encore, davantage liées aux moyens qu'elle met en œuvre pour atteindre les objectifs qu'elle s'est assignés.

Il s'agit par exemple :

- **De la contribution économique territoriale.** Elle a remplacé la taxe professionnelle ; tout comme cette dernière, elle est perçue au profit des collectivités locales qui en déterminent le montant. Cette contribution est elle-même composée de deux taxes, indépendantes l'une de l'autre :
  - **la cotisation foncière des entreprises** (CFE), assise sur la valeur foncière des immeubles ;
  - la cotisation sur la valeur ajoutée des entreprises (CVAE).

  En novembre 2010, le Collège de l'ANC (Autorité des normes comptables) a adopté le règlement n° 2010-11 relatif au traitement comptable en règles françaises de cette contribution ; elle constitue une charge d'exploitation à la fois dans les comptes individuels et consolidés.
- **De la taxe foncière** due à raison des immeubles dont l'entreprise est propriétaire ; elle contribue également aux finances locales.
- **De la taxe sur les véhicules de société** due par les seules sociétés à raison des voitures particulières utilisées. Le montant de cette taxe annuelle varie en fonction de la puissance fiscale ou du taux d'émission de CO_2. Depuis 2013, une nouvelle composante « air » s'ajoute à la taxe ainsi calculée ; elle dépend de l'année de première mise en circulation et de l'énergie du véhicule.
- **Des droits d'enregistrement.** L'enregistrement constitue à la fois une formalité et un impôt. Il s'agit d'une formalité qui donne lieu à impôt avec le paiement, en fonction de la nature de l'opération en cause, d'un droit fixe, progressif ou proportionnel. Cela concerne essentiellement des opérations de sociétés (constitution, fusion, scission, augmentation de capital, dissolution, etc.).

Loin d'être exhaustive, cette liste des impôts et taxes auxquels l'entreprise est soumise souligne la diversité de cette imposition. La comptabilité doit en tenir compte selon deux modalités principales :

- L'enregistrement au bilan, comme déjà indiqué au sujet de la TVA.
- L'enregistrement au compte de résultat, en charge, à l'instar des autres dépenses de l'entreprise (qui ne constituent pas des immobilisations). Il s'agit de charges au titre de l'exercice au cours duquel sont nées les conditions déclenchant l'exigibilité des prélèvements en cause : c'est le cas de l'ensemble des autres impôts. L'inscription en charge dans le compte de résultat de l'ensemble des services et infrastructures mis à la disposition par l'État a pour contrepartie une dette au

Exigibilité : droit reconnu à l'État de réclamer au contribuable, à un moment donné, le paiement de la taxe.

passif du bilan qui disparaîtra lors de son paiement effectif. L'exigibilité peut être immédiate ou différée. L'impôt sur les bénéfices en est l'exemple le plus caractéristique.

Les modalités de prise en compte de ces impôts sont intimement liées aux règles fiscales propres à chaque pays et dépendent de leurs politiques budgétaires.

2. Imposition des bénéfices

L'État prélève une partie du bénéfice réalisé par les entreprises.

2.1. Détermination du bénéfice imposable

L'impôt sur les sociétés (IS) est calculé à partir d'une base qui n'est pas le résultat comptable proprement dit, mais le résultat fiscal qui découle lui-même du résultat comptable. La différence résulte de rectifications dites « extracomptables », qui permettent le passage de l'un à l'autre :

Résultat fiscal = Résultat comptable ± Rectifications

L'ampleur de ces rectifications varie en fonction des pays, des objectifs et contraintes de la fiscalité applicable et, naturellement, de l'importance des liens entre comptabilité et fiscalité. Elles n'ont en principe aucune incidence sur la comptabilité elle-même, du fait de leur nature extracomptable, et n'interviennent que pour le calcul de l'impôt. Mais la fiscalité n'en influence pas moins la comptabilité. En effet, le droit fiscal peut imposer des règles qui conduisent les entreprises à choisir des méthodes comptables pour des raisons fiscales. En France, par exemple, selon le Code général des impôts : « Les entreprises doivent respecter les définitions édictées par le plan comptable général, sous réserve que celles-ci ne soient pas incompatibles avec les règles applicables pour l'assiette de l'impôt » (article 38 quater de l'annexe 3 du Code général des impôts). Il est notamment précisé qu'une dépense ne constitue, en principe, une charge déductible pour la détermination du bénéfice imposable que si elle a été constatée en comptabilité.

Les rectifications extracomptables sont effectuées sur un document qui fait partie de la liasse fiscale (imprimé 2058 AN) et présentent une double nature ; il s'agit soit de réintégrations, qui majorent le résultat fiscal, soit de déductions, qui le minorent (voir figure 7.1).

Ainsi, une charge comptabilisée en tant que telle, mais non reconnue fiscalement, est réintégrée. Cette charge qui obère le résultat comptable ne peut diminuer le résultat fiscal. Comme elle ne constitue pas une charge au sens fiscal du terme, elle ne peut pas être prise en compte à ce niveau. Cette situation est fréquente : le législateur limite ainsi les droits à déduction des entreprises afin de préserver les rentrées budgétaires. Il s'agit, par exemple, de dépenses relatives aux résidences de plaisance, aux yachts ou encore à la chasse ou à la pêche. L'administration fiscale les qualifie de « somptuaires » et refuse d'accorder aux entreprises la possibilité de déduire de leur résultat imposable des dépenses de « luxe », même si celles-ci sont engagées dans leur intérêt (un client invité à profiter d'un séjour sur un yacht sera certainement plus enclin à poursuivre sa relation commerciale avec l'entreprise et générera donc du chiffre d'affaires, toujours imposable !). Toutes les charges de cette nature sont ainsi à réintégrer pour la détermination du résultat imposable. Il en est de même des amendes et pénalités supportées par les entreprises, ainsi que de certains impôts, comme l'impôt sur les sociétés. Pour ce dernier, cela évite en outre des calculs fastidieux : l'impôt déterminé à partir d'une base serait ensuite déductible de cette même base qui sert à son calcul !

De même, bien que ce soit rare, un produit qui n'aurait pas été comptabilisé en tant que tel doit être réintégré, s'il est fiscalement considéré comme un produit imposable au cours de la période d'imposition considérée. Ces réintégrations augmentent le résultat imposable par rapport au résultat comptable.

Moins fréquentes, les déductions peuvent concerner des produits qui auraient été comptabilisés alors qu'ils ne sont pas imposables en tout ou partie au cours de la période d'imposition. Il peut s'agir également de charges non comptabilisées au cours de la période (mais généralement au titre d'une période précédente), alors qu'elles sont néanmoins déductibles du résultat imposable. La déduction de charges non comptabilisées mais déductibles peut concerner certaines aides instaurées par l'État à titre incitatif. Elles ont pour effet de diminuer le résultat imposable par rapport au résultat comptable.

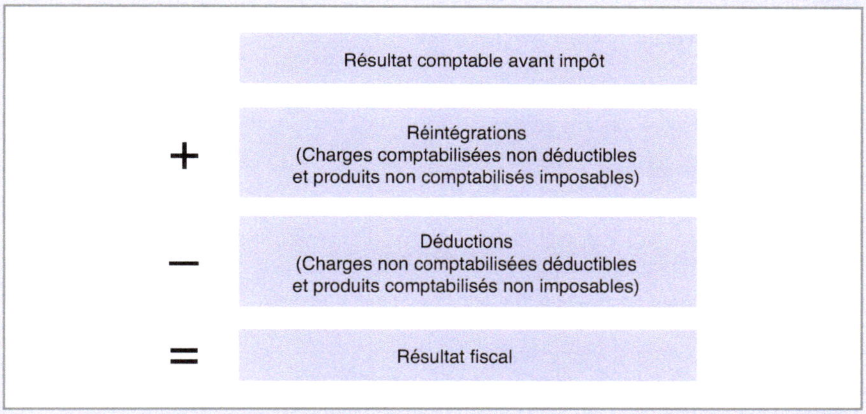

Figure 7.1 • Détermination du résultat fiscal.

Le résultat fiscal représente ainsi la différence entre les produits imposables et les charges déductibles. Par exemple, conformément à la norme IAS 12, le groupe AccorHotels indique, dans la note 12 de son document de référence 2017 (p. 315), quelques ajustements de la sorte (voir figure 7.2). Beaucoup de groupes font également apparaître le taux effectif d'imposition. Il s'agit du rapport entre la somme des impôts exigibles et différés constatés dans les comptes consolidés et le résultat comptable avant impôts ; cet indicateur financier mesure en fait la capacité du groupe à optimiser sa charge fiscale.

Analyse de la charge d'impôt du groupe AccorHotels	Au 31 décembre	
(en millions d'euros)	2016	2017
RÉSULTAT AVANT IMPÔT (A)	190	359
Dépréciation d'actifs non déductible fiscalement	(7)	(4)
Impôts sur quotes-parts de mises en équivalence	7	12
Autres	(20)	68
TOTAL DES DIFFÉRENCES PERMANENTES (B)	(20)	76
RÉSULTAT NON TAXÉ OU TAXE À TAUX RÉDUIT (C)	(193)	(53)
Résultat taxable au taux courant (D) = (A) + (B) + (C)	**(23)**	**383**
TAUX COURANT D'IMPÔT EN France (E)	34,40 %	34,40 %
IMPÔT (THÉORIQUE) AU TAUX COURANT FRANÇAIS (F) = (D) X (E)	8	(132)
Ajustements sur l'impôt théorique liés :		
• au différentiel de taux courant des pays étrangers	10	18
• à des pertes fiscales de l'exercice non activées	(58)	(41)
• à l'utilisation des pertes fiscales des exercices antérieurs	66	66
• aux quotes-parts de mises en équivalence	7	12
• au net des dotations et reprises pour risques fiscaux	3	8
• à la cotisation sur la valeur ajoutée des entreprises (CVAE)	(4)	(5)
• aux changements de taux d'imposition	0	58
• au dégrèvement d'impôt sur les sociétés (jurisprudence Steria)	-	37
• au droit à restitution de la contribution de 3 % sur revenus distribués	-	26
• à la constatation d›impôts différés actifs liés à la filialisation d'AccorInvest	-	73
• à d'autres éléments	(30)	(68)
TOTAL DES AJUSTEMENTS SUR L'IMPÔT THÉORIQUE (G)	(6)	183
CHARGE D'IMPÔT DU GROUPE (H) = (F) + (G)	**2**	**51**

Figure 7.2 • Extrait du document de référence 2017, AccorHotels (note 12, p. 315).

Ce chapitre ne présente pas l'ensemble des retraitements correspondants. Une dépense non déductible fiscalement n'en constitue pas moins une charge sur le plan comptable et doit être enregistrée en tant que telle, afin que la comptabilité reflète le plus fidèlement possible la situation financière de l'entreprise. Cette préoccupation, ô combien légitime, a d'ailleurs conduit à la proposition d'une nouvelle approche, particulièrement innovante, par Laurent Didelot ; elle repose sur l'enregistrement des divergences entre les deux droits, actuellement constatées par des écritures dérogatoires ou bien ces retraitements extracomptables, par des écritures spécifiques d'une classe fiscalo-comptable à créer (8), permettant le maintien du lien mais en en modifiant la teneur. Une telle évolution permettrait de calculer directement le résultat fiscal en considérant tous les comptes de 1 à 7 et 8, mais également de présenter les états de synthèse comptables, à partir des seuls comptes des classes 1 à 7, sans intervention directe ou indirecte de la fiscalité ; cette approche présente aussi l'intérêt de pouvoir suivre les bases d'impôt différé plus facilement. Avec cette proposition, non retenue à ce jour, il en serait fini de l'imprimé 2058-A.

2.2. Détermination de l'impôt

Dans le cadre des sociétés, la déclaration au service des impôts est à effectuer en principe avant le 15 mai N, pour un exercice clos le 31 décembre N – 1.

L'**impôt exigible** est calculé par application d'un taux sur la base du résultat fiscal. Si ce taux de base peut varier en fonction de la nature de l'entité (15 % pour les PME dans une certaine limite) ou de produits particuliers, il est normalement fixé à 33,33 % (hors contribution sociale et contributions exceptionnelles d'IS pour les grandes entreprises). Il s'agit du taux en vigueur à la date de clôture.

Impôt exigible : montant de l'impôt payable au titre du bénéfice imposable de l'exercice.

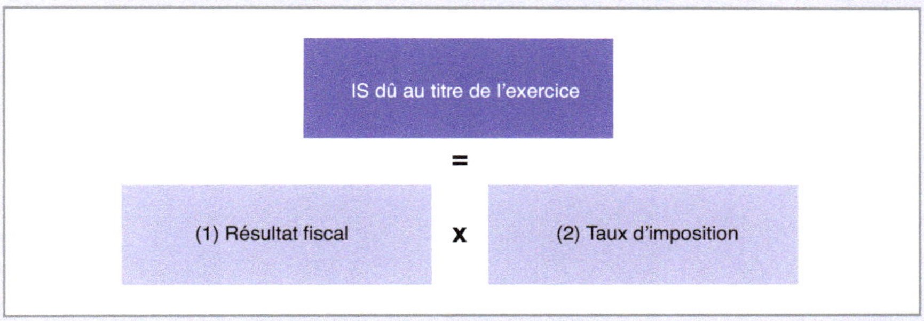

Figure 7.3 • Calcul de l'impôt sur le bénéfice.

2.3. Comptabilisation de l'impôt

Les paragraphes 12 et 13 de la norme IAS 12 prescrivent la comptabilisation de l'impôt exigible. Il est enregistré en charge définitive de l'exercice auquel il se rapporte, avec comme contrepartie une dette vis-à-vis de l'État, s'il s'agit d'un impôt dû, ou comme un actif en présence d'une créance résultant d'un excédent de versement ou née d'un report en arrière de déficit.

Application 7.1

Comptabilisation de l'impôt sur les bénéfices

Après retraitements, le résultat fiscal de la société Loupie s'élève à 300 000 € en 2018. Pour un taux d'imposition de 33,33 %, l'impôt sur les bénéfices est de 100 000 €. L'écriture à la clôture de l'exercice est la suivante :

	Débit	Crédit
31/12/2018		
Impôt sur les bénéfices (– R)	100 000	
État, impôt sur les bénéfices (+ P)		100 000
Impôt sur les bénéfices de 2018		

Une fois établi (l'ensemble des charges et des produits définitivement arrêté), cet impôt n'est pas payable en une seule fois, mais d'avance au moyen de quatre acomptes calculés par rapport au résultat fiscal de l'exercice précédent (à moins que l'entreprise n'ait payé qu'un montant limité d'IS au cours de cet exercice, moins de 3 000 €). Ces acomptes sont trimestriels et exigibles respectivement les 15 mars, 15 juin, 15 septembre et 15 décembre. Le premier acompte est celui dont l'échéance suit immédiatement la date de clôture. Le montant de chaque acompte est déterminé de telle sorte que le total représente 33,33 % du bénéfice fiscal de l'exercice précédent (15 % pour les PME). Ainsi, chaque acompte représente généralement $8^{1/3}$ % de ce bénéfice. Le paiement de ces acomptes donne lieu à la constatation d'une créance sur l'État par le crédit d'un compte de trésorerie. Il ne s'agit pas de l'enregistrement d'une charge.

Application 7.2

Comptabilisation de l'impôt sur les bénéfices (suite)

Le résultat fiscal de l'exercice 2017 était de 120 000 €. L'écriture type constatant le versement, au cours de l'année 2018, de chacun des acomptes sur l'impôt à payer sur le résultat de l'exercice 2018 (non encore connu par principe) est la suivante :

	Débit	Crédit
15 mars/juin/septembre/décembre		
État, impôt sur les bénéfices (– P)	10 000	
Banque (– A)		10 000
Paiement d'un acompte au cours de 2018		
(120 000 × 81/3 % = 10 000)		

Le solde est dû au plus tard le 15 du cinquième mois qui suit la date de clôture, soit, dans la plupart des cas (clôture au 31/12/2018), le 15/05/2019. Le paiement se fait de nouveau spontanément, sans attendre une quelconque demande de l'administration fiscale.

Application 7.3

Paiement du solde d'impôt

Le total des acomptes versés est de 10 000 × 4 = 40 000 €. Le résultat fiscal de 2018 de la société Loupie s'élève à 300 000 €. Le montant de l'IS dû pour l'exercice 2018 est de 300 000 / 3, soit 100 000 €, comme déjà indiqué*. Il convient donc de régler le solde le 15/05/2019 (100 000 – 40 000 = 60 000 €). En 2019, l'écriture type est la suivante :

	Débit	Crédit
15/05/2019		
État, impôt sur les bénéfices (– P)	60 000	
Banque (– A)		60 000
Paiement du solde de l'impôt sur les bénéfices de 2018		

* L'écriture indiquée pour le 31/12/2018 fait ressortir un solde créditeur du poste État, impôt sur les bénéfices. Celui-ci a été débité par les quatre acomptes au cours de l'année 2018 pour un total de 40 000 €. Son solde après l'écriture du 31/12/2018 devient créditeur pour 60 000 €.

Si les acomptes versés excèdent le montant de l'impôt dû (nul, en cas de déficit), l'entreprise dispose d'une créance sur l'État, qui doit la rembourser. Une imputation de l'excédent sur de nouveaux acomptes exigibles est possible.

Le résultat net comptable qui apparaît au bilan de la société est ainsi égal à la différence entre le résultat comptable avant impôt et l'impôt sur les sociétés dû au titre de l'année (voir figure 7.4).

Si la société constate non pas un bénéfice mais un déficit fiscal, deux alternatives s'offrent à elle :

- Soit elle choisit de reporter en avant ce déficit (système dit du « *carry-forward* »).
- Soit elle opte pour son report en arrière (système dit du « *carry-back* »).

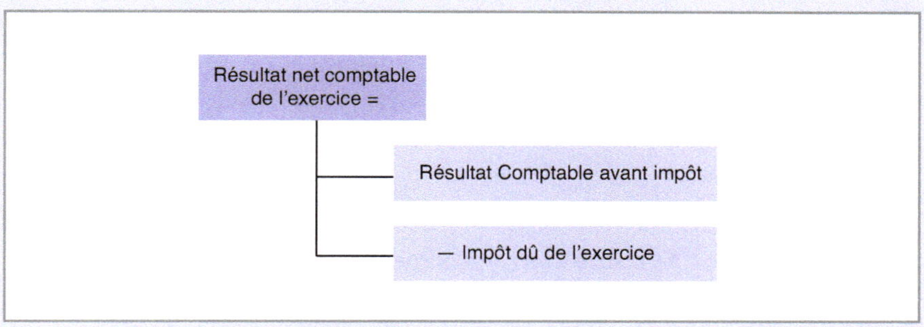

Figure 7.4 • Résultat net comptable.

Le **report en avant** consiste à imputer une perte fiscale sur les bénéfices des années à venir.

Le **report en arrière** consiste à imputer une perte fiscale sur les bénéfices des années antérieures (une seule année en France depuis 2012).

La perte fiscale d'un exercice s'impute en principe sur les bénéfices fiscaux des exercices ultérieurs : c'est le **report en avant**. Cette imputation doit se faire sur les premiers exercices suivants, sans limitation de durée, mais avec, désormais, un plafond annuel qui allonge la période d'imputation et a un impact sur la trésorerie. Toutefois, si la société a dégagé, lors de l'exercice précédent, un bénéfice qui a donné lieu à imposition, elle peut aussi choisir d'imputer le déficit constaté sur ce bénéfice, dans la limite de 1 000 000 € : c'est le ***carry-back*** ou **report en arrière**. Elle peut ainsi récupérer une partie de l'impôt exigible et payé lors de l'exercice précédent, ce qui se concrétise par la constatation d'une créance d'impôt comptabilisée à l'actif et calculée en appliquant le taux d'impôt effectif lors de l'option avec, comme contrepartie, un produit qui augmente d'autant le résultat comptable de l'exercice. Cette créance est imputable sur les paiements d'IS futurs (acompte, solde, rappel) ; si elle n'a pas totalement été imputée dans les cinq ans, le solde est remboursé (les sociétés qui font l'objet d'une procédure de sauvegarde, de redressement ou de liquidation judiciaires peuvent demander le remboursement anticipé de cette créance). Le déficit qui n'a pu être reporté en arrière reste reportable sur les bénéfices des exercices ultérieurs.

Application 7.4

Report en arrière du déficit

La société Vivi réalise une perte en 2018 de 90 000 €, alors qu'elle avait dégagé un bénéfice lors de l'exercice précédent à hauteur de 150 000 €. Il est possible d'imputer l'intégralité du déficit de 2018 sur ce bénéfice. Cette imputation permet de constater une créance à hauteur de 90 000 / 3, soit 30 000 €.

	Débit	Crédit
15/05/2019		
État, impôt sur les bénéfices (+ A)	30 000	
Produit, report en arrière (+ R, + FP)		30 000
Constatation de la créance sur l'État suite au report en arrière du déficit de 2018		

L'application 7.5 reprend l'ensemble de la procédure d'enregistrement de l'impôt sur les bénéfices (IS).

Application 7.5

Procédure d'enregistrement de l'impôt sur les bénéfices

La société Besac a réalisé un résultat comptable de 125 500 € à la clôture de son exercice 2017, qui correspond à l'année civile. Des charges comptabilisées en 2017 étaient considérées comme non déductibles fiscalement à hauteur de 24 500 €. Par hypothèse, la société n'a versé, au cours de 2017, aucun acompte au titre de l'impôt sur les bénéfices. Son bénéfice comptable fin 2018 est de 634 800 €. Des produits comptabilisés au cours de l'exercice 2018 ne seront imposés qu'au titre de l'exercice 2019 à hauteur de 34 800 €. L'ensemble des charges de 2018 est déductible fiscalement.

☞

(Suite)

À la clôture de l'exercice 2017, il convient tout d'abord de calculer le résultat fiscal 2017, qui découle du résultat comptable de l'exercice (125 500 €) et tient compte des éventuels retraitements qu'imposent les règles fiscales.

En l'occurrence, des charges de 24 500 € doivent être réintégrées, puisqu'elles ne sont pas déductibles fiscalement. Le résultat fiscal de l'exercice 2017 s'élève ainsi à 150 000 €. L'impôt correspondant représente un tiers de ce résultat, soit 50 000 €. Il est enregistré en tant que charge à la date du 31/12/2017 de la manière suivante :

	Débit	Crédit
31/12/2017		
Impôt sur les bénéfices (– R)	50 000	
État, impôt sur les bénéfices (+ P)		50 000
Impôt sur les bénéfices de 2017		

Le résultat comptable net 2017 de Besac s'élève ainsi, après impôts, à 125 500 – 50 000 €, soit 75 500 €.

Cet impôt est payé au plus tard le 15/05/2018, en supposant qu'aucun acompte n'ait été versé en 2017 au titre de cet impôt :

	Débit	Crédit
15/05/2018		
Impôt sur les bénéfices (– P)	50 000	
Banque (– A)		50 000
Paiement de l'impôt sur les bénéfices de 2017		

Mais, avant même cette écriture, il est important d'avoir payé les acomptes liés à l'impôt qui sera éventuellement dû sur le bénéfice dégagé à la clôture de l'exercice 2018. Ces acomptes sont à payer au plus tard les 15 mars/juin/septembre/décembre 2018. Chacun de ces acomptes est calculé à partir du résultat fiscal de l'exercice précédent (150 000 €) et représente $8^{1/3}$ % de ce résultat, soit 12 500 €.

	Débit	Crédit
15 mars/juin/septembre/décembre 2018		
État, impôt sur les bénéfices (– P)	12 500	
Banque (– A)		12 500
Paiement des acomptes au cours de 2018		

Le résultat fiscal 2017 n'est pas forcément connu lors du paiement du premier acompte (15/03/2018 dans l'application). Cet acompte peut donc être calculé par rapport au résultat fiscal de l'exercice précédent (2016 dans l'application). Lors du paiement du second acompte (15/06/2018), une régularisation aura lieu afin que les deux premiers acomptes représentent bien $8^{1/3}$ % × 2 du résultat de 2017.

À la clôture de l'exercice 2018, il convient à nouveau d'enregistrer la charge d'impôt correspondant au résultat fiscal de cet exercice, à partir d'un résultat comptable de 634 800 €. Les produits comptabilisés mais non imposables au titre de 2018 sont à déduire sur le plan fiscal. Il en résulte un bénéfice fiscal de 600 000 € et, par conséquent, une charge d'impôt du tiers, soit 200 000 €. Celle-ci est enregistrée au 31/12/2018 de la manière suivante :

☞

Application 7.5 *(Suite)*

	Débit	Crédit
31/12/2018		
Impôt sur les bénéfices (– R)	200 000	
État, impôt sur les bénéfices (+ P)		200 000
Impôt sur les bénéfices de 2018		

Le résultat net 2018 de Besac s'élève ainsi, après impôts, à 634 800 – 200 000 €, soit 434 800 €.

Le solde de cet impôt est payé au plus tard le 15/05/2019. La société a déjà versé 4 × 12 500 €, soit 50 000 € sur les 200 000 € qu'elle doit. Il lui reste donc à payer 150 000 €.

	Débit	Crédit
15/05/2019		
Impôt sur les bénéfices (– P)	150 000	
Banque (– A)		150 000
Paiement du solde de l'impôt sur les bénéfices 2018		

3. Imposition différée

La charge d'impôt ne se limite pas à l'impôt exigible, payable (récupérable) au titre du bénéfice imposable (perte fiscale) de l'exercice. Elle inclut aussi l'impôt différé, comme le montre le document de référence 2017 de la société AccorHotels (p. 315 ; voir figure 7.5).

Impôts différés du Groupe AccorHotels	Au 31 décembre	
(en millions d'euros)	2016	2017
Immobilisations incorporelles	(522)	(404)
Immobilisations corporelles	(14)	(13)
Déficits reportables	91	68
Provision pour avantages au personnel	42	30
Dépréciation d'actifs	17	7
Autres	19	20
IMPÔTS DIFFÉRÉS NETS	**(366)**	**(292)**
• Impôts différés actifs	233	124
• Impôts différés passifs	(599)	(416)

Figure 7.5 • Extrait du document de référence 2017, AccorHotels (note 12.2, p. 315).

Les règles comptables diffèrent souvent des règles fiscales. Une charge peut notamment ne pas être déductible fiscalement pour un exercice donné, mais l'être lors d'exercices ultérieurs. Il convient donc de distinguer la notion d'impôt exigible de celle de charge globale d'impôts, la différence entraînant un impôt différé (passif ou actif).

La prise en compte généralisée de l'impôt différé se justifie par la volonté de prendre en considération l'impôt relatif à l'ensemble des opérations de l'exercice qui peuvent générer à terme – et non simplement au cours de la période considérée – des économies ou des dettes d'impôts. Cela permet de tenir compte de toutes les conséquences fiscales futures du recouvrement des actifs ou du paiement des passifs figurant au bilan et de gommer ainsi les distorsions qui existent entre le résultat comptable et le résultat fiscal. Aucune considération fiscale ne vient alors « polluer » l'image de la situation économique de l'entité.

3.1. Comptabilisation

Les impôts différés correspondent aux flux futurs d'impôt auxquels l'entreprise sera assujettie. Ils seront exigibles ou récupérables dans des périodes ultérieures au titre de :

- différences entre les valeurs comptable et fiscale d'un actif ou d'un passif ;
- reports déficitaires (ou de crédits d'impôts reportés) en avant.

La valeur fiscale d'un actif/passif peut en effet être différente de sa valeur comptable. L'impôt est alors déterminé à partir de la valeur retenue par l'administration fiscale pour la détermination des résultats fiscaux futurs.

Remarque : pour les créances, dettes ou encore disponibilités bancaires au bilan, les valeurs sont identiques. En matière de créances, par exemple, leur recouvrement ne conduira à aucune nouvelle imposition (les produits correspondants ont déjà été imposés) ; il n'existe par conséquent pas de différence temporelle. Il en est de même pour les dettes : lors de leur paiement, aucune nouvelle charge ne sera fiscalement déductible.

D'après le paragraphe 7 de la norme IAS 12, la base fiscale d'un actif représente le montant qui sera fiscalement déductible de tous les avantages économiques imposables qui iront à l'entreprise lorsqu'elle recouvrera la valeur comptable de cet actif ; si ces avantages économiques ne sont pas imposables, la base fiscale de l'actif est égale à sa valeur comptable.

D'après le paragraphe 8 de la norme IAS 12, la base fiscale d'un passif représente sa valeur comptable, moins tout montant qui sera fiscalement déductible au titre de ce passif au cours des exercices ultérieurs.

Ainsi, dans le cas d'une charge à payer comptabilisée en tant que telle en N mais déductible en N + 1, la valeur fiscale de ce passif à la date de clôture est nulle, ce passif n'existant pas encore fiscalement (voir figure 7.6).

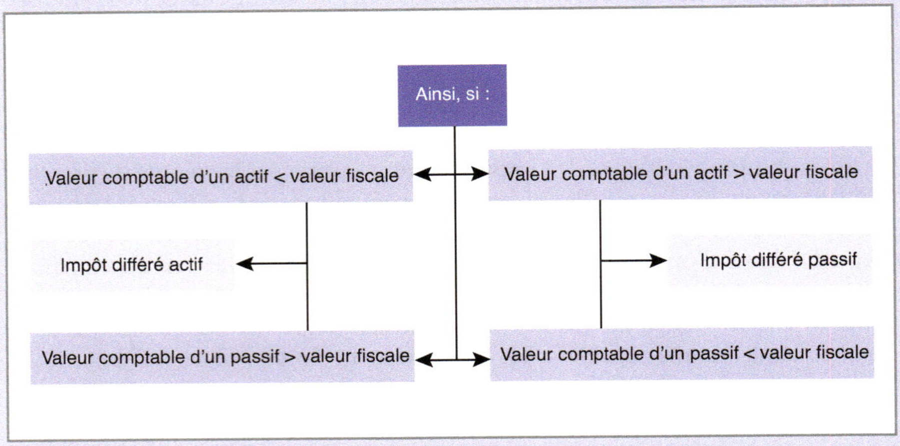

Figure 7.6 • Critères de reconnaissance d'un actif/passif d'impôt différé.

Différences temporelles : différences entre la valeur comptable d'un actif ou d'un passif au bilan et sa base fiscale.

Ces **différences temporelles** (ou temporaires) résultent d'opérations déjà réalisées par l'entreprise, qui ont des conséquences fiscales positives ou négatives autres que celles déjà prises en considération pour le calcul de l'impôt exigible et appelées à se manifester par une différence future entre le résultat comptable et le résultat fiscal de l'entreprise, quelles que soient leur nature et leur échéance. L'absence de prise en compte de l'impôt différé fausse la situation, dans la mesure où la déduction (ou l'imposition) se produira effectivement dans l'avenir. L'extrait du document de référence 2017 d'AccorHotels détaille le montant des impôts différés du groupe (voir figure 7.5).

Passif d'impôt différé : impôts sur le résultat payables au cours d'exercices futurs au titre de différences temporelles taxables.

Un **passif d'impôt différé** est ainsi comptabilisé pour toutes les différences temporelles imposables, sauf exceptions expressément prévues (par exemple, s'il est généré par un *goodwill* dont l'amortissement n'est pas déductible fiscalement). Il s'agit des différences qui généreront des montants imposables dans le futur. Il s'agit d'une charge d'impôt futur.

Application 7.6

Constatation d'un passif d'impôt différé

La société Lélo a constaté, dans ses comptes de l'exercice 2018, une dotation aux amortissements de 8 000 €, en appliquant une méthode fiscalement autorisée sur un bien acquis pour une valeur de 20 000 € au cours du même exercice. L'application d'une méthode linéaire aurait conduit à la constatation d'une dotation de 5 000 € uniquement, par hypothèse.

L'amortissement à caractère fiscal n'est pas reconnu dans le cadre des normes IFRS, alors qu'il l'est dans celui du référentiel français. Il convient, par conséquent, d'annuler la différence d'amortissement.

☞

(Suite)

La constatation d'une dotation plus importante en début de période réduit l'imposition sur cette même période, conformément à l'objectif recherché. Mais le bien ne pouvant être amorti pour une valeur supérieure au prix d'acquisition, elle la majore au titre des exercices ultérieurs. Les dotations ultérieures déductibles seront en effet nécessairement réduites par rapport à celles qui auraient pu être pratiquées en appliquant une méthode linéaire lors de chaque exercice. Il en ressort une augmentation prévisible de la base imposable et, donc, de l'impôt au titre des exercices suivants.

Annuler la différence d'amortissement de 8 000 – 5 000, soit 3 000 €, permet ainsi d'enregistrer un impôt différé passif de 3 000 × 1 / 3, soit 1 000 €.

	Débit	Crédit
31/12/2018		
Amortissements cumulés (+ A)	3 000	
Dotation aux amortissements (+ R, + FP)		2 000
Impôt différé passif (+ P)		1 000
Constatation de la dette d'impôt différé		

Un **actif d'impôt différé** doit être comptabilisé pour toutes les **différences temporelles déductibles**, dans la mesure où il est probable qu'un bénéfice imposable, sur lequel ces différences pourront être imputées, sera disponible (sauf exceptions, § 24 et 27 de la norme IAS 12). Pour apprécier la probabilité d'imputation, il y a lieu de ne pas retenir, dans les résultats futurs, les montants imposables résultant de futures différences temporelles déductibles (§ 29).

C'est le cas pour le report en avant des pertes fiscales et de crédits d'impôts non utilisés, dans la mesure où l'entreprise disposera probablement de bénéfices imposables futurs sur lesquels les imputer (§ 34), avec des critères spécifiques de comptabilisation en cas d'historique de pertes récentes (§ 35 et 36). Il s'agit également de dépenses pour lesquelles la déductibilité interviendra au cours d'exercices ultérieurs. Ce sont en fait des différences qui généreront des montants déductibles dans le futur pour la détermination du résultat imposable, c'est-à-dire d'une économie d'impôt futur.

Tout comme l'impôt exigible, l'impôt différé est comptabilisé en produit ou en charge et compris dans le résultat net de l'exercice. À cet effet, les créances et dettes d'impôt différé doivent être évaluées.

Actif d'impôt différé : impôts sur le résultat recouvrables au cours d'exercices futurs au titre de différences temporelles déductibles (dépenses déductibles au cours d'exercices ultérieurs, report en avant de pertes fiscales, crédits d'impôts non utilisés).

Différences temporelles déductibles : différences temporelles qui généreront des montants déductibles dans la détermination du résultat imposable d'exercices futurs.

Application 7.7

Constatation d'un actif d'impôt différé

En 2018, la société Tinane réalise une perte de 90 000 €, reportée en avant. La probabilité de pouvoir imputer ce déficit sur des bénéfices futurs est forte, d'où la constatation d'une créance d'impôt différé de 90 000 × 1 / 3, soit 30 000 €.

	Débit	Crédit
31/12/2018		
État, actif d'impôt différé (+ A)	30 000	
Produit d'impôt différé (+ R)		30 000
Constatation de la créance d'impôt différé liée au déficit		

Remarque : L'IFRIC IC a reçu une demande de guidance sur la reconnaissance et l'évaluation des actifs d'impôt différé lorsqu'une entité a un historique de pertes fiscales récentes, alors que, parallèlement, le droit fiscal limite les possibilités d'imputation. Ce thème et bien d'autres relatifs à l'incertitude aux impôts basés sur le résultat sont traités dans l'interprétation IFRIC 23 publiée en juin 2017.

3.2. Évaluation

La **méthode du report variable** consiste à évaluer les créances et les dettes d'impôts aux taux attendus au moment de la réalisation ou du règlement.

Les créances et dettes d'impôt différé sont évaluées aux taux d'impôt dont l'application est attendue sur la période pendant laquelle l'actif sera réalisé ou le passif réglé (**méthode du report variable**). Cette évaluation tient compte de la manière dont cette réalisation ou ce règlement se fera, notamment en fonction des taux et des réglementations fiscales en vigueur (ou qui sont quasi adoptés à la date de clôture, § 46). La norme IAS 12 révisée a abandonné la méthode du report fixe pour la seule méthode du report variable.

Les actifs et passifs d'impôt différé ne doivent pas être actualisés ; la méthode interdit cette actualisation (§ 53), du fait en particulier des difficultés à établir un planning détaillé de résorption des différences temporelles.

Mais, à chaque clôture, en cas de changement de règle fiscale ou de taux d'imposition, il convient d'ajuster le montant des impôts différés préalablement déterminés. L'ajustement est également nécessaire en fonction de la probabilité d'imputation sur les résultats futurs. La valeur comptable de l'actif d'impôt différé doit ainsi être revue à chaque date de clôture : l'entreprise doit réduire cette valeur s'il n'est plus probable qu'un bénéfice imposable suffisant soit disponible, dans le futur, pour permettre d'utiliser l'avantage de tout ou partie de l'actif d'impôt différé en cause. Cette réduction doit être reprise si, ultérieurement, il s'avère probable que des bénéfices imposables suffisants redeviendront disponibles.

3.3. Présentation

Les créances et dettes d'impôt différé sont présentées distinctement des autres créances et dettes au bilan de l'entité. Elles apparaissent aussi séparément des créances et dettes d'impôts exigibles. La compensation entre les créances et dettes d'impôts au bilan ne se fait que si elle est autorisée légalement. Pour les impôts exigibles, elle ne se fait que si la société a l'intention de les réaliser sur la même période et, pour les impôts différés, seulement s'ils sont relatifs à des impôts relevant de la même autorité fiscale. Lorsque l'entité distingue les actifs/passifs courants et les actifs/passifs non courants dans la présentation de ses états financiers, les actifs/passifs d'impôt différé sont classés en actifs/passifs non courants (selon la norme IAS 1).

Remarque : il est possible de rapprocher la charge d'impôt théorique (résultat avant impôt × taux d'impôt en vigueur) de celle réellement calculée et comptabilisée ; cet exercice, préconisé par la norme IAS 12 au titre des informations à fournir en notes annexes (§ 79-88), constitue la preuve d'impôt (*tax proof*). Les différences essentielles proviennent des différences permanentes, des différences de taux d'imposition en présence d'entités étrangères, des impôts différés actifs sur les déficits reportables non reconnus, de l'utilisation de reports déficitaires n'ayant pas donné lieu à la reconnaissance d'un impôt différé actif, ou encore de crédits d'impôts.

4. Imposition sur le chiffre d'affaires : la taxe sur la valeur ajoutée

La **taxe sur la valeur ajoutée** (TVA) est un impôt indirect qui frappe la consommation finale des biens et des services. Elle constitue la principale recette fiscale de l'État (environ 50 % du budget). Créée par le Français Maurice Lauré, la TVA est un impôt désormais présent dans le système fiscal de nombreux pays. Au niveau européen, il s'agit du seul impôt véritablement harmonisé depuis l'adoption de la sixième directive de 1977 qui en régit l'application dans l'ensemble des pays de l'Union européenne (cette directive a été abrogée et remplacée par la directive TVA 2006/112 adoptée le 28 novembre 2006, dont la rédaction, à droit constant, intègre les modifications et adaptations successives apportées au texte initial). La taxe se crée au fur et à mesure que la valeur ajoutée se génère, selon un système de paiements fractionnés effectués par chaque opérateur qui intervient dans le circuit économique, d'où l'appellation de taxe sur la valeur ajoutée. La taxe est ainsi liquidée de telle sorte qu'au terme du circuit, la charge fiscale globale ne sera égale qu'au montant de la taxe calculée sur la valeur finale du bien ou du service.

La **taxe sur la valeur ajoutée** est un impôt indirect qui frappe la consommation finale des biens et des services.

Les opérations imposables à la TVA sont celles réalisées dans le cadre d'une activité économique industrielle, commerciale, agricole ou libérale par les industriels, commerçants, artisans, agriculteurs (personnes physiques ou morales), ainsi que les professions libérales.

4.1. Principes de comptabilisation de la TVA

En principe, cet impôt ne constitue pas une charge pour les entreprises, qui sont seulement des consommatrices intermédiaires et jouent le rôle de collecteur d'impôt. La plupart des opérations et transactions réalisées par les entreprises est soumise à cette taxe, à l'exception notable des exportations et livraisons intracommunautaires (exportations au sein de l'Union européenne) qui en sont exonérées pour favoriser le commerce international (le fournisseur établit ses factures hors taxes, tout en conservant la possibilité de déduire la TVA sur les dépenses engagées). En sont aussi exclus les frais postaux, les primes d'assurances, soumises par ailleurs à un impôt spécifique, ainsi que les charges financières supportées par l'entreprise qui a contracté un emprunt (les commissions relatives aux autres services bancaires sont en principe soumises à la TVA, qui est récupérable par l'entreprise).

En France continentale, les produits et activités soumis à la TVA sont passibles de plusieurs taux principaux (20 %, 10 % et 5,5 %) et d'un taux particulier (2,1 %). Ce dernier taux est notamment applicable aux médicaments remboursés par la Sécurité sociale ainsi qu'aux journaux et publications périodiques. Le taux réduit de 5,5 % s'applique en principe aux produits alimentaires ; celui intermédiaire de 10 % est valable pour les ventes à consommer sur place (à l'exception des boissons alcooliques) et certaines prestations de services, comme le transport de voyageurs ; quant au taux normal de 20 %, il s'applique à toutes les opérations imposables pour lesquelles un autre taux n'est pas expressément prévu. La TVA est calculée en appliquant au prix de vente net de réductions commerciales et financières le taux prévu par la loi :

Prix HT (hors taxes) + TVA = Prix TTC (toutes taxes comprises)

Ce mécanisme conduit ainsi à de simples mouvements de trésorerie que l'entreprise se doit de comptabiliser. La TVA collectée est celle qui est facturée au client en plus du prix de vente de la prestation ou des marchandises et que celui-ci versera à l'entreprise lors du paiement de la facture. Elle est reversée à l'État sous déduction de la taxe que l'entreprise a elle-même supportée à l'occasion des achats réalisés auprès de ses propres fournisseurs. La TVA déductible est celle que les fournisseurs de l'entreprise lui facturent, celle que l'entreprise se doit de leur payer et que l'État lui restitue par ce biais.

Cette collecte peut néanmoins être financièrement coûteuse pour l'entreprise, en raison de décalages. En effet, du fait des règles applicables en la matière, l'entreprise peut être amenée à reverser à l'État de la TVA qu'elle a déjà facturée mais non encore perçue de ses clients. Des fonds importants peuvent ainsi être mobilisés. Dans d'autres cas moins fréquents, la TVA peut procurer à l'entreprise une ressource quasi permanente. Cela dépend de la structure même de l'activité. Ces mouvements transitent par des comptes d'actif et de passif et n'affectent en aucun cas le compte de résultat, qui n'a pas à être influencé par la TVA (sauf exception : si la loi ne permet pas la déduction de la TVA, la charge est enregistrée TTC).

TVA à reverser à l'État = TVA collectée – TVA déductible

4.2. Enregistrement de la TVA collectée

Le montant hors taxes (HT) de la vente ou de la prestation apparaît seul dans le compte de résultat. La TVA collectée ne constitue en aucun cas un produit, mais une dette envers l'État.

Comptabilisation de la TVA collectée sur vente de marchandises

La société CC livre, le 15/05/2018, des marchandises à l'un de ses clients français et les facture pour un montant de 100 000 € (TVA à 20 %). Le client réglera dans 60 jours.

	Débit	Crédit
15/05/2018		
Clients (+ A)	120 000	
État, TVA collectée (+ P)		20 000
Vente de marchandises (– R)		100 000
Facture de vente de marchandises à crédit		

Les cessions d'immobilisations donnent lieu à une écriture qui relève de la même logique fiscale. Ainsi, l'entreprise qui a pu déduire la TVA à l'acquisition d'un bien immobilisé qu'elle revend par la suite doit soumettre à la TVA le prix de la vente. Mais tel n'est pas le cas, en principe, lorsque la TVA n'était pas déductible initialement.

Comptabilisation de la TVA collectée sur cession d'un élément d'actif

La société Caro cède, le 04/04/2018, un élément de son actif immobilisé au comptant pour un montant de 50 000 € (TVA à 20 %).

	Débit	Crédit
04/04/2018		
Banque (+ A)	60 000	
État, TVA collectée (+ P)		10 000
Produit de cession d'un élément actif (+ R)		50 000
Cession d'un élément actif au comptant		

En théorie, l'entreprise constate en comptabilité la TVA collectée en fonction des règles d'exigibilité de la taxe. L'exigibilité est définie comme le droit reconnu à l'État de réclamer au contribuable, à un moment donné, le paiement de la taxe. Elle détermine la période d'imposition à laquelle doit être rattaché le montant des opérations imposables qui donnent lieu à une déclaration, accompagnée du paiement, et, corrélativement, le droit à déduction qui prend naissance chez l'utilisateur des biens ou services acquis, importés ou livrés à soi-même.

Le droit à déduction prend naissance chez l'acquéreur dès l'instant où l'exigibilité est intervenue chez le vendeur.

Ces règles d'exigibilité diffèrent selon la nature de l'opération :

- **Dans le cas de biens meubles corporels**, la TVA est exigible dès la livraison des biens vendus. C'est donc la livraison du bien (sa remise matérielle à l'acheteur) qui entraîne cette exigibilité. En pratique, l'exigibilité correspond le plus souvent à la date de la facturation, la facture étant le plus souvent établie au moment de la livraison. Le règlement de la facture n'intervient en aucun cas sur l'exigibilité de la taxe.
- **Dans le cas de prestations de services**, la TVA est exigible au moment du paiement des prestations, lors de l'encaissement (total ou partiel) du prix, quelle que soit la date de réalisation ou encore de facturation de la prestation. Ce régime implique la prise en charge par l'État du crédit accordé aux clients. Le versement d'acomptes même antérieur à la réalisation de la prestation entraîne ainsi l'exigibilité de la taxe. Chaque paiement, de quelque nature que ce soit, est concerné. Pour l'acheteur, la TVA est déductible au moment du paiement du prix. Pour le vendeur, la TVA est collectée au moment de l'encaissement du règlement de l'acheteur. Un régime optionnel existe, qui évite un suivi complexe : l'option pour les débits. Lorsque le fournisseur exerce cette option, il mentionne sur ses factures la formule « TVA payée d'après les débits » (cette mention n'est plus obligatoire, bien que fondamentale pour les clients). La taxe devient alors exigible lors du débit du compte client (à l'occasion de l'inscription de la somme due à son compte), c'est-à-dire au moment de la facturation, au plus tard. Si des acomptes sont versés antérieurement à celle-ci, la taxe demeure exigible sur ces sommes.

4.3. Enregistrement de la TVA déductible

Seul le montant hors taxes de la dépense est enregistré en charge. La TVA payée aux fournisseurs ne constitue en aucun cas une charge, mais une créance vis-à-vis de l'État. Seules les entreprises qui réalisent des opérations situées dans le champ d'application de la TVA (entreprises assujetties à la TVA) peuvent exercer ce droit à déduction et récupérer la taxe acquittée aux fournisseurs (à moins qu'elles ne se livrent à des opérations certes dans le champ mais exonérées et n'ouvrant pas droit à déduction). La déduction est en principe autorisée dès lors que la dépense concourt à la réalisation de ces opérations, est engagée dans l'intérêt de l'entreprise et n'est pas exclue du droit à déduction ; il convient notamment que la dépense se rapporte à des biens affectés à l'exploitation. Au regard des conditions de forme, l'entreprise doit pouvoir produire une facture régulièrement établie, émanant du fournisseur et indiquant expressément le montant de la taxe acquittée (la facture constitue le document justificatif à la fois de l'écriture comptable et du droit à déduction). Par ailleurs, c'est seulement à compter de l'exigibilité de la taxe chez le fournisseur que le client pourra mettre en œuvre le droit à déduction.

Comptabilisation de la TVA déductible sur achat de marchandises

La société Basti a acheté, à crédit, des marchandises livrées le 15/05/2018 pour un montant de 100 000 € (TVA à 20 %).

	Débit	Crédit
15/05/2018		
Achat de marchandises (– R, – FP)	100 000	
État, TVA déductible sur biens et services (+ A)	20 000	
Fournisseurs (– P)		120 000
Facture d'achat de marchandises à crédit		

Ce type d'enregistrement n'est cependant pas valable si la TVA n'est pas déductible, par détermination de la loi, même si elle apparaît sur la facture. Dans ce cas, la dépense est enregistrée en charge pour son montant TTC (toutes taxes comprises). Si le bien constitue une immobilisation, cette dernière apparaîtra au bilan de l'entreprise pour le montant TTC, montant qui servira éventuellement de base de calcul pour l'amortissement du bien, s'il est naturellement amortissable. Cela ne concerne que des dépenses particulières énumérées par le Code général des impôts, par exemple les véhicules de tourisme, mais aussi les services qui s'y rapportent tels que la réparation de ces véhicules ou les dépenses supportées par les entreprises pour loger leurs dirigeants et leur personnel (cette exclusion n'est pas applicable aux dépenses relatives à la fourniture à titre gratuit du logement sur les chantiers ou dans les locaux d'une entreprise du personnel de gardiennage, de sécurité ou de surveillance). La non-déductibilité de la TVA qui a grevé la dépense en cause rend naturellement caduc le principe de neutralité normalement applicable dans le cadre du mécanisme de TVA retenu.

Achat d'actifs à TVA non déductible

La société Pouli achète à crédit, le 17/08/2018, deux véhicules : un véhicule utilitaire pour un montant de 14 400 € (dont 2 400 € de TVA) et un véhicule de tourisme pour 21 600 € (dont 3 600 € de TVA). L'acquisition de ces deux véhicules supporte de la TVA à 20 %.

	Débit	Crédit
17/08/2018		
Véhicule de tourisme (+ A)	21 600	
Véhicule utilitaire (+ A)	12 000	
État, TVA déductible sur immobilisations (+ A)	2 400	
Fournisseurs (– P)		36 000
Facture d'achat de véhicules à crédit		

☞

Application 7.11 (Suite)

Ces deux véhicules font l'objet d'une même réparation réglée le 17/01/2019 pour 200 € HT chacun (TVA à 20 %). Seule la TVA grevant la facture relative au véhicule utilitaire est déductible. Une charge globale de 200 + (200 × 1,2), soit 440 €, est donc comptabilisée.

	Débit	Crédit
17/01/2019		
Frais de réparation (– R)	440	
État, TVA déductible sur biens et services (+ A)	40	
Banque (– A)		480
Facture d'entretien des véhicules		

Plusieurs cas particuliers méritent d'être mentionnés :

- **Les livraisons à soi-même.** Une entreprise peut procéder à l'acquisition d'un bien auprès d'un tiers, mais elle peut aussi décider de le produire elle-même. Au plan fiscal, il s'agit d'assurer une égalité de traitement, afin d'éviter toute distorsion entre les entreprises qui achètent leurs immobilisations et celles qui les produisent elles-mêmes. La production d'une immobilisation constitue ainsi une livraison à soi-même qui s'analyse comme une double opération :
  - une opération de vente de l'entreprise à elle-même, qui est soumise à TVA et donnera lieu à constatation de TVA collectée ;
  - une opération d'achat de l'entreprise à elle-même, qui donne lieu à constatation de TVA déductible (si le bien ouvre droit à déduction).

  Cette double constatation s'opère à la date de mise en service de l'immobilisation et est neutre fiscalement, dès lors que le montant de la TVA collectée est identique à celui de la TVA déductible, sauf cas particulier.

Application 7.12

Livraison à soi-même

La société Gil fabrique un matériel pour ses propres besoins. À cet effet, elle a acquis en février 2018 divers biens pour une valeur de 1 500 € HT, enregistrés en charge. Grâce au travail des employés, le matériel est prêt et mis en service le 15/04/2018. Sa valeur est alors de 2 300 € HT.

	Débit	Crédit
15/04/2018		
Immobilisation (+ A)	2 300	
TVA déductible sur immobilisations (+ A)	460	
Production immobilisée (+ R)		2 300
État, TVA collectée (+ P)		460
Livraison à soi-même d'un matériel		

- **Les importations.** Elles sont soumises à la TVA française, qui est payée à l'administration des douanes lors du passage des biens à la frontière. Elle est déductible dans les conditions de droit commun.

- **Les acquisitions intracommunautaires.** Il s'agit d'importations au sein de l'Union européenne. Elles sont taxées dans le pays d'accueil depuis l'instauration du régime (provisoire) de TVA intracommunautaire en 1993. L'acheteur réalise ainsi une opération pour laquelle il collecte et déduit simultanément de la TVA, dans les conditions de droit commun.

Opérations soumises à la TVA intracommunautaire

La société VG achète à crédit des marchandises auprès d'un fournisseur allemand, pour un montant de 100 000 € HT. Elles lui sont livrées le 07/03/2018.

Le fournisseur réalise, quant à lui, une livraison intracommunautaire exonérée de TVA.

	Débit	Crédit
07/03/2018		
Achat intracommunautaire de marchandises (– R)	100 000	
TVA déductible intracommunautaire (+ A)	20 000	
Fournisseurs Union européenne (+ P)		100 000
TVA due intracommunautaire (+ P)		20 000
Acquisition intracommunautaire de marchandises		

4.4. Enregistrement de la déclaration de TVA en fin de mois

Le calcul du montant de la TVA à reverser à l'État est effectué périodiquement, en principe au terme de chaque mois, par compensation entre la TVA collectée et la TVA déductible de la période considérée. La déclaration, qui se fait en principe par voie électronique (*via* Internet), reprend :

- la TVA collectée sur l'ensemble des ventes et prestations effectuées au cours du mois ;
- la TVA déductible sur les immobilisations acquises durant le mois ;
- la TVA déductible sur les autres biens et services (ABS) du mois.

Cette déclaration résume la position de l'entreprise vis-à-vis de l'administration. Son enregistrement comptable se fait en soldant les comptes correspondants pour faire apparaître la dette ou la créance globale vis-à-vis de l'État (voir figure 7.7).

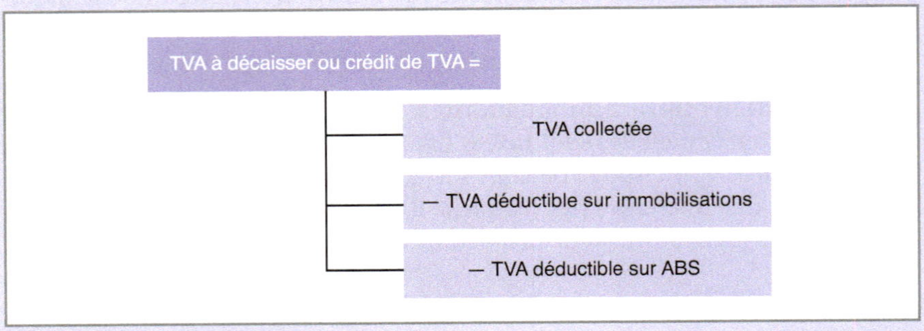

Figure 7.7 • Décompte de TVA.

Application 7.14

Déclaration de TVA

En janvier 2018, la société Marie a collecté 100 000 € de TVA ; elle a déduit 20 000 € de TVA sur ses achats d'immobilisations et 35 000 € sur ses achats d'autres biens et services. Elle enregistre ainsi la déclaration fin janvier :

	Débit	Crédit
31/01/2018		
État, TVA collectée (– P)	100 000	
État, TVA déductible sur immobilisations (– A)		20 000
État, TVA déductible sur ABS (– A)		35 000
TVA à décaisser (– P)		45 000
Enregistrement de la déclaration du mois de janvier 2018		

Si la TVA collectée excède le montant global de TVA déductible, l'entreprise se trouve en situation de dette vis-à-vis de l'État. La déclaration est, dans ce cas, accompagnée du règlement correspondant, qui doit intervenir au plus tard le 25 du mois suivant. Les entreprises doivent désormais souscrire leur déclaration et télérégler la TVA due par voie électronique. Le paiement solde alors le compte de TVA à décaisser par le crédit d'un compte de trésorerie.

Application 7.15

Paiement de la TVA à décaisser

Au plus tard le 25/02/2018, la société Marie paie sa dette à l'État de 45 000 €.

	Débit	Crédit
25/02/2018		
État, TVA à décaisser (– P)	45 000	
Banque (– A)		45 000
Paiement de la TVA à décaisser du mois de janvier 2018		

Si, à l'inverse, le montant de la TVA déductible est supérieur au montant de la TVA collectée, l'entreprise se trouve en situation de crédit de TVA. Il s'agit donc d'une créance sur l'État.

Déclaration de TVA (2)

En janvier 2018, la société Cali a collecté 50 000 € de TVA ; elle a déduit 20 000 € de TVA sur ses achats d'immobilisations et 35 000 € sur ses achats d'autres biens et services. Elle enregistre ainsi la déclaration fin janvier :

	Débit	Crédit
31/01/2018		
État, TVA collectée (– P)	50 000	
État, crédit de TVA (+ A)	5 000	
État, TVA déductible sur immobilisations (– A)		20 000
État, TVA déductible sur ABS (– A)		35 000
Constatation du crédit de TVA de janvier 2018 à reporter		

Ce crédit de TVA viendra en diminution de la TVA due au titre du mois suivant.

Déclaration de TVA (2) (suite)

En février 2018, la société Cali a collecté 90 000 € de TVA et déduit 45 000 € de TVA sur ses achats. Elle n'a acquis aucune immobilisation sur cette période. Elle enregistre la déclaration fin février. Elle dispose du crédit de TVA de 5 000 € résultant des opérations de janvier.

	Débit	Crédit
28/02/2018		
État, TVA collectée (– P)	90 000	
État, TVA déductible sur ABS (– A)		45 000
État, crédit de TVA (– A)		5 000
État, TVA à décaisser (– P)		40 000
Enregistrement de la déclaration de TVA de février 2018		

Ce crédit peut aussi, dans certains cas, donner lieu à remboursement. Deux modalités de remboursement existent. La première est annuelle, lorsque le crédit dégagé au terme de l'année civile excède 150 €. La deuxième est possible, depuis 2009, au terme de chaque mois, dès lors que la demande porte sur un montant minimal de 760 € pour l'un des onze premiers mois de l'année.

Annexe : Taux effectif d'imposition

La politique fiscale de l'entreprise peut présenter un effet positif durable sur son taux effectif d'imposition (TEI) et la gestion de sa trésorerie. La gestion de ce taux est créatrice de valeur et relève de la performance fiscale de l'entité.

Un indicateur financier

Le TEI est un indicateur financier qui mesure la capacité de l'entreprise à optimiser sa charge fiscale ; il est déterminé par le rapport entre la somme des impôts exigibles et différés constatés dans les comptes consolidés d'une entité et le résultat comptable avant impôts de cette dernière. L'importance croissante accordée aux impôts différés confère à ce taux un intérêt tout particulier. Cette importance se justifie par la volonté de prendre en considération l'impôt relatif à l'ensemble des opérations de l'exercice qui peuvent générer à terme, et non simplement au cours de la période considérée, des économies ou des dettes d'impôts. Cette technique permet en fait de saisir toutes les conséquences fiscales futures du recouvrement des actifs ou des passifs figurant au bilan.

Un outil de gestion

La gestion du TEI comme outil traduisant l'impact fiscal des décisions de l'entreprise relève d'une démarche de suivi de la performance fiscale. L'optimisation du TEI doit impérativement s'inscrire dans une perspective de moyen et long terme et éviter les montages fiscalement efficaces mais ponctuels qui peuvent induire des effets négatifs dès l'année suivante. Une telle gestion doit crédibiliser la politique fiscale de l'entreprise et rassurer ses interlocuteurs, l'objectif recherché étant la maîtrise de cette politique globalement orientée vers une réduction progressive mais non agressive du TEI. Si cette politique prend une importance toute particulière en matière de flux intragroupe et davantage encore en cas de présence à l'étranger, elle doit toujours reposer sur des schémas respectant les équilibres opérationnels. L'ingénierie fiscale doit ainsi s'adapter aux projets de l'entreprise afin d'en assurer la viabilité et la pérennité (l'aspect fiscal ne peut qu'être un accélérateur de la rentabilité du projet mais ne doit naturellement pas le conduire).

Un vecteur de communication fiscale

L'information relative au TEI est sensible. Une augmentation du revenu net par action de 1,5 à 2 % peut être obtenue par une réduction de 1 % du TEI, alors qu'une hausse de 10 % du chiffre d'affaires est en règle générale nécessaire pour atteindre un objectif équivalent (*Revue Droit Fiscal*, n° 43, 2005).

Il s'agit d'une information qui peut être utilisée par les différentes parties prenantes, du fait même de l'influence de l'impôt sur le résultat net obtenu de l'entité, pour, notamment, en apprécier sa valeur ; la valorisation qu'elles peuvent être conduites à effectuer est sans conteste influencée par une charge d'impôt significative que retranscrit un taux effectif élevé. Ce ratio peut leur permettre d'étudier si l'entité a utilisé tous les leviers possibles pour diminuer son résultat fiscal et ainsi de se livrer à des études comparatives sectorielles ; il leur permet aussi de mesurer le degré de risque, mais également la qualité de la stratégie fiscale adoptée.

La notion même de performance fiscale demeure néanmoins relative ; elle ne peut que s'apprécier dans le temps (d'une année sur l'autre, l'évolution est certainement plus significative que la situation à un instant *t*), dans l'espace (par rapport à d'autres entreprises aux caractéristiques similaires) mais aussi par rapport à la performance globale de l'entreprise.

Le taux effectif d'imposition tend à devenir un indicateur de référence pour mesurer l'efficacité de la stratégie fiscale et de la gestion opérationnelle courante. Il n'apparaît cependant que dans peu de rapports annuels encore, et sa portée exacte demeure floue. Un tel indicateur, pris isolément, ne peut en lui-même infléchir la politique de l'entreprise ; cette globalité peut aussi cacher des situations très disparates entre les entreprises d'un même groupe, que seule une analyse plus approfondie par entité (et pays par pays éventuellement) peut véritablement révéler.

Résumé

Les entreprises sont des contribuables sujets à une variété d'impôts. Elles doivent bien connaître la nature de ces prélèvements pour mieux les gérer, d'autant plus qu'elles peuvent aussi en assurer le recouvrement pour le compte de l'État (TVA). Il convient principalement de distinguer l'imposition du bénéfice de celle du chiffre d'affaires. Toutefois, l'entreprise est soumise à d'autres impositions, notamment celle sur les salaires.

L'impôt constitue une dépense à enregistrer dans les comptes. Une seule norme internationale relative à l'impôt existe : l'IAS 12. Cette norme précise la comptabilisation, l'évaluation et la présentation de l'impôt sur les bénéfices dans les états financiers. Elle porte sur tous les impôts nationaux ou étrangers basés sur le résultat imposable.

L'impôt sur les sociétés est calculé à partir d'une base qui n'est pas le résultat comptable proprement dit, mais le résultat fiscal, qui découle lui-même du résultat comptable. La différence résulte de rectifications dites « extracomptables », qui permettent le passage de l'un à l'autre. Ces retraitements constituent soit des réintégrations, qui majorent le résultat fiscal, soit des déductions, qui le minorent.

Une charge comptabilisée en tant que telle, mais non reconnue fiscalement, est ainsi réintégrée. Cette charge qui obère le résultat comptable ne peut diminuer le résultat fiscal. Comme elle ne constitue pas une charge au sens fiscal du terme, elle ne peut pas être prise en compte à ce niveau. Les déductions peuvent concerner des produits qui auraient été comptabilisés alors qu'ils ne sont pas imposables en tout ou partie au cours de la période d'imposition, ou des charges non comptabilisées au cours de la période alors qu'elles sont déductibles du résultat imposable.

Le résultat fiscal représente ainsi la différence entre les produits imposables et les charges déductibles. Une dépense non déductible fiscalement n'en constitue pas moins une charge sur le plan comptable, qui doit être enregistrée en tant que telle afin que la comptabilité reflète le plus fidèlement possible la situation de l'entreprise.

L'impôt exigible constitue une charge de l'exercice et il est calculé par application d'un taux sur cette base. Il s'agit du taux en vigueur à la date de clôture. L'impôt est payable d'avance au moyen de quatre acomptes calculés par rapport au résultat fiscal de l'exercice précédent.

Selon la norme IAS 12, la charge d'impôt ne se limite cependant pas à l'impôt exigible ou courant, mais inclut aussi l'impôt différé. La prise en compte généralisée de l'impôt différé se justifie par la volonté de prendre en considération l'impôt relatif à l'ensemble des opérations de l'exercice qui peuvent générer à terme – et non simplement au cours de la période considérée – des économies ou des dettes d'impôts. Cette technique permet de saisir toutes les conséquences fiscales futures du recouvrement des actifs ou des passifs figurant au bilan et de gommer ainsi les distorsions qui existent entre le résultat comptable et le résultat fiscal. Aucune considération fiscale ne vient alors « polluer » l'image de la situation économique de l'entité. Les impôts différés correspondent aux flux futurs d'impôt auxquels l'entreprise sera assujettie au titre de :

- différences entre les valeurs comptable et fiscale d'un actif ou d'un passif ;
- reports déficitaires (ou de crédits d'impôts reportés) en avant.

Ces différences temporelles résultent d'opérations déjà réalisées par l'entreprise, ayant des conséquences fiscales positives ou négatives, autres que celles déjà prises en considération pour le calcul de l'impôt exigible, et appelées à se manifester par une différence future entre le résultat comptable et le résultat fiscal de l'entreprise.

Un passif d'impôt différé est ainsi comptabilisé pour toutes les différences temporelles imposables, sauf exceptions. Il s'agit des différences qui généreront des montants imposables dans le futur. Il s'agit d'une charge d'impôt futur.

Un actif d'impôt différé doit, quant à lui, être comptabilisé pour toutes les différences temporelles déductibles, dans la mesure où un bénéfice imposable, sur lequel imputer ces différences, sera probablement disponible. Il s'agit de différences qui généreront des montants déductibles dans le futur pour la détermination du résultat imposable, c'est-à-dire d'une économie d'impôt futur.

L'imposition du chiffre d'affaires relève d'une tout autre logique fiscale. La TVA ne constitue pas un impôt en tant que tel pour l'entreprise, sauf cas particuliers. L'entreprise joue, à ce niveau, le rôle de collecteur d'impôt, d'un impôt que le consommateur final supportera, seul en principe, *in fine*. Elle collecte de la TVA sur ses ventes et prestations de services. Elle déduit de ce montant la TVA qu'elle a payée sur ses propres achats d'immobilisations ou d'autres biens et services (sauf si la loi interdit cette déduction). Si la différence est positive, elle la reverse à l'État. À défaut, elle détient une créance sur ce dernier. Tous ces mouvements n'affectent pas le compte de résultat de l'entreprise, mais uniquement des comptes de tiers (c'est-à-dire actif ou passif). Ce mécanisme conduit ainsi en principe à de simples mouvements de trésorerie, que l'entreprise doit comptabiliser.

Activités

1. Comptabilisation de l'impôt sur les bénéfices

La SA Loupie a réalisé un résultat comptable avant impôts de 53 400 € en 2017. Elle a comptabilisé au cours de cet exercice, clos le 31 décembre :

- des dépenses de chasse engagées pour ses meilleurs clients pour 1 500 € ;
- des amendes pour 100 €.

Elle a, en outre, constaté un produit de 10 000 € qui, fiscalement, ne sera imposable que lors de l'exercice suivant.

Calculez et enregistrez l'impôt dû par la société Loupie au titre de ses opérations de 2017.

2. Comptabilisation des acomptes fiscaux

La société LN a réalisé un bénéfice fiscal de 3 000 000 € en 2017 et de 4 500 000 € en 2018. L'exercice de cette société est clos le 31 décembre de chaque année.

1. Calculez les acomptes à payer en 2019, puis envisagez deux hypothèses :
   - Le bénéfice fiscal de 2019 est de 6 000 000 €.
   - L'exercice 2019 est déficitaire.

2. Enregistrez les écritures correspondantes.

3. Détermination du bénéfice fiscal

La société PC présente la situation suivante au 31/12/2018 :

- un résultat comptable avant impôts de 250 000 € ;
- une créance sur l'État du fait des acomptes versés en 2018 sur l'impôt sur les bénéfices de 2018 à hauteur de 100 000 € ;
- un résultat fiscal de 390 000 €.

Déterminez le bénéfice fiscal de 2017 et indiquez la situation de la société PC après calcul de l'impôt dû au titre de 2018.

4. Comptabilisation de l'impôt différé

La société Guillemette a comptabilisé, en N, une amende de 10 000 € et une provision liée à une opération de restructuration ; cette provision d'un montant de 150 000 € n'a pas de caractère déductible. Les charges auxquelles correspond cette opération présentent, quant à elles, ce caractère, par hypothèse, au titre de l'exercice de leur engagement.

Comptabilisez l'éventuel impôt différé lié à ces deux situations.

5. Constatation d'un impôt différé sur un élément d'actif

La société Caroline a acquis en janvier 2018 une immobilisation d'une valeur de 100 000 €, qu'elle a décidé d'amortir linéairement sur une durée d'utilisation de dix années, soit 10 000 € par an. Sur le plan fiscal, il convient de retenir un amortissement linéaire sur une durée d'usage de huit années, soit 12 500 € par an.

1. Indiquez l'éventuel impôt différé lié à cette immobilisation au 31/12/2019, après inventaire.
2. Présentez les conséquences potentielles de la cession de l'immobilisation par la société Caroline à la même date.

6. Constatation d'un impôt différé sur un élément de passif

La société Philéas a comptabilisé une provision pour retraite de ses salariés ; celle-ci figure, au passif de son bilan, à hauteur de 450 000 € au 31/12/2018.

Indiquez l'éventuel impôt différé lié à cette provision.

7. Base de calcul de la TVA collectée, opérations sur marchandises

L'entreprise Caro achète des marchandises pour les revendre. Au cours du mois de mars 2018, elle a :

- reçu pour 400 000 € HT de commandes de marchandises ;
- livré des marchandises pour un montant de 300 000 € HT ;
- facturé des marchandises pour un montant de 600 000 € HT ;
- encaissé une somme de 900 000 €.

Sur quelle base l'entreprise calculera-t-elle la TVA collectée du mois de mars 2018, à 20 % ?

8. Base de calcul de la TVA collectée et prestation de services

L'entreprise Cal est prestataire de services. Au cours du mois de mars 2018, elle a :

- établi des devis de prestations pour 400 000 € HT ;
- réalisé des prestations pour un montant de 300 000 € HT ;
- facturé des prestations pour un montant de 600 000 € HT ;
- encaissé une somme de 900 000 €.

Sur quelle base l'entreprise calculera-t-elle la TVA collectée du mois de mars 2018, à 20 % ?

9. Calcul de la TVA à décaisser

L'entreprise Coco a livré des marchandises, au cours du mois de décembre 2017, pour un montant de 100 000 € HT, et acquis des biens et services pour un montant de 150 000 € HT (dont 20 000 € pour lesquels la TVA n'est pas déductible).

Déterminez le montant de la TVA à décaisser au titre de ce mois et enregistrez l'écriture correspondante.

Chapitre 8

Regroupement d'entreprises

La stratégie de croissance conduit à mener des opérations de rapprochement ; les modalités sont variées pour atteindre les objectifs d'intégration verticale ou horizontale. Beaucoup de sociétés entretiennent entre elles des liens étroits de nature capitalistique, contractuelle ou autre. Dans la plupart des cas, les opérations réalisées entre les sociétés concernées ne se font alors plus aux conditions de marché telles qu'elles existeraient entre des tiers indépendants. Dans une telle situation, les comptes annuels des sociétés ne reflètent pas la réalité économique. Une représentation des activités, de la structure financière, des performances, des flux de trésorerie de l'ensemble des sociétés liées, dénommé **groupe**, est indispensable. Les investisseurs et les autres partenaires sont ainsi plus à même de porter un diagnostic, d'apprécier la valeur de leur investissement et de mesurer les risques.

Groupe : société mère et toutes ses filiales.

Les **comptes consolidés** ont pour finalité de donner une image de la situation financière et des transactions réalisées par l'ensemble économique constitué de sociétés juridiquement indépendantes, bien que le droit n'accorde pas la personnalité au groupe. Ainsi, ces comptes recensent seulement les transactions, les participations et toute autre opération avec des entités extérieures au groupe.

Comptes consolidés : états financiers d'un groupe présentés comme ceux d'une entreprise unique.

Les opérations réalisées entre les sociétés qui appartiennent au groupe sont donc éliminées. Il ne suffit alors pas d'additionner les valeurs des différents bilans, comptes de résultat et autres tableaux de synthèse pour établir des états consolidés. Il faut mettre en place un procédé de correction des comptes, afin que ceux-ci ne comprennent plus d'opérations intragroupes et présentent seulement l'image fidèle de l'entité économique « groupe ». Ce procédé s'appelle la consolidation.

Ce chapitre présente tout d'abord les différents types de liens existant entre sociétés. Puis, il précise l'obligation de présenter des états financiers consolidés et définit le périmètre et les méthodes. Enfin, il précise l'allocation du coût d'acquisition des filiales (voir figure 8.1).

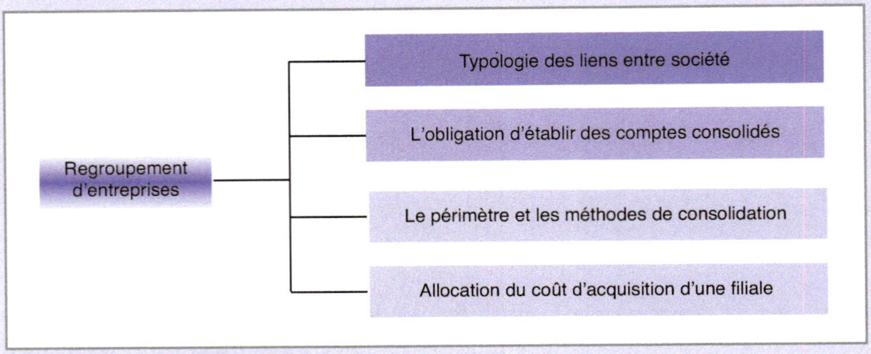

Figure 8.1 • Passage des comptes individuels aux comptes consolidés.

1. Typologie de liens entre sociétés

La nécessité d'établir des **comptes consolidés** et la méthode de consolidation sont fonction du degré de liaison entre les entités. Il en existe trois types :

- le contrôle (IFRS 10)[1] ;
- le contrôle conjoint (IFRS 11) ;
- l'influence notable (IAS 28).

1.1. Contrôle

Jusqu'en 2012, la notion de contrôle était définie par l'IAS 27. Selon cette norme, le **contrôle** était le pouvoir de diriger les politiques financière et opérationnelle d'une entité afin d'obtenir des avantages de ses activités. Depuis 2013, l'IFRS 10 propose une définition plus large. Selon cette norme, le contrôle d'un investisseur sur une entité se caractérise par l'exposition ou le droit à des rendements variables par son implication dans l'entité et sa capacité à impacter ses rendements par son pouvoir sur l'entité. La société qui contrôle est appelée **société mère** et la société contrôlée est appelée **filiale**.

Pour évaluer le contrôle, trois conditions doivent être réunies :

- détenir le pouvoir, c'est-à-dire la capacité de diriger les activités significatives de manière exclusive ;
- avoir des droits ou être exposé à des rendements variables, c'est-à-dire percevoir des dividendes, des revenus de prestations, accéder à des économies d'échelle ou autres ressources ;
- utiliser son pouvoir pour influencer ou affecter le rendement.

Dans tous les cas, le dirigeant doit prendre en considération tous les faits et circonstances liés au contrôle.

1. En France, on parle souvent de « contrôle exclusif » pour mieux le distinguer du contrôle conjoint.

C'est le lien le plus fort qui puisse exister entre sociétés, car la filiale se trouve entièrement sous la domination de la société mère et se fond dans le **groupe** en perdant toute autonomie de gestion.

L'appropriation du pouvoir par la société mère peut revêtir différentes modalités qui suggèrent plusieurs hypothèses de contrôle :

- le contrôle de droit ;
- le contrôle de fait ;
- le contrôle contractuel.

1.1.1. Contrôle de droit

Le contrôle de droit résulte de la détention directe ou indirecte de la majorité des droits de vote de la filiale. Cela impose de recenser les droits de vote et non pas uniquement le nombre de titres détenus. L'écart entre le nombre de droits de vote et le nombre d'actions peut notamment résulter des cas suivants :

- Des actions à droit de vote double ou multiple, accordées par exemple aux investisseurs qui manifestent l'intention de s'impliquer dans la gestion de la société.
- Des actions sans droit de vote, qui bénéficieront alors d'un dividende prioritaire.
- Des droits de vote potentiels, qui, après vérification de leurs conditions d'exercice, peuvent résulter, par exemple, d'obligations remboursables ou convertibles en actions.
- La détention de la majorité des droits de vote peut être obtenue en vertu d'un accord avec d'autres investisseurs, généralement appelé « pacte d'actionnaires » dans les sociétés anonymes.

Le cumul des droits de vote détenus directement ou indirectement par la société mère permet de déterminer le pourcentage de contrôle. En revanche, le pourcentage d'intérêt reflète la part d'une société dans le capital d'une autre société et, ainsi, son droit au dividende. Il diffère du pourcentage de contrôle, notamment dans le cas de participations indirectes.

Participation directe : une entreprise détient une participation directe dans une autre si elle possède dans ses comptes une part des actions de la seconde entreprise considérée.

Participation indirecte : une entreprise détient une participation indirecte dans une autre si une de ses filiales possède dans ses comptes une part des actions de la seconde entreprise considérée.

Application 8.1

Pourcentage de contrôle

La figure 8.2 présente les liens de participation entre les sociétés Max, Nick et Sam. Les valeurs indiquent les droits de vote.

Max contrôle directement 70 % des parts de Nick et dispose ainsi du contrôle de Nick. Par ailleurs, Max contrôle aussi directement 20 % des parts de Sam, ce qui ne lui en procure pas le contrôle.

Nick contrôle directement 60 % des parts de Sam et dispose ainsi du contrôle de cette société. Puisque Max contrôle Nick, Max contrôle indirectement les parts que détient Nick dans Sam. Si on les additionne aux 20 % en contrôle direct, Max contrôle ainsi 80 % des droits de vote de Sam.

Bien que le pourcentage de contrôle de Max dans Sam s'élève à 80 %, son pourcentage d'intérêt est bien inférieur : il correspond à l'addition des 20 % de participation directe et de 70 % des 60 % (= 42 %) à travers la participation indirecte, soit un total de 62 % de pourcentage d'intérêt de Max dans Sam.

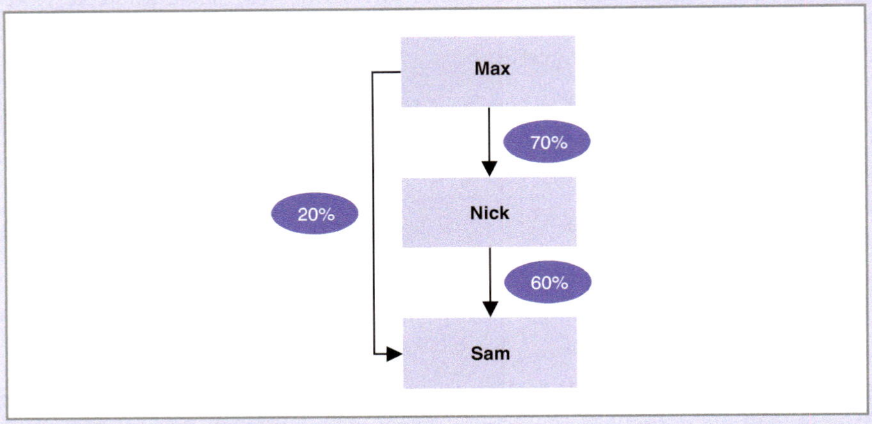

Figure 8.2 • Liens de participation dans le groupe Max.

1.1.2. Contrôle de fait

Une société qui ne possède pas la majorité des droits de vote peut quand même contrôler une autre société, à travers ce qu'on appelle le **contrôle de fait**. En effet, la dispersion de l'actionnariat et le comportement de certains investisseurs (fonds de pension, sociétés de capital-risque, etc.) lui permettent de disposer :

- Du pouvoir sur plus de la moitié des droits de vote, en vertu d'un accord avec d'autres investisseurs[2].
- Du pouvoir de diriger les politiques financière et opérationnelle de l'entité.
- Du pouvoir de nommer ou de révoquer la majorité des membres du conseil d'administration (ou de l'organe de direction équivalent), si celui-ci exerce le contrôle de l'entité.
- Du pouvoir de réunir la majorité des droits de vote dans les réunions du conseil d'administration (ou de l'organe de direction équivalent), si celui-ci exerce le contrôle de l'entité.

L'exemple de Bouygues (voir figure 8.3) et de sa filiale TF1 illustre bien l'exercice du contrôle avec moins de 50 % des droits de vote[3]. Le pouvoir de diriger les politiques financières et opérationnelles s'appelle alors le **contrôle en substance**.

2. Le dispositif français prévoit aussi une présomption de contrôle de fait. Lorsque l'entreprise consolidante détient entre 40 % et 50 % des droits de vote d'une entreprise et qu'aucun autre actionnaire ne détient autant d'actions, il n'y a pas besoin de prouver le contrôle.

3. Pour plus de détails sur le fonctionnement de l'intégration globale mentionnée dans l'extrait, voir plus loin dans ce chapitre.

Sociétés contrôlées par Bouygues

Les sociétés sur lesquelles Bouygues exerce le contrôle sont consolidées.

Appréciation du contrôle exclusif sur TF1 :

- Au 31 décembre 2017, Bouygues détient directement ou indirectement 43,81 % du capital et des droits de vote de TF1. Le groupe Bouygues détient le contrôle sur TF1 dans la mesure où tous les éléments ci-dessous sont réunis :
  Il détient le pouvoir de diriger les activités pertinentes. Le groupe Bouygues :
  – détient de façon continue et régulière une forte majorité des droits de vote en assemblée générale des actionnaires de TF1 et aucun autre actionnaire ne détient directement ou indirectement une fraction de droits de vote supérieure à celle détenue par le groupe Bouygues ;
  – détermine seul les décisions en assemblée générale sur une période d'au moins deux exercices successifs.
- Il est exposé ou a droit à des rendements variables. Avec 43,81 % de détention, le groupe Bouygues est fortement exposé aux rendements variables de TF1 (dividendes).
- Il a la capacité d'exercer son pouvoir de manière à influer sur le montant des rendements qu'il obtient. En effet, le groupe Bouygues :
  – détient cinq postes d'administrateurs au sein du conseil d'administration de TF1 sur les onze postes d'administrateurs ;
  – joue un rôle prépondérant dans la nomination des principaux dirigeants de TF1, les deux membres du comité de sélection sont des représentants du groupe Bouygues.

Figure 8.3 • Extrait du document de référence 2017, Bouygues (note 2.3, p. 259).

1.1.3. Contrôle contractuel

La société mère détient le contrôle, en vertu de clauses contractuelles ou statutaires. Ce **contrôle contractuel** existe en l'absence de détention de droits de vote ou même de tout lien en capital. Il n'est pas nécessaire que la société mère soit actionnaire ou associée.

Le **contrôle contractuel** est le contrôle obtenu en vertu de clauses contractuelles ou statutaires.

Les critères retenus pour la mise en œuvre des IFRS privilégient la traduction de la substance des opérations et non leur apparence. En effet, certains groupes sortent de leur bilan des équipements, de l'immobilier, des créances ou, plus fréquemment, des dettes, pour en confier la gestion à des entités *ad hoc* peu transparentes. Cette pratique est nommée « opération de dé-consolidation ». En réalité, l'analyse approfondie des clauses des contrats fait émerger les intentions réelles des sociétés. Ainsi, les groupes doivent intégrer dans les comptes consolidés les actifs et les passifs des entités même sans lien juridique apparent.

1.1.4. Entités ad hoc

Le cas des entités *ad hoc* et les critères définis dans ce contexte pour identifier un lien de contrôle illustrent les principes retenus par les normes IFRS. On s'aperçoit ainsi qu'il faut d'abord bien comprendre l'objectif poursuivi par la norme pour mieux appréhender la notion de contrôle.

Une société, ou plus généralement une entité, peut être créée dans un objectif limité et précis. Une telle entité *ad hoc* peut prendre la forme d'une société commerciale ou même d'une entité sans personnalité morale d'un GIE (Groupe d'intérêt économique). Le contrôle d'une telle entité peut exister même si la société mère ne détient qu'une faible part, voire aucune, de ses capitaux propres.

Application 8.2

Contrôle et entités *ad hoc*

La notion de contrôle a évolué, notamment suite à l'affaire Enron.

Fin 2001, le courtier en énergie américain Enron annonçait des résultats en forte baisse. Cela déclencha notamment le remboursement immédiat d'emprunts accordés à des entités *ad hoc*, dont la communauté financière n'avait pas connaissance. Plusieurs milliers d'entités *ad hoc* apparurent ainsi, totalisant des dizaines de milliards de dollars de dettes pour le groupe, jusque-là invisibles. Cette affaire fut un véritable détonateur : les autorités comptables et financières formulèrent alors des conditions plus rigoureuses imposant dorénavant la consolidation de ce type d'entités.

Selon SIC 12, qui était en vigueur jusqu'en 2012, cinq critères pouvaient indiquer une relation dans laquelle une entreprise contrôlait une entité *ad hoc* et devait, en conséquence, la consolider.

- L'entité *ad hoc* exerce des activités prédéterminées qui sont imposées par ses statuts. Elle ne peut donc ni en abandonner ni en ajouter d'autres.
- En substance, les activités de l'entité *ad hoc* sont menées pour le compte de l'entreprise selon les besoins opérationnels spécifiques, afin que l'entreprise obtienne les avantages de l'entité *ad hoc*.
  - L'entité *ad hoc* est principalement destinée à procurer une source de financement à long terme à une entreprise ou un financement pour supporter les opérations courantes ou centrales de l'entreprise.
  - L'entité *ad hoc* fournit des biens et des services cohérents avec les opérations courantes principales et centrales de l'entreprise. Sans elle, l'entreprise aurait dû les fournir par elle-même.
- En substance, l'entreprise a les pouvoirs de décision pour obtenir la majorité des avantages des activités de l'entité *ad hoc* ou, en mettant en place un mécanisme « de pilotage économique », elle a délégué ces pouvoirs de décision.

  Exemples :
  - le pouvoir unilatéral de dissoudre une entité *ad hoc* ;
  - le pouvoir de modifier les statuts ou le règlement intérieur de l'entité *ad hoc* ;
  - le pouvoir d'opposer son droit de veto aux propositions de modifications des statuts ou du règlement intérieur de l'entité *ad hoc*.
- En substance, l'entreprise a le droit d'obtenir la majorité des avantages de l'entité *ad hoc* et, par conséquent, peut être exposée aux risques liés aux activités de l'entité *ad hoc*.

  Exemples :
  - les droits à une majorité des avantages économiques distribués par une entité sous la forme de flux nets de trésorerie futurs, de bénéfices, d'actifs nets ou d'autres avantages économiques ;
  - les droits à une majorité des intérêts résiduels dans les distributions résiduelles planifiées ou dans la liquidation de l'entité *ad hoc*.

- En substance, l'entreprise conserve la majorité des risques résiduels ou inhérents à la propriété relatifs à l'entité *ad hoc* ou à ses actifs, afin d'obtenir des avantages de ses activités.

  Exemples :

  – Les apporteurs de capitaux n'ont pas de part d'intérêt significative dans les actifs nets sous-jacents de l'entité *ad hoc*.

  – Les apporteurs de capitaux n'ont aucun droit sur les avantages économiques futurs de l'entité *ad hoc*.

  – Les apporteurs de capitaux ne sont pas, véritablement, exposés aux risques relatifs nets sous-jacents ou aux opérations de l'entité *ad hoc*.

  – En substance, les apporteurs de capitaux reçoivent principalement une rémunération équivalente à un rendement procuré par une part d'emprunt ou en capital à un prêteur.

Lorsqu'une seule de ces cinq conditions était remplie, l'entreprise ou l'entité *ad hoc* devait être consolidée. La figure 8.4 résume les critères utilisés pour la détermination du contrôle d'une entreprise dans une entité *ad hoc*.

Depuis l'application d'IFRS 10 en 2013, ces précisions fournies par SIC 12 ne sont plus nécessaires, car incluses dans la définition plus large du contrôle d'IFRS 10. Le plus souvent, cela n'a donc pas d'impact significatif sur la composition du périmètre de consolidation. Toutefois, ces critères de SIC 12 documentaient bien l'esprit de l'ancienne et de la nouvelle norme et illustrent bien la substance économique de la notion de contrôle.

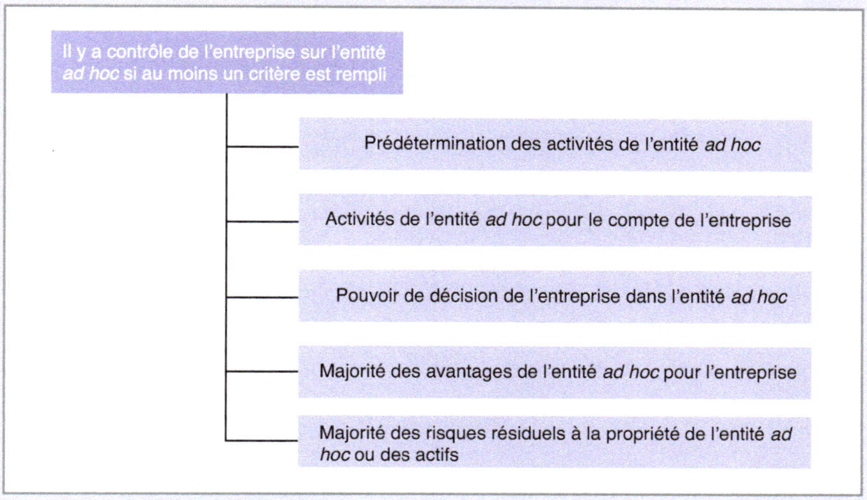

Figure 8.4 • Contrôle des entités *ad hoc*.

1.2. Contrôle conjoint

Lorsque deux sociétés (ou plus) contrôlent ensemble une autre entreprise, on parle d'un contrôle conjoint. Aucune décision ne peut être prise par une partie des associés ou par un seul d'entre eux, et aucun associé n'est en mesure d'imposer ses décisions aux autres. Le contrôle conjoint n'existe que s'il est prévu que les décisions stratégiques, financières et opérationnelles doivent être prises à l'unanimité des coentrepreneurs. Ainsi, le contrôle conjoint ne se matérialise pas toujours par l'égalité des taux de participation ou des droits de vote des partenaires. Le partage du pouvoir n'est pas nécessairement lié à la répartition du financement et de l'exploitation de l'entité entre les coentrepreneurs. Cette situation est peu fréquente et les associés qui se partagent le contrôle sont le plus souvent au nombre de deux ou trois.

Concernant les opérations de partenariat, l'IFRS 11 exige que l'analyse repose davantage sur les droits et les obligations plutôt que sur sa seule forme légale. La norme établit une distinction entre les activités communes (« *joint operations* ») et les coentreprises (« *joint ventures* ») :

- Une activité commune est un accord conjoint par lequel les parties qui exercent un contrôle conjoint ont des droits sur les actifs et des obligations au titre des passifs.
- Une coentreprise est un accord conjoint par lequel les parties qui exercent un contrôle conjoint ont des droits sur les actifs nets de l'accord. Un coentrepreneur doit ainsi enregistrer sa participation dans l'entité faisant l'objet de l'accord.

La norme est basée sur le principe que chaque partie ayant un partenariat comptabilise ses droits et ses obligations tels qu'ils découlent de l'accord (voir figure 8.5).

Le **contrôle conjoint** est le partage du contrôle d'une activité économique en vertu d'un accord contractuel.

Principes de consolidation du Groupe AccorHotels

Intégration globale des filiales

La méthode de l'intégration globale est appliquée pour consolider les états financiers des entités sur lesquelles le Groupe exerce, directement ou indirectement, un contrôle exclusif. Le contrôle s'apprécie par une exposition du Groupe aux rendements de l'entité et à la possibilité d'influer sur ces rendements, en raison du pouvoir exercé sur l'entité. Dans le secteur hôtelier, l'appréciation du pouvoir repose sur la capacité à prendre toutes les décisions opérationnelles, financières et stratégiques en matière de gestion. Cela se traduit par la capacité de nommer les dirigeants et de décider du plan d'affaires. Ainsi, AccorHotels ne contrôle pas les hôtels gérés au travers de contrats de gestion. Le Groupe est chargé d'agir pour le compte, et au bénéfice, du propriétaire et exerce, par conséquent, un rôle de mandataire.

Toutes les transactions entre les sociétés consolidées sont éliminées, de même que les résultats internes au Groupe (plus-values, dividendes...). Les résultats des filiales acquises sont consolidés à compter de la date à laquelle le contrôle est exercé.

Mise en équivalence des entreprises associées et co-entreprises

La méthode de la mise en équivalence est appliquée aux entités sur lesquelles le Groupe exerce une influence notable (entreprises associées) ainsi qu'à celles sur lesquelles il exerce un contrôle conjoint, lorsqu'il dispose uniquement de droits sur l'actif net (co-entreprises).

L'influence notable se caractérise par le pouvoir de participer aux décisions relatives aux politiques financière et opérationnelle d'une entité, sans toutefois contrôler ou contrôler conjointement ces politiques. L'influence notable est présumée exister lorsque plus de 20 % des droits de vote sont détenus. Dans le cadre de son développement à l'étranger, AccorHotels peut choisir de prendre une participation minoritaire dans une société locale ayant pour objet le développement de projets hôteliers. Ces prises de participations sont généralement assorties d'un engagement pris par la société étrangère de confier à AccorHotels la gestion des hôtels détenus. Le Groupe détient généralement un siège à l'organe de direction de la société, lui permettant ainsi de participer aux prises de décisions à hauteur de son pourcentage de détention.

Le contrôle conjoint correspond à un partage contractuel du pouvoir entre deux ou plusieurs partenaires. Un consentement unanime des parties est requis pour toutes les décisions concernant les activités pertinentes.

Les participations mises en équivalence sont comptabilisées selon les principes décrits en note 7.

Autres participations

Lorsque le Groupe n'exerce pas de contrôle, de contrôle conjoint ou d'influence notable sur les décisions opérationnelles et financières des sociétés dont il détient les titres, ceux-ci sont comptabilisés conformément aux principes applicables aux actifs financiers disponibles à la vente, décrits en note 11. Ils sont présentés en « Autres actifs financiers non courants » dans l'état de la situation financière.

Figure 8.5 • Extrait du document de référence 2017, AccorHotels (note 2, p. 273).

1.3. Influence notable

L'**influence notable** est le pouvoir de participer aux décisions de politiques financière et opérationnelle de l'entreprise détenue, sans exercer un contrôle exclusif ou conjoint sur ces politiques. Une société qui subit l'influence notable est souvent appelée « société associée », notamment lorsque l'investisseur détient directement ou indirectement une participation substantielle sans posséder le contrôle lui permettant d'exercer les prérogatives de l'actionnaire ou de l'associé sur la gestion de la société. Ainsi, l'influence notable est présumée si une société détient directement ou indirectement au moins 20 % des droits de vote, sauf si elle démontre le contraire. Si la participation est inférieure à 20 %, la société détentrice peut prouver qu'elle a une influence. Le calcul des droits de vote comprend les droits de vote potentiels qui pourraient être disponibles suite à la conversion d'obligations en actions ou à l'exercice de bons de souscription d'actions.

L'**influence notable** est le pouvoir de participer aux décisions de politiques financière et opérationnelle d'une activité économique, sans exercer un contrôle ou un contrôle conjoint sur ces politiques.

L'influence notable sur une société peut se manifester par d'autres moyens que le droit de vote, par exemple :

- la représentation au conseil d'administration ou à l'organe de direction de l'entreprise détenue ;
- la participation au processus d'élaboration des politiques, notamment en ce qui concerne les décisions relatives aux dividendes et autres distributions ;
- les transactions significatives entre la société mère et l'entreprise détenue ;
- l'échange de personnel de direction ;
- la fourniture d'informations techniques essentielles.

La frontière entre influence notable et contrôle est parfois floue. Ainsi, conformément aux principes évoqués dans la section sur le contrôle, le seul renvoi au taux de participation inférieur à 50 % ne suffit pas à justifier l'absence de contrôle dans le cas de l'alliance de Renault avec Nissan. Une analyse complète des relations économiques entre les deux groupes est nécessaire pour conclure sur le type de relation. Dans son document de référence 2017, le groupe analyse ainsi la représentation de Renault dans le conseil de surveillance de Nissan, le rôle d'une filiale commune de Renault et Nissan et la position de Renault par rapport aux actifs (représentatifs des avantages économiques futurs) et aux dettes (représentatives des risques) de Nissan. L'analyse globale de la situation permet de conclure à l'absence de contrôle de Renault et donc seulement à l'existence d'une influence notable sur le constructeur japonais.

1.4. Détention de titres sans influence particulière

Les entreprises détiennent très couramment des titres dans d'autres entités sans y exercer pour autant une influence notable, ni même un contrôle. Ces placements peuvent être à caractère de court ou de long terme. L'enregistrement et l'évaluation de ces titres n'obéissent pas aux règles de consolidation des groupes abordés dans ce chapitre ; il s'agit d'instruments financiers auxquels les dispositions d'IAS 39 et d'IFRS 7 s'appliquent (voir chapitres 5 et 6).

2. Obligation d'établir des comptes consolidés

Un groupe existe dès qu'une société contrôle[4] au moins une autre société. Une telle relation entre société mère et filiale impose l'établissement de comptes consolidés pour le groupe ainsi constitué.

Une filiale peut elle-même être société mère d'une autre société. Le sous-groupe ainsi constitué peut être dispensé de présenter des comptes consolidés, notamment dans les cas suivants :

- Les autres actionnaires ou associés de la société mère à la tête du sous-groupe ont été informés de l'intention d'utiliser l'exemption et ils ne s'y sont pas opposés.
- Les titres de la société ne sont pas cotés sur une bourse de valeur.
- La société mère ultime publie des états financiers consolidés conformes aux IFRS, et ces états financiers sont mis à la disposition du public.

Le seul fait de disposer du contrôle conjoint sur une société gérée avec un ou plusieurs partenaires, ou de disposer d'une influence notable sur une ou plusieurs sociétés, ne constitue pas encore un groupe. Dans ces cas, l'établissement de comptes consolidés n'est pas obligatoire.

3. Périmètre et méthodes de consolidation

3.1. Périmètre de consolidation

Les comptes consolidés comprennent les états financiers de la société mère et de ses filiales. On y intègre également des éléments financiers des entreprises contrôlées conjointement et des entreprises associées.

D'un point de vue opérationnel, un groupe peut être organisé très différemment. Si on tente un classement en fonction de l'activité de la société mère, on observe, d'un côté, les sociétés mères exerçant une activité industrielle ou commerciale importante, voire la plus importante du groupe (par exemple, BMW AG). D'un autre côté, on est en face de sociétés holdings qui sont des sociétés mères possédant des titres de filiales ou de participations dans lesquelles elles se réservent d'intervenir pour en contrôler la gestion – ce type de structure est assez courant ces dernières années. Les holdings sont purement financières lorsqu'elles n'exercent aucune activité commerciale ou industrielle (par exemple, Groupe PSA). Sinon, il s'agit de holdings mixtes. Ces différences dans l'organisation juridique d'un groupe ne se répercutent pas dans les comptes consolidés. C'est justement l'objectif de la consolidation de présenter le groupe comme s'il s'agissait d'une entité économique unique.

Périmètre de consolidation : l'ensemble des sociétés faisant partie du groupe contrôlé par la société mère, c'est-à-dire la société mère elle-même, les filiales, les entités contrôlées conjointement et les entreprises associées, pour toutes les activités et dans tous les pays concernés.

Le **périmètre de consolidation** comprend donc la société mère et toutes ses filiales directes ou indirectes, pour toutes les activités et dans tous les pays concernés. On y intègre également les sociétés contrôlées conjointement et les sociétés associées, bien que ces deux dernières catégories de sociétés ne fassent pas l'objet d'une méthode de consolidation à proprement parler.

---

4. Le référentiel français utilise le terme « contrôle exclusif » pour cette forme de relation entre sociétés.

3.2. Méthodes de consolidation – Vue d'ensemble

Chacune de ces trois catégories de sociétés contrôlées ou sous influence est intégrée dans les comptes du groupe selon une méthode comptable appropriée. Trois méthodes différentes sont ainsi proposées par les référentiels comptables nationaux et internationaux : l'intégration globale, l'intégration proportionnelle ou la mise en équivalence.

3.2.1. Intégration globale

La méthode de l'intégration globale est appliquée pour la consolidation des filiales. Les états financiers de la filiale sont entièrement intégrés dans les comptes consolidés, avec la totalité des actifs et passifs, produits et charges, même si le taux de participation de la société mère et des autres filiales dans une filiale précise est bien inférieur à 100 %. Le bilan consolidé respecte ainsi la définition économique du bilan, qui est de présenter l'ensemble des éléments contrôlés par le groupe. Cependant, si le taux de participation est inférieur à 100 % des parts, cela signifie que des actionnaires extérieurs au groupe ont des intérêts dans cette filiale. Ils ont droit à leurs quotes-parts dans les actifs, les passifs et dans le résultat de la filiale. En IFRS, ces quotes-parts figurent sous l'intitulé **Intérêts non contrôlants** dans les états financiers du groupe. Cette notion remplace l'ancienne notion d'Intérêts minoritaires jugée inappropriée dans bon nombre de cas. En effet, comme nous l'avons expliqué plus haut dans ce chapitre, la société mère contrôle parfois une filiale avec bien moins que la majorité des droits de vote, voire sans détenir une seule action. Dans ces configurations, les autres actionnaires détiennent alors bien plus que la moitié des parts et ne sont pas des « minoritaires ». La nouvelle notion tient compte de ce fait et focalise sur ce qui compte dans ce contexte : avoir le contrôle de la filiale ou ne pas l'avoir.

Intégration globale : méthode de consolidation où les états financiers de la filiale sont intégrés entièrement dans les comptes consolidés, avec la totalité des actifs et passifs, des produits et des charges.

3.2.2. Mise en équivalence

Le seul fait de disposer d'une influence notable sur une société ne justifie pas l'application d'une méthode d'intégration (globale), car les éléments de la société cible, actifs et passif notamment, ne sont pas contrôlés par la société mère du groupe. Dans ce cas, la méthode utilisée s'appelle la mise en équivalence : elle consiste en une réévaluation permanente de la valeur de la participation dans les comptes du groupe, afin de refléter à tout moment la valeur comptable de la quote-part du groupe dans les capitaux propres de la société concernée. Les variations de cette valeur entre deux dates de clôture sont enregistrées en résultat de la période.

Mise en équivalence : réévaluation permanente de la valeur de la participation dans les comptes du groupe, afin de refléter à tout moment la juste valeur de la quote-part du groupe dans les capitaux propres de la société cible.

Cette méthode permet une prise en compte de la gestion de la société par la valorisation des titres de la société associée, sans pour autant s'exposer à la volatilité des marchés financiers qui affecte la valeur boursière de ces titres. La mise en équivalence semble ainsi mieux appropriée à ces participations, souvent détenues dans une perspective à long terme, que l'évaluation à la juste valeur favorisée pour l'évaluation de titres détenus dans un horizon plus court.

En IFRS, depuis 2013, la mise en équivalence est la seule méthode à retenir aussi bien pour les entreprises associées que pour les entités contrôlées conjointement (voir IFRS 11).

3.2.3. Intégration proportionnelle

Intégration proportionnelle : méthode de consolidation selon laquelle seulement la quote-part d'un coentrepreneur dans chacun des actifs, passifs, produits et charges de l'entité contrôlée conjointement est intégrée dans les comptes consolidés.

L'**intégration proportionnelle** est une véritable méthode de consolidation, car tous les éléments du bilan et du compte de résultat sont intégrés dans les comptes consolidés et les opérations réciproques sont éliminées. Mais cela est seulement réalisé à hauteur du taux de participation de la société mère dans la société. Les parts revenant à d'autres actionnaires ne sont pas prises en compte. De ce fait, il n'y a pas lieu de faire apparaître des intérêts non contrôlants selon cette méthode.

En IFRS, cette méthode a été pendant longtemps la méthode préférentielle pour l'intégration des entités contrôlées conjointement, la mise en équivalence étant présentée comme une méthode alternative. Depuis 2013, l'IFRS 11 n'autorise plus l'utilisation de la méthode de l'intégration proportionnelle ; la mise en équivalence est le seul traitement possible pour les entités contrôlées conjointement.

Cette évolution des IFRS ne signifie pas la disparition pure et simple de la méthode proportionnelle. Beaucoup d'autres référentiels comptables la préconisent encore pour la consolidation des entités contrôlées conjointement. Par exemple, en France, elle reste la seule méthode autorisée pour ce type de participation.

3.2.4. Conclusion

La section intitulée « Le traitement des titres de participation » présente plus loin les mécanismes comptables liés à ces trois méthodes.

Les sociétés à intégrer ainsi dans les comptes consolidés peuvent être très nombreuses. La figure 8.6 montre le nombre de sociétés qui font partie du périmètre de consolidation chez Bouygues (1 110 sociétés au 31/12/2017).

Périmètre de consolidation de Bouygues

Au 31 décembre 2017, le périmètre comprend 1 110 entités contre 1 065 à fin 2016. Les sociétés acquises ou cédées sur l'exercice n'ont pas eu d'impact significatif sur les comptes de l'exercice 2017.

	31/12/2017	31/12/2016
Sociétés contrôlées	776	777
Activités conjointes	163	162
Coentreprises et entités associées	171	126
TOTAL	**1 110**	**1 065**

Figure 8.6 • Extrait du document de référence 2017, Bouygues (note 1.1, p. 256).

Le périmètre de consolidation du Groupe PSA est moins important en nombre de sociétés. Son rapport financier de 2014 montrait que 358 sociétés étaient consolidées par intégration globale et 46 sociétés par la mise en équivalence (voir figure 8.7). Cette figure résume le lien entre le niveau d'influence sur une société et la méthode à utiliser pour son intégration dans les comptes consolidés en IFRS.

L'application 8.3 illustre la démarche de la détermination du périmètre et des méthodes de consolidation. Cela est réalisé en commençant par l'identification du lien direct ou indirect d'influence de la société mère sur une entité, duquel découle le choix de la méthode d'intégration.

	31/12/2014	31/12/2013
Intégration globale		
Sociétés industrielles et commerciales	304	320
Sociétés de financement	54	50
	358	**370**
Opérations conjointes		
Sociétés industrielles et commerciales	3	3
Mise en équivalence		
Sociétés industrielles et commerciales	45	41
Sociétés de financement	1	1
	46	**42**
NOMBRE DE SOCIÉTÉS À LA CLÔTURE	**407**	**415**

Figure 8.7 • Extrait du document de référence 2014, Groupe PSA (p. 184).

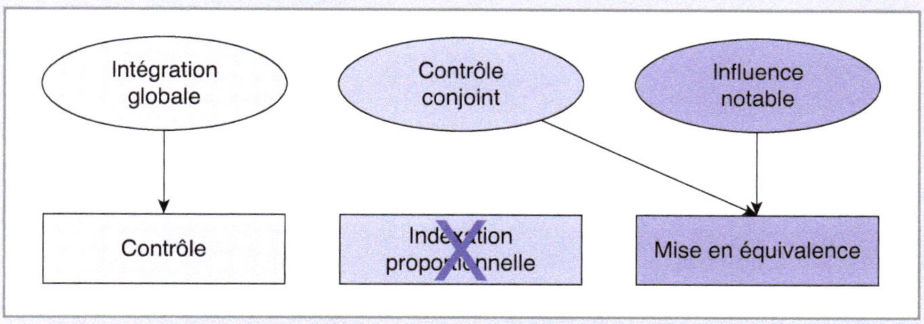

Figure 8.8 • Type de contrôle et méthode de consolidation en IFRS depuis 2013.

Application 8.3

Définition du périmètre, des niveaux de contrôle et détermination des méthodes de consolidation

La société SAS possède des titres de participation, dont la figure 8.9 détaille l'organigramme.

LAC a désigné la majorité des membres du conseil d'administration de FIL.

JIL détient des actions SIM à droit de vote double. Voici un extrait des statuts de SIM : « Tout actionnaire, quelle que soit sa nationalité, dont les actions sont inscrites en compte nominatif depuis trois ans au moins, bénéficie d'un droit de vote double. » Aucun autre actionnaire ne bénéficie de cette disposition.

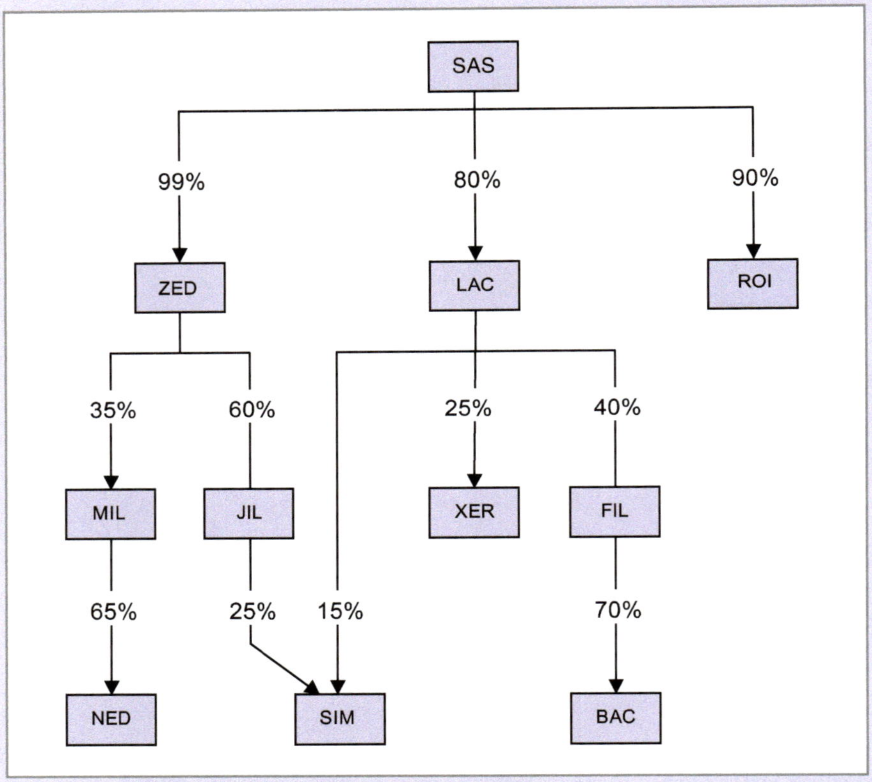

Figure 8.9 • Organigramme du groupe SAS.

Quels sont les niveaux de contrôle et d'influence de la société SAS sur les autres sociétés de l'organigramme ? ☞

Application 8-3 *(Suite)*

Réponse

Il y a d'abord trois sociétés dans lesquelles SAS détient des participations directes. Le pourcentage de contrôle y est égal au pourcentage d'intérêt. Dans les trois cas, le pourcentage est supérieur à 50 %. Il y a donc contrôle de SAS sur chacune de ces sociétés, qui sont consolidées par intégration globale.

Société	Pourcentage de contrôle	Nature du lien	Méthode de consolidation
ZED	99 %	Contrôle (direct)	Intégration globale
LAC	80 %	Contrôle (direct)	Intégration globale
ROI	90 %	Contrôle (direct)	Intégration globale

À travers le contrôle de ZED, SAS contrôle indirectement les participations de ZED dans MIL et JIL. Ainsi, SAS dispose d'une influence notable sur MIL, avec 35 % de contrôle, et dispose du contrôle sur JIL, avec 60 %.

À travers le contrôle de LAC, SAS contrôle indirectement les participations de LAC dans XER et FIL. Ainsi, SAS dispose d'une influence notable sur XER, avec 25 %. Le pourcentage de contrôle de SAS dans FIL est seulement de 40 %. Toutefois, SAS contrôle cette société à travers la désignation de la majorité des membres du conseil d'administration.

Société	Pourcentage de contrôle	Nature du lien	Méthode de consolidation
MIL	35 % (par ZED)	Influence notable (indirecte)	Mise en équivalence
JIL	60 % (par ZED)	Contrôle (indirect)	Intégration globale
XER	25 % (par ZED)	Influence notable (indirecte)	Mise en équivalence
FIL	40 % (par ZED)	Contrôle de fait (indirect)	Intégration globale

Ned est une filiale de MIL, mais SAS ne contrôle pas MIL. De ce fait, SAS ne contrôle pas non plus NED et le pourcentage de contrôle est de 0 %. Toutefois, SAS a droit à une partie du dividende de NED. Son pourcentage d'intérêt est de : 65 % × 35 % × 99 % = 22,5 %.

SAS contrôle indirectement les parts de JIL et de LAC dans SIM. Les parts de JIL sont dotées d'un droit de vote double. SAS contrôle ainsi 2 × 25 (JIL) plus 15 (LAC), soit 65 parts, sur un total de 100 + 25, soit 125. Cela représente un pourcentage de contrôle de 52 % et signifie le contrôle de SIM par SAS.

SAS contrôle également BAC à travers sa filiale FIL.

Société	Pourcentage de contrôle	Nature du lien	Méthode de consolidation
NED	0 %	Rupture de la chaîne de contrôle	Pas d'intégration
SIM	(25 × 2 + 15) / 125 = 52 %	Contrôle (indirect)	Intégration globale
BAC	70 % (par FIL)	Contrôle (indirect)	Intégration globale

3.3. Exclusion du périmètre

Le principe des IFRS est de fournir une représentation complète du groupe. Il n'admet une exclusion du périmètre de consolidation que dans deux situations :

- Lorsqu'il y a remise en cause de l'exercice du contrôle. Cela peut être dû à une restriction sévère et durable sur les transferts de fonds. Cette situation se rencontre dans des pays qui ont mis en place un contrôle des changes. Le contrôle peut aussi être limité en raison de procédures judiciaires ou de la législation économique d'un pays.
- Lorsque les titres détenus seront cédés dans un avenir proche (12 mois), ils ne peuvent pas être inclus dans les calculs des droits de vote.

En revanche, l'absence de lien entre deux activités ne constitue pas un critère d'exclusion, par exemple dans les groupes à dominante industrielle qui intègrent également une société financière. L'activité financière ne peut pas rester en dehors du périmètre de consolidation à cause de son activité divergente de celle du reste du groupe.

4. Allocation du coût d'acquisition d'une filiale

Une relation entre société mère et filiale peut naître soit de la création d'une nouvelle société, soit de l'acquisition d'une entreprise déjà existante. Dans ce deuxième cas, on parle aussi d'un regroupement d'entreprises. La norme IFRS 3 (Regroupement d'entreprises) contient la méthodologie comptable à suivre.

L'acquéreur est la société qui, conformément aux critères précédemment édictés, obtient le contrôle sur l'autre société (société acquise). La date d'acquisition est la date à laquelle le contrôle des activités de l'entreprise acquise est effectivement transféré à l'acquéreur. Le coût d'acquisition s'apprécie à la date d'échange des titres. En cas d'achats successifs, la participation est globalement estimée à la juste valeur de l'acquisition déclenchant le contrôle.

Le coût du regroupement correspond à la somme des justes valeurs des éléments remis, supportés ou émis par l'acquéreur en échange du contrôle de l'entreprise acquise. Les coûts directement attribuables à l'opération (coûts externes tels que les honoraires de conseils, d'auditeurs, d'évaluateurs ou de juristes), auparavant inclus dans le coût d'acquisition, sont depuis la révision IFRS 3 portés en charges.

La rémunération d'une acquisition peut se faire par le versement de liquidité ou par l'échange de titres (actions, obligations, etc.). L'application 8.4 illustre ces formes de règlement de l'acquisition pour le rapprochement des sociétés Approl et Respla.

Au moment de l'acquisition d'une société, la difficulté comptable réside dans le rapprochement entre le coût d'acquisition des titres et la valeur des actifs et passifs figurant dans le bilan de la filiale.

Modalités d'échange pour acquisition

La société Approl souhaite acquérir la société Respla. Pour la société Respla, des actions et des obligations convertibles en actions sont actuellement en circulation. Approl propose les modalités d'échange suivantes :

- pour les actions : une action Approl contre cinq actions Respla ;
- pour les obligations : une obligation Approl convertible en cinq actions Respla contre trois actions Approl plus un versement de 3 € en liquide.

Le plus souvent, le coût d'acquisition des titres de la filiale dépasse sensiblement la valeur nette comptable de la filiale ou de la quote-part acquise, pour trois raisons principales :

- Les valeurs de certains actifs ou passifs ne correspondent pas à leur juste valeur. Dans le cas des actifs, les bilans présentent souvent des valeurs comptables inférieures aux justes valeurs. Ainsi, des terrains acquis plusieurs années auparavant et évalués au coût d'acquisition sont souvent sous-évalués par rapport à leurs valeurs de marché respectives. La différence est prise en compte dans la détermination du coût d'acquisition.
- Certains actifs, notamment des incorporels créés, ne figurent pas dans le bilan de la société acquise, alors que le bilan après rapprochement doit présenter tous les actifs et passifs identifiables. Par exemple, la valeur d'une marque créée par la cible elle-même ne figure pas dans son bilan, car celui-ci exclut l'enregistrement de telles marques. Elle est néanmoins valorisée au moment de l'acquisition et incluse dans le coût à payer par l'acquéreur.
- Dans la plupart des acquisitions, une dernière partie du coût d'acquisition ne peut plus être affectée à des actifs ou passifs. Cet écart reflète la valorisation des avantages économiques attendus des immobilisations non identifiables et peut inclure la valeur des synergies attendues par le regroupement en cours. Certains services administratifs qui ont existé individuellement dans chaque société peuvent ainsi être réunis. Certaines boutiques voisines du réseau de distribution ou même des sites de production peuvent être fermés sans que cela ne porte atteinte à la capacité du nouvel ensemble à générer des avantages économiques futurs. Cet écart s'appelle généralement l'**écart d'acquisition** ou, lorsqu'il est positif, *goodwill*.

Goodwill : écart d'acquisition comptabilisé entre le prix d'acquisition d'une société et sa valeur dans les comptes du groupe.

Les sections suivantes détaillent les trois étapes de l'affectation du coût d'acquisition. L'acquéreur dispose d'un délai de 12 mois à compter de la date d'opération pour accomplir cette affectation.

4.1. Réévaluation des actifs et des passifs de la filiale

Les éléments d'actif et de passif identifiés doivent être évalués à leur juste valeur dans le bilan de l'acquéreur post-rapprochement. Celle-ci correspond au prix auquel un actif ou un passif aurait été échangé dans des conditions normales entre des parties bien informées, non liées et consentantes. Des méthodes permettent de répondre à la définition de la juste valeur. Les voici, par ordre de préférence :

- référence à une opération observable sur un marché actif, éléments identiques échangés à une date proche ;
- ajustement du prix du marché observé à la date d'acquisition pour un actif ou passif similaire ;
- recours à d'autres méthodes d'évaluation, recours à des techniques d'estimation fondées sur des hypothèses déterminées par l'entité elle-même.

Cette valeur d'entrée est la base de calcul des amortissements, ou elle fait l'objet d'une dépréciation en cas de test de dépréciation. Elle a également une répercussion sur la détermination de la plus-value ou moins-value en cas de cession ultérieure par le groupe.

Application 8.5

Valeur post-regroupement

Santépharma acquiert 80 % des titres de la société Clinica au 31/12/2017. À cette date, les capitaux propres de Clinica sont de 500 000 €. Ses immobilisations corporelles comprennent un immeuble inscrit à son coût historique de 100 000 €, mais pour lequel un expert indépendant estime une valeur de marché de 200 000 €.

L'immeuble apparaît au bilan consolidé post-regroupement pour 200 000 €.

4.2. Identification de nouveaux actifs et passifs

Le bilan après regroupement doit comporter l'ensemble des actifs et des passifs identifiables dans la société acquise, ce qui inclut les obligations éventuelles. Ainsi, des éléments dont l'occurrence dépend d'une condition et qui ne figurent donc pas dans le bilan de la société cible sont inscrits au passif du bilan après regroupement, à condition que leur juste valeur puisse être mesurée avec fiabilité.

L'expérience montre que deux nouvelles catégories d'éléments, en dehors de ceux déjà enregistrés dans le bilan de la cible avant le regroupement, apparaissent principalement dans le bilan consolidé après rapprochement :

- Des actifs incorporels qui, préalablement, ne remplissaient pas tous les critères pour un enregistrement dans le bilan de la filiale.
- Les provisions pour restructuration, envisagées dans le cadre du regroupement afin d'augmenter les effets de synergies entre les deux entités et d'améliorer la rentabilité de l'ensemble.

4.2.1. Actifs incorporels

Les **immobilisations incorporelles** sont des ressources non monétaires sans substance physique.

Par définition, les immobilisations incorporelles sont plus difficiles à cerner que les immobilisations corporelles. En effet, ces dernières se caractérisent par une existence physique, généralement un droit de propriété ou du moins un droit d'usage, qui fait l'objet d'un marché. Les **immobilisations incorporelles** sont, pour leur part, des ressources non monétaires sans substance physique. De plus, certaines d'entre elles sont développées en interne et ne sont donc pas inscrites au bilan (marques, brevets, etc.).

Dans le cadre de l'acquisition d'une société, l'acquéreur doit reconnaître séparément tout élément incorporel de cette société à la date d'acquisition si celui-ci remplit les critères d'un actif. Cela signifie qu'il doit être :

- Identifiable, c'est-à-dire :
  - pouvoir être séparé ou détaché de l'entité et vendu, transféré, donné en licence, loué ou échangé, isolément ou avec un contrat associé, un actif ou un passif ;
  - ou résulter de droits contractuels ou légaux, que ces droits soient ou non transférables ou séparables de l'entité ou d'autres droits et obligations.
- Conférer à l'entité le contrôle d'une ressource. L'entité contrôle l'actif si elle a le pouvoir d'obtenir les bénéfices économiques futurs qui lui sont associés et si elle peut en restreindre l'accès aux tiers.
- Générer des bénéfices économiques futurs : revenus de la vente de produits ou de services, économie de coûts ou autres bénéfices provenant de son utilisation.
- Avoir une juste valeur estimable de manière fiable.

Tous les éléments qui répondent à ces conditions doivent être comptabilisés de façon indépendante, sans être regroupés avec d'autres éléments. La norme fournit une liste indicative d'actifs identifiables :

- marques ;
- titres de journaux ;
- nom de domaine Internet déposé ;
- ententes commerciales (critère contractuel) ;
- liste clients (critère de séparabilité) ;
- licence, franchise, droit de diffusion audiovisuelle ;
- concession (autoroutes, distribution d'eau, etc.) (critère légal) ;
- projets de recherches et de développement (critère de séparabilité).

Les parts de marché et le capital humain ne figurent pas dans cette liste, car ils ne sont pas séparables de l'entreprise ni reconnus légalement. En revanche, ils se retrouvent dans l'appréciation de l'écart d'acquisition[5].

5. Cette position est contraire à la pratique française qui fait figurer les parts de marché au bilan en tant qu'actifs incorporels acquis. Ainsi, dans son rapport annuel 2003, le groupe L'Oréal expliquait que le passage aux IFRS impliquerait le reclassement des parts de marché et du fonds de commerce en écarts d'acquisition, car ils ne répondaient plus à la définition d'un actif incorporel séparable.

Application 8.6

Valorisation d'une marque

Le groupe Ski-Rossignol fait apparaître dans son rapport annuel 2004 les marques Look, Lange et Never Compromise pour une valeur totale d'environ 12 M€. La marque Rossignol elle-même n'est pas valorisée, car créée en interne par le groupe. Ainsi, elle ne remplit pas les critères pour un actif, notamment celui de l'estimation de sa juste valeur.

En 2005, le groupe américain Quiksilver a racheté Ski-Rossignol. Cette transaction entre des tiers indépendants que sont Quiksilver et les anciens actionnaires de Ski-Rossignol a permis d'attribuer une valeur fiable à la marque Rossignol et d'affecter ainsi une partie du coût d'acquisition de la société à la valeur de cette marque. Ainsi, dans le bilan de Quiksilver au 31/07/2005, la marque Rossignol figure avec une valeur d'environ 95 M$*. Depuis, la situation a bien évolué et Rossignol a perdu beaucoup de sa valeur : Quiksilver a revendu, en novembre 2008, l'ensemble des activités Rossignol acquises en 2005 pour 305 M$, dont 95 M$ pour la marque Rossignol, à un fonds d'investissement dirigé par l'ex-patron de Rossignol pour la somme de 50 M$.

* Quiksilver Inc, Form 10-Q, 31/07/2005.

L'exemple ci-dessous montre la démarche suivie pour l'enregistrement des frais de développement dans le cadre du rapprochement de deux groupes spécialisés dans la recherche (voir figure 8.10).

Dans le cadre des regroupements d'entreprises, les actifs incorporels acquis relatifs à des travaux de recherche et développement en cours (R&D en cours acquise) qui peuvent être évalués de manière fiable sont identifiés séparément de l'écart d'acquisition et constatés dans les **Immobilisations incorporelles** conformément aux normes IFRS 3, Regroupements d'entreprises, et IAS 38, Immobilisations incorporelles. Un passif d'impôts différés y afférant est également constaté.
Les travaux de R&D en cours lors de l'acquisition sont amortis linéairement sur leur durée d'utilité à partir de l'obtention de l'autorisation de mise sur le marché des produits qui en sont issus. Les droits sur les produits commercialisés par le groupe sont amortis linéairement sur leur durée d'utilité déterminée sur la base des prévisions de flux de trésorerie qui prennent en compte, entre autres, la période de protection des brevets sous-jacents. Sur cette base, la durée moyenne initiale d'amortissement des produits commercialisés est de huit ans.

Figure 8.10 • Immobilisations incorporelles acquises dans le cadre des regroupements d'entreprises.

4.2.2. *Provisions pour restructuration*

L'acheteur d'une entreprise est souvent tenté de constituer une provision pour restructuration afin d'anticiper les coûts et donc les futures sorties de ressources provoquées par l'intégration de la filiale dans le groupe, en particulier tout ce qui est lié aux économies d'échelle (réduction d'effectifs, concentration des moyens de production et de commercialisation, etc.). Ces coûts de restructuration de l'entreprise acquise ne peuvent être constatés en passif identifiable que s'ils constituent, au plus tard à la date de prise de contrôle, un passif de l'entreprise cible. En d'autres termes, le plan doit être détaillé et annoncé dès l'acquisition.

Les pertes d'exploitation futures ne peuvent pas donner lieu à une provision. Les actifs sont évalués à leur valeur de marché, qui ne comprend pas, par définition, les intentions de l'acquéreur (cession, réorganisation, etc.). L'impact des nouvelles conditions d'exploitation est répercuté dans les comptes de résultat des exercices futurs par le biais de dépréciations. Une perte de valeur est constatée si la valeur recouvrable est inférieure à la valeur enregistrée au moment de l'acquisition.

4.3. Écart d'acquisition

L'écart d'acquisition est la valeur résiduelle du coût d'acquisition après affectation de celui-ci aux justes valeurs de l'ensemble des actifs et passifs identifiables de la société cible, il représente le surprix supporté par l'acheteur.

L'exemple donné par le groupe Publicis dans son document de référence 2013, concernant l'acquisition du groupe LBi en 2013, illustre parfaitement ce caractère résiduel de l'écart d'acquisition (*goodwill*) : Publicis avait acheté le groupe LBi pour 416 M€ alors que la valeur nette comptable de la cible avant réévaluations était de 48 M€. La réévaluation d'actifs existants ainsi que la reconnaissance d'actifs préalablement non enregistrés pour un montant total de – 16 M€ ont permis d'aboutir à une situation nette réévaluée de 32 M€, faisant ressortir un écart d'acquisition positif (*goodwill*) de 384 M€ (voir p. 132 du document de référence 2013 de Publicis).

Toutefois, IFRS 3, révisé en 2007, ouvre une option pour l'écart d'acquisition « complet ». L'objectif est de faire apparaître un écart d'acquisition pour sa valeur globale, y compris la part attribuable aux intérêts non contrôlants. Cette méthode s'appuie sur le concept de « l'entité économique » : le groupe est un ensemble économique détenu par deux catégories de propriétaires. Un avantage de cette méthode est que le montant du *goodwill* n'évolue plus si le pourcentage de contrôle change dans les années après la prise de contrôle.

La valeur réelle de l'écart d'acquisition est difficilement appréciable, car elle repose essentiellement sur les perspectives d'évolution de la filiale intégrée au groupe. L'écart comprend, par exemple :

- la valorisation des avantages économiques attendus des immobilisations non identifiables (recherches, capital humain, réseau commercial, surface financière, parts de marché, synergie, etc.) ;
- des perspectives négatives de l'acquéreur ou des dettes éventuelles de la cible enregistrées dans le bilan après regroupement ;
- le résultat d'une surenchère dans le cadre de négociations, ou bien celui d'une bonne affaire.

L'écart d'acquisition peut donc être positif ou négatif. L'écart d'acquisition positif, ou *goodwill*, est un actif à part entière qui représente un montant relativement significatif des actifs non courants dans les bilans consolidés.

Application 8.7

Calcul du *goodwill*

La société Santépharma acquiert 100 % de la société Innovapharma pour 10 000 € le 31/12/N. Les capitaux propres d'Innovapharma sont de 8 000 €, ses actifs et passifs identifiables étant bien évalués à son bilan. Selon l'IFRS 3, un *goodwill* de 2 000 € apparaît au bilan de l'entité issue du regroupement.

4.3.1. *Écart d'acquisition positif* (goodwill)

Le *goodwill* est inscrit à l'actif parmi les actifs non courants incorporels. Si on applique la définition de l'amortissement qui se fonde sur la durée d'utilité du bien, l'écart d'acquisition ne peut pas être amorti, car sa durée d'utilité est indéfinie. En effet, le regroupement est un projet stratégique, dont les effets sont attendus à long terme, ses avantages économiques (économies d'échelle, synergie, compétence des équipes, etc.) étant étalés sur une période difficilement estimable et dépendant de nombreux facteurs.

Le non-amortissement du *goodwill* oblige à réaliser un test annuel de dépréciation. Aucune date n'est imposée pour la réalisation de ce test (entre la date de clôture et une autre date dans le courant de l'exercice). Le test de dépréciation suppose d'évaluer le *goodwill* sur la base de flux de trésorerie actualisés.

L'écart d'acquisition ne peut être dissocié d'autres actifs, car il ne génère pas à lui seul des flux de trésorerie. Il est ainsi rattaché au plus petit groupe d'actifs et de passifs (UGT)[6], auxquels des flux de trésorerie peuvent être rattachés.

Si la valeur recouvrable de l'UGT est inférieure à sa valeur nette comptable, la perte de valeur de l'UGT est prioritairement imputée sur le *goodwill*. Si le *goodwill* ne suffit pas à absorber toute la dépréciation, le solde sera réparti entre les autres actifs identifiables de l'UGT, au prorata de leur valeur nette comptable, par exemple.

La perte de valeur du *goodwill* ainsi comptabilisée ne pourra pas être reprise, même si la valeur recouvrable de l'UGT augmente dans l'avenir. Le test de dépréciation est donc un enjeu important. Il y a une dégradation définitive des résultats du groupe et donc de ses capitaux propres. Cela s'accompagne d'un impact immédiat sur la structure financière et sur la rentabilité financière.

Compte tenu de l'enjeu d'une éventuelle dépréciation de l'UGT et du *goodwill*, la norme IAS 36 exige la divulgation d'informations quant à la sensibilité du résultat du test de dépréciation, en faisant varier un ou plusieurs paramètres significatifs.

4.3.2. *Écart d'acquisition négatif* (badwill)

L'**écart d'acquisition négatif** signifie que le coût d'acquisition est inférieur à la juste valeur des éléments identifiables de l'actif et du passif.

L'**écart d'acquisition négatif** signifie que le coût d'acquisition est inférieur à la juste valeur des éléments identifiables de l'actif et du passif. Son apparition doit déclencher une vérification des méthodes retenues pour l'appréciation des justes valeurs des actifs et passifs identifiables, afin d'exclure toute erreur à ce niveau.

6. Voir chapitre 5.

Si après cette vérification, un écart d'acquisition subsiste, il est intégré dans le résultat de la période. À première vue, l'acquéreur réalise donc une bonne affaire. Cependant, cette différence qui semble favorable à l'acheteur est plutôt fondée, dans la plupart des cas, sur l'anticipation de pertes et il s'agit rarement d'une réelle bonne affaire.

Traitement d'un regroupement par acquisition : groupe Map

L'événement marquant du dernier exercice du groupe Map réside dans la finalisation de l'acquisition de Geo, le 01/07/2017. Le contrat d'acquisition prévoit que Map prendra le contrôle de 75 % de Geo pour un montant total de 3 000 M€.

Au 30/06/2017, le bilan résumé de la société Geo se présente comme suit.

Actif		Passif	
Immobilisations corporelles	760	Capitaux propres	2 900
Immobilisations corporelles	370	Provisions	50
Autres immobilisations	200	Impôts différés passif	30
Stocks	1 650		
Créances	1 500	Dettes	2 000
Trésorerie	500		
Total	**4 980**	Total	**4 980**

Voici quelques informations supplémentaires concernant le retraitement de ce bilan :

- L'évaluation à la juste valeur modifie sensiblement la valeur des éléments inscrits au bilan.
- Une marque a été identifiée et a pu être évaluée de façon fiable.
- Par ailleurs, on constate que les impôts différés passif n'existent plus, mais que l'audit des comptes a mis au jour un impôt différé actif.

Le tableau suivant récapitule les justes valeurs (en millions d'euros) des actifs et des passifs de Geo telles que Map les a déterminées dans le cadre du processus de consolidation :

Actif	Juste valeur
Immobilisations corporelles	350
Immobilisations incorporelles	760
Marque créée par Geo	700
Autres immobilisations	190
Stocks	1 390
Créances	1 500
Trésorerie	500
Impôts différés actif	140
Passif	
Provisions	330
Dettes	2 000

L'actif net à la date d'acquisition (01/07/2017), évalué à sa juste valeur, s'élève à 3 200 M€, soit : Montant total des actifs (5 530) – Provisions pour risques et charges (330) – Dettes (2 000).

Map paie 3 000 pour obtenir 75 % de l'actif net de Geo, soit 75 % de 3 200 (= 2 400). La différence entre le prix payé et la quote-part dans la juste valeur de l'actif net de Geo est le *goodwill* (ou le *badwill*, si l'écart est négatif). Dans le cas présent, la différence est de : 3 000 – 2 400 = 600. Cette valeur de 600 figurera dans le bilan consolidé comme *goodwill* si Map applique la méthode (classique) du *goodwill* partiel.

☞

Application 8.8 *(Suite)*

Toutefois, le groupe Map a la possibilité d'adopter la méthode du *goodwill* complet. Dans ce cas, il faut procéder à l'évaluation de la juste valeur des intérêts non contrôlants : si les actions de la société cible sont cotées, on utilise le cours de Bourse. S'il n'existe pas de marché actif, l'acquéreur recourt à des techniques de valorisation adaptées à cette catégorie d'actionnaires. En effet, la valeur de l'action du majoritaire peut être différente de celle des non-contrôlants, ce qui se justifie par une prime liée au contrôle. Il serait théorique de déterminer la juste valeur de la part des non-contrôlants par un simple calcul proportionnel aux liquidités décaissées par l'acquéreur.

Dans le cas du regroupement de Map et Geo, la juste valeur des minoritaires représentant 25 % des actions de Geo pourrait être estimée à 900.

L'écart d'acquisition complet est l'excédent entre, d'une part, la juste valeur des actions donnant le contrôle et la juste valeur des non-contrôlants (a) et, d'autre part, la somme nette attribuée aux actifs acquis et aux passifs identifiables pris en charge (b).

Le *goodwill* complet, dans le cas de Map, se détermine de la façon suivante :

Somme décaissée par Map pour obtenir 75 % du capital de Geo (I)	3 000
Juste valeur des non-contrôlants détenant 25 % du capital de Geo (II)	900
Total *I* + *II* (a)	3 900
Juste valeur de l'actif net identifiable acquis (b)	3 200
Écart d'acquisition complet (a – b)	**700**

La méthode du *goodwill* complet permet de ne pas avoir d'impact sur les actifs et le résultat lors de modifications du pourcentage de contrôle.

L'acquisition de Geo se traduit dans le bilan consolidé de Map de la façon suivante (tous les éléments identifiables de Geo y figurent à leur juste valeur à leur date d'entrée dans le groupe, le 01/07/2017) :

En millions d'euros	**Bilan MAP avant le regroupement**	**Bilan GEO à la juste valeur des actifs et passifs identifiés**	**Bilan consolidé MAP + GEO *goodwill* partiel**	**Bilan consolidé MAP + GEO *goodwill* complet**
Actif				
Écart d'acquisition			600	700
Immobilisations corporelles	1 000	350	1 350	1 350
Immobilisations incorporelles	540	1 460	2 000	2 000
Autres immobilisations	5 000*	190	2 190**	2 190**
Stocks	0	1 390	1 390	1 390
Créances	500	1 500	2 000	2 000
Trésorerie	900	500	1 400	1 400
Impôts différés actif		140	140	140
Total actif	**7 940**	**5 230**	**11 070**	**11 170**

☞

(Suite)

En millions d'euros	Bilan MAP avant le regroupement	Bilan GEO à la juste valeur des actifs et passifs identifiés	Bilan consolidé MAP + GEO *goodwill* partiel	Bilan consolidé MAP + GEO *goodwill* complet
Passif				
Capitaux propres	4 000	2 900	4 000	4 000
Intérêts minoritaires			800	900
Provisions	940	330	1 270	1 270
Dettes	3 000	2 000	5 000	5 000
Total passif	**7 940**	**5 230**	**11 070**	**11 170**

* Dont titres de participation GEO pour 3 000 M€.

** Dans le bilan consolidé, les titres de participation de GEO sont éliminés car leur valeur est remplacée par celle des différents éléments d'actifs et de passifs « apportés ».

La figure 8.11 résume l'affectation du coût d'acquisition des titres Geo (méthode du *goodwill* partiel).

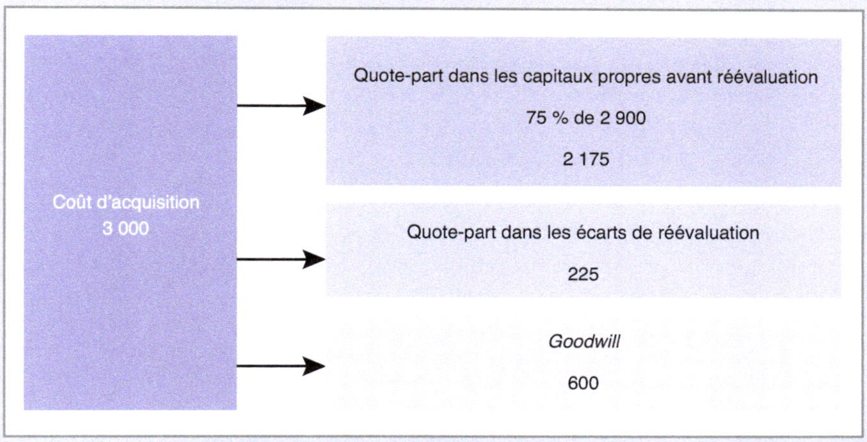

Figure 8.11 • Affectation du coût d'acquisition des titres Geo.

Résumé

- Ce chapitre présente le rassemblement d'entreprises formant un groupe. Un groupe est un ensemble d'entreprises juridiquement indépendantes. L'une d'entre elles, la société mère, contrôle l'ensemble des autres, les filiales.
- Afin de tenir compte des liens économiques étroits entre ces sociétés, le groupe doit lui aussi préparer des comptes, dont l'objectif est de présenter une image du groupe comme s'il s'agissait d'une seule entreprise.
- Ces comptes s'appellent les *comptes consolidés*, car ils consistent d'abord à cumuler les comptes annuels des sociétés qui appartiennent au groupe, puis à éliminer l'ensemble des opérations réalisées entre les sociétés du groupe (la consolidation). Une fois harmonisés, les éléments du bilan et du compte de résultat de la société contrôlée sont intégralement repris dans les comptes du groupe. En cas de présence d'actionnaires minoritaires dans le capital de la filiale, leur part apparaît sous une appellation particulière dans les comptes du groupe.
- En dehors des sociétés contrôlées, il existe des sociétés contrôlées conjointement et des sociétés dans lesquelles le groupe dispose d'une influence notable. N'étant pas contrôlés par le groupe, les éléments des comptes annuels de ces sociétés ne sont pas repris dans les comptes consolidés. Le groupe met en équivalence les titres dans une telle société. Cela signifie qu'ils sont valorisés à la quote-part dans les capitaux propres de cette société, une valeur qui évolue avec sa performance économique.

Activités

1. Consolidation

La figure 8.12 présente la structure de contrôle du groupe Jal.

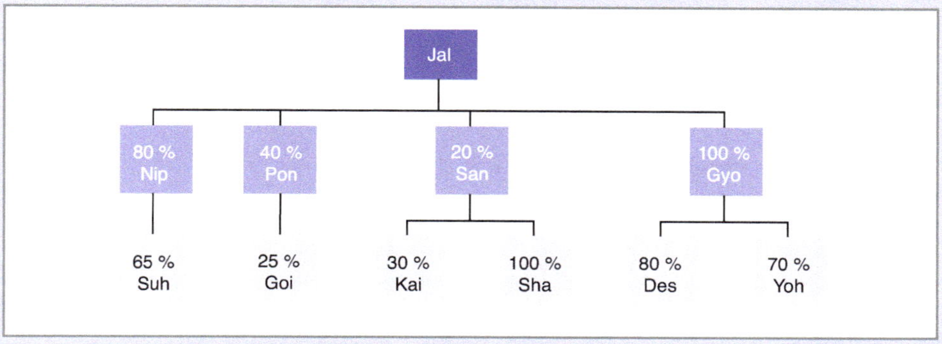

Figure 8.12 • Structure de contrôle du groupe Jal.

La société Jal contrôle de fait la société Pon, même si elle ne détient que 40 % des parts. De même, la société San contrôle de fait la société Kai. Dans tous les autres cas, il n'y a de contrôle que si une société détient au moins 50 % des actions d'une autre société.

Comment doivent être consolidés dans le groupe les comptes des sociétés Suh, Goi, Kai, Sha, Des et Yoh ?

2. Retraitement des comptes

Une PME qui applique les normes françaises à ses comptes est consolidée par un groupe de taille moyenne qui applique les normes IFRS.

Citez cinq éléments de ses comptes qui pourraient éventuellement devoir être retraités afin d'être en accord avec la politique comptable du groupe ?

3. Estimation du *goodwill*

La société Locaplus acquiert 100 % de la société Transcar pour 10 M€. Les actifs et les passifs de Transcar sont bien évalués à leur juste valeur dans son bilan et ses capitaux propres pour 7 M€.

1. Quel *goodwill* doit apparaître dans les comptes de Locaplus à l'issue du rachat ?
2. Ce *goodwill* serait-il différent si Locaplus ne rachetait que 80 % de Transcar ?

4. Écart d'acquisition

Au 31/12/2017, le bilan de la société Keio se présente ainsi (en millions d'euros) :

Immobilisations corporelles	700	Capital	1 500
Immobilisations incorporelles	300	Réserves	150
Stocks	300	Résultat	150
Créances	800	Dettes	700
Trésorerie	400		
Total Actif	**2 500**	**Total Passif**	**2 500**

Dans le cadre du processus de consolidation, les éléments d'actif et de passif identifiables de Keio ont été évalués à leur juste valeur (en millions d'euros).

Immobilisations corporelles	400	Dettes	700
Immobilisations incorporelles	600	Provisions pour risques et charges	200
Stocks	350		
Créances	800		
Trésorerie	400		
Impôts différés actifs	120		

1. À la date d'acquisition, quel est l'actif net de Keio évalué à sa juste valeur ?
2. Quel est l'écart d'acquisition à inscrire dans les comptes de l'acheteur de la société Keio si celui-ci a payé 2 000 pour obtenir 100 % des parts de Keio ?

5. Éliminations de consolidation

En 2017, la société Astra a participé à hauteur de 90 % du capital à la création de la société Bastaux. Aucune des deux sociétés ne verse de dividendes et, au 31/12/2017, les bilans des deux sociétés se présentent comme suit :

Bilan de la société Astra en millions d'euros

Immobilisations corporelles	700	Capital	1 500
Immobilisations incorporelles	300	Résultat	500
Titres de participation	2 700	Dettes	2 100
Créances	100		
Trésorerie	300		
Total Actif	**4 100**	**Total Passif**	**4 100**

Bilan de Bastaux en millions d'euros

Immobilisations corporelles	500	Capital	400
Immobilisations incorporelles	200	Résultat	200
Créances	100	Dettes	400
Trésorerie	200		
Total Actif	**1 000**	**Total Passif**	**1 000**

1. Quel est le résultat du groupe ?

2. Présentez un bilan consolidé du groupe formé par Astra en faisant apparaître les éliminations de consolidation.

Chapitre 9

Consolidation des entités

Les **comptes consolidés** ont pour finalité de donner une image de la situation financière et des transactions réalisées par l'ensemble économique constitué de sociétés juridiquement indépendantes. Ils considèrent l'ensemble des sociétés juridiquement indépendantes comme une seule et même entité économique (bien qu'un groupe n'ait pas de reconnaissance juridique). Ainsi, ils recensent seulement les achats, les ventes, les créances, les dettes, les participations et toute autre opération avec des sociétés extérieures au groupe.

Comptes consolidés : états financiers d'un groupe présentés comme ceux d'une entreprise unique.

Les opérations réalisées entre les sociétés qui appartiennent au groupe sont donc éliminées. Il ne suffit alors pas d'additionner les valeurs des différents bilans, comptes de résultat et autres tableaux de synthèse pour établir des états consolidés. Il faut mettre en place un procédé d'épuration des comptes afin que ceux-ci ne comprennent plus d'opérations intragroupes et présentent seulement l'image fidèle de l'entité économique « groupe ». Il faut également prévoir les modalités de conversion d'états financiers de filiales établis en devises différentes de la monnaie retenue pour les comptes consolidés. Ce procédé s'appelle la consolidation.

Avant de procéder à la consolidation, il convient de rendre identiques les états financiers des filiales retenues. Des opérations comparables sont éventuellement traitées de manière différente dans les comptes sociaux des entités faisant partie du groupe. La première étape du processus de consolidation consiste donc à homogénéiser les pratiques comptables retenues dans les comptes sociaux, afin que la consolidation proprement dite puisse s'appuyer sur des états financiers dans lesquels des opérations comparables sont traitées de manière identique, soit selon les principes comptables du groupe.

Ce chapitre présente tout d'abord les opérations d'homogénéisation à réaliser pour adapter les comptes sociaux des filiales à celles retenues au niveau du groupe. Puis, il analyse les méthodes de conversion de ces comptes ajustés en monnaies étrangères. Enfin, les techniques d'élimination d'opérations intragroupes seront présentées avant de finir par les méthodes d'élimination des titres de participation. La figure 9.1 résume le plan de ce chapitre.

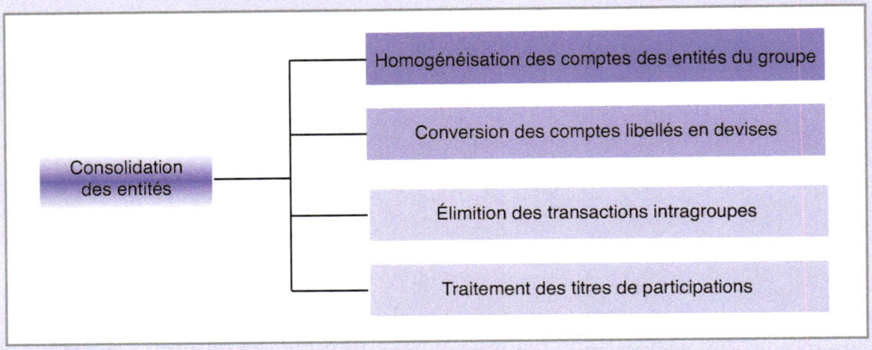

Figure 9.1 • Le passage des comptes individuels aux comptes consolidés.

1. Homogénéisation des comptes des entités du groupe

La consolidation consiste à intégrer les comptes des sociétés comprises dans le périmètre. Elle a pour objet de fournir une **image fidèle de la situation patrimoniale, de la structure financière et des résultats du groupe**. La société consolidante doit alors déterminer une politique comptable homogène du groupe, qui décrit les principes et méthodes adaptés aux spécificités de l'ensemble consolidé. Les comptes individuels des filiales n'appliquent pas systématiquement les principes et méthodes du groupe, car ils sont établis selon des règles en conformité avec un environnement économique, financier, juridique et fiscal différent de celui des comptes consolidés. Par ailleurs, les comptes de filiales étrangères sont souvent établis dans des monnaies étrangères. Il faut alors mettre en place une méthodologie de conversion des comptes de toutes les filiales, afin de présenter les comptes du groupe dans une monnaie unique. Cette section présente d'abord une vue d'ensemble des retraitements en matière de dates de clôture, de présentation et d'évaluation. Elle détaille ensuite les méthodes de retraitement des comptes de filiales libellés en monnaies étrangères.

1.1. Principes généraux

Tout d'abord, la date de clôture des exercices comptables doit être identique pour toutes les filiales qui entrent dans le champ de la consolidation. Toutefois, une dérogation est possible si la date de clôture n'est pas antérieure de plus de trois mois et si des ajustements sont effectués pour les principales transactions. Cette exception doit être justifiée par l'impossibilité d'établir des comptes à la date retenue pour les comptes consolidés ou par un coût excessif. S'il existe un tel décalage dans les dates de clôture, une explication sera fournie en annexe. L'homogénéité porte également sur l'évaluation et sur la présentation des éléments d'actif, de passif, des charges et des produits, ainsi que de l'annexe. Les paragraphes suivants illustrent un certain nombre de ces retraitements ainsi que leur traitement comptable, sans toutefois pouvoir être exhaustifs.

1.2. Amortissements

De nombreux paramètres influencent le choix d'une méthode d'amortissement dans une société. La dimension fiscale peut, en particulier, peser sur le calcul des dotations. Si la méthode retenue n'est pas justifiable économiquement, elle génère des retraitements.

Retraitement d'amortissements

La société Audié, dans ses comptes individuels, pratique un amortissement dégressif de ses matériels, dans les limites des seuils fiscalement admis. Le groupe Ifris auquel appartient la société Audié utilise uniquement l'amortissement linéaire dans ses comptes consolidés. Audié constate dans ses comptes un supplément à la fois de la charge de l'exercice et des amortissements cumulés des exercices précédents. Les montants des suppléments s'élèvent respectivement à :

- 40 000 € pour l'exercice 2018 ;
- 220 000 € pour l'ensemble des exercices précédents.

Quelle est l'écriture de retraitement à enregistrer lors du passage aux principes comptables du groupe ?

Réponse

Les amortissements excédentaires des années antérieures avaient impacté les résultats des années respectives. Ils ne peuvent plus influer sur le résultat de 2018, mais seront ajoutés aux réserves. Seule la charge excédentaire de 2018 génère un produit dans le cadre de l'homogénéisation des comptes. L'écriture de retraitement dans les comptes d'Audié est la suivante :

31/12/2018		
Amortissements cumulés des immobilisations (+ A)	260 000	
Dotation aux amortissements (+ R, + FP)		40 000
Réserves (+ FP)		220 000

1.3. Provisions

Les modalités d'enregistrement (fait générateur, évaluation, etc.) varient d'un pays à l'autre. Ainsi, il est bien courant que des entités enregistrent des provisions dans leurs comptes individuels alors qu'elles ne respectent pas les critères de reconnaissance d'IAS 37 et/ou les modalités d'évaluation de cette norme. Il peut en être de même avec les engagements de retraite. Les normes comptables de certains pays ne requièrent pas l'enregistrement d'une provision dans le cadre de régimes à prestations définies tels que présentés dans l'IAS 19, ou bien elles n'imposent pas la même méthode d'évaluation de ces engagements.

Application 9.2

Reconnaissance d'engagements de retraite

La société Terny est engagée, dans le cadre de régimes à prestations garanties, à verser des compléments de retraite à certains de ses salariés. Conformément à la législation comptable nationale, Terny ne comptabilise aucune provision pour cet engagement mais en fait état sous forme d'une note dans l'annexe de ses comptes individuels.

L'évaluation de ces engagements de retraite, d'après la méthode comptable du groupe Ifris, fait apparaître la nécessité de constituer une provision de 500 000 € à la fin 2018. 90 % de ce montant serait dû à des exercices comptables antérieurs.

Quelle est l'écriture de retraitement à enregistrer lors du passage aux principes comptables du groupe ?

Réponse

Les engagements de retraite des années antérieures avaient impacté les résultats des années en question. Ils ne peuvent plus influer sur le résultat de 2018, mais seront imputés aux réserves. Seul l'engagement imputable à l'exercice 2018 génère une charge dans le cadre de l'homogénéisation des comptes. L'écriture de retraitement dans les comptes de Terny est la suivante :

31/12/2018		
Réserves (– FP)	450 000	
Dotations aux provisions pour retraite (– R, – FP)	50 000	
Provision pour retraite (+ P)		500 000

1.4. Contrats de constructions

Le traitement des contrats de constructions peut diverger d'un pays à l'autre dans les modalités de la prise en compte de la marge sur le contrat. Certains pays imposent sa reconnaissance à l'achèvement, d'autres permettent le choix entre sa prise en compte à l'achèvement ou en fonction de l'avancement du contrat. Selon IAS 11, l'application de la méthode de la reconnaissance à l'avancement est obligatoire, ce qui peut donc générer la nécessité de retraitements.

Application 9.3

Retraitement de contrats de constructions

La société Auperin, filiale du groupe Ifris, a signé en 2017 un contrat portant sur la fourniture d'une machine-outil conçue et fabriquée spécialement pour son client Esentépé. La livraison doit avoir lieu en 2017. Le prix convenu est de 720 000 €. Les coûts de production déjà engagés à la fin 2017 s'élèvent à 60 000 €, ceux engagés au cours de 2018 à 420 000 €. Le coût total du contrat est estimé à 600 000 €. Conformément aux normes comptables nationales, Auperin applique la méthode de la reconnaissance de la marge à l'achèvement des travaux, alors qu'Ifris applique les IFRS pour ses comptes consolidés.

Quelle est l'écriture de retraitement à enregistrer lors du passage aux principes comptables du groupe Ifris ?

☞

(Suite)

Réponse

L'ajustement ne porte que sur la reconnaissance de la marge estimée. Le coût engagé est déjà reconnu dans les comptes individuels d'Auperin, conformément à la méthode de l'achèvement.

IAS 11 n'impose pas une méthode précise pour calculer l'état d'avancement d'un contrat de construction. Si on se fonde sur le montant des coûts engagés, on obtient : 60 000 / 600 000, soit 10 % du contrat réalisé en 2017 ; 420 000 / 600 000, soit 70 % du contrat réalisé en 2018. Ainsi, 80 % du contrat sont réalisés à la fin 2018 engendrant la reconnaissance de 80 % de la marge estimée de 720 000 – 600 000, soit 120 000 € dans les comptes de la même année. La part de cette marge réalisée avant 2018 est ajoutée aux réserves, car elle constitue un produit déjà reconnu antérieurement. Seule la marge réalisée au cours de 2018 est enregistrée avec un impact sur le résultat de cet exercice.

31/12/2018		
Travaux en cours – 80 % de la marge de 120 000 (+ A)	96 000	
Réserves – 10 % de la marge de 120 000 (+ FP)		12 000
Marge à l'avancement des travaux – 70 % de 120 000 (+ R, + FP)		84 000

1.5. Contrats de location-financement

Le concept de la location-financement, tel qu'exposé au chapitre 6, n'est pas reconnu par tous les référentiels comptables. Des divergences peuvent aussi exister entre référentiels comptables quant aux seuils de distinction entre une location simple et une location-financement. Pour les besoins des comptes consolidés établis selon les IFRS, le traitement des contrats de location doit correspondre à celui préconisé par la norme IAS 17. Nous présentons au chapitre 6 un exemple détaillé d'analyse d'un contrat de location et du retraitement lié à sa qualification comme contrat de location-financement.

1.6. Impôt sur le résultat

Dans certains pays, la méthode applicable est celle de l'impôt exigible et seule la somme due au Trésor au titre de l'exercice est enregistrée dans les comptes.

Or, les normes IFRS prescrivent la méthode de l'impôt différé. Selon cette approche, la charge d'impôt reconnue dans le compte de résultat devrait correspondre au montant théorique qui résulte de l'application du taux d'imposition au résultat comptable avant impôts sans tenir compte d'écarts définitifs entre traitement comptable et fiscal de produits ou charges. L'écart entre la charge d'impôt ainsi obtenue et la charge d'impôt exigible est enregistré en tant qu'impôt différé. Il a pour vocation d'être compensé dans les années à venir. En revanche, les différences permanentes entre résultat comptable et résultat fiscal (par exemple, la constatation d'une dépréciation de *goodwill*) ne donnent pas lieu à la constatation d'impôts différés. Le chapitre 7 illustre cette approche d'impôts différés des IFRS.

1.7. Dettes et créances libellées en devises

Selon IAS 21, ces éléments sont évalués au bilan au cours de la date de clôture. Il en résulte le plus souvent une variation de la valeur par rapport à celle constatée à la date du premier enregistrement de la dette ou de la créance. Bien que latente, car aucune transaction en cash liée à cette opération n'avait encore lieu, cette différence génère un produit ou une perte dans le compte de résultat en IFRS.

Alors que le traitement de pertes latentes semble être bien harmonisé au niveau des référentiels comptables, celui des gains latents résultant des variations des taux de change ne l'est certainement pas. Ainsi, par opposition à la reconnaissance d'un produit dans le compte de résultat en IFRS, on observe l'absence totale de reconnaissance d'un tel produit dans les normes comptables allemandes. Selon le référentiel français, un tel gain est reconnu dans le bilan avec comme contrepartie un poste spécifique du passif, différent des réserves. En revanche, il n'y a pas de reconnaissance d'un produit dans le compte de résultat.

Application 9.4

Transactions en devises étrangères

Au cours de l'exercice 2018, la société Mansouri, domiciliée à Paris et filiale du groupe Ifris, a vendu des produits à son client Ridoutt dans le pays A pour un montant de 800 000 pesos locaux (PEA) Le taux de change à la date de la transaction était de 0,165 € pour un PEA. À la fin 2018, le cours du PEA est de 0,180 € pour un PEA.

Conformément aux normes comptables françaises, la différence de change de 800 000 × (0,180 – 0,165) = 12 000 € n'est pas enregistrée dans le compte de résultat comme un gain de change, mais donne lieu à la constatation d'un écart de conversion passif dans le bilan de Mansouri, en contrepartie d'une réévaluation de sa créance envers Ridoutt.

Quelle est l'écriture de retraitement à enregistrer lors du passage aux principes comptables IFRS du groupe Ifris ?

Réponse

L'ajustement ne porte que sur le traitement du gain latent, la valeur de la créance à l'actif étant correctement évaluée au cours de clôture de 0,180.

Pour le passage aux IFRS, c'est donc le poste Écart de conversion – Passif qui doit être retraité pour donner lieu à un produit de gain de change dans le compte de résultat.

31/12/2018 Écart de conversion – Passif (– P) Gain de change (+ R, + FP)	12 000	 12 000

Remarque

Si la société Mansouri était domiciliée en Allemagne et appliquait les normes comptables allemandes, l'écriture de retraitement serait différente. La créance figurerait toujours à sa valeur historique dans le bilan, et ce serait elle qui devrait être réévaluée pour se conformer aux IFRS.

31/12/2018 Créance clients – Ridoutt (+ A) Gain de change (+ R, + FP)	12 000	 12 000

1.8. Conclusion

Comme indiqué au début de cette partie, bien d'autres sources d'ajustement existent : les intérêts d'emprunt (IAS 23), les frais de développement (IAS 38), l'évaluation des stocks (IAS 2), etc.

Des opérations purement motivées par des raisons fiscales font également l'objet de retraitements. Ce sont donc une multitude d'opérations dont la société mère doit s'assurer qu'elles sont comptabilisées de manière homogène au sein du groupe. C'est sur cette base d'états financiers homogénéisés que la prochaine étape de la consolidation peut démarrer.

2. Conversion des comptes des filiales libellés en monnaies étrangères

Conversion des comptes : traduction par conversion monétaire des comptes d'une filiale de leur monnaie de présentation à la monnaie de présentation des comptes du groupe.

Le recours à plusieurs devises est un aspect particulier de l'harmonisation des comptes des filiales. En effet, les comptes consolidés sont établis dans une monnaie unique et il faut trouver des méthodes adéquates pour convertir les comptes des filiales vers cette monnaie de présentation des comptes du groupe.

La stratégie internationale des entreprises est mise en œuvre par des implantations dans des pays étrangers. Au-delà de simples opérations d'exportation ou d'importation, l'entreprise peut créer des filiales dans les pays où elle exerce des activités ou racheter une entreprise locale déjà existante, afin de distribuer ses produits sur le marché local ou régional, de fabriquer des produits ou de mener des recherches. Ainsi, la filiale de droit étranger est cocontractante des partenaires locaux du groupe, ce qui facilite les relations avec les banquiers, les fournisseurs, les clients, les salariés et les administrations. Cette autonomie juridique a un impact sur la comptabilité, car la filiale doit respecter les normes comptables locales du pays d'implantation, tout en remontant des informations qui respectent les principes comptables harmonisés que la société mère du groupe a décidé d'appliquer dans les comptes consolidés.

La **conversion des comptes** annuels de la filiale étrangère vers la monnaie de présentation des comptes du groupe est donc un point délicat à traiter. Les variations parfois importantes des cours des différentes monnaies peuvent avoir un impact significatif sur la situation financière et/ou le résultat du groupe. La méthode de conversion choisie doit donc refléter au mieux la réalité économique du fonctionnement du groupe et la relation entre la filiale et la maison mère.

2.1. Types de monnaies dans un groupe

Trois notions vont être présentées : la monnaie locale, la monnaie de fonctionnement et la monnaie de présentation. Pour une filiale donnée, les trois monnaies peuvent être toutes différentes. De même, il peut n'y avoir que deux monnaies différentes, voire une seule, pour une société. Tout dépend de la réalité économique de l'activité de la filiale.

2.1.1. Monnaie locale

La **monnaie locale** est la monnaie en cours dans le pays où se trouve la société considérée.

La **monnaie locale** désigne la monnaie du pays dans lequel une filiale ou la société mère est installée. Le plus souvent, les comptes annuels de la société sont établis dans cette monnaie, en réponse à des réglementations légales nationales du pays d'implantation. Les comptes annuels exprimés en monnaie locale sont le point de départ du processus de conversion.

2.1.2. Monnaie de fonctionnement

La **monnaie de fonctionnement** est la monnaie utilisée au jour le jour par la société considérée.

La **monnaie de fonctionnement**, ou monnaie fonctionnelle, est la monnaie de l'environnement économique principal dans lequel l'entreprise opère et fonctionne. Elle doit donc rendre compte de l'impact de la variation des cours de devises sur la situation financière et sur le résultat de la société locale. La monnaie de fonctionnement se détermine selon plusieurs critères.

Principalement, on relève la monnaie de référence utilisée pour les opérations d'exploitation. Par exemple, les prix de vente des biens et services sont libellés et réglés dans cette monnaie, ou encore les charges (achats, salaires, etc.) sont facturées et réglées dans cette monnaie. On peut également vérifier la monnaie dans laquelle sont générés les fonds des activités de financement (notamment émission de titres de capital ou d'emprunt) ou la devise servant à la gestion de trésorerie des activités opérationnelles. Toutes ces opérations sont réalisées dans la monnaie dite de fonctionnement.

Si plusieurs monnaies sont utilisées, on peut recourir à des critères complémentaires, fondés sur les relations entre la filiale et la société mère. La monnaie fonctionnelle est celle de la société mère du groupe ou d'un sous-groupe lorsque la société locale est une extension de cette dernière. C'est le cas, par exemple, d'une société qui distribue des produits importés de sa société mère et qui lui transfère ensuite les fonds récoltés au moment de la vente. La société locale est alors dénommée « entité non autonome », en opposition à l'« entité autonome » qui réalise essentiellement ses activités dans sa monnaie locale. Les charges, les ventes et les dettes sont libellées dans la monnaie locale, qui est donc la monnaie de fonctionnement. L'importance des transactions entre la société locale et sa société mère peut également permettre d'apprécier le degré d'autonomie.

En résumé, le principe qui gouverne le choix de la monnaie fonctionnelle est la recherche de la meilleure représentation de la substance des opérations.

Application 9.5

Monnaie de fonctionnement

Pour les filiales en zone euro du groupe européen Melt, la monnaie de fonctionnement est l'euro. Elle est ainsi identique à la monnaie locale des filiales, et il n'y aura pas de conversion à réaliser à ce niveau. Or, l'euro peut également être la monnaie de fonctionnement de filiales européennes hors zone euro lorsque l'essentiel des opérations d'approvisionnement, de ventes et de financement se réalise en euros ou lorsque les autres critères présentés ci-dessus sont remplis. La monnaie de fonctionnement est alors différente de la monnaie locale et les variations de cours entre ces deux monnaies sont mesurées dans les comptes annuels en devises de la filiale.

☞

Application 9.5 *(Suite)*

Si Melt a également plusieurs implantations aux États-Unis et/ou dans d'autres pays du continent américain, il est vraisemblable que sa monnaie de fonctionnement soit le dollar américain. Cela sera d'autant plus probable s'il existe des sites de fabrication dans cette région qui permettent aux filiales un degré d'autonomie élevé. Les comptes annuels des filiales implantées sur le continent américain, à l'exception de celles situées aux États-Unis mêmes, doivent être convertis de leurs monnaies locales respectives vers leur monnaie de fonctionnement, qui est le dollar américain. C'est également le cas des filiales directes de Melt, par exemple. Le lien de participation n'intervient pas directement dans la détermination de la monnaie de fonctionnement. C'est la réalité économique du fonctionnement de la filiale qui importe. Au niveau de Melt, on compte ainsi deux monnaies de fonctionnement : l'euro et le dollar américain. Dans la pratique, il est courant d'en avoir encore plus.

2.1.3. *Monnaie de présentation*

La **monnaie de présentation** est celle dans laquelle le groupe décide de publier ses comptes consolidés. C'est le plus souvent la monnaie de fonctionnement de la société mère, mais ce n'est pas une obligation, le choix étant libre. Les filiales pour lesquelles la monnaie de présentation diffère de leur monnaie de fonctionnement doivent réaliser une conversion de leurs comptes. Il peut s'agir d'une seconde conversion, si la monnaie locale d'une société n'est pas sa monnaie de fonctionnement.

La **monnaie de présentation** est la monnaie utilisée pour présenter les états financiers.

Application 9.6

Monnaie de présentation

Le groupe Melt (voir application 9.5) va probablement retenir l'euro comme monnaie de présentation. Dans ce cas, les comptes des filiales installées en Amérique doivent être convertis vers l'euro. Pour les filiales dont les comptes annuels locaux ne sont pas libellés en dollars, cela signifie une seconde conversion.

Melt pourrait également retenir le dollar comme monnaie de présentation. En effet, si le groupe est coté en Bourse aux États-Unis mais pas en Europe, l'établissement des comptes consolidés directement en dollars américains deviendrait ainsi plus pertinent, étant donné le public visé.

Contrairement à la conversion vers la monnaie de fonctionnement, la conversion vers la monnaie de présentation n'a pas pour but principal la présentation de la réalité économique. Cette opération est nécessaire pour des raisons rédactionnelles, afin de présenter les comptes du groupe dans une monnaie unique, et non pour mesurer la performance économique des filiales ou du groupe. La méthode de conversion utilisée ici modifie donc le moins possible les poids relatifs entre les différents postes au sein du bilan et du compte de résultat.

2.2. Conversion vers la monnaie de fonctionnement : méthode du cours historique

La **méthode du cours historique** tente de reconstituer les états financiers d'une filiale comme si les enregistrements comptables avaient été directement établis dans la monnaie de fonctionnement du groupe.

Partant du constat que la société exerce en réalité son activité dans la monnaie de fonctionnement, la **méthode du cours historique** tente de reconstituer les états financiers comme si les enregistrements comptables avaient été directement établis dans cette monnaie de fonctionnement. Les machines acquises quelques années auparavant sont ainsi converties et amorties sur la base du taux de conversion à la date historique d'acquisition, alors que la trésorerie ou d'autres éléments qui donnent lieu à des mouvements d'unités monétaires sont convertis au taux de clôture de l'exercice en cours.

Pour le bilan, la méthode du cours historique nécessite ainsi de distinguer les éléments non monétaires et les éléments monétaires.

- Les éléments non monétaires comprennent les immobilisations incorporelles, corporelles et les stocks. Ils se caractérisent par l'absence de tout droit de recevoir ou de livrer un nombre fixe ou déterminable d'unités monétaires. Ils sont convertis au cours de change historique, c'est-à-dire celui en vigueur à la date de l'entrée du bien dans l'entreprise. Pour être cohérent, on procède au calcul des amortissements sur la base de cette valeur.
- Les éléments monétaires, tels que les créances, la trésorerie ou les dettes, sont des droits de recevoir ou des obligations de livrer un nombre déterminé ou déterminable d'unités monétaires. Ils sont convertis au cours de change à la date de clôture de l'exercice.

Pour le compte de résultat, les produits et les charges sont convertis au cours de change en vigueur au moment où ils sont constatés ; pour simplifier, on peut aussi choisir d'utiliser un taux moyen périodique. Par symétrie avec le bilan, les dotations aux amortissements sont converties en appliquant le cours historique relatif aux immobilisations correspondantes. Les capitaux propres sont convertis au cours en vigueur à la date de l'enregistrement de la variation des postes de capitaux propres. Ainsi, le cours historique est utilisé pour chaque augmentation de capital et pour chaque affectation en réserves.

L'application de taux de conversion différents au sein du bilan et du compte de résultat génère des écarts appelés **écarts de conversion**. Ceux-ci proviennent de la mise en œuvre de la méthode du cours historique et sont comptabilisés au compte de résultat. Ils mesurent ainsi l'impact de la conversion de la monnaie locale vers la monnaie de fonctionnement sur la performance économique de la société locale. Le cas du Groupe PSA (voir figure 9.2) est un exemple d'écart entre monnaie locale et monnaie de fonctionnement pour certaines filiales.

Conversion des États financiers des filiales étrangères

Cas particuliers

Certaines filiales, hors zone Euro, réalisent l'essentiel de leurs transactions en Euro ou en US Dollars, qui est alors reconnu comme leur devise de fonctionnement. Les éléments non monétaires sont convertis au cours historique et les éléments monétaires au cours de clôture. Les différences résultant de la conversion des États financiers de ces filiales sont enregistrées immédiatement en résultat.

Le Groupe n'opère pas dans des pays à forte inflation au sens de la norme IAS 21 « Effets des variations des cours des monnaies étrangères ».

Figure 9.2 • Extrait du document de référence 2017, Groupe PSA (note 3.1, p. 171).

Conversion des comptes en monnaie de fonctionnement

La société Breyton est une filiale du groupe Mounier. Elle tient sa comptabilité dans la monnaie locale, le DE. L'analyse du fonctionnement de la filiale permet de conclure que sa monnaie de fonctionnement est celle de la maison mère, l'euro. Cela implique la conversion des comptes annuels de Breyton du DE en euros, selon la méthode du cours historique.

Les immobilisations ont toutes été acquises à la constitution de la société le 02/01/2017.

Les stocks au 31/12/2017 ont été acquis à un cours moyen de 1 DE = 0,85 €.

Les réserves qui figurent au bilan proviennent de l'affectation des résultats :

- de 2014 pour 180 000 DE ;
- de 2015 pour 220 000 DE ;
- de 2016 pour 200 000 DE.

Par ailleurs, les cours du DE ont été les suivants :

- le 02/01/2014 : 1 DE = 0,75 € ;
- le 31/12/2014 : 1 DE = 1,30 € ;
- le 31/12/2015 : 1 DE = 1,10 € ;
- le 31/12/2016 : 1 DE = 0,95 € ;
- le 31/12/2017 : 1 DE = 0,80 €.

Les cours moyens ont été les suivants :

- pour 2014 : 1 DE = 0,95 € ;
- pour 2015 : 1 DE = 1,20 € ;
- pour 2016 : 1 DE = 1,00 € ;
- pour 2017 : 1 DE = 0,90 €.

☞

Application 9.7 *(Suite)*

Le bilan et le compte de résultat de Breyton en KDE sont présentés ci-dessous.

Bilan au 31/12/2017 (en KDE)

Actif	
Immobilisations corporelles	2 700
Stocks	180
Créances	1 500
Trésorerie	400
Total Actif	**4 780**
Passif	
Capital	2 000
Réserves	600
Résultat	200
Dettes	1 980
Total Passif	**4 780**

Compte de résultat pour l'année 2017 (en KDE)

Ventes	2 100
Matières consommées	– 1 050
Autres charges	– 900
Dotation aux amortissements	– 200
Produits financiers	250
Bénéfice	**200**

Quels sont les taux de change à retenir pour les différents postes du bilan et du compte de résultat de Breyton ?

Bilan

Actif	
Immobilisations corporelles	Non monétaire – Taux historique à l'acquisition : 0,75
Stocks	Non monétaire – Taux historique à l'acquisition : 0,85
Créances	Monétaire – Taux de clôture : 0,80
Trésorerie	Monétaire – Taux de clôture : 0,80
Passif	
Capital	Non monétaire : 0,75 – Taux historique à l'acquisition
Réserves	Non monétaire – Taux historiques pondérés en fonction de la date d'affectation : 0,95 pour 2014 ; 1,20 pour 2015 ; 1,00 pour 2016
Résultat	Se détermine comme résultante des autres postes du bilan
Dettes	Monétaire – Taux de clôture : 0,80

Compte de résultat

Ventes	Taux moyen de la période : 0,90
Matières consommées	Taux moyen de la période : 0,90 (même si le stock final a été acheté au cours de 0,85 ; dans le compte de résultat, c'est le cours moyen des achats de la période qui est retenu)
Autres charges	Taux moyen de la période : 0,90
Dotation aux amortissements	Taux historique à l'acquisition des actifs : 0,75
Produits financiers	Taux moyen de la période : 0,90

☞

Application 9.7 *(Suite)*

Documents de synthèse résumés de la filiale, établis au 31/12/2017 en k€.

Bilan au 31/12/2017 (en k€)

Actif		
Immobilisations nettes	2 700 × 0,75 =	2 025
Stocks	180 × 0,85 =	153
Créances	1 500 × 0,80 =	1 200
Trésorerie	400 × 0,80 =	320
Total Actif		**3 698**
Passif		
Capital	2 000 × 0,75 =	1 500
Réserves	180 × 0,95 =	171
	220 × 1,20 =	264
	200 × 1,00 =	200
Résultat		**– 21**
Dettes	1 980 × 0,80 =	1 584
Total Passif		**3 698**

Compte de résultat pour l'année 2017 (en k€)

Ventes	2 100 × 0,90 =	1 890
Matières consommées	– 1 150 ×0,90 =	– 1 035
Autres charges	– 900 × 0,90 =	– 810
Dotation aux amortissements	– 200 × 0,75 =	– 150
Produits financiers	250 × 0,90 =	225
Écart de conversion		– 231
Résultat		**– 21**

La mesure en monnaie de fonctionnement conduit à une nouvelle appréciation de la performance de l'entreprise. Le bénéfice de 200 KDE se transforme ainsi en une perte de 21 k€.

2.3. Conversion vers la monnaie de présentation : méthode du cours de clôture

La **méthode du cours de clôture** permet de convertir les états financiers présentés en monnaie fonctionnelle en monnaie de présentation du groupe. Son objectif est de maintenir les équilibres des états financiers et de permettre ainsi de juger les performances de l'entité.

Méthode du cours de clôture : les états financiers présentés en monnaie fonctionnelle sont convertis en monnaie de présentation du groupe en utilisant le cours de clôture comme étalon de conversion.

Le risque financier lié aux variations des devises apparaissait dans une rubrique intitulée *Écart de conversion des capitaux propres* sans altérer le niveau de résultat. Depuis la généralisation de l'état du résultat global, leur effet de la variation de cet écart est également visible dans la seconde partie de cet état.

Pour expliquer l'origine des effets de cette méthode, considérons que la monnaie de fonctionnement d'une filiale américaine est le dollar (USD), que celle de sa société mère française est l'euro (€) et que les comptes du groupe sont présentés en euros (€). Les comptes de la filiale américaine sont convertis selon la méthode du taux de clôture en appliquant les règles suivantes :

Le **cours de clôture** est le cours du jour de la date de clôture.

- Les actifs (immobilisations, stocks, créances, trésorerie) et les obligations sont convertis au **cours de clôture** du bilan.
- Les produits et les charges sont convertis au cours de change en vigueur aux dates de transactions. Toutefois, pour simplifier, le **cours moyen de la période** peut convenir.
- Les capitaux propres sont convertis au cours historique de l'enregistrement des transactions.
- L'écart de conversion qui en résulte est inscrit dans une rubrique distincte des capitaux propres, sa variation est enregistrée dans le résultat global.

Pour le Groupe PSA, c'est le cas général. La monnaie locale des filiales est le plus souvent la monnaie de fonctionnement et la conversion se limite à une conversion vers la monnaie de présentation pour les filiales dont la monnaie de fonctionnement n'est pas l'euro.

Conversion des États financiers des filiales étrangères

Cas général

La devise fonctionnelle du Groupe est l'euro qui est également retenu comme devise de présentation des comptes consolidés. Les filiales ont très généralement pour devise de fonctionnement leur monnaie locale, dans laquelle est libellé l'essentiel de leurs transactions. Leur bilan est converti au taux de clôture. Leur compte de résultat est converti mois par mois au taux moyen de chaque mois. Les différences résultant de la conversion des États financiers de ces filiales sont enregistrées en écart de conversion inclus dans les capitaux propres consolidés. Les écarts d'acquisition sur ces filiales sont comptabilisés dans leur monnaie de fonctionnement.

Figure 9.3 • Extrait du document de référence 2017, Groupe PSA (note 3, p. 171).

L'application 9.8 reprend, comme dans l'application 9.7, l'exemple de la société Breyton, en considérant cette fois que la monnaie de fonctionnement est la monnaie locale.

Application 9.8

Conversion des comptes en monnaie de présentation

Si l'on suppose que la monnaie de fonctionnement de la filiale Breyton soit la monnaie locale (le DE), ses comptes annuels représentent bien les performances de la société telles qu'elles devraient apparaître dans les comptes du groupe. La méthode du cours de clôture n'altère ni la structure du compte de résultat, ni celle du bilan.

☞

(Suite)

Sont présentés ici le bilan et le compte de résultat de Breyton convertis selon la méthode du cours de clôture.

Bilan au 31/12/2017 (en k€)

Actif		
Immobilisations nettes	2 700 × 0,80 =	2 160
Stocks	180 × 0,80 =	144
Créances	1 500 × 0,80 =	1 200
Trésorerie	400 × 0,80 =	320
Total Actif		**3 824**
Passif		
Capital	2 000 × 0,75 =	1 500
Réserves	180 × 0,95 =	171
	220 × 1,20 =	264
	200 × 1,00 =	200
Résultat	200 × 0,90 =	180
Écart de conversion		– 75
Dettes	1 980 × 0,80 =	1 584
Total Passif		**3 824**

Compte de résultat pour l'année 2017 (en k€)

Ventes	2 100 × 0,90 =	1 890
Matières consommées	– 1 050 × 0,90 =	– 945
Autres charges	– 900 × 0,90 =	– 810
Dotation aux amortissements	– 200 × 0,90 =	– 180
Produits financiers	250 × 0,90 =	225
Bénéfice	200 × 0,90 =	180

Les effets des variations de cours de la devise sont regroupés dans l'écart de conversion dans les capitaux propres ; ils n'affectent pas le résultat. Cet écart mesure la distance entre la valeur des capitaux investis par les actionnaires, évalués aux cours historiques respectifs, et les actifs et les obligations convertis à la date de clôture.

Dans la pratique, les effets de cette méthode peuvent eux aussi être assez considérables. La figure 9.4 les illustre pour LafargeHolcim en 2016 et 2017. En 2016, l'écart de conversion s'élevait à –1 097 MCHF, un montant inférieur au résultat net du groupe, générant ainsi un résultat global de 914 MCHF. En 2017, l'effet est moins important mais toujours significatif : l'écart de conversion de – 302 MCHF entraîne un résultat global de –1 742 MCHF (pour un résultat net de –1 716 MCHF).

La figure 9.5 résume le processus de conversion des comptes de filiales établis en monnaies étrangères.

État du résultat global consolidé de LafargeHolcim (en millions de CHF)	Au 31 décembre 2017	2016
Résultat net	**(1 716)**	**2 090**
Autres éléments du résultat global		
Éléments qui seront reclassés dans le compte de résultat durant les périodes futures		
Effets de change		
– Écarts de conversion	(302)	(1 097)
– Réalisés et comptabilisés en résultat	95	3
– Effets d'impôt	0	1
Actifs financiers disponibles à la vente		
– Variation de juste valeur	(2)	1
– Réalisés et comptabilisés en résultat	10	0
– Effets d'impôt	1	0
Couvertures des flux de trésorerie		
– Variation de juste valeur	(8)	34
– Réalisées et comptabilisées en résultat	5	6
– Effets d'impôt	0	(8)
Couvertures d'investissements nets dans les filiales		
– Variation de juste valeur	30	-3
– Réalisées et comptabilisées en résultat	0	0
– Effets d'impôt	0	-3
Sous-total	**(172)**	**(1 065)**
Éléments qui ne seront pas reclassés dans le compte de résultat durant les périodes futures		
Régimes de retraite à prestations définies		
– Réévaluations	216	(142)
– Effets d'impôt	(70)	32
Sous-total	**146**	**(111)**
Total des autres éléments du résultat global	**(26)**	**(1 176)**
Résultat global	**(1 742)**	**914**
Résultat global attribuable aux :		
Actionnaires de LafargeHolcim Ltd	(1 704)	464
Participations ne donnant pas le contrôle (intérêts minoritaires)	**(39)**	**450**

Figure 9.4 • Extrait du document de référence 2017, LafargeHolcim (p. 124).

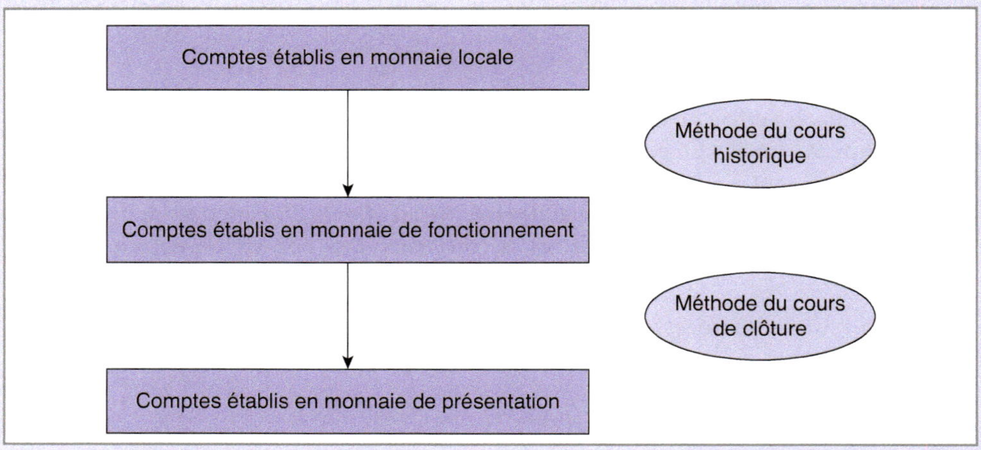

Figure 9.5 • Les étapes de la conversion des comptes de filiales établis en monnaies étrangères.

2.4. Méthode spécifique pour les sociétés situées dans des pays à forte inflation

La norme IAS 21 prévoit le cas des filiales implantées dans des pays à forte inflation. Cette situation économique perturbe le principe de comparabilité. Les modalités consistent alors à convertir les comptes dans la monnaie de fonctionnement, quelle que soit l'unité monétaire utilisée pour l'établissement des états financiers. Les effets de l'inflation sont ensuite corrigés, puisque la monnaie de fonctionnement est une monnaie locale fondante. Enfin, la méthode du cours de clôture est appliquée.

3. Élimination des transactions intragroupes

Le groupe constitue une entité économique propre et les comptes consolidés doivent uniquement représenter les transactions du groupe avec les tiers. Les **transactions intragroupes** (opérations internes d'achats, de ventes, de financements), enregistrées dans les comptes individuels des membres du groupe concernés, sont donc exclues. Ces comptes sont simplement soldés l'un par l'autre, afin que seuls les flux provenant ou destinés à l'extérieur du groupe apparaissent. Le traitement en consolidation de ces opérations réciproques devient complexe si un résultat interne est dégagé. Au niveau du groupe, il est considéré comme un profit ou une perte fictive, car non réalisé avec un partenaire externe. Il faut donc l'éliminer des comptes consolidés. Un tel retraitement impactant le résultat d'une période antérieure, l'effet est enregistré dans les réserves. Ce mécanisme et le raisonnement sont illustrés pour les résultats sur stocks et sur cessions d'immobilisations, ainsi que pour les dividendes versés au sein de l'entreprise.

Transaction intragroupe : transaction d'une filiale d'un groupe à une autre filiale du même groupe. Elle est éliminée lors du processus de consolidation.

- Dans les groupes, lorsqu'une filiale réalise des bénéfices, des dividendes peuvent être distribués, ce qui permet de remonter les profits et la trésorerie vers la société mère. Les dividendes reçus sont enregistrés dans le compte Produits financiers de la société mère. Dans le cadre de la consolidation, ils doivent être éliminés des produits de l'exercice, car ils proviennent des bénéfices réalisés et enregistrés au cours des exercices antérieurs. En contrepartie, une imputation est enregistrée sur les réserves, car il s'agit d'un résultat antérieur qui est toujours dans le groupe.
- Résultats sur stocks : si les biens échangés à l'intérieur d'un groupe n'ont pas été revendus à des clients externes, ils apparaissent dans les stocks de la société acheteuse. Il faut alors éliminer les profits ou, éventuellement, les pertes inclus dans le coût d'entrée des stocks. Ce résultat est éliminé en créditant le stock et, en contrepartie, en débitant le poste de charge concerné (achats, variations de stock, etc.). Lors de l'exercice suivant, ce stock final deviendra le stock initial et sera éliminé par les réserves qui comprennent, par définition, les bénéfices et les pertes constatés dans les exercices antérieurs. Le résultat sera éliminé chez le vendeur, même si le stock se trouve physiquement chez l'acheteur. Cette imputation est importante pour répartir correctement le résultat entre le groupe et les non-contrôlants.
- Résultat sur cession d'immobilisation : les plus-values ou moins-values de cession sont éliminées afin que l'immobilisation figure dans le bilan consolidé à son coût d'entrée dans le groupe, avec les conséquences suivantes :

– Le résultat de cession est éliminé du résultat de la société cédante. Dans les années ultérieures, cette élimination sera imputée sur les réserves.

– Dans les comptes de l'acquéreur, le résultat de cession est éliminé de la valeur d'entrée de l'immobilisation. Ce mouvement purement interne n'a pas lieu d'être retracé dans les comptes consolidés. Le poste Immobilisations est donc reconstitué selon la valeur d'entrée du bien dans le groupe (coût historique).

- En conséquence, les amortissements sont retraités pour être conformes au plan d'origine. Toutefois, la cession intragroupe peut révéler des circonstances justifiant le changement du plan d'amortissement.
- Si la transaction fait apparaître une moins-value interne, celle-ci doit être par principe éliminée. Cependant, une telle moins-value peut déclencher un test de dépréciation qui pourrait conduire à la constatation d'une perte (conformément au mécanisme d'IAS 36).

L'application 9.9 illustre le schéma comptable des transactions intragroupes.

Application 9.9

Élimination des opérations intragroupes

La société Firma est une filiale de la société Martin. Les opérations suivantes ont été réalisées au cours de l'année 2017 :

1. Martin a acheté des marchandises auprès d'un fournisseur extérieur pour 1 400.
2. Martin a vendu ces marchandises pour 1 640 à Firma et a ainsi réalisé une marge de 240.
3. Firma a revendu une partie de ces marchandises à des clients externes au groupe pour 1 500.
4. En fin d'année, les marchandises en stock de Firma s'élèvent à 410, représentant un quart des marchandises fournies par Martin.

Le taux d'imposition est de 33,33 %.

Ces opérations, effectuées à crédit, se traduisent de la façon suivante dans les comptes respectifs de Martin et de Firma.

Martin

Ventes	
	1 640

Client	
1 640	

Achat	
1 400	

Fournisseur	
	1 400

Firma

Achat	
1 640	

Fournisseur	
	1 640

Client	
1 500	

Ventes	
	1 500

Stocks	
410	

Variations de stocks	
	410

☞

Application 9.9 (Suite)

Compte de résultat	
Ventes	1 640
Achats	– 1 400
Résultat d'exploitation	240
Impôt sur les bénéfices	– 80
Bénéfice net	160

Compte de résultat	
Ventes	1 500
Achats	– 1 640
Variations de stocks	410
Résultat d'exploitation	270
Impôt sur les bénéfices	– 90
Bénéfice net	180

Extrait des comptes de Martin et Firma : écritures d'élimination en consolidation

- Élimination des produits et charges réciproques

Ventes (– R)	1 640	
Achats (+ R)		1 640

- Élimination des dettes et créances réciproques

Fournisseurs (– P)	1 640	
Clients (– A)		1 640

- Élimination du profit interne sur stocks

  75 % des marchandises achetées auprès de Martin pour 75 % de 1 640, soit 1 230, ont été revendues à des clients externes (au groupe) pour 1 500. La marge de 75 % de 240, soit 180, réalisée au moment de la vente de Martin à Firma a ainsi été validée et même augmentée de 1 500 – 1 230, soit 270, par la vente à des clients externes.

  En revanche, 25 % des marchandises n'ont pas encore été revendues. La marge réalisée par Martin au moment de la vente à Firma, soit 25 % de 240 (= 60), n'est pas encore validée par la vente à un client extérieur et elle doit être éliminée du résultat du groupe. Cela est réalisé en créditant la ligne *Stocks* du bilan et en débitant un compte *Variations de stocks.*

Variations de stocks (– R)	60	
Stocks (– A)		60

- Élimination du profit interne sur stocks

  Le bénéfice éliminé dans l'opération précédente avait augmenté le résultat de Martin et a été soumis à l'impôt sur le bénéfice. N'existant pas au niveau des comptes du groupe, la charge fiscale doit également être adaptée. Selon les informations disponibles au titre des autres stocks vendus à des clients extérieurs avec du bénéfice, il s'agit ici juste d'un décalage temporaire entre le bénéfice consolidé et les bénéfices des entités juridiques.

  Le principe de spécialisation des exercices impose de corriger la charge fiscale en créditant un compte appelé *Impôt différé* dans les produits du compte de résultat et, en contrepartie, en inscrivant à l'actif un compte intitulé *Impôt différé – Actif.* L'écriture constituant ces deux lignes sera contre-passée le jour où les stocks seront vendus à un client extérieur. L'impôt exigible (un tiers du bénéfice) en fonction du résultat final de l'opération sera alors inscrit dans les comptes.

☞

Application 9.9 *(Suite)*

Impôt différé – Actif (+ A)	20	
Impôt différé (+ R)		20

Le cumul des charges et produits des sociétés Martin et Firma permet de construire un extrait du compte de résultat consolidé après intégration des écritures d'élimination et ainsi de mieux comprendre l'impact des transactions intragroupes.

Compte de résultat consolidé

Ventes	1 500
Achats	– 1 400
Variations de stocks	350
Résultat avant impôt	450
Impôt sur les bénéfices	– 170
Impôt différé	20
Résultat net	300

Le résultat avant impôts de 450 se compose de la marge de 180 réalisée par Martin au moment de la vente à Firma et de la marge de 270 réalisée par Firma au moment de la vente vers l'extérieur.

Remarque

La charge d'impôt en consolidation de 170 – 20, soit 150, correspond à :

Impôt Martin	80
Impôt filiale	90
Impôt différé	– 20
	150

En pratique, les comptes réciproques ne se soldent pas systématiquement, et ce, pour deux raisons. La transmission des informations entre les sociétés du groupe présente souvent quelques failles. Les écarts qui en découlent sont alors limités par l'application rigoureuse et régulière d'une procédure de rapprochement des comptes réciproques. L'autre source de décalage provient des opérations qui chevauchent la date de clôture de l'exercice. Par exemple, il peut s'agir d'un transfert de fonds pour lequel la société prêteuse a constaté la sortie au compte banque et débité la créance, alors que la société emprunteuse n'a pas reçu la somme à la date de clôture et n'a donc rien enregistré. Il faut par conséquent effectuer un ajustement des comptes pour opérer les éliminations.

4. Traitement des titres de participation

La **méthode de l'intégration globale**, qui traduit le contrôle de la société mère sur les actifs et les passifs des filiales, entraîne l'élimination des titres de participation et des capitaux propres des filiales. En raison de l'intégration, les filiales n'ont plus d'existence sur le plan économique et financier, et les ressources propres sont celles du groupe.

La **méthode de l'intégration globale** est une méthode comptable qui traduit le contrôle de la société mère sur les actifs et les passifs des filiales et entraîne l'élimination des titres de participation et des capitaux propres de celles-ci.

4.1. Traitement des titres de participation

Le principe du retraitement des titres de participation dans le cas d'une relation entre société mère et filiale est tout d'abord présenté. Puis, les particularités techniques à appliquer dans le cas d'une participation indirecte sont expliquées.

4.1.1. *Participation directe*

L'élimination des titres et le partage des capitaux propres entre les intérêts du groupe et les non-contrôlants constituent la phase finale de la consolidation en formant les capitaux propres consolidés. Cette opération étant complexe, le groupe établit un tableau de variation des capitaux propres qui explique les évolutions d'un exercice à l'autre. Cela évite toute source d'erreur ou de confusion.

La méthode de l'intégration globale consiste à cumuler les comptes des sociétés contrôlées exclusivement. Ensuite, les transactions réciproques sont éliminées. La société mère intègre donc la totalité des actifs et des passifs, ainsi que les charges et les produits de la filiale. Les titres de participation inscrits à l'actif de la société mère représentent l'instrument juridique qui sert d'intermédiaire pour contrôler les immobilisations, stocks, créances, dettes, etc., de la filiale. Suivant le principe de la substance économique, les titres n'ont plus lieu d'être maintenus à l'actif du groupe. Ils sont supprimés avec ce à quoi ils correspondent au passif de la filiale, c'est-à-dire la quote-part de la société mère dans les capitaux propres au moment de l'acquisition des parts.

En revanche, la part d'éventuels actionnaires non contrôlants de la filiale est maintenue et reclassée dans un poste à part, appelé **intérêts non contrôlants**, qui fait partie des capitaux propres du groupe tout en signalant que ces capitaux ne sont pas apportés par des actionnaires de la société mère. Les intérêts non contrôlants se composent de leur part dans le capital, dans les réserves et dans le résultat de l'exercice. En conséquence, dans le compte de résultat du groupe, le bénéfice ou la perte est également scindé en deux éléments : la part revenant aux non-contrôlants et la part revenant à la société mère.

Intérêts non contrôlants : quote-part, dans les résultats nets des activités et dans l'actif net d'une filiale, attribuable aux intérêts qui ne sont pas détenus par la société mère, ni directement, ni indirectement par l'intermédiaire des filiales.

Élimination des titres de participation

En 2016, la société Berbis achetait 60 % des parts de la société Picot pour 7 500 k€. À la date d'acquisition, la valeur des capitaux propres de Picot, après réévaluation des actifs et des autres passifs identifiables à la juste valeur, était de 10 000 k€.

Quelle est la valeur de l'écart d'acquisition (méthode du *goodwill* partiel) ?

Réponse

La quote-part de Berbis dans les capitaux propres de Picot est de 6 000 k€ (60 % de 10 000 k€). Une fraction du coût d'acquisition de 7 500 k€ payé par Berbis ne peut pas être affectée à des actifs ou passifs identifiables : 1 500 k€ (7 500 – 6 000). L'écart d'acquisition est donc positif de 1 500 k€ (*goodwill*).

À la fin 2017, suite au réinvestissement régulier d'une partie des bénéfices, les capitaux propres de Picot s'élèvent à 14 000 k€.

☞

Application 9.10 *(Suite)*

Quelles sont les opérations comptables à mener afin de retraiter correctement les titres de participation et les capitaux propres de Picot dans les comptes consolidés de Berbis au 31/12/2018 ?

Réponse

- Élimination des titres et de la quote-part dans les capitaux propres historiques, allocation de l'écart d'acquisition

Écart d'acquisition (+ A)	1 500	
Capitaux propres – Part du groupe (– P)	6 000	
Titres de participation (– A)		7 500

- Reclassement des intérêts non contrôlants

  La part des non-contrôlants s'élève à 40 % des capitaux propres de Picot à la date de clôture, soit 40 % de 14 000 (= 5 600).

Capitaux propres – Part du groupe (– P)	5 600	
Capitaux propres – Intérêts non contrôlants (+ P)		5 600

  À ce stade, 6 000 + 5 600, soit 11 600 des capitaux propres de 14 000 de la filiale Picot, sont retraités. Le solde de 2 400 est maintenu dans la part du groupe des capitaux propres, puisqu'il s'agit de la quote-part de Berbis dans des réserves constituées depuis la prise de contrôle.

4.1.2. Participations indirectes

Cette section présente deux méthodes pour intégrer des filiales dans des situations de contrôle indirect. Dans le cas le plus simple, il s'agit d'une société mère dont la seule filiale contrôle une sous-filiale. Les deux méthodes portent sur la technique qui permet d'intégrer la sous-filiale dans les comptes consolidés de la société mère. Elles aboutissent au même résultat.

Selon la méthode dite « *par paliers* », une première consolidation est effectuée au niveau de la filiale qui détient des titres de la sous-filiale. Puis, ces comptes consolidés sont intégrés dans les comptes consolidés de la société mère.

Selon la méthode appelée « *consolidation directe* », les comptes de la sous-filiale sont intégrés directement dans les comptes consolidés de la société mère au prorata des pourcentages d'intérêt qui résultent des droits de détention directs et indirects. Pour le partage des capitaux propres, on applique le pourcentage d'intérêt de la société mère dans la sous-filiale. Le pourcentage d'intérêt mesure la part détenue par le groupe dans les capitaux propres de la société concernée.

L'application 9.11 illustre la démarche de ces deux méthodes.

Élimination de participations indirectes

La société Zeus détient 80 % du capital de la société Olympe, qu'elle avait achetée début 2018 pour 12 000 k€. De son côté, Olympe a acheté, également début 2018, 60 % du capital de la société ATN pour un coût de 6 000 k€.

Au 31/12/2018, les bilans des trois sociétés Zeus, Olympe et ATN présentent, entre autres, les valeurs suivantes (en k€) :

- Pour Zeus. Capital et réserves : 20 000 ; résultat 2018 : 2 400.
- Pour Olympe. Capital et réserves : 15 000 ; résultat 2018 : 2 000.
- Pour ATN. Capital et réserves : 10 000 ; résultat 2018 : 1 000.

La juste valeur des actifs et passifs des deux sociétés correspond aux valeurs comptables qui apparaissaient à leur bilan lors des acquisitions. Aucun écart d'acquisition n'a été dégagé.

Comment procéder pour consolider la sous-filiale ATN dans les comptes consolidés de la société mère Zeus, en utilisant la méthode par paliers ?

Première étape : intégration globale d'ATN dans les comptes consolidés du sous-groupe Olympe

Le coût d'acquisition de 6 000 k€, 60 % du capital de la société ATN, correspond exactement à la quote-part dans la situation nette de cette société à la date d'acquisition.

1. Élimination des titres et de la quote-part dans les capitaux propres :

Capitaux et réserves (– P)	6 000	
Titres de participation (– A)		6 000

2. Reclassement des intérêts non contrôlants :

La part des non-contrôlants se compose de 40 % du capital et des réserves, et de 40 % du résultat d'ATN.

Capitaux propres – Part du groupe (– P)	4 000	
Résultat	400	
Capitaux propres – Intérêts non contrôlants (+ P)		4 400

Le capital et les réserves de 10 000 d'ATN sont ainsi entièrement éliminés. Seuls le capital et les réserves d'Olympe figurent sous cet intitulé dans le bilan consolidé du sous-groupe.

Les capitaux propres du sous-groupe Olympe se présentent comme suit au 31/12/2018 :

Capital et réserves	15 000
Résultat	2 600
Intérêts non contrôlants	4 400

Seconde étape : intégration globale d'ATN des comptes du sous-groupe Olympe dans les comptes consolidés de Zeus

3. Élimination des titres et de la quote-part dans les capitaux propres :

Capitaux et réserves (– P)	12 000	
Titres de participation (– A)		12 000

☞

Application 9.11 *(Suite)*

4. Reclassement des intérêts non contrôlants :

La part des non-contrôlants se compose de 20 % du capital et des réserves, et de 20 % du résultat du sous-groupe Olympe, soit 20 % de 15 000 (= 3 000) et 20 % de 2 600 (= 520). À la somme des deux (3 520) s'ajoutent les intérêts non contrôlants du sous-groupe.

Capitaux propres – Part du groupe (– P)	3 000	
Résultat	520	
Capitaux propres – Intérêts non contrôlants (+ P)		3 520

Le capital et les réserves de 15 000 du sous-groupe Olympe sont ainsi entièrement éliminés. Seuls le capital et les réserves d'Olympe figurent sous cet intitulé dans le bilan consolidé du sous-groupe.

Le résultat se compose de celui de la société Zeus, soit 2 400, et de la part du groupe Zeus dans le résultat du sous-groupe Olympe, soit 80 % de 2 600 (= 2 080).

Les intérêts non contrôlants se composent de ceux des actionnaires non contrôlants d'Olympe, soit 3 520, et de ceux d'ATN, soit 4 400.

Les capitaux propres du groupe Zeus se présentent comme suit au 31/12/2018 :

Capital et réserves	20 000
Résultat	4 480
Intérêts non contrôlants	7 920

Comment procéder pour consolider la sous-filiale ATN dans les comptes consolidés de la société mère Zeus, en utilisant la méthode directe ?

Le pourcentage d'intérêt de Zeus est de :

- 80 % dans Olympe, avec une part des non-contrôlants de 20 % ;
- 80 % de 60 %, soit 48 % dans ATN, avec une part des non-contrôlants de 52 %.

Le résultat consolidé se compose ainsi du résultat de la société Zeus (2 400), de 80 % du résultat d'Olympe (80 % de 2 000, soit 1 600) et de 48 % du résultat d'ATN (48 % de 1 000, soit 480). Il s'élève bien à 4 480.

Les intérêts non contrôlants se composent de 20 % dans le capital, les réserves et le résultat d'Olympe, c'est-à-dire 20 % de (15 000 + 2 000), soit 3 400, et de 52 % dans le capital, les réserves et le résultat d'ATN, c'est-à-dire 52 % de (10 000 + 1 000), soit 5 720. Ce dernier montant doit être corrigé de 20 % du montant de la participation d'Olympe dans ATN, correspondant à la participation des non-contrôlants d'Olympe dans ATN qui serait comptée deux fois sans cette correction, soit 20 % de 6 000 (= 1 200). Le total des intérêts non contrôlants est ainsi de : 3 400 + 5 720 – 1 200 = 7 920.

4.2. Traitement des titres détenus dans une entreprise associée ou dans une entité contrôlée conjointement

La **mise en équivalence** n'est pas une méthode de consolidation proprement dite, mais une méthode de réévaluation d'une catégorie de titres. La norme IAS 28 précise que la participation dans une entreprise sur laquelle une autre société exerce une influence notable est enregistrée par mise en équivalence dans les comptes de cette dernière. Selon IFRS 11, applicable depuis 2013, il en est de même pour les entités contrôlées conjointement.

La **mise en équivalence** est une méthode de réévaluation d'une catégorie de titres.

La mise en équivalence consiste à substituer à la valeur comptable des titres la part des capitaux propres de la société visée, évalués d'après les règles comptables de la société détentrice. La fraction du résultat de la société mise en équivalence, représentative des intérêts de la société détentrice, doit apparaître distinctement dans son compte de résultat. En revanche, en l'absence d'un lien de contrôle, cette méthode ne prévoit pas la reprise des actifs et des passifs, ni des produits et des charges dans les comptes de la société détentrice.

La valeur des capitaux propres et celle du résultat de la société associée doivent suivre des méthodes conformes à celles retenues par la société détentrice, afin d'assurer une harmonie des méthodes comptables appliquées dans les comptes de celle-ci. Dans le cas de transactions entre ces deux sociétés, la quote-part dans le résultat et les réserves qui correspondent au taux de participation de la société détentrice est éliminée. Par exemple, si le taux de participation est de 30 %, 30 % du résultat des opérations réalisées entre ces deux sociétés sont éliminés. L'application 9.12 illustre le principe de la méthode de la mise en équivalence.

Application 9.12

Mise en équivalence : société Matt

Première partie

Le 01/01/2018, la société Algo, au capital de 60 000 k€, est créée et la société Matt souscrit 25 % des actions d'Algo pour un coût de 15 000 k€, soit 25 % de 60 000 k€.

Quels sont les mouvements dans le bilan de Matt liés à cette acquisition, en supposant que le paiement des titres Algo ait été réalisé par chèque bancaire ?

Réponse

Matt détient 25 % dans Algo et est donc présumé disposer d'une influence notable sur cette société. La méthode de mise en équivalence s'applique : à ce stade, elle consiste simplement à enregistrer les titres dans une ligne à part, intitulée *Titres dans les sociétés mises en équivalence.*

L'écriture à enregistrer est la suivante :

Titres dans les sociétés mises en équivalence (+ A)	15 000	
Banque (– A)		15 000

Application 9.12 *(Suite)*

Seconde partie

La société Algo connaît un bon démarrage de son activité et réalise un résultat de 8 000 k€ en 2018. Ainsi, ses capitaux propres au 31/12/2018 sont composés du capital de 60 000 k€ et du résultat de 8 000 k€, soit un total de 68 000 k€.

Quelles sont les conséquences de cette évolution chez Algo pour les comptes de Matt au 31/12/2018 ?

Réponse

La quote-part de la société Matt dans les capitaux propres de la société Algo s'élève maintenant à 25 % de 68 000 k€, soit 17 000 k€. Cette augmentation de 2 000 k€ par rapport au début de l'année 2018 représente pour Matt un produit de l'année 2018. Elle est enregistrée dans le compte de résultat sur une ligne spécifique intitulée *Quote-part dans le résultat des sociétés mises en équivalence.* L'écriture comptable qui en découle est la suivante :

Titres dans les sociétés mises en équivalence (+ A)	2 000	
Quote-part dans le résultat des sociétés mises en équivalence (+ R)		2 000

Le bilan de Matt se présente ainsi au titre de la participation dans Algo :

Actif		Passif	
----------		----------	
Titres mis en équivalence	17 000	Résultat	2 000
----------		----------	

Lors de l'acquisition de titres de sociétés déjà existantes, le coût d'acquisition peut inclure un écart d'acquisition de la même nature que celui présenté pour les filiales dans la section précédente. Son traitement comptable est comparable à celui des filiales, si ce n'est que l'écart d'acquisition positif (ou *goodwill*) n'est pas enregistré séparément dans le bilan de la société détentrice. Il est intégré dans la valeur des titres, mais suit par ailleurs les mêmes règles d'évaluation que le *goodwill* identifié pour des filiales, notamment en ce qui concerne le non-amortissement et le test de dépréciation. Comme dans le cas des filiales, le *goodwill* n'est ici pas un actif auquel on peut directement affecter des flux de trésorerie. Un éventuel test de dépréciation est ainsi toujours réalisé sur la totalité de la valeur de la participation.

Un éventuel écart d'acquisition négatif est directement imputé sur le résultat des sociétés mises en équivalence et réduit la valeur de la participation inscrite dans le bilan.

L'application 9.13 illustre le traitement d'un écart d'acquisition dans la méthode de mise en équivalence.

Mise en équivalence avec écart d'acquisition : société Filo

Première partie

Le 01/01/2018, la société Filo acquiert 30 % du capital de la société Sofi pour un montant de 5 200 k€. À cette date, les capitaux propres dans le bilan de Sofi s'élèvent à 12 000 k€ et se composent du capital de 8 000 k€ et de réserves de 4 000 k€.

Le taux de participation de 30 % laisse présumer une influence notable de Filo sur Sofi et impose l'application de la méthode de mise en équivalence. Outre l'application de méthodes comptables homogènes, cela impose également une valorisation des actifs et des passifs de Sofi à la juste valeur des titres à la date d'acquisition, afin d'affecter correctement le coût d'acquisition des titres aux capitaux propres et à un éventuel écart d'acquisition.

Suite à une expertise sur les justes valeurs des actifs et des passifs, certains éléments dans le bilan de Sofi sont réévalués pour une valeur totale de 3 000 k€. La valeur des capitaux propres passe alors de 12 000 k€ à 15 000 k€. Ces réévaluations portent exclusivement sur des actifs non amortissables, notamment des terrains.

Quelle est la valeur du *goodwill* inclus dans la valeur des titres de Sofi dans le bilan de Filo ?

Réponse

La part de Filo dans les capitaux propres réévalués de Sofi représente une valeur de 30 % de 15 000 k€, soit 4 500 k€. La différence positive entre le coût d'acquisition des titres de 5 200 k€ et leur juste valeur de 4 500 k€ est le *goodwill*, qui s'élève ici à 700 k€.

Seconde partie

À la fin de l'année 2018, les capitaux propres dans le bilan de Sofi se présentent comme suit (en k€) :

Capital	8 000
Réserves	4 000
Résultat	1 200
Capitaux propres	13 200

Par ailleurs, aucun indice de perte de valeur n'est signalé pour les actifs réévalués début 2018 lors de l'acquisition des titres par Filo.

Quelles sont les conséquences de cette évolution chez Sofi pour les comptes de Filo au 31/12/2018 ?

Réponse

En l'absence d'indices de perte de valeur, l'écart de réévaluation de 3 000 k€ est maintenu lors du calcul de la valeur des titres de Filo dans Sofi. La quote-part de la société Filo dans les capitaux propres réévalués de Sofi s'élève ainsi à 30 % de (13 200 + 3 000), soit 4 860 k€.

Le même raisonnement s'applique au *goodwill*, dont la valeur est maintenue à 700 k€, en l'absence d'indices de perte de valeur.

La valeur des titres de Sofi détenus par Filo est la somme suivante :

Quote-part dans les capitaux propres réévalués de Sofi	4 860 k€
Goodwill	700 k€
Total	**5 560 k€**

☞

Application 9.13 *(Suite)*

La variation de la valeur des titres entre le début et la fin de l'année, soit 360 k€, est enregistrée dans le compte de résultat de Filo sur une ligne spécifique intitulée *Quote-part dans le résultat des sociétés mises en équivalence.* L'écriture comptable qui en découle est la suivante :

Titres dans les sociétés mises en équivalence (+ A)	360	
Quote-part dans le résultat des sociétés mises en équivalence (+ R)		360

Le bilan de Filo se présente ainsi au titre de la participation dans Sofi :

Actif		Passif	
----------		----------	
Titres mis en équivalence	5 560	Résultat	360
----------		----------	

4.3. Élimination des titres lors d'une intégration proportionnelle

Comme indiqué précédemment, cette méthode n'est plus admise en IFRS depuis 2013. D'autres référentiels comptables continuent à imposer son utilisation pour le traitement des entités contrôlées conjointement.

L'**intégration proportionnelle** est la technique de consolidation qui s'applique dans les cas de contrôles conjoints.

Selon l'**intégration proportionnelle**, la fraction représentative des intérêts de la société consolidante dans les éléments actifs et passifs évalués d'après les règles de consolidation est substituée à la valeur comptable des titres. Les opérations de consolidation sont identiques à celles de l'intégration globale. Toutefois, les stocks, immobilisations, créances et dettes, charges et produits ne sont repris que pour la fraction correspondant à la part du groupe. L'élimination des opérations réciproques tient compte des liens entre le groupe et les coentrepreneurs. Seule la part du groupe doit être éliminée. Ainsi, les comptes consolidés traduisent les relations entre le groupe et les autres coentrepreneurs *via* la filiale commune.

Application 9.14

Intégration proportionnelle

Si une société partage le contrôle d'une autre entité à hauteur de 30 %, le chiffre d'affaires de 6 000 réalisé avec la filiale commune entraînera une élimination des achats et des ventes d'un montant limité à 1 800. La somme de 4 200 restant dans les comptes représente les opérations réalisées avec les partenaires du groupe, en l'occurrence les coassociés. L'intégration proportionnelle de cette filiale aboutira à inclure 70 % de son résultat dans le résultat du groupe et 70 % de la variation des réserves depuis son entrée dans le périmètre.

Résumé

Ce chapitre présente le processus d'élaboration des *comptes consolidés*.

Ces comptes s'appellent les *comptes consolidés*, parce qu'ils consistent d'abord à cumuler les comptes annuels des sociétés qui appartiennent au groupe, puis à éliminer l'ensemble des opérations réalisées entre les sociétés du groupe (la consolidation). Une fois harmonisés, les éléments du bilan et du compte de résultat de la société contrôlée sont intégralement repris dans les comptes du groupe. En cas de présence d'actionnaires non contrôlants dans le capital de la filiale, leur part apparaît sous une appellation particulière dans les comptes du groupe.

Avant de cumuler les comptes, il est nécessaire de procéder à des travaux d'harmonisation. Les méthodes de présentation et d'évaluation doivent être identiques pour tous les éléments de nature comparable qui vont figurer dans les comptes du groupe. Les comptes annuels de filiales établis en monnaies étrangères sont convertis vers la monnaie de présentation du groupe soit directement, soit après une conversion préalable vers la monnaie de fonctionnement de la filiale.

La consolidation porte sur l'ensemble des opérations réalisées entre sociétés du groupe. Outre les créances, dettes, achats, ventes, dividendes et autres opérations, cela concerne surtout l'élimination des titres de participation contre la quote-part dans les capitaux propres de la filiale. Un éventuel *goodwill* est inscrit à l'actif et fait l'objet de tests annuels de dépréciation.

Activités

1. Retraitement des comptes

Une PME qui applique les normes françaises à ses comptes est consolidée par un groupe de taille moyenne qui applique les normes IFRS.

Citez cinq éléments de ses comptes qui pourraient éventuellement devoir être retraités afin d'être en accord avec la politique comptable du groupe.

2. Écarts de conversion

La filiale étrangère d'un groupe européen présente les comptes suivants, exprimés en millions d'unités de la monnaie locale (dollars) :

Bilan au 31/12/2017

Immobilisations brutes	4 000	Capital	1 500
Amortissements	3 000	Réserves	150
Immobilisations nettes	1 000	Résultat	150
Stocks	300	Dettes	700
Créances	800		
Trésorerie	400		
Total Actif	**2 500**	**Total Passif**	**2 500**

Compte de résultat de 2017

Achat	200	Ventes	1 000
Variations des stocks	50	Produits financiers	200
Autres charges	550		
Dotation aux amortissements	200		
Bénéfice	200		
Total Charge	**1 200**	**Total Produits**	**1 200**

Une fois recalculées au cours historique de chaque acquisition, les immobilisations nettes valent 1 100 €. Les réserves ont été constituées pour 80 M$ en 2016 et pour 70 M$ en 2015. Le capital a été constitué en 2014.

Les cours de la monnaie locale sont les suivants :

- 31/12/2017 : 0,80 €. Courant 2017 : 0,85 €.
- 31/12/2016 : 0,90 €. Courant 2016 : 0,95 €.
- 31/12/2015 : 0,85 €. Courant 2015 : 0,90 €.
- 31/12/2014 : 0,75 €. Courant 2014 : 0,70 €.

1. Établissez les comptes de la filiale en euros au moyen de la méthode du cours historique. Quel est l'écart de conversion ?

2. Établissez les comptes de la filiale en euros au moyen de la méthode du cours de clôture. Quel est l'écart de conversion ?

3. Éliminations intragroupes

En 2018, la société Seki a acheté des matières premières pour une valeur de 120 M€. Elle les a revendues à sa société mère, Kaa, pour 150 M€. Kaa a revendu 90 % de ces matières premières à une société hors du groupe pour 180 M€.

1. En considérant le taux d'impôt à 33 % et en négligeant tous les autres coûts, quels seront les impôts sur le bénéfice payés par Seki et Kaa au fisc à la fin de l'année 2018 ?
2. On suppose que les opérations d'achat et de vente ont été effectuées à crédit. Quelles écritures d'élimination en consolidation doivent être passées ?
3. Quel sera l'impôt différé sur le profit interne et le bénéfice net pour le groupe ?

4. Traitement des titres

La société CAT exerce une influence notable sur la société DOG : elle détient des actions qui représentent 30 % des titres émis.

Au moment de l'acquisition, les éléments actifs et passifs ont été appréciés à leur juste valeur, aucun *goodwill* n'est apparu.

Les capitaux propres ainsi corrigés au 30/06/2015, date de l'acquisition, s'élevaient à 90 000 k€.

Les capitaux propres sur la même base au 31/12/2018 s'élèvent à 120 000 k€, dont le résultat pour l'exercice 2018 est de 10 000 k€.

1. Indiquez la méthode à utiliser pour comptabiliser les titres de DOG dans les comptes consolidés du groupe CAT.
2. Définissez les postes concernés et les montants qui figurent au bilan consolidé au 31/12/2018.

Chapitre 10

Concepts de l'analyse financière

Les états financiers reflètent la performance et la situation financière d'une entreprise. Pour les sociétés cotées, soumises à la pression des marchés financiers, les besoins d'information des apporteurs de capitaux, actionnaires et créanciers sont privilégiés. Toutefois, tous les apporteurs de capitaux n'ont pas les mêmes besoins d'information. Les créanciers s'efforcent de déterminer le risque de défaillance de l'entreprise par l'analyse de sa situation financière et des équilibres financiers fondamentaux qui découlent de ses états financiers (section 1). L'analyse est complétée par la lecture du tableau de flux de trésorerie (section 2) et l'analyse des équilibres fondamentaux (section 3). Enfin, les actionnaires sont aussi intéressés par la rentabilité d'un investissement. Ils cherchent à identifier un certain nombre d'indicateurs pour évaluer la performance de leur entreprise (section 4).

Équilibre financier : situation dans laquelle les ressources financières à long terme sont égales aux actifs à long terme.

1. Analyse des équilibres financiers fondamentaux

L'analyse financière opérée par un créancier consiste en un examen des équilibres financiers fondamentaux pour estimer la capacité d'une entreprise à rembourser ses dettes et payer ses intérêts. Elle donne une première idée du risque financier représenté par l'entreprise. Le risque essentiel que les créanciers s'efforcent d'estimer est le risque de faillite. En effet, une entreprise peut être amenée à fermer non pas en raison d'une perte comptable, mais par manque de trésorerie. L'étude de l'équilibre financier – reposant sur le besoin en fonds de roulement (BFR) et le fonds de roulement (FR) – permet de porter un premier jugement sur la trésorerie de l'entreprise, sa politique financière et, par conséquent, sur les faits générateurs de risque de défaillance.

1.1. Besoin en fonds de roulement

L'analyse des besoins en fonds de roulement détermine les besoins de trésorerie à court terme de l'entreprise pour le financement de ses activités courantes. Il convient de distinguer les ressources financières selon qu'elles sont dites « permanentes » (fonds propres et dettes financières) ou courantes (dettes d'exploitation). Parallèlement, les besoins de financement dits « permanents » (actifs non courants) doivent être différenciés des besoins de financement courants (stocks et créances) (voir figure 10.1).

BFR : le besoin en fonds de roulement (BFR) est la part, à une date donnée, des besoins ou emplois cycliques qui n'est pas financée par les ressources cycliques (cycliques s'opposant à stables).

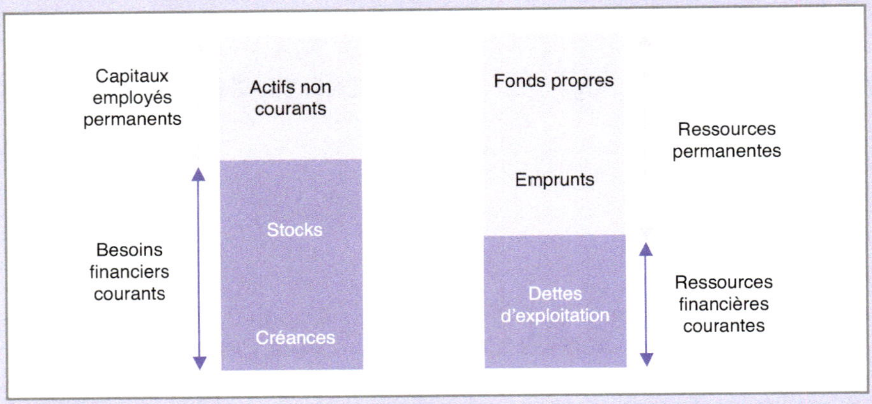

Figure 10.1 • Besoins et ressources financières de l'entreprise.

Les besoins financiers courants sont généralement plus importants que les ressources financières courantes. Il existe alors un besoin en fonds de roulement. C'est par exemple le cas d'une entreprise qui accorde à ses clients des crédits à 60 jours, alors qu'elle ne dispose que d'un crédit de 30 jours pour le paiement des marchandises à son fournisseur.

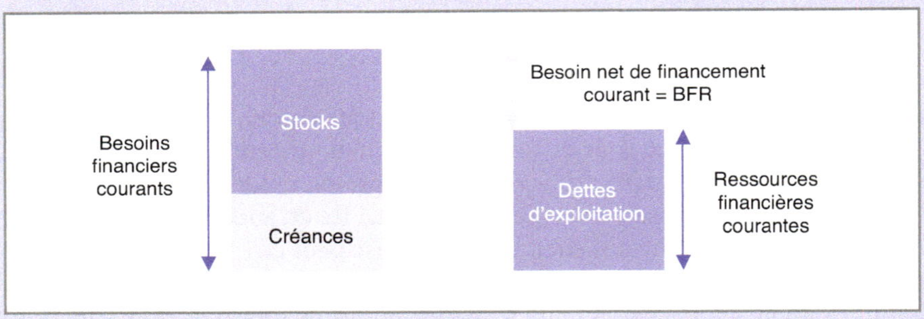

Figure 10.2 • Besoins en fonds de roulement.

Les besoins nets de financement de l'entreprise ne sont alors pas couverts par des ressources financières de même nature. Ce besoin de financement net courant résulte du décalage entre le moment où l'entreprise règle ses dépenses courantes et celui où elle encaisse la trésorerie de ses produits des activités ordinaires.

Cette situation n'est cependant pas systématique et, dans certains secteurs, notamment la grande distribution, la situation inverse peut se produire. Les stocks de marchandises s'écoulent très vite, les clients paient comptant, alors que les fournisseurs sont réglés à 60 jours, voire 90 jours. Il y a donc un excédent net de financement plutôt qu'un besoin en fonds de roulement (voir figure 10.4).

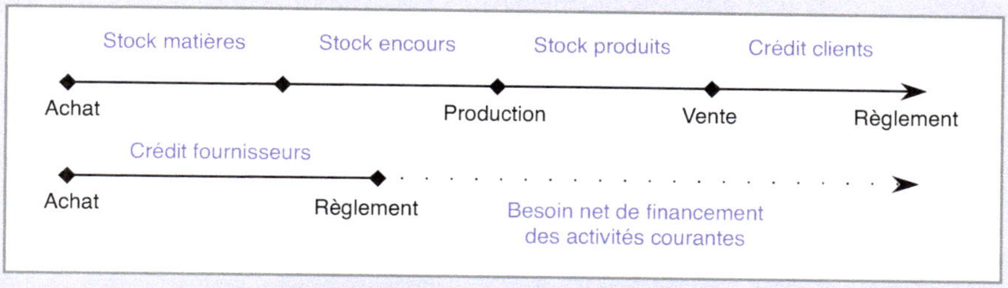

Figure 10.3 • Besoin de financement.

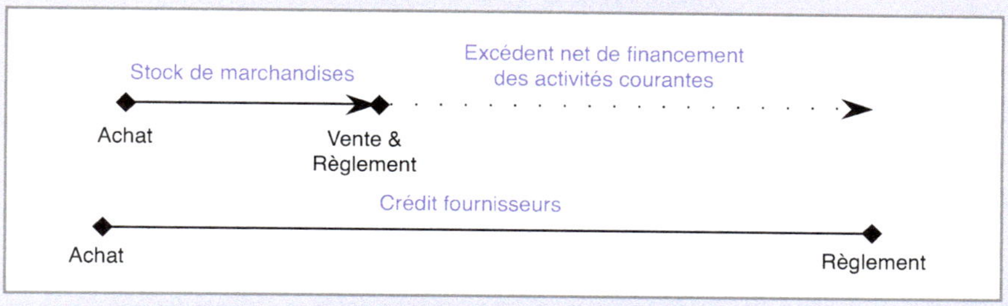

Figure 10.4 • Excédent net de financement.

Application 10.1

Besoin en fonds de roulement

L'entreprise Ardeco achète et vend des meubles d'intérieur. Le 1er janvier, elle achète auprès de son fournisseur un lot de quatre tables au prix unitaire de 2 000 €. La facture doit être réglée dans 30 jours. Deux semaines après l'achat, l'entreprise vend les quatre tables pour 4 000 € pièce. Une table a été payée immédiatement. Les trois autres ne seront réglées que dans deux mois, au plus tard.

Ainsi, le 15 janvier, Ardeco ne reçoit que 4 000 € au comptant. À la fin du mois de janvier, elle devra pourtant régler sa facture fournisseur de 8 000 € et ne disposera que de 4 000 € en trésorerie. Son besoin en fonds de roulement sera de 4 000 €, correspondant à la différence entre son seul actif courant de 12 000 € (trois créances de 4 000 € chacune) et un passif courant de 8 000 €. Le 31 janvier, Ardeco devra régler son fournisseur. Elle a donc bien un besoin net de financement pour ses activités courantes.

1.2. Fonds de roulement

L'analyse du **fonds de roulement** s'efforce de déterminer dans quelle mesure les besoins financiers dits « permanents » sont financés par des ressources financières de même nature (« permanentes »). Lorsque les ressources financières à long terme sont égales aux actifs à long terme, on parle d'« équilibre financier ». En effet, l'entreprise est alors en mesure de financer des investissements à long terme par des ressources financières à long terme. Elle ne dispose pas d'une marge de sécurité en cas de retard dans la conversion du chiffre d'affaires en liquidités. L'entreprise qui possède des ressources financières permanentes excédentaires (supérieures aux

FR : ressources disponibles pour couvrir le besoin en fonds de roulement. Dans le cas où le FR est égal au BFR, la trésorerie est nulle. Dans tous les autres cas, il y a un excédent de trésorerie ou une insuffisance de trésorerie.

besoins à long terme) peut couvrir une partie de son besoin en fonds de roulement (besoins financiers des activités courantes). L'excès de ressources financières permanentes s'appelle le fonds de roulement (FR).

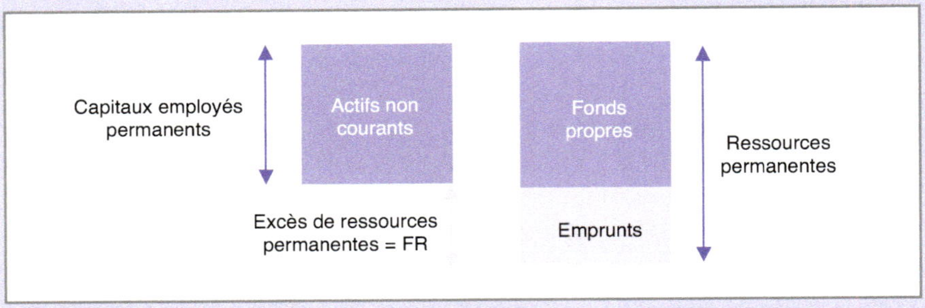

Figure 10.5 • Excès de ressources permanentes.

Le fonds de roulement et le besoin en fonds de roulement sont rarement égaux.

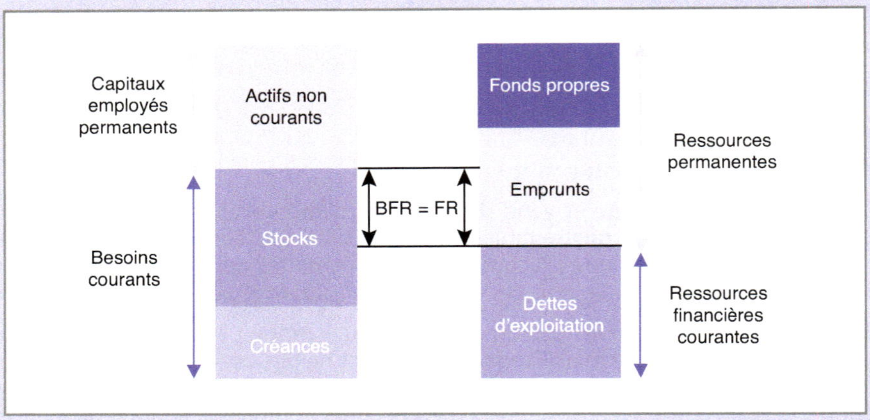

Figure 10.6 • Équilibre entre FR et BFR.

Quand le FR égale le BFR, la situation nette de trésorerie, soit la différence entre les disponibilités et les concours bancaires (ou découvert bancaire), est alors nulle. Dans tous les autres cas, il y a soit un excédent de trésorerie, soit une insuffisance de trésorerie (voir figure 10.7).

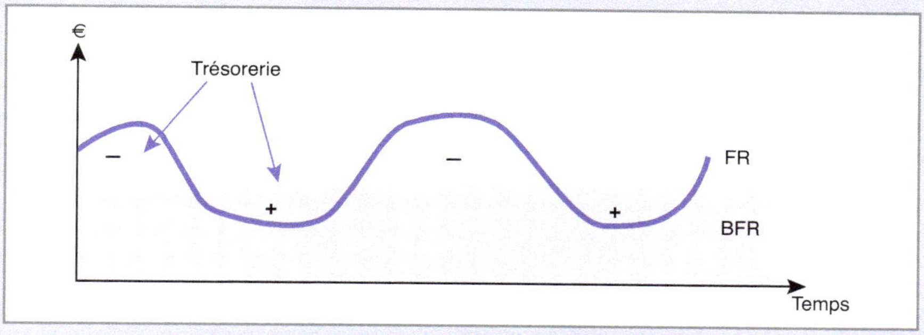

Figure 10.7 • Liens entre FR, BFR et trésorerie.

Ainsi, la **trésorerie** se définit comme la différence entre le fonds de roulement et le besoin en fonds de roulement :

La **trésorerie** est la différence entre le fonds de roulement et le besoin en fonds de roulement.

$$\text{Trésorerie} = \text{FR} - \text{BFR} = \text{Disponibilités} - \text{Concours bancaires}$$

La notion qui est mise en évidence est celle de cycle d'exploitation. Pour pouvoir produire et vendre, une entreprise va devoir acquérir des stocks de marchandises, de biens, de produits, etc. Ces stocks se transformeront en chiffre d'affaires lors des ventes, qui elles-mêmes se transformeront en liquidités lorsque les clients régleront leur facture. Dans la pratique, la durée de ce cycle varie selon l'activité de l'entreprise. Pour financer son cycle d'exploitation, l'entreprise dispose de ressources financières courantes, matérialisées par les dettes courantes d'exploitation constituées essentiellement par les crédits obtenus auprès des fournisseurs. La transformation en liquidités du chiffre d'affaires permettra de régler les dettes à court terme et notamment les dettes fournisseurs. Si le cycle d'exploitation venait à ralentir, l'entreprise ne pourrait pas assurer le paiement de ses dettes à court terme, d'où un risque de faillite. Cette sécurité nécessaire à toute entreprise provient de l'existence d'un fonds de roulement positif. L'application 10.2 illustre l'équilibre financier et les problèmes qu'il soulève.

Application 10.2

Étude de l'équilibre financier

Le groupe du Val réalise son activité dans le domaine des transports et présente la structure de bilan suivante :

Actifs corporels et incorporels	5 500	Capitaux propres	4 800
Actifs financiers	1 700	Provisions diverses	1 000
Stocks, créances et autres actifs	4 600	Emprunts	4 200
Trésorerie	600	Dettes d'exploitation et autres dettes courantes	2 400
Total Actif	**12 400**	**Total Passif**	**12 400**

☞

Application 10.2 *(Suite)*

Ce bilan simplifié montre que les ressources à long terme du groupe du Val sont constituées par l'addition des trois postes : Capitaux propres, Provisions diverses et Emprunts. Les actifs non courants sont constitués des postes Actifs corporels et incorporels et des Actifs financiers. Le fonds de roulement se décompose ainsi :

Capitaux employés à long terme	7 200	Ressources financières à long terme	10 000

L'entreprise a donc un excédent de ressources financières à long terme sur les actifs non courants, qui s'élève à 10 000 – 7 200, soit 2 800. Ce Fonds de roulement (FR) déterminé n'a de sens que par rapport au Besoin en fonds de roulement (BFR). Schématiquement, le besoin en fonds de roulement représente la différence entre les actifs et les passifs courants.

Actifs courants	4 600	Passifs courants	2 400

Le groupe du Val présente un total d'actifs courants de 4 600, alors que ses passifs courants s'élèvent à 2 400. Le besoin en fonds de roulement est donc de 4 600 – 2 400, soit 2 200.

Le fonds de roulement s'élève à 2 800 et le besoin en fonds de roulement à 2 200. On constate un excédent de fonds de roulement sur le besoin en fonds de roulement de 2 800 – 2 200, soit 600. Ce montant correspond à la trésorerie de l'entreprise.

Un point fondamental de l'équilibre financier apparaît : toute entreprise dont le besoin en fonds de roulement (BFR) est supérieur au fonds de roulement (FR) a une trésorerie négative. À l'inverse, si le fonds de roulement est supérieur aux besoins en fonds de roulement, la trésorerie est positive. Ainsi, compte tenu du peu d'éléments donnés, la structure de bilan du groupe du Val semble saine.

Les raisons de l'amélioration ou de la détérioration de l'équilibre financier doivent être détaillées. L'examen de la variation des éléments constitutifs du BFR et FR permet d'obtenir certaines indications. Ainsi, pour l'étude du besoin en fonds de roulement, il est important d'examiner l'évolution des stocks et de la politique commerciale à travers le montant des créances clients. Comme dans tout travail financier, l'essentiel est de décrypter la raison des évolutions. Une étude de la concurrence permet d'observer si la structure de bilan de l'entreprise est conforme à celle du secteur.

2. Tableau de flux de trésorerie (TFT)

Le **tableau de flux de trésorerie** complète l'information présentée dans le bilan et le compte de résultat en indiquant la provenance des liquidités de l'exercice et leur utilisation pendant ce même exercice.

Le **tableau de flux de trésorerie** (TFT) complète l'information présentée dans le bilan et le compte de résultat en indiquant : la provenance des liquidités de l'exercice et leur utilisation pendant ce même exercice. Sa structure repose sur un découpage de la vie de l'entreprise en trois grandes fonctions :

- *Fonction activité ordinaire*. Les flux qui proviennent des activités ordinaires d'investissement et de financement doivent expliquer l'écart entre le montant des liquidités du début de l'exercice et celui observé en fin d'exercice dans le bilan de l'entreprise. Les liquidités recouvrent les fonds disponibles (et dépôts à vue), ainsi que les quasi-liquidités telles que les placements très liquides, facilement convertibles en un montant connu et dont la valeur ne risque pas de varier de façon significative. L'entreprise détient ces placements généralement à court terme pour faire face à ses engagements de trésorerie à court terme.

Les flux de trésorerie liés à l'activité ordinaire peuvent être déterminés de façon indirecte à partir du résultat net comptable (voir chapitre 1) ou de façon directe en regroupant les mouvements de flux associant l'entreprise à ses divers partenaires (voir section « Activités » en fin de chapitre). Or, dans la méthode indirecte, le calcul du résultat net comprend des éléments de charges et de produits qui n'ont pas d'impact sur les flux de trésorerie. Il convient donc de retraiter le résultat net afin d'éliminer l'incidence des enregistrements comptables sans effet sur la trésorerie. Au niveau des charges, il s'agit par exemple des amortissements, des dépréciations d'actif et des dotations aux provisions. Au niveau des produits, on élimine notamment les reprises sur provisions. Enfin, les plus-values ou moins-values de cessions d'actifs sont aussi à éliminer, car elles ne concernent pas les activités ordinaires de l'entreprise. Ces premiers retraitements permettent d'obtenir la **capacité d'autofinancement** de l'entreprise (CAF). Ce solde intermédiaire indique le potentiel de trésorerie que pourrait dégager l'activité ordinaire de l'entreprise, indépendamment de sa politique de crédit clients (et fournisseurs). Il est donc nécessaire, dans un second temps, d'ajuster cette CAF en fonction des autres produits et charges sans impact sur la trésorerie de l'exercice. C'est le cas notamment des ventes et achats à crédit (voir chapitre 1).

La **capacité d'autofinancement** indique le potentiel de trésorerie que pourrait dégager l'activité ordinaire de l'entreprise.

Calcul du cash-flow (flux de trésorerie) des activités ordinaires

Les informations suivantes concernent un extrait des comptes du bilan de la société Extra.

Comptes du bilan	**31/12/2017**	**01/01/2017**
Disponibilités	32 000	10 000
Créances clients	16 000	9 000
Stocks de marchandises	6 000	3 000
Dettes fournisseurs	11 000	20 000

	Compte de résultat
Ventes	48 000
CMV	(27 000)
Salaires	(17 000)
Amortissements	(5 000)
Moins-value de cessions	(1 000)
Résultat net (perte)	(2 000)

Selon ces données, le comptable de la société est en mesure de préparer la première partie du tableau de flux de trésorerie (trésorerie dégagée par l'activité ordinaire de l'entreprise).

☞

Application 10.3 *(Suite)*

Résultat net (perte)	(2 000)
+ Amortissements	5 000
+ Moins-value de cession d'actif	1 000
Capacité d'autofinancement	**4 000**
Augmentation des créances clients	(7 000)
Augmentation du stock	(3 000)
Diminution des dettes fournisseurs	(9 000)
Cash-flow des activités ordinaires	**(15 000)**

- *Fonction investissement*. Les flux de trésorerie liés à l'investissement mesurent les disponibilités allouées au renouvellement et au développement de l'activité. Ils résultent donc de la différence entre :
  - d'une part, l'acquisition d'immobilisations corporelles, incorporelles et financières (nettes de dettes sur immobilisations), y compris les immobilisations créées par l'entreprise ;
  - d'autre part, les flux provenant des cessions d'immobilisations corporelles, incorporelles et financières (éventuellement nettes de l'impôt sur les plus-values) ;
  - et aussi, les flux provenant directement de la possession des investissements tels que les intérêts et dividendes reçus des placements.
- *Fonction financement*. Les flux de trésorerie liés au financement permettent d'identifier les sources de financement (par exemple, augmentations de capital, émissions d'emprunts) et les décaissements qui s'y rapportent (dividendes et intérêts versés, rachats d'actions et remboursements d'emprunts). Les intérêts versés aux créanciers sont des flux financiers en tant que tels. Toutefois, la norme (IAS 7) permet aussi de les inclure dans les flux des activités ordinaires, afin que ces derniers (c'est-à-dire les flux des activités ordinaires) fassent ressortir la capacité de l'entreprise à dégager suffisamment de ressources pour faire face à ses besoins de financement.

Application 10.4

Calcul du cash-flow des activités d'investissement et de financement

Au cours de l'année 2018, la société Extra a vendu un terrain pour un prix de 50 000 € et acheté un véhicule pour 20 000 €. Elle a, par ailleurs, versé 2 000 € de dividendes à ses actionnaires et emprunté 10 000 € à sa banque. Selon ces données, le comptable finit de préparer les deux dernières parties du tableau de flux de trésorerie.

Achat du véhicule	(20 000)
Vente du terrain	50 000
Cash-flows des activités d'investissement	**30 000**
Emprunt auprès de la banque	10 000
Dividendes versés	(2 000)
Cash-flows des activités de financement	**8 000**
Variation de trésorerie	22 000

☞

Application 10.4 *(Suite)*

Le montant final donne la variation de trésorerie de l'exercice qui correspond à l'augmentation des disponibilités de l'entreprise Extra.

La trésorerie dégagée par l'activité ordinaire de l'entreprise est négative, et donc très insuffisante pour couvrir ses investissements (sans la vente du terrain) et les dividendes à verser aux actionnaires.

La figure 10.8 présente le tableau de flux de trésorerie de la société L'Oréal.

Tableau des flux de trésorerie consolidés de L'Oréal (en millions d'euros)	Au 31 décembre 2017	2016	2015
Flux de trésorerie liés à l'activité			
Résultat net part du groupe	3581,4	3105,8	3297,4
Intérêts minoritaires	4,1	2,9	1,1
Élimination des charges et des produits sans incidence sur la trésorerie ou non liés à l'activité :			
– amortissements et provisions	1218,5	1382,3	908,2
– variation des impôts différés	194,8	86,5	71,6
– charge de rémunération des plans de stock-options/actions gratuites	126,7	120,4	117,6
– plus ou moins-values de cessions d'actifs	(3,9)	(16,2)	0,2
Résultat net des activités abandonnées	240,1	(25,3)	(46,8)
Résultat des sociétés mises en équivalence net des dividendes reçus	0,1	0,1	(4,0)
Marge brute d'autofinancement	**4972,2**	**4656,4**	**4345,4**
Variation du besoin en fonds de roulement lié à l'activité	261,1	4,3	(217,5)
Flux de trésorerie générés par l'activité liés aux activités abandonnées	(36,7)	43,9	75,2
Flux de trésorerie générés par l'activité (A)	**5196,6**	**4704,7**	**4203,1**
Flux de trésorerie liés aux opérations d'investissement			
Acquisitions d'immobilisations corporelles et incorporelles	(1263,5)	(1334,9)	(1132,1)
Cessions d'immobilisations corporelles et incorporelles	8,2	34,2	6,5
Variation des autres actifs financiers (y compris les titres non consolidés)	(70,7)	(42,9)	(35,2)
Incidence des variations de périmètre	(166,5)	(1209,0)	(375,8)
Flux nets de trésorerie liés aux opérations d'investissement des activités abandonnées	(24,4)	(51,8)	(99,5)
Flux nets de trésorerie liés aux opérations d'investissement (B)	**(1516,9)**	**(2604,5)**	**(1636,1)**
Flux de trésorerie liés aux opérations de financement			
Dividendes versés	(1870,7)	(1832,9)	(1534,8)
Augmentation de capital de la société mère	118,3	163,2	338,6
Valeur de cession/(acquisition) des actions propres	(499,2)	(499,1)	9,2
Rachat d'intérêts minoritaires	(2)	-	-
Émission (remboursement) d'emprunts à court terme	(86,6)	446,0	(1840,2)
Émission d'emprunts à long terme	-	1,8	1,1
Remboursement d'emprunts à long terme	(7,0)	(16,4)	(4,6)
Flux nets de trésorerie liés aux opérations de financement des activités abandonnées	71,5	(3,5)	6,5
Flux nets de trésorerie liés aux opérations de financement (C)	**(2275,7)**	**(1740,8)**	**(3024,1)**
Incidence des variations de cours des devises et de juste valeur (D)	(65,3)	(13,1)	(60,1)
Variation de trésorerie (A+B+C+D)	**1338,7**	**346,2**	**(517,2)**
Trésorerie d'ouverture (E)	**1746,0**	**1399,8**	**1917,0**
Incidence sur la trésorerie des activités abandonnées (F)	(38,1)	-	-
TRÉSORERIE DE CLÔTURE (A+B+C+D+E+F)	**3046,6**	**1746,0**	**1399,8**

Figure 10.8 • Extrait du document de référence 2017, L'Oréal (p. 228).

Celle-ci utilise la méthode indirecte pour la détermination de sa trésorerie d'exploitation (c'est-à-dire des activités ordinaires). On peut constater une variation de trésorerie positive en 2017 de 1 338,7 M€, alors qu'elle n'était en 2016 que de 346,2 M€ et était même négative en 2015, de –517,2 M€. Ce phénomène de variations peut être « trompeur » dans la mesure où il s'explique par de forts mouvements de trésorerie d'exploitation, d'investissement et de financement. Ainsi, on peut observer que, de 2015 à 2017, la trésorerie dégagée par les activités d'exploitation n'a fait que croître, passant de 4 203,1 M€ à 5 196,6 M€. La variation négative de la trésorerie de 2015 peut s'expliquer par les dividendes versés de la société L'Oréal (1 534,8 M€ de dividendes) et par des remboursements d'emprunts de 1 840,2 M€, tout en continuant les investissements nécessaires de 1 636,1 M€.

3. Analyse des équilibres fondamentaux

La mise en évidence des équilibres fondamentaux est une première étape qui offre une estimation de la situation financière de l'entreprise, en identifiant notamment l'urgence de ses besoins de liquidité (BFR) et sa capacité à y faire face à long terme (FR). L'analyse de ces équilibres est une seconde étape nécessaire.

- L'analyse des éléments du fonds de roulement permet d'estimer la solvabilité de l'entreprise, c'est-à-dire d'apprécier sa capacité d'endettement et le risque supporté par les prêteurs de capitaux. L'examen du bilan est une source importante d'information, qui montre la part relative des différentes sources de financement dans le total des ressources financières. On peut donc y lire si l'entreprise a beaucoup recouru à l'endettement afin de financer son développement et ses acquisitions. Un certain nombre de ratios permettent de mesurer l'équilibre entre capitaux propres et endettement, par exemple les ratios relatifs au taux d'endettement :

$$\frac{\text{Dettes financières nettes}}{\text{Actif net}} \text{ ou } \frac{\text{Dettes financières nettes}}{\text{Fonds propres}}$$

- Les ratios d'endettement sont communément nommés « *gearing* ». L'importance de ces ratios est illustrée dans l'extrait des documents de référence du groupe Vinci (voir figure 10.9).

Notation : évaluation du risque de non-recouvrement de la dette d'une société cotée.

- Les investisseurs sont particulièrement sensibles à l'évolution de la dette et à son rapport avec les capitaux propres possédés. Les marchés financiers sont très attentifs à ce qu'on appelle la **notation** de l'entreprise. Celle-ci est effectuée par des agences spécialisées et autonomes (par exemple, Moody's ou Standard & Poor's) dont l'avis a des conséquences sur les conditions d'emprunts qui peuvent être obtenus. Ces agences de notation évaluent le risque de non-recouvrement de la dette des sociétés cotées, notamment en étudiant l'équilibre financier. Plus la valeur des ratios d'endettement augmente (niveau d'endettement), plus le risque de défaillance de l'entreprise est élevé. Il n'est alors pas certain que l'entreprise puisse payer les intérêts de la dette, ni même rembourser tous ses créanciers, en cas de faillite. Les ratios suivants permettent de mesurer la capacité de remboursement d'une entreprise :

$$\frac{\text{Dettes financières nettes}}{\text{Capacité d'Autofinancement (CAF)}}, \frac{\text{Endettement total}}{\text{CAF}}, \frac{\text{Excédent Brut d'Exploitation (EBE)}}{\text{CAF}}$$

Ils mettent en avant le poids de la dette par rapport à la capacité de l'entreprise à dégager des liquidités par ses activités ordinaires, indépendamment de sa politique de crédit.

Notations de crédit et covenants financiers de Vinci

Notations de crédit

Au 31 décembre 2017, le Groupe dispose des notations de crédit suivantes (inchangées par rapport au 31 décembre 2016) :

		Notation		
	Agence	Long terme	Perspective	Court terme
VINCI SA	Standard & Poor's	A -	Stable	A2
	Moody's	A3	Stable	P1
ASF	Standard & Poor's	A -	Stable	A2
	Moody's	A3	Stable	P1
Cofiroute	Standard & Poor's A	A -	Stable	A2

Covenants financiers

Certains contrats de financement comportent des clauses de remboursement anticipé en cas de non-respect des ratios financiers. Les principaux sont décrits dans le tableau suivant :

(en millions d'euros)	Contrats de financement	Ratios*	Seuils	Niveaux atteints au 31/12/2017
ASF	Emprunts Caisse nationale des autoroutes (CNA)	EFN consolidé / Ebitda consolidé	< ou = 7	3.7
		Ebitda consolidé / frais financiers consolidés	> 2.2	9.4

Les ratios détaillés ci-dessus sont respectés au 31 décembre 2017.

Par ailleurs, certains contrats de financement conclus par des entités du Groupe prévoient qu'un changement de contrôle de l'emprunteur peut constituer un cas de remboursement anticipé obligatoire ou d'exigibilité anticipée.

* EFN = endettement financier net ; Ebitda = excédent brut d'exploitation défini comme étant la différence entre les produits opérationnels et les charges opérationnelles hors amortissements et provisions.

Figure 10.9 • Extrait du document de référence 2017, Vinci (annexe aux comptes consolidés J, p. 280).

Application 10.[illegible]

Capitaux propres et endettement

Le groupe Dubois opère dans le secteur de l'outillage industriel. L'étude de son bilan sur les trois dernières années a permis d'extraire les données suivantes :

	2015	**2016**	**2017**
Capitaux propres	8 200	9 000	10 500
Dettes financières à long terme	7 500	7 000	5 000

☞

Application 10.5 *(Suite)*

Ce tableau montre l'évolution respective des capitaux propres et de l'endettement à long terme du groupe Dubois. Sur l'ensemble des trois années, l'entreprise a augmenté ses capitaux propres alors qu'elle a mené une politique de désendettement. En 2015, le montant des dettes financières équivalait presque le total des capitaux propres. Le « levier financier » était de 7 500 / 8 200, soit 91 %. En 2016, le levier est d'environ 78 %, alors qu'il est de 47 % en fin d'année 2017. La situation financière s'est donc améliorée sur les trois années.

En recherchant les faits à l'origine de cette amélioration, on constate que les capitaux propres ont fortement augmenté sur les trois années (28 %), alors que l'endettement a notablement régressé (33 %). Sans connaître les raisons de l'augmentation des fonds propres (entre autres, accroissement des résultats conservés dans l'entreprise, appel aux actionnaires sous forme d'augmentation de capital), on peut en conclure que l'entreprise a mené une politique active de désendettement. Cette amélioration de la structure financière a une incidence sur l'opinion des marchés financiers à l'égard du groupe Dubois.

Concernant les groupes cotés, des agences de notation financière (par exemple, Standard & Poor's) examinent leur situation financière et expriment un avis sur le risque de non-paiement de la dette. Cette notation a une incidence sur les conditions d'emprunts obtenus sur les marchés financiers. La meilleure structure financière présentée par le groupe Dubois en 2017 devrait lui permettre de négocier des conditions plus favorables pour les nouveaux concours bancaires dont il pourrait avoir besoin.

- L'analyse des éléments du besoin en fonds de roulement est plus orientée vers les problèmes de liquidité de l'entreprise. L'examen des actifs et passifs courants doit permettre une analyse de la liquidité afin de déterminer si, à court terme, l'entreprise peut faire face à toutes ses échéances. Il est ainsi possible d'apprécier le risque de défaillance de l'entreprise.

$$\frac{\text{Stocks + Créances + Disponibilités}}{\text{Dettes à court terme}} \text{ ou } \frac{\text{Créances + Disponibilités}}{\text{Dettes à court terme}}$$

- Les postes susceptibles de dégager rapidement des liquidités doivent être identifiés afin d'anticiper les besoins en fonds de roulement. Plusieurs ratios peuvent ainsi être utiles, notamment ceux qui mesurent le taux de rotation des éléments du BFR.

$$\text{Rotation des stocks} = \frac{\text{Stocks de matières}}{\text{Achats}} \times 360 \text{ ou } \frac{\text{Stocks de produits}}{\text{Ventes}} \times 360$$

$$\text{Rotation des créances} = \frac{\text{Créances d'exploitation}}{\text{Chiffre d'affaires (TTC)}} \times 360$$

$$\text{Rotation des dettes} = \frac{\text{Dettes d'exploitation}}{\text{Achats (TTC)}} \times 360$$

- Ces ratios expriment en nombre de jours la durée moyenne des crédits clients, par exemple. Ils permettent d'interpréter rapidement la situation d'une entreprise et sont des indicateurs utiles pour l'analyse. Ainsi, une entreprise avec un fort BFR (besoin de financement courant) aura intérêt à réduire le montant ou la durée des crédits accordés à ses clients et/ou à allonger la durée des crédits fournisseurs.

- L'analyse de la situation financière nécessite aussi l'examen de la variation des flux de trésorerie sur une période donnée, ce qui permet de compléter les informations fournies par le bilan.

Tableau des flux de trésorerie et cycle d'investissement

Le groupe Vertbois a des activités de production et de vente de matériel agricole. Son tableau résumé des flux de trésorerie est le suivant pour les trois dernières années :

Année	**2015**	**2016**	**2017**
Flux de trésorerie des activités ordinaires	3 980	4 500	5 200
Flux de trésorerie des activités d'investissement	(4 300)	(3 000)	500
Flux de trésorerie des activités de financement	2 000	1 200	(1 000)

Ce tableau permet de faire un certain nombre de constats en termes d'investissement et de financement. Les deux premières années, l'entreprise a investi de manière importante. Les flux de trésorerie dégagée par l'exploitation n'ont pas permis, la première année, de financer l'intégralité des investissements, d'où le recours vraisemblable à des rentrées financières. On peut supposer que les investissements financiers ont été judicieux, dans la mesure où une augmentation importante des flux d'exploitation a eu lieu entre la première et la dernière année. La colonne correspondant à la dernière année montre aussi que l'entreprise a procédé à des désinvestissements, ce qui a permis d'amorcer le désendettement du groupe.

Cette application permet de visualiser la logique d'un cycle d'investissement et de financement. Une entreprise qui investit doit généralement, dans un premier temps, solliciter des financements afin de couvrir les investissements décidés dans le cadre de son développement. Si les investissements effectués permettent de dégager les cash-flows d'exploitation espérés, ces surplus de trésorerie dégagée permettront de réduire, dans un deuxième temps, l'endettement de l'entreprise. On peut alors parler de « cercle vertueux ». L'étude du tableau des flux de trésorerie est essentielle pour comprendre la manière dont se sont formés les flux d'investissement et de financement. Cependant, un autre état financier viendra affiner l'analyse : le tableau de variation des capitaux propres (voir chapitre 6). Ce tableau permet d'examiner la relation de l'entreprise avec ses actionnaires et dans quelle mesure elle fait appel à eux pour financer sa croissance.

4. Analyse de la rentabilité

Les apporteurs de fonds propres ont besoin de connaître la rentabilité de leur investissement, c'est-à-dire de l'ensemble des moyens mis en œuvre pour assurer l'activité de l'entreprise, étant donné leur prise de risque. Les indicateurs qui permettent de juger de la performance économique de l'entreprise proviennent essentiellement de l'analyse du compte de résultat et du bilan.

4.1. Préparation des états financiers

L'analyse de la rentabilité nécessite de retraiter les états financiers afin d'obtenir une vision financière de l'entreprise. Il convient de faire ressortir l'information nécessaire à l'analyse, c'est-à-dire les moyens mis en œuvre et leur financement selon leur origine. Les éléments associés aux activités économiques doivent être distingués des éléments associés aux activités de financement.

Bilan comptable

Immobilisations	Fonds propres
Stocks	Dettes financières
Créances	
Disponibilités	Dettes non financières
Total Actif	**Total Passif**

Le **bilan financier** est l'état des éléments actifs et passifs du patrimoine de l'entreprise et de leur différence qui correspond aux capitaux propres.

Le passage à ce qu'on appelle couramment un bilan économique ou **bilan financier** consiste à distinguer pour chaque poste les éléments purement financiers des autres. Ces derniers peuvent alors être considérés, par défaut, comme des éléments économiques ou nécessaires à l'activité ordinaire de l'entreprise. Cette logique régit déjà la plupart des postes du bilan comptable. Le bilan économique se construit en compensant actifs et passifs de même nature. Par exemple, les dettes non financières réduisent le montant total des actifs économiques. De même, les actifs financiers tels que des valeurs mobilières de placement (et autres investissements financiers) réduisent le montant des dettes financières pour faire apparaître l'endettement net. En effet, les valeurs mobilières de placement peuvent être liquidées rapidement et servir à rembourser une partie des emprunts de l'entreprise. L'endettement « réel » de l'entreprise s'en trouve alors réduit.

Voici une présentation classique de bilan économique :

Bilan financier

Immobilisations	Fonds propres
	Dettes nettes financières
BFR	
Actif net économique	**Passif financier**

Les retraitements concernent aussi le compte de résultat. Bien que le résultat des activités ordinaires apparaisse déjà dans les états financiers (de même que le résultat financier), il convient de déterminer leur montant respectif après impôt. En effet, si l'entreprise finançait toute son activité par des fonds propres, elle n'aurait pas de charge d'intérêt et le résultat des activités ordinaires serait plus élevé. Il convient alors de déterminer le montant d'impôt que l'entreprise devrait payer pour obtenir un résultat net théorique (hors prise en compte du financement). De même, le résultat financier doit être calculé après impôts pour déterminer son coût réel. Les charges d'intérêt sont déductibles fiscalement. Le coût d'un emprunt est donc moins élevé, du fait de l'économie fiscale, que ne laissent apparaître les charges d'intérêt.

Le résultat ordinaire est déterminé après la prise en compte des dotations aux amortissements et provisions et autres dépréciations. Afin que la politique d'investissement de l'entreprise n'affecte pas l'analyse, un résultat ordinaire peut être déterminé avant ces éléments, qui est plus connu sous son intitulé anglo-saxon « EBITDA » (*Earnings Before Interests Taxes Depreciation and Amortization*). Il correspond aux profits tirés de l'exploitation avant déduction des charges financières, des impôts et des dépréciations. Il est moins susceptible de créativité comptable par rapport à d'autres données produites par l'entreprise, ce qui explique en grande partie son utilisation.

4.2. Liens entre rentabilité économique et rentabilité financière

Deux types de rentabilité doivent être distingués : la **rentabilité économique** et la **rentabilité financière**. La première consiste à rapporter la richesse produite par l'activité ordinaire de l'entreprise (résultat ordinaire – après impôts) aux moyens mis en œuvre pour la générer. Ces moyens sont l'Actif net économique (ANE). La comparaison de la richesse créée par l'actif économique avec les moyens mis en œuvre est le taux de rentabilité économique, soit le ratio :

Rentabilité économique : richesse produite par l'activité ordinaire de l'entreprise (le résultat ordinaire après impôts) rapportée aux moyens mis en œuvre pour la générer.

$$\text{TRE} = \text{Taux de rentabilité économique} = \frac{\text{Résultat ordinaire}}{\text{ANE}}$$

Pour les actionnaires, il convient de mesurer la performance des seuls fonds apportés (fonds propres). Cette rentabilité financière se mesure ainsi :

Rentabilité financière : résultat net rapporté aux capitaux propres.

$$\text{RFP} = \text{Rentabilité des fonds propres} = \frac{\text{Résultat net}}{\text{Fonds propres}} = \text{Rentabilité financière}$$

Si les actionnaires sont les seuls apporteurs de capitaux, c'est-à-dire qu'il n'y a pas de dettes financières (emprunts, etc.), alors la rentabilité économique est égale à la rentabilité financière.

Le bilan financier est alors le suivant :

Bilan financier

Immobilisations BFR	Fonds propres
Actif net économique	**Passif financier**

Dès lors, toute la richesse générée par l'actif net économique revient aux seuls actionnaires. Le résultat des activités ordinaires est égal au résultat net, puisqu'il n'y a pas de charge d'intérêt. Toutefois, à mesure que les actionnaires décideront de financer de nouveaux projets en recourant à l'emprunt, le résultat ordinaire servira à rémunérer (en partie) les créanciers par la charge d'intérêt. Cette situation est acceptable pour les actionnaires tant que la charge d'intérêt (coût de l'emprunt) est inférieure au supplément de richesse générée par le nouveau projet (supplément de résultat des activités ordinaires). Cette relation s'appelle l'effet de levier financier :

$$\text{RFP} = \text{TRE} + \frac{\text{Dettes financières}}{\text{Fonds propres}} \times (\text{TRE} - k_D)$$

Avec :

RPF = rentabilité des fonds propres ;

TRE = taux de rentabilité économique (après impôts) ;

k_D = coût de l'endettement (après impôts).

L'application 10.7 illustre le principe de l'effet de levier financier.

Application 10.7

Effet de levier financier

L'entreprise UBC présente le bilan et le compte de résultat (après retraitements) ci-dessous. Une analyse rapide basée sur l'effet de levier financier permet de mettre en avant des facteurs explicatifs de la rentabilité financière (RFP).

Bilan financier

Immobilisations	10 000	Fonds propres	12 000
BFR	5 000	Dettes financières nettes	3 000
Actif net économique	15 000	Passif financier	15 000

Compte de résultat

Résultat ordinaire	2 600
Intérêts	(200)
Impôts	(720)
Résultat net	1 680

Le taux moyen d'imposition dans cette application est de 30 %. On peut dès lors calculer le taux de rentabilité économique et le coût de l'endettement (après impôts).

La rentabilité des fonds propres est : $RFP = \frac{1\,680}{12\,000} = 14\ \%$

Le taux de rentabilité économique est : $TRE = \frac{2\,600 \times (1 - 0{,}30)}{15\,000} = \frac{1\,820}{15\,000} \cong 12{,}13\ \%$

Le coût de l'endettement financier est : $k_D = \frac{200 \times (1 - 0{,}30)}{3\,000} \cong 4{,}67\ \%$

La relation de l'effet de levier financier se vérifie alors ainsi :

$$RFP = 12{,}13\ \% + \frac{3\,000}{12\,000} \times (12{,}13\ \% - 4{,}67\ \%) = 12{,}13\ \% + 0{,}25 \times 7{,}46\ \% = 14\ \%$$

La richesse créée par l'activité économique de l'entreprise génère une rentabilité inférieure à celle des fonds propres (RFP > TRE). Si l'entreprise se finançait exclusivement par fonds propres, la RFP ne serait que de 12,13 % (RFP = TRE). Or, une partie des actifs économiques est financée par de la dette. Cette source de financement (la dette) ne « coûte » aux actionnaires, après impôts, que 4,67 %. Le supplément de rentabilité dégagée, soit 7,46 % (12,13 % – 4,6 %), revient aux actionnaires, proportionnellement au montant de l'endettement financier net sur les fonds propres (levier financier).

Dans ces conditions, et toutes choses égales par ailleurs, les actionnaires de l'entreprise UBC devraient continuer à financer leurs projets par de la dette, afin d'accroître la rentabilité de leurs fonds investis. Ils continueraient à être rémunérés à hauteur de 7,46 % sur des projets qu'ils ne financent pas.

Il existe une limite à la politique d'endettement. À mesure que l'endettement de l'entreprise croît, le risque de défaillance augmente. Les créanciers ajustent le taux d'intérêt qu'ils réclament à ce risque, si bien qu'il existe un montant de dette où son coût devient égal à la rentabilité économique de l'entreprise. Dès lors, les actionnaires n'ont plus intérêt à recourir au financement par emprunt. L'effet de levier financier sera négatif (TRE < k).

La rentabilité financière est une fonction positive de la rentabilité économique et il est intéressant de rechercher les faits à l'origine de cette rentabilité économique, notamment au moyen de l'analyse détaillée du compte de résultat. Cette dernière doit permettre de savoir si l'entreprise a, par exemple, maîtrisé ses coûts et maintenu sa marge brute (la marge brute est la différence entre le chiffre d'affaires et le coût des ventes). Les différents indicateurs économiques qui rendent compte des opérations d'exploitation effectuées doivent être étudiés dans le cadre de l'examen global des indicateurs. Toutefois, il convient de calculer certains ratios d'exploitation afin de mieux mesurer la pertinence de la gestion. Ceux-ci sont essentiellement calculés à partir du compte de résultat et des différents soldes de gestion qu'on peut en tirer. Par exemple, il est intéressant de connaître le **taux de marge brute** : comme tout ratio, il n'a de signification qu'en comparaison des exercices précédents et des entreprises concurrentes.

Le **taux de marge brute** est la différence entre chiffre d'affaires et coût des ventes, exprimée en % du chiffre d'affaires.

Calcul et interprétation de la notion de marge brute

Une entreprise réalise un chiffre d'affaires de 800 000 k€ et dégage une marge brute de 500 000 k€ (différence entre le chiffre d'affaires et le coût des ventes). Le taux de marge brute est de 62,5 %. Ce ratio n'a pas de réelle signification en lui-même, mais prend tout son sens par rapport aux événements des dernières années. Ce taux indique-t-il une meilleure efficacité de la gestion ou, au contraire, une dégradation ? Il s'agit là d'une comparaison temporelle. La signification de ce chiffre prend aussi tout son sens en comparaison avec des entreprises équivalentes : l'entreprise est-elle mieux gérée que ses concurrentes ? Il s'agit là d'une comparaison spatiale. Cette application montre l'ambiguïté de l'étude des données produites par l'entreprise. On doit donc toujours recouper celles-ci avec d'autres, en s'assurant que les conditions d'exploitation sont bien comparables d'une année sur l'autre.

4.3. Analyse au sein des états financiers

Les IFRS n'imposent pas l'ajout d'éléments d'analyse financière dans les états financiers. Toutefois, certains groupes considèrent que la publication d'un ou de plusieurs ratios financiers calculés permet une meilleure compréhension de la situation économique du groupe et, à cet effet, ils intègrent des tableaux ou des notes spécifiques dans les comptes. Ce paragraphe n'illustre que deux types d'indicateurs :

- certains, fondés exclusivement sur les informations du compte de résultat, exprimant ainsi une mesure de la performance économique ;
- d'autres exprimant une forme de rentabilité en mettant en relation un indicateur de résultat (performance économique) avec un indicateur de capital investi (établi à partir des données contenues dans le bilan).

Il est important d'être conscient que ces indicateurs ne sont pas définis par les IFRS ni ailleurs officiellement. Leurs définitions et leurs compositions peuvent donc varier d'un groupe à l'autre, en fonction des besoins propres à chacun pour la gestion de ses opérations respectives. Cette diversité de définitions rend les comparaisons intragroupes plus difficiles, voire impossibles.

4.3.1. Indicateurs de performance économique

Un des indicateurs les plus courants sur le plan international est le *Résultat opérationnel*. Sa publication était même obligatoire selon IAS 1 jusqu'à fin 2003. Cependant, la norme ne donnait pas de définition exacte de cet indicateur et il n'était pas possible d'en définir une. Conséquence : le *Résultat opérationnel* a été supprimé de la liste des éléments à publier dans le compte de résultat. Cette obligation est depuis remplacée par l'option offerte aux entreprises de publier des résultats intermédiaires de leur choix à condition d'en indiquer la définition.

La vocation générale du *Résultat opérationnel* est de renseigner sur la performance des opérations, au sens large, de l'entreprise, mais sans qu'il y ait l'impact de la structure du financement (reflété par certains éléments financiers, notamment les intérêts) et de l'imposition du résultat (impôts sur les résultats). Cette définition très générale génère néanmoins des problèmes d'affectation d'éléments, notamment de ceux à caractère non récurrent dont l'intégration dans le résultat opérationnel risque de fausser l'appréciation de la performance économique future de la société. Une façon transparente de remédier à ce dilemme est celle retenue par le Groupe PSA qui, dans son document de référence 2017, publie outre le résultat opérationnel un autre indicateur appelé « résultat opérationnel courant », l'écart entre les deux étant détaillé dans une note spécifique (voir figure 10.10).

Résultat opérationnel courant du Groupe PSA	Au 31 décembre		
(en millions d'euros)	2016	2017	Variation
Chiffre d'affaires	54 030	65 210	11 180
Résultat opérationnel courant	**3 235**	**3 991**	**756**
% du chiffre d'affaires	6,0 %	6,1 %	
Produits et charges opérationnels non courants	(624)	(904)	(280)
Résultat opérationnel	2 611	3 087	476
Résultat financier	(268)	(238)	30
Impôts sur les résultats	(517)	(701)	(184)
Résultat net des sociétés mises en équivalence	128	217	89
Résultat net des activités destinées à être cédées ou reprises en partenariat*	195	(7)	(202)
Résultat net consolidé	**2 149**	**2 358**	**209**
RÉSULTAT NET, PART DU GROUPE	**1 730**	**1 929**	**199**

Figure 10.10 • Extrait du document de référence 2017, Groupe PSA (p. 142).

Dans le même but, d'autres groupes distinguent une marge opérationnelle du résultat opérationnel en précisant la différence entre ces deux indicateurs. Le groupe Capgemini poursuit la même démarche en identifiant une marge opérationnelle qui est ensuite corrigée des autres produits et charges opérationnels. En revanche, l'indicateur qui en résulte n'est pas appelé *Résultat opérationnel* mais *Résultat d'exploitation*, comme l'indique la figure 10.11.

Comptes de résultat consolidés de Capgemini	Au 31 décembre			
	2016		2017	
(en millions d'euros)	Montant	%	Montant	%
Chiffre d'affaires	**12539**	**100**	**12792**	**100**
Coûts des services rendus	(9183)	(73,3)	(9408)	(73,5)
Frais commerciaux	(1032)	(8,2)	(1019)	(8,0)
Frais généraux et administratifs	(884)	(7,0)	(872)	(6,8)
Charges opérationnelles	**(11099)**	**(88,5)**	**(11299)**	**(88,3)**
Marge opérationnelle	**1440**	**11,5**	**1493**	**11,7**
Autres produits et charges opérationnels	(292)	(2,3)	(310)	(2,5)
Résultat d'exploitation	**1148**	**9,2**	**1183**	**9,2**
Coût de l'endettement financier net	(104)	(0,8)	(18)	(0,1)
Autres charges et produits financiers	(42)	(0,4)	(54)	(0,4)
Résultat financier	(146)	(1,2)	(72)	(0,5)
Produit/(Charge) d'impôt	(94)	(0,8)	(303)	(2,4)
RÉSULTAT NET	**908**	**7,2**	**808**	**6,3**
Dont :				
– Part du Groupe	921	7,3	820	6,4
– Intérêts minoritaires	(13)	(0,1)	(12)	(0,1)
RÉSULTAT PAR ACTION				
Nombre moyen d'actions de la période	169450721		168057561	
Résultat de base par action (en EUR)	**5,44**		**4,88**	
Nombre moyen d'actions dilué	179080780		172082122	
Résultat dilué par action (en EUR)	**5,25**		**4,76**	

Figure 10.11 • Extrait du document de référence 2017, Capgemini (p. 179).

Le groupe Schneider Electric choisit également la notion de *Résultat d'exploitation* pour l'indicateur qui devrait être le plus proche du *Résultat opérationnel*. Mais celui-ci est complété par d'autres indicateurs qui, selon le groupe, sont retenus pour la mesure de la performance. C'est ainsi que se justifie le calcul de l'EBITA

(*Earnings Before Interests, Taxes, and Amortization* ou Résultat avant intérêts, impôts et amortissements) et de l'EBITA ajusté. Ce dernier correspond au *Résultat d'exploitation*, mais sans prise en compte d'une partie des dotations aux amortissements (voir figure 10.12).

Compte de résultat consolidé de Schneider Electric	Au 31 décembre	
(en millions d'euros)	2017	2016
Chiffre d'affaires	**24743**	**24459**
Coûts des ventes	(15245)	(15101)
Marge brute	**9498**	**9358**
Recherche et développement	(501)	(527)
Frais généraux et commerciaux	(5346)	(5333)
EBITA ajusté*	**3651**	**3498**
Autres produits et charges d'exploitation	(15)	(63)
Charges de restructuration	(286)	(309)
EBITA**	**3350**	**3126**
Amortissements et dépréciations des incorporels liés aux acquisitions	(140)	(151)
Résultat d'exploitation	**3210**	**2975**
Produits de trésorerie et d'équivalents de trésorerie	51	41
Coût de l'endettement financier brut	(270)	(313)
Coût de la dette financière nette	**(219)**	**(272)**
Autres produits et charges financiers	(148)	(190)
Résultat financier	**(367)**	**(462)**
Résultat des activités poursuivies avant impôts	**2843**	**2513**
Impôts sur les sociétés	(600)	(719)
Résultat net des activités non poursuivies	(94)	(17)
Quote-part de résultat des sociétés mises en équivalence	61	34
RÉSULTAT NET	**2210**	**1811**
Dont :		
– part attribuable aux actionnaires de la société mère	2150	1750
– part attribuable aux participations ne donnant pas le contrôle	60	61
Résultat net (part attribuable aux actionnaires de la société mère) par action (en EUR par action)	3,85	3,12
Résultat net (part attribuable aux actionnaires de la société mère) après dilution (en EUR par action)	3,81	3,09

* EBITA ajusté (Earnings Before Interests, Taxes, Amortization of Purchase Accounting Intangibles). Résultat d'exploitation avant amortissements et dépréciations des incorporels issus d'acquisitions, avant perte de valeur des écarts d'acquisition, avant les autres produits et charges d'exploitation, et avant charges de restructuration.

** EBITA (Earnings Before Interests, Taxes and Amortization of Purchase Accounting Intangibles). Résultat d'exploitation avant amortissements et dépréciations des incorporels issus d'acquisitions et avant perte de valeur des écarts d'acquisition.

Figure 10.12 • Extrait du document de référence 2017, Schneider Electric (p. 226).

Compte de résultat consolidé du Groupe AccorHotels	Au 31 décembre	
(en millions d'euros)	2017	2016
CHIFFRE D'AFFAIRES	**1 646**	**1 937**
Charges d'exploitation	(1 139)	(1 311)
EXCÉDENT BRUT D'EXPLOITATION	**506**	**626**
Amortissements et provisions	(109)	(134)
RÉSULTAT D'EXPLOITATION	**397**	**492**
Quote-part dans les résultats des sociétés mises en équivalence	6	28
RÉSULTAT D'EXPLOITATION APRÈS RÉSULTATS DES MISES EN ÉQUIVALENCE	**403**	**520**
Produits et charges non courants	(96)	(107)
RÉSULTAT OPÉRATIONNEL	**307**	**413**
Résultat financier	(117)	(54)
Impôts sur les résultats	2	51
RÉSULTAT NET DES ACTIVITÉS POURSUIVIES	**193**	**411**
Résultat net des activités non poursuivies	106	71
RÉSULTAT NET DE L'EXERCICE	**299**	**481**
Dont part du Groupe	265	441
liée aux activités poursuivies	161	374
liée aux activités non poursuivies	104	67
Dont part des Intérêts minoritaires	33	40
liée aux activités poursuivies	31	36
liée aux activités non poursuivies	2	4
Résultat net des activités poursuivies (par action)	**0,41**	**1,17**
Résultat net des activités non poursuivies (par action)	**0,47**	**0,23**
Résultat net – Part du Groupe par action	0,88	1,40
Résultat net dilué des activités poursuivies (en EUR par action)	0,41	1,17
Résultat net dilué des activités non poursuivies (en EUR par action)	0,47	0,23
Résultat net dilué – Part du Groupe par action	**0,88**	**1,40**

Figure 10.13 • Extrait du document de référence 2017, AccorHotels (p. 264).

Contrairement au cas de Schneider Electric, le groupe AccorHotels utilise aussi bien la notion de résultat d'exploitation que de résultat opérationnel. Ces deux indicateurs sont complétés par l'excédent brut d'exploitation et le résultat d'exploitation après résultat des mises en équivalences. Celui-ci est ainsi intégré dans le résultat opérationnel, ce qui met en avant le caractère opérationnel de ces investissements (voir figure 10.13). C'est assez différent d'une approche plus classique consistant à faire apparaître les résultats des mises en équivalences après ou avec le résultat financier, et donc hors résultat opérationnel, comme cela est le cas par exemple pour le groupe Renault.

4.3.2. Exemple d'un indicateur de rentabilité : le ROCE

ROCE signifie *Return on Capital Employed*. Il met en relation une notion de performance économique (le résultat opérationnel ou un autre résultat intermédiaire) avec la valeur des éléments mis en œuvre pour l'obtenir (la valeur des actifs opérationnels, non courants et courants, corrigée des passifs opérationnels). Ni l'indicateur lui-même, ni ses composants ne sont définis par les IFRS, et il en résulte que les définitions utilisées par les groupes peuvent varier de manière significative.

Certaines entreprises, comme le groupe Vinci, communiquent sur ces indicateurs (voir figure 10.14).

Ces quelques exemples montrent que l'analyse de ratios financiers reste un exercice délicat, et cela même dans un environnement économique dans lequel la plupart des grands groupes appliquent les mêmes normes d'information financière (IFRS). Cela est dû au fait que les IFRS ne traitent pas des techniques d'analyse financière et que le choix et la définition des ratios financiers restent à la diligence des préparateurs des comptes, et cela même si ces ratios sont intégrés au sein des états financiers établis selon les IFRS. La seule forme de comparabilité de ces ratios assurée par les IFRS est celle dans le temps pour la même entreprise.

Rentabilité des capitaux investis de Vinci

Définitions :

- le ROE, retour sur capitaux propres (ou *Return on Equity*) est le résultat net part du Groupe de l'année N rapporté aux capitaux propres (hors intérêts minoritaires) au 31/12/N – 1 ;
- le NOPAT (*Net Operating Profit After Tax*) correspond au résultat opérationnel courant diminué d'un impôt théorique calculé sur la base du taux effectif de la période, hors contribution de 3 % sur les dividendes distribués et hors effets fiscaux non courants ;
- le ROCE, retour sur capitaux engagés (ou *Return on Capital Employed*) est le NOPAT, hors éléments non courants, rapporté à la moyenne des capitaux engagés, déterminés à la date d'ouverture et de clôture de l'exercice de référence.

Retour sur capitaux propres (ROE)

Le ROE ressort pour le Groupe à 16.6 % en 2017 (15.7 % en 2016).

(en millions d'euros)	2017	2016
Capitaux propres hors intérêts minoritaires au 31/12/N – 1	16 465	15 119
Résultat net part du Groupe de l'année — hors effets fiscaux non courants	2 737	2 376
ROE	16,6 %	15,7 %

Retour sur capitaux engagés (ROCE)

Le ROCE s'élève à 9,3 % en 2017 (9,0 % en 2016).

(en millions d'euros)	2017	2016
Capitaux engagés au 31/12/N – 1	33 583	30 132
Capitaux engagés au 31/12/N	35 075	33 583
Moyenne des capitaux engagés	34 329	31 857
Résultat opérationnel courant	4 592	4 167
Impôt théorique*	(1 398)	(1 303)
NOPAT	**3 193**	**2 865**
ROCE	**9,3'%**	**9,0'%**

* sur la base du taux effectif de la période, hors contribution de 3 % sur les dividendes distribués et hors effets fiscaux non courants en 2016 et 2017.

Figure 10.14 • Extrait du document de référence 2017, Vinci (p. 127).

Résumé

L'analyse financière consiste en l'étude du besoin en fonds de roulement (BFR) et en celle du fonds de roulement (FR). Le BFR détermine les besoins de trésorerie de l'entreprise pour financer ses activités courantes et le FR, les besoins de ressources financières à plus long terme. Il y a « équilibre financier » lorsque les ressources financières sont égales aux actifs à long terme. La différence entre le FR et le BFR est compensée par la trésorerie (c'est-à-dire disponibilités – concours bancaires). Le tableau de flux de trésorerie complète l'information donnée par le bilan et par le compte de résultat en détaillant les origines des mouvements de trésorerie survenus au cours d'un exercice. On distingue alors trois origines : les flux générés par les activités ordinaires de l'entreprise, ses activités d'investissement et ses activités de financement. Pour les actionnaires, l'analyse est enrichie par l'étude de la performance économique (rentabilité des actifs) et financière (rentabilité des fonds propres) de leur entreprise.

1. Tableau de flux de trésorerie

Vous disposez des informations suivantes pour la société RAF :

Bilan en CHF	2018	2017
Trésorerie	17 000	12 000
Créances clients	22 000	25 000
Stocks	33 000	35 800
Charges payées d'avance	4 700	5 600
Équipements (nets)	185 000	165 000
Total Actifs	**261 700**	**243 400**
Dettes fournisseurs	14 600	18 000
Intérêts à payer	1 800	1 200
Produits perçus d'avance	1 500	–
Emprunts	112 000	120 000
Capital social	65 000	65 000
Réserves	66 800	39 200
Total Passifs	**261 700**	**243 400**

Compte de résultat 2018 (en €)	
Ventes	350 000
CMV	(195 000)
Salaires	(58 000)
Publicité	(15 000)
Amortissements	(22 000)
Perte/cession équipement	(6 500)
Intérêts	(4 000)
Impôts	(9 900)
Résultat net	**39 600**

Extrait de l'annexe

	2018	2017
Équipements (bruts)	210 500	190 000
Amortissements cumulés	25 500	25 000
Équipements (nets)	185 000	165 000

Des équipements d'un coût de 35 000 €, avec 21 500 € d'amortissements cumulés, ont été vendus (au comptant).

Les charges financières de RAF ne sont pas liées aux activités ordinaires.

Présentez le tableau de flux de trésorerie de la société RAF selon la méthode directe.

2. Tableau de flux de trésorerie (disponibilités) – à compléter

Au cours de l'année 2018, la société Finesse a vendu un terrain pour un montant de 40 000 € et a acheté du mobilier pour 15 000 €. Elle a par ailleurs versé 3 000 € de dividendes à ses actionnaires et emprunté 20 000 € à sa banque après avoir remboursé un prêt de 10 000 €.

Comptes du bilan	31/12/2018	01/01/2018
Disponibilités	?	5 000
Créances clients	8 000	4 000
Stocks de marchandises	3 000	5 000
Dettes fournisseurs	10 000	8 000
Compte de résultat		
Ventes	68 000	
CMV	(25 000)	
Salaires	(15 000)	
Amortissements	(6 000)	
Plus-value de cessions	1 000	
Résultat net	23 000	

Selon ces données, préparez un tableau de flux de trésorerie.

3. Tableau de flux de trésorerie – à analyser

En considérant les informations comprises dans les notes aux états financiers 2017 du groupe (voir figures 10.15 et 10.16), veuillez répondre aux questions suivantes :

1. Quelle action a entraîné l'impact le plus important sur la trésorerie du groupe Schneider en 2017 ?
2. Que pensez-vous de l'affirmation suivante : « La trésorerie du groupe Schneider s'est dégradée de 2016 à 2017. » ?
3. Comment le projet d'investissement identifié à la question 1 a-t-il été financé ?

Tableau des flux de trésorerie consolidés de Schneider Electric (en millions d'euros)	Au 31 décembre 2017	2016
Résultat net consolidé	**2210**	**1811**
Résultat net des activités non poursuivies	94	17
Perte/(profit) des sociétés mises en équivalence net des dividendes reçus	(61)	(34)
Produits et charges n'ayant pas entraîné de flux de trésorerie :		
– Amortissements des immobilisations corporelles	387	386
– Amortissements des immobilisations incorporelles	399	447
– Perte de valeur des actifs non courants	68	106
– Augmentation/(diminution) des provisions	(69)	(112)
– (Plus) moins-values sur cessions d'actifs immobilisés	(93)	17
– Différence entre l'impôt payé et la charge d'impôt	48	188
– Autres éléments sans impact sur les flux de trésorerie	37	130
Autofinancement d'exploitation	**3020**	**2956**
Diminution/(augmentation) des créances d'exploitation	(257)	(17)
Diminution/(augmentation) des stocks et travaux en cours	(173)	93
(Diminution)/augmentation des dettes d'exploitation	304	(21)
Autres actifs et passifs courants	47	(54)
Variation du besoin en fonds de roulement	**(79)**	**1**
Total I – Trésorerie provenant des activités d'exploitation	**2941**	**2957**
Acquisitions d'immobilisations corporelles	(434)	(476)
Cessions d'immobilisations corporelles	61	81
Acquisitions d'immobilisations incorporelles	(315)	(360)
Cessions d'immobilisations incorporelles	-	14
Investissement net d'exploitation	**(688)**	**(741)**
Investissement financier net	(416)	47
Autres opérations financières à long terme	26	44
Actifs de retraite à long terme	(160)	(111)
Sous-total	**(550)**	**(20)**
Total II – Trésorerie (affectée aux) produite par des opérations d'investissement	**(1238)**	**(761)**
Émission d'emprunts obligataires	740	800
Remboursement d'emprunts obligataires	(1025)	(672)
Vente/(achat) d'actions propres	(171)	(853)
Augmentation/(diminution) des autres dettes financières	111	(794)
Augmentation/(réduction) de capital en numéraire	161	164
Dividendes versés par Schneider Electric SE	(1133)	(1127)
Dividendes versés à des actionnaires minoritaires de filiales consolidées	(64)	(100
Acquisition d'intérêts minoritaires	(141)	-
Total III – Trésorerie (affectée aux) produite par des opérations de financement	**(1522)**	**(2582)**
Total IV – Effet net des conversions	**(33)**	**77**
Total V – Activités non poursuivies	**89**	**(10)**
Variation nette de trésorerie : I + II + III + IV + V	**237**	**(319)**
Trésorerie nette en début de période	2530	2849
Variation de trésorerie	237	(319)
TRÉSORERIE NETTE EN FIN DE PÉRIODE	**2767**	**2530**

Figure 10.15 • Extrait du document de référence 2017, Schneider Electric (p. 228).

Évolution du périmètre de consolidation de Schneider Electric

Les comptes consolidés du Groupe, établis au 31 décembre 2017, regroupent les comptes de 561 sociétés. La liste des principales sociétés est donnée en note 32. Le périmètre de consolidation retenu au 31 décembre 2017 peut se résumer de la façon suivante :

Nombre de sociétés actives	31/12/2017	31/12/2016
Société mère et sociétés consolidées par intégration globale 546 547	546	547
Sociétés consolidées par mise en équivalence	15	13
TOTAL	**561**	**560**

Suivi des acquisitions et cessions réalisées en 2016 et ayant un effet sur les comptes 2017

Acquisitions

Aucune acquisition réalisée lors de l'exercice 2016 n'a eu d'effet significatif sur les comptes de l'exercice 2017.

Cessions

Le 14 décembre 2015, le Groupe avait annoncé la signature d'un accord en vue de la cession de son activité Transportation à Kapsch Traffic Com AG. Le 31 mars 2016, la cession de l'activité Transportation a été finalisée avec un prix de cession établi à 31 millions d'euros.

Acquisitions et cessions de l'exercice

Acquisitions

Le 27 juillet 2017, Schneider Electric a annoncé la signature d'un accord en vue de l'acquisition d'Asco Power Technologies (« ASCO »), un leader sur le marché des Commutateurs de Transfert Automatique (CTA), pour un montant de 1 250 millions de dollars américains, dans une transaction entièrement réglée en cash. La transaction a été finalisée le 31 octobre 2017. ASCO est consolidé par intégration globale depuis le 1er novembre 2017 dans l'activité Basse tension (Building). L'allocation du prix d'acquisition n'est pas finalisée à la date de clôture. Au 31 décembre 2017, le Groupe a reconnu des immobilisations incorporelles pour une valeur préliminaire de 506 millions d'euros (marque, brevets et fonds de commerce) basée sur la dernière évaluation disponible avant l'acquisition. L'écart d'acquisition n'est pas déductible fiscalement. En complément, le Groupe a finalisé l'acquisition des intérêts minoritaires de Luminous.

Cessions

Le 3 avril 2017, le Groupe a annoncé la signature d'un accord en vue de la cession de Telvent DTN à TBG AG. Le 31 mai 2017, la cession de l'activité Telvent DTN a été finalisée avec un prix de cession établi à 900 millions de dollars américains.

Effet sur les flux de trésorerie

L'impact des acquisitions et cessions de l'exercice sur la trésorerie est un décaissement net de 557 millions d'euros en 2017 :

(en millions d'euros)	31/12/2017	31/12/2016
Acquisitions	(1 165)	(64)
Acquisition d'intérêts minoritaires	(141)	-
Cessions	749	111
INVESTISSEMENT FINANCIER NET	**(557)**	**47**

En 2017, la trésorerie encaissée au titre des cessions de l'exercice correspond principalement au prix encaissé pour la cession de Telvent DTN. La trésorerie décaissée au titre des acquisitions de l'exercice correspond principalement au prix payé pour l'acquisition d'ASCO.

En 2016, la trésorerie encaissée au titre des cessions de l'exercice correspond principalement au prix encaissé pour la cession de Telvent Transportation.

Figure 10.16 • Extrait du document de référence 2017, Schneider Electric (note 2, p. 240).

Chapitre 11

Analyse des états financiers

Une lecture des états financiers doit venir compléter l'analyse de la rentabilité financière (rentabilité pour les actionnaires). Les états financiers proposent en effet un certain nombre d'informations qui permettent aux actionnaires d'affiner leur analyse. Il s'agit de l'état du résultat global de la période (section 1), de l'état des variations des capitaux propres (section 2), des notes ou annexes aux états financiers (section 3), de l'information par segments opérationnels (section 4), du résultat par action (section 5) et des informations à divulguer au titre des activités abandonnées (section 6).

1. État du résultat global de la période

Le résultat global de la période représente l'intégralité de la variation des capitaux propres au cours d'une période, à l'exception de celle résultant de transactions avec les propriétaires agissant en cette qualité (par exemple, dans le cadre d'augmentations ou de réductions de capital).

Ainsi, les IFRS définissent deux notions de résultats qu'il convient de ne pas confondre (entre parenthèses, le terme original de l'IASB en anglais et la traduction officielle allemande, indiquant que le risque de confusion peut varier d'une langue à l'autre) :

- *Résultat* (*Profit or loss*, *Gewinn oder Verlust*). C'est la différence entre les produits et les charges, à l'exception des autres éléments du résultat global.
- *Résultat global total* (*Total comprehensive income*, *Gesamtergebnis*). Il comprend le Résultat et les autres éléments du Résultat global.

Les autres éléments du *Résultat global* sont des éléments de produits ou de charges pour lesquels d'autres IFRS autorisent ou imposent qu'ils ne soient pas comptabilisés dans le *Résultat*. Il s'agit donc bien d'augmentations ou de réductions de richesse pour les propriétaires de l'entreprise, même s'ils ne figurent pas dans le *Compte de résultat*, et c'est cet impact sur la richesse des propriétaires qui justifie leur prise en compte dans le *Résultat global total*.

IAS 1 indique cinq autres éléments du résultat global :

- les variations des *Réserves de réévaluation* constituées dans le cadre de la réévaluation d'actifs non courants corporels ou incorporels, conformément à IAS 16 ou IAS 38 (voir chapitre 5) ;
- les écarts actuariels enregistrés dans le cadre de l'évaluation des engagements de retraite, conformément à IAS 19 (voir chapitre 4) ;

- les profits et les pertes provenant de la conversion des états financiers de filiales établis en monnaies étrangères selon IAS 21 (voir chapitre 9) ;
- les profits et les pertes relatifs à la réévaluation d'actifs financiers disponibles à la vente, conformément à IAS 39 (voir chapitre 5) ;
- la partie efficace des profits et des pertes sur instruments de couverture dans une couverture de flux de trésorerie selon IAS 39 (voir chapitre 5).

Ainsi, le *Résultat global total* se compose de six éléments, à savoir le *Résultat* et les cinq *autres éléments du résultat global* listés précédemment.

L'extrait du rapport financier 2017 du groupe AccorHotels (voir figure 11.1) illustre bien l'écart qui peut exister entre le *Résultat* de 491 M€ (appelé ici *Résultat net*) et le *Résultat global* de 32 M€. Cette réduction importante est à comparer avec l'effet opposé en 2016, lorsque le montant du résultat global était de 419 M€, alors que le résultat net n'était que de 299 M€.

État du résultat global consolidé du Groupe AccorHotels	Au 31 décembre	
(en millions d'euros)	2016	2017
RÉSULTAT NET DE L'EXERCICE	**299**	**481**
Écarts de conversion	70	(428)
Partie efficace des profits et pertes sur instruments financiers de couverture	-	9
Variation de la juste valeur des actifs financiers disponibles à la vente	(14)	7
Écarts de conversion relatifs aux activités non poursuivies	69	(49)
Éléments recyclables ultérieurement en résultat	125	(461)
Gains et pertes actuariels sur les engagements sociaux à prestations définies	(3)	8
Gains et pertes actuariels relatifs aux activités non poursuivies	(2)	4
Éléments non recyclables en résultat	(5)	12
Éléments du résultat global après impôt	120	(449)
RÉSULTAT GLOBAL DE L'EXERCICE	**419**	**32**
Dont part du Groupe	394	(12)
Dont part des intérêts minoritaires	26	43

Figure 11.1 • Extrait du document de référence 2017, AccorHotels (p. 265).

2. État des variations des capitaux propres

Alors que l'état du résultat global de la période ne mesure que l'impact sur les capitaux propres des opérations de l'entreprise avec autrui, hors actionnaires, l'état des variations des capitaux propres analyse la variation des divers éléments des capitaux propres dans leur ensemble. Au-delà des effets provenant du résultat global total, ces variations peuvent provenir notamment des augmentations ou des réductions de capital, de la distribution de dividendes ou d'opérations sur actions propres. L'effet de chacune de ces sources de variation est présenté pour chaque élément des capitaux propres, à savoir notamment, le cas échéant :

- le capital souscrit ;
- les primes d'émission ;
- les réserves ;
- les cinq autres éléments du résultat global séparément (voir section 3.1) ;
- les intérêts non contrôlants (ou intérêts minoritaires).

Ainsi, le tableau de variation des capitaux propres fournit une information sur les éléments qui ont affecté au cours de l'exercice la richesse disponible in fine pour les actionnaires. Il permet de voir les transactions effectuées sur le capital et de connaître les flux qui ont affecté les capitaux propres et donc, la circulation de fonds entre l'entreprise et ses actionnaires.

L'extrait de l'état des variations des capitaux propres dans le rapport financier du quatrième trimestre 2017 du groupe LafargeHolcim illustre le niveau de détail exigé (voir figure 11.2). Les colonnes représentent les divers éléments des capitaux propres, alors que chaque ligne indique l'impact d'une source de variation sur les éléments respectifs. Il y a, bien sûr, l'effet du résultat net de –1 716 MCHF ainsi qu'un faible impact de –26 MCHF des autres éléments du résultat global. Parmi les variations non liées au résultat, c'est le versement des dividendes qui a eu l'impact le plus important sur les capitaux propres (–1 459 MCHF).

Tableau de variation des capitaux propres consolidés de LafargeHolcim

(en millions de CHF)	Capital	Primes	Actions propres	Réserves et résultat consolidés	Réserve pour actifs financiers disponibles à la vente	Réserve de couverture des flux de trésorerie	Écarts de conversion	Total des réserves	Total capitaux propres attribuables aux actionnaires de Lafargeholcim Ltd	Participations ne donnant pas le contrôle (intérêts minoritaires)	Total capitaux propres
Capitaux propres 01/01/2017	**1 214**	**25 536**	**(72)**	**16 546**	**(13)**	**23**	**(12 412)**	**4 144**	**30 822**	**3 925**	**34 747**
Résultat net				(1 675)				(1 675)	(1 675)	(41)	(1 716)
Autres éléments du résultat global				149	10	(4)	(184)	(29)	(29)	2	(26)
Résultat global				**(1 526)**	**10**	**(4)**	**(184)**	**(1 704)**	**(1 704)**	**(39)**	**(1 742)**
Distribution de dividende provenant des réserves issues d'apports de capital		(1 212)							(1 212)	(247)	(1 459)
Variations des actions propres			(482)	(7)				(7)	(489)		(489)
Paiements fondés sur des actions		16							16		16
Capital reçu des participations ne donnant pas le contrôle (intérêts minoritaires)										55	55
(Cession)/Acquisition de participations dans des sociétés du Groupe										(118)	(118)
Variation des participations dans des sociétés du Groupe				365			(11)	354	354	(388)	(34)
Capitaux propres 31/12/2017	**1 214**	**24 340**	**(554)**	**15 378**	**(4)**	**19**	**(12 606)**	**2 787**	**27 787**	**3 188**	**30 975**

Figure 11.2 • Extrait du document de référence 2017, LafargeHolcim (p. 126).

Application 11.[illegible]

Une entreprise de métallurgie présente le tableau de variation des capitaux propres suivant :

	Capital	Prime d'émission	Réserves	Résultats accumulés	Total
1er janvier 2017	10 700	49 600	163 000	23 400	246 700
Augmentation de capital	180	1 200			1 380
Résultats de l'exercice				29 200	29 200
Dotation de réserves			8 120	(8 120)	
Dividendes				(4 500)	(4 500)
31 décembre 2017	10 880	50 800	171 120	39 980	272 780

Tableau de variation des capitaux propres

	Capital	Prime d'émission	Réserves	Résultats accumulés	Total
Augmentation de capital					
Résultats de l'exercice				22 500	22 500
Dotation de réserves			8 500	(8 500)	
Dividendes				(6 000)	(6 000)
31 décembre 2018	10 880	50 800	179 620	47 980	289 280

La première année considérée, l'entreprise a fait appel à ses actionnaires, puisqu'on constate une augmentation de capital de 1 380, alors que, sur les deux années, on note un versement de dividendes de 10 500. Un analyste pourrait s'interroger sur la nécessité de recourir à l'augmentation de capital en 2017, alors qu'il aurait suffi de ne pas verser de dividendes la même année pour un montant de 1 380.

Ce tableau vient éclairer la problématique d'investissement et de financement sur deux points précis :

- La pertinence de la politique d'investissement, c'est-à-dire la performance des investissements effectués, apparaît à travers les bénéfices réalisés et l'évolution des bénéfices accumulés.
- Le poids du financement a-t-il porté ou non sur les actionnaires ? Ce poids apparaît au regard de l'augmentation de capital. On peut noter que l'augmentation de capital par des apports d'actionnaires (flux rentrants) n'empêche pas de verser des dividendes (flux sortants), rémunération des actionnaires.

3. Méthodes comptables et autres informations explicatives : les notes

Les notes, qui sont appelées plus généralement « Annexe », sont un élément obligatoire des états financiers. Elles doivent comprendre trois parties :

- les informations sur la base d'établissement des états financiers (par exemple : déclaration de conformité avec les IFRS) et sur les méthodes comptables spécifiques utilisées ;
- l'information requise par les IFRS et qui n'est pas présentée ailleurs dans les états financiers ;

- les informations qui ne sont pas présentées ailleurs dans les états financiers, mais qui sont pertinentes pour les comprendre.

En plus de cela, dans la mesure du possible, les quatre états financiers (situation financière, résultat global, variation des capitaux propres et flux de trésorerie) doivent inclure des références croisées vers l'information figurant dans les notes.

À noter par exemple le paragraphe qui insiste sur l'importance d'hypothèses, d'estimations et d'appréciations retenues dans le cadre de l'établissement des états financiers. Elles traduisent la perception de la situation économique par la direction du groupe et introduisent une part de subjectivité dans les comptes, notamment ceux qui sont établis selon les IFRS, dont les utilisateurs doivent avoir conscience. Les principaux postes concernés par ces hypothèses et jugements y sont mentionnés, et la note renvoie aux notes de ces éléments pour y donner plus de détails. Les formulations retenues par le Groupe PSA au sujet des estimations sont reproduites dans la figure 11.3.

Utilisations d'estimations et hypothèses du Groupe PSA

La préparation des États financiers en accord avec les principes comptables IFRS, requiert de la part de la direction, la prise en compte d'estimations et d'hypothèses pour la détermination des montants comptabilisés de certains actifs, passifs, produits et charges ainsi que de certaines informations données en Notes annexes sur les actifs et passifs éventuels.

Les estimations et hypothèses retenues sont celles que la direction considère comme les plus pertinentes et réalisables dans l'environnement du Groupe et en fonction des retours d'expérience disponibles. Elles font l'objet de revues périodiques.

Compte tenu du caractère incertain inhérent à ces modes de valorisation, les montants définitifs peuvent s'avérer différents de ceux initialement estimés.

Dans le cadre de la préparation des comptes annuels 2017, le Groupe a porté une attention particulière aux postes comptables :

- juste valeur des actifs acquis et des passifs repris dans le cadre d'un regroupement d'entreprise (cf. Note 2 relative à l'acquisition des activités d'Opel Vauxhall) ;
- valeur recouvrable des actifs incorporels et corporels des secteurs Automobile Peugeot Citroën DS et Opel Vauxhall (cf. Note 8.3), et la valeur recouvrable des titres mis en équivalence (cf. Note 11.3)
- provisions (notamment pour restructuration, engagements de retraite, garantie des véhicules neufs et litiges) (cf. Note 5.4.B, Note 7.1 et Note 10) ;
- programmes d'incitation aux ventes (cf. Note 5.1.A) ;
- valeurs résiduelles des véhicules vendus avec clause de rachat (cf. Note 8.2.C et Note 9.2) ;
- actifs d'impôts différés (cf. Note 14).

Figure 11.3 • Extrait du document de référence 2017, Groupe PSA (p. 169).

Elles ne constituent que des exemples, car aucune formulation précise n'est imposée par les IFRS.

Par ailleurs, dans son rapport financier 2017, le Groupe PSA abandonne la présentation en une seule longue note qui détaille les principes comptables relatifs aux postes du compte de résultat et du bilan. Au lieu de cela, chaque note d'un de ces postes est introduite par un rappel des principes comptables le concernant, comme l'illustre l'extrait de la note relative aux provisions ci-après (voir figure 11.4).

Le nombre de notes varie d'un groupe à l'autre.

Provisions courantes et non courantes du Groupe PSA

Principes comptables

Conformément à la norme IAS 37 « Provisions, passifs éventuels et actifs éventuels », une provision est comptabilisée lorsque le Groupe a une obligation à la clôture à l'égard d'un tiers et qu'il est probable ou certain qu'elle provoquera une sortie de ressources au bénéfice de ce tiers, sans contrepartie au moins équivalente attendue de celui-ci. Dans le cas des restructurations, une obligation est constituée dès lors que la restructuration a fait l'objet d'une annonce et d'un plan détaillé ou d'un début d'exécution.

En application de l'interprétation IFRIC 21 « Prélèvements opérés par les autorités publiques », les taxes prélevées par les autorités publiques sont comptabilisées en date de leur fait générateur fiscal.

Les effets d'actualisation sont comptabilisés uniquement lorsqu'ils sont significatifs, sur la base d'un taux sans risque.

Garantie

Une provision est constituée pour couvrir le coût estimé de la garantie des véhicules et des pièces de rechange au moment de leur vente aux réseaux indépendants ou à la clientèle finale. Les produits résultant de la vente aux clients de contrats d'extension de garantie ou d'entretien sont reconnus sur la durée de la prestation fournie.

(en millions d'euros)	31 décembre 2016	Dotations	Utilisations	Reprises sans objet	Évaluation directe par capitaux propres	Variation de périmètres et autres	31 décembre 2017
Retraites	(1 235)	172	(112)	(1)	104	(5)	1 393
Personnel hors retraites et Autres	194	36	(30)	-	-	3	203
TOTAL DES PROVISIONS NON COURANTES	**1 429**	**208**	**(142)**	**(1)**	**104**	**(2)**	**1 596**
Garantie	924	679	(548)	(82)	-	473	1 446
Litiges commerciaux et fiscaux	648	130	(104)	(54)	-	97	717
Restructuration	996	788	(512)	(7)	-	56	1 321
Pertes futures sur contrats opérationnels	442	313	(331)	(15)	-	52	461
Autres	364	104	(54)	(152)	-	570	832
TOTAL DES PROVISIONS COURANTES	**3 374**	**2 014**	**(1 549)**	**(310)**	**-**	**1 248**	**4 777**
Dont secteur Automobile Opel Vauxhall						1 384	1 857

La provision pour garantie concerne notamment les ventes de véhicules neufs, dont la durée contractuelle est généralement de deux ans.

Elle correspond à l'ensemble des coûts de garantie estimés pour les véhicules et pièces de rechange vendus. Le remboursement facturé au titre des recours fournisseurs est comptabilisé à l'actif en « débiteurs divers » (cf. Note 6.3.A). Les provisions pour litiges fiscaux concernent un ensemble de litiges principalement hors de France, et notamment au Brésil.

Figure 11.4 • Extrait du document de référence 2017, Groupe PSA (note 10, p. 194).

Information sectorielle : information que doit fournir une entreprise au sujet de ses secteurs d'activité et de ses secteurs géographiques.

4. Analyse et présentation sectorielle des activités

L'analyse de la rentabilité financière ou économique d'un groupe est insuffisante lorsque les activités de l'entreprise concernent plusieurs produits ou plusieurs zones géographiques. C'est pour cette raison que le groupe doit fournir aux utilisateurs les informations nécessaires pour l'évaluation de la nature et des effets financiers des activités auxquelles il se livre et des environnements économiques dans lesquels il opère. Cela nécessite d'identifier, dans un premier temps et sur la base de l'organisation interne du groupe, les secteurs opérationnels (section 4.1), lesquels sont ensuite, le cas échéant, regroupés en secteurs à présenter (section 4.2). Le groupe prépare ensuite un certain nombre d'informations à fournir pour chacun de ces secteurs (section 4.3). Enfin, tenant compte du fait que les critères de segmentation peuvent sensiblement varier d'un groupe à l'autre, et afin d'assurer un minimum d'informations comparables entre groupes, la norme IFRS 8 requiert la publication de quelques informations pour chaque secteur d'activité, chaque zone géographique et chaque client important (section 4.4).

4.1. Secteurs opérationnels

Afin d'y parvenir, l'entité doit identifier ses secteurs opérationnels. Un secteur opérationnel se définit comme une composante :

- qui se livre à des activités susceptibles de générer des produits et des charges ;
- dont les résultats opérationnels sont régulièrement revus par le principal décideur opérationnel dans le cadre de ses activités de manager du secteur ;
- pour laquelle des informations financières isolées sont disponibles.

Une segmentation peut être ainsi établie par activités ou par zones géographiques. Mais elle peut aussi se faire selon un mix des deux, par exemple par activités pour une zone Europe, mais par zones géographiques sur les autres continents en raison d'une activité moins importante mais néanmoins diversifiée dans ces autres zones géographiques. Il est également possible d'identifier un ou plusieurs secteurs opérationnels pour certains clients s'il s'agit de clients importants pour lesquels le suivi en interne par l'entité répond aux critères énumérés précédemment.

Il est aussi possible d'identifier un secteur opérationnel qui ne génère pas encore de chiffre d'affaires. Cela peut se produire notamment lors du démarrage d'une nouvelle activité, par exemple, le lancement d'une ligne de produits pharmaceutiques par un groupe agroalimentaire ou lors de l'implantation d'une activité dans une nouvelle zone géographique.

Il est également à noter qu'il n'est pas nécessaire d'affecter l'ensemble des actifs ou des passifs à des secteurs opérationnels. À titre d'exemple, les services de siège ou de certains autres services fonctionnels ne sont souvent pas attribuables à des secteurs opérationnels parce qu'ils opèrent pour plusieurs ou la totalité d'entre eux.

Ainsi, les secteurs opérationnels peuvent beaucoup varier en ce qui concerne leur nature (activité, zone géographique, clients, etc.). C'est admis par les IFRS, car ce qui prévaut dans ce contexte est la manière dont les opérations sont gérées par l'entité en interne. Une information sectorielle qui suit l'organisation de la gestion en interne est censée être la plus pertinente pour l'utilisateur de l'information financière.

L'exemple d'Orange illustre bien cette approche (voir figure 11.5). Le groupe mentionne en effet que la segmentation est définie en fonction du reporting interne du groupe tel que revu par le président-directeur général. Elle donne lieu à l'identification de six segments, dont quatre sont des secteurs géographiques (France, Pologne, Espagne, Reste du monde) et deux des secteurs d'activités [Entreprises, Opérateurs internationaux & services partagés (OI & SP)]. Dans le rapport annuel, ces six secteurs sont complétés par un septième, appelé Éliminations & non alloués, qui permet de réconcilier les valeurs des secteurs avec celles du groupe telles que présentées dans le bilan et le compte de résultat consolidés.

Informations sectorielles d'Orange

Les décisions sur l'allocation des ressources et l'appréciation de la performance des composantes d'Orange (ci-après dénommé « le Groupe ») sont prises par le président-directeur général (principal décideur opérationnel) au niveau des secteurs opérationnels, principalement constitués par les implantations géographiques. Ainsi, les secteurs opérationnels sont :

– la France (hors Entreprises) ;

– l'Espagne, la Pologne, la Belgique et le Luxembourg, et chacun des pays d'Europe centrale (avec un sous-total regroupant les pays de cette zone) ;

– le sous-groupe Sonatel (regroupant les entités Sonatel au Sénégal, Orange Mali, Orange Bissau, Orange en Guinée et Orange en Sierra Leone), le sous-groupe Côte d'Ivoire (regroupant les entités Orange Côte d'Ivoire, Orange au Burkina Faso et Orange au Liberia) et chacun des autres pays d'Afrique et du Moyen-Orient (avec un sous-total regroupant les pays de cette zone) ;

– Entreprises ;

– les activités d'Opérateurs internationaux et Services partagés (OI&SP) qui comprend certaines ressources, principalement en matière de réseaux, de systèmes d'information, de recherche et développement, et d'autres expertises communes ainsi que la marque Orange ;

– Orange Bank.

Figure 11.5 • Extrait du document de référence 2017, Orange (p. 152).

Il résulte de cette segmentation que, par exemple, le chiffre d'affaires du secteur France ne comprend pas la totalité du chiffre d'affaires réalisé par Orange en France, mais seulement celui qui ne peut pas être alloué aux secteurs Entreprises et OI & SP. Il en est de même avec les autres indicateurs et les autres secteurs géographiques.

4.2. Secteurs à présenter

L'intégralité des secteurs opérationnels de l'entreprise ne doit pas être présentée dans les comptes. Un secteur opérationnel est présenté seulement lorsqu'il dépasse une certaine taille. Celle-ci peut être déterminée à partir :

- Du volume relatif des produits ordinaires : ils représentent au moins 10 % du montant total des produits ordinaires, internes et externes, de l'ensemble des secteurs opérationnels.
- Du montant relatif de son résultat : il représente au moins 10 %, en valeur absolue, de la plus grande des valeurs suivantes :
  - bénéfice cumulé des secteurs opérationnels bénéficiaires ;
  - perte cumulée des secteurs opérationnels déficitaires.
- De la valeur de ses actifs : ils représentent au moins 10 % de la valeur des actifs cumulés de tous les secteurs opérationnels.

Si au moins un de ces trois critères est dépassé pour un secteur opérationnel, il est considéré comme un secteur à présenter individuellement dans le cadre de l'information sectorielle.

Un segment opérationnel ne remplissant aucun de ces trois critères peut néanmoins être présenté séparément si le management considère qu'une telle présentation pourrait être utile pour les utilisateurs des informations financières.

Si le total des produits ordinaires des secteurs à présenter ainsi déterminés atteint au moins 75 % des produits ordinaires de l'entité, tous les autres secteurs opérationnels peuvent être regroupés sous une rubrique « Autres secteurs ». Si, par contre, ce seuil de 75 % n'est pas atteint, il conviendra de regrouper quelques-uns des secteurs opérationnels résiduels afin d'obtenir de secteurs à présenter supplémentaires. Ce regroupement doit répondre à un certain nombre de critères dans la mesure où ces secteurs opérationnels doivent remplir l'ensemble des conditions suivantes :

- présenter des caractéristiques économiques similaires ;
- être similaires en ce qui concerne :
  - la nature des produits et services,
  - la nature des procédés de fabrication,
  - le type ou la catégorie de clients auxquels sont destinés leurs produits et services,
  - les méthodes utilisées pour distribuer leurs produits ou fournir leurs services,
  - le cas échéant, la nature de l'environnement réglementaire, par exemple une banque, une assurance ou des services publics.

Des regroupements de secteurs opérationnels sont nécessaires tant que le seuil de 75 % des produits ordinaires n'est pas atteint, et cela, même lorsque les seuils de 10 % mentionnés ci-dessus ne sont pas atteints pour les secteurs à présenter ainsi déterminés.

D'autre part, afin d'assurer un certain niveau de qualité de l'information sectorielle, l'entreprise devrait éviter de présenter des informations séparées pour un trop grand nombre de secteurs. En général, un nombre total de 10 secteurs à présenter ne devrait pas être dépassé.

4.3. Informations à fournir pour chaque secteur à présenter

L'information sectorielle s'oriente en fonction de la manière dont l'entreprise gère ses opérations. Cela est vrai également pour la sélection des informations à présenter pour les segments opérationnels ainsi que pour les méthodes d'évaluation ayant permis de les obtenir car :

- Les informations à fournir sont, à très peu d'exceptions près, celles fournies régulièrement au principal décideur opérationnel.
- Les méthodes d'évaluation sont celles retenues en interne pour le calcul des indicateurs préparés pour le principal décideur opérationnel – et donc ne sont pas nécessairement conformes aux IFRS.

Seulement deux indicateurs sont à fournir dans tous les cas pour chaque secteur à présenter :

1. un indicateur de résultat ;
2. un indicateur du total des actifs.

En revanche, les douze indicateurs suivants sont à fournir seulement s'ils sont régulièrement fournis au principal décideur opérationnel, que ce soit au sein d'un des deux indicateurs mentionnés ou séparément :

- Relatifs au résultat :

3. les produits ordinaires provenant des clients externes à l'entreprise (ventes externes) ;
4. les produits ordinaires provenant d'autres secteurs de l'entreprise (ventes internes) ;
5. les produits d'intérêts ;
6. les charges d'intérêts ;
7. les amortissements d'actifs corporels et incorporels ;
8. les éléments significatifs de produits et de charges communiqués en application d'IAS 1, § 97 ;
9. la quote-part de l'entité dans le résultat des entreprises associées et des coentreprises comptabilisées selon la méthode de la mise en équivalence ;
10. la charge ou le produit d'impôt sur le résultat ;
11. les éléments significatifs sans contrepartie en trésorerie, autres que les amortissements sur actifs corporels et incorporels (par exemple, des dépréciations, dotations aux provisions, etc.).

- Relatifs au bilan :

12. un indicateur des passifs ;

13. les montants des acquisitions d'actifs non courants (hors instruments financiers, actifs de couvertures aux engagements de retraite, actifs d'impôts et droits afférents à des contrats d'assurance) ;
14. la valeur comptable de la participation dans des entreprises associées et des coentreprises comptabilisées selon la méthode de la mise en équivalence.

Les entreprises doivent indiquer la composition des indicateurs retenus, notamment en ce qui concerne l'indicateur du résultat et des actifs, mais aussi des passifs et des acquisitions et de tous les autres éléments présentés.

Par exemple, le groupe Orange utilise comme indicateur de résultat l'EBITDA. La figure 11.6 illustre comment le groupe explique le contenu de cet indicateur et donne les motifs pour ce choix. Il est aussi mentionné de manière explicite que cet indicateur n'est pas défini par les IFRS et qu'il ne peut donc pas être utilisé pour des comparaisons avec d'autres groupes.

Indicateurs de performance opérationnelle d'Orange

L'EBITDA ajusté et l'EBITDA sont des indicateurs de performance opérationnelle utilisés par le Groupe pour :

– piloter et évaluer ses résultats opérationnels et sectoriels ; et

– mettre en œuvre sa stratégie d'investissements et d'allocation des ressources.

Les dirigeants du Groupe considèrent que la présentation de ces indicateurs est pertinente puisqu'elle fournit aux lecteurs des comptes les indicateurs de pilotage utilisés en interne.

L'EBITDA correspond au résultat d'exploitation avant dotations aux amortissements, effets liés aux prises de contrôle, reprise des réserves de conversion des entités liquidées, perte de valeur des écarts d'acquisition et des immobilisations et résultat des entités mises en équivalence.

L'EBITDA ajusté correspond à l'EBITDA ajusté des effets des principaux litiges, charges spécifiques de personnel, revue du portefeuille de titres et d'activités, coûts des restructurations et d'intégration et autres éléments spécifiques le cas échéant.

Cet indicateur de mesure permet par rapport à l'EBITDA d'isoler les effets de certains facteurs spécifiques, indépendamment de leur récurrence ou non ou de leur nature de produits ou charges, lorsqu'ils sont liés :

– aux principaux litiges :
  Les procédures associées résultent de la décision d'un tiers (autorité de régulation, justice, etc.) et surviennent sur une période décalée par rapport aux activités à la source du litige. Les coûts sont par nature difficilement prévisibles dans leur fondement, dans leur montant et leur période ;

– à des charges spécifiques de personnel :
  Indépendamment des plans de départ inclus en coûts des restructurations, certains programmes d'aménagement du temps de travail des salariés affectent négativement la période où ils sont signés et mis en œuvre. Il s'agit principalement des différents accords Temps Partiel Senior (TPS) en France ;

– à la revue du portefeuille de titres et d'activités :
  Le Groupe conduit en permanence une revue de son portefeuille de titres et d'activités : dans ce cadre, des décisions de cession sont mises en œuvre qui par nature affectent ponctuellement la période où la cession intervient. Le résultat de cession correspondant affecte soit l'EBITDA soit le résultat net des activités cédées ou en cours de cession ;

– aux coûts des restructurations et d'intégration :
  L'adaptation des activités du Groupe à l'évolution de l'environnement peut également générer d'autres natures de coûts de transformation. Ces actions affectent négativement la période où elles sont annoncées et engagées ; il s'agit à titre illustratif et non limitatif des conséquences de plans de transformation validés par les organes de gouvernance internes ;

– le cas échéant, à d'autres éléments spécifiques systématiquement précisés, qu'il s'agisse de produits ou de charges.

L'EBITDA ajusté et l'EBITDA ne constituent pas des agrégats financiers définis par les normes IFRS et peuvent ne pas être comparables aux indicateurs dénommés de façon similaire par d'autres groupes. Il s'agit d'un complément d'information qui ne doit pas être considéré comme se substituant au résultat d'exploitation ou aux flux de trésorerie générés par l'activité.

Figure 11.6 • Extrait du document de référence 2017, Orange (p. 152).

L'obligation de présenter des informations par secteur a des conséquences sur l'organisation de l'entreprise. Un important travail d'information doit être mené, qui entraîne souvent une modification des systèmes d'information. Au sein d'un groupe par exemple, la détermination des produits d'un secteur nécessite de bien cerner les transactions effectuées à l'intérieur de l'entité. Dans la pratique, on utilise les prix de transfert pratiqués par le groupe. Dans un souci de transparence, les informations financières publiées par le groupe doivent indiquer la façon dont les prix de transfert ont été fixés et s'ils ont changé d'un exercice à l'autre.

Un autre problème provient de l'imputation des actifs aux différents secteurs. Certains actifs sont couramment utilisés par plusieurs secteurs. Dans ce cas, les règles établies dans le cadre du pilotage interne s'appliquent à l'information sectorielle, conformément à l'esprit général de l'information sectorielle selon les IFRS.

L'exemple d'Orange montre comment un groupe peut répondre à ces exigences (voir figure 11.7). Cet extrait renseigne sur les informations du compte de résultat données pour chaque secteur et fait état, pour des raisons de lisibilité, des seuls chiffres pour le secteur France. On y voit que plusieurs éléments de charges et de produits et deux soldes intermédiaires (EBITDA et Résultat d'exploitation) sont fournis pour chaque secteur. Les trois indicateurs en dessous du *Résultat d'exploitation* ont pour objectif d'établir, au niveau de l'ensemble consolidé seulement, le lien avec le *Résultat net consolidé* tel qu'il est indiqué dans le compte de résultat du groupe.

> COMPTE DE RÉSULTAT CONSOLIDÉ AU 31 DÉCEMBRE 2013

(en millions d'euros)	
Chiffre d'affaires	**20 018**
• externe	19 192
• inter-secteurs	826
Achats externes	(7 487)
Autres produits opérationnels	994
Autres charges opérationnelles	(668)
Charges de personnel	(4 868)
Impôts et taxes d'exploitation	(1 009)
Résultat de cession	-
Coût des restructurations et assimilés	(220)
EBITDA	**6 760**
Dotations aux amortissements	(2 534)
Perte de valeur des écarts d'acquisition	-
Perte de valeur des immobilisations	(24)
Résultat des entités mises en équivalence	(1)
Résultat d'exploitation	**4 201**
Résultat financier	
Impôt sur les sociétés	
Résultat net de l'ensemble consolidé	

Figure 11.7 • Extrait du document de référence 2013, Orange (p. 106).

La figure 11.8 indique les informations fournies par Orange en ce qui concerne les investissements par secteur. Les valeurs sont celles du secteur France en millions d'euros.

Investissements d'Orange

Investissements corporels et incorporels (en millions d'euros)	2017	2016 données à la base comparable	2016 données historiques	Variation données à base comparable	Variation données historiques	2015 données historiques
CAPEX	7209	6974	6971	3,4 %	3,4 %	6486
Licences de télécommunication	318	1483	1521	(78,6) %	(79,1) %	1285
Investissements financés par location-financement	43	89	91	(51,1) %	(52,0) %	43
Total Groupe	**7570**	**8546**	**8583**	**(11,5) %**	**(11,8) %**	**7814**

Figure 11.8 • Extrait du document de référence 2017, Orange (p. 91).

Enfin, la figure 11.9 indique les informations du bilan données par Orange pour chaque secteur, illustrées avec les valeurs pour la France. On constate que ce sont principalement les capitaux propres qui ne sont pas ventilés par secteur.

Il est à noter que le niveau de détail exigé pour les indicateurs relatifs au résultat est très proche de celui exigé par IAS 1 pour le compte de résultat de l'entreprise dans sa totalité. L'utilisateur de l'information sectorielle est ainsi en mesure de se faire une idée assez précise des performances économiques des divers secteurs opérationnels de l'entreprise.

Ces informations sur la performance économique peuvent ensuite être rapprochées de celles sur les actifs investis et les passifs propres à ces secteurs et permettre ainsi des analyses de rentabilité du type ROCE par secteur.

Enfin, l'information sur les acquisitions par secteur permet une appréciation de l'évolution future et de l'orientation des activités envisagée par la direction de l'entreprise.

Les informations ainsi obtenues ne sont donc pas nécessairement établies selon les méthodes comptables retenues pour l'établissement du bilan ou du compte de résultat de l'entreprise, et le périmètre des éléments à inclure diffère généralement de celui présenté dans les états financiers de l'entreprise dans sa totalité. Afin d'établir un lien entre les états financiers de l'entreprise et les informations données dans l'information sectorielle, IFRS 8 requiert la présentation de rapprochements pour au moins le total des produits ordinaires, les indicateurs du résultat sectoriel, des actifs sectoriels et des passifs sectoriels ainsi que pour tous les autres éléments significatifs présentés pour chaque secteur :

- Les produits des activités ordinaires des secteurs sont à rapprocher des produits des activités ordinaires de l'entreprise.

- Le total des indicateurs de résultat des secteurs est à rapprocher du résultat de l'entreprise avant impôts et activités abandonnées.
- Le total des actifs sectoriels est à rapprocher du total des actifs de l'entreprise.
- Le total des passifs sectoriels (si présentés) est à rapprocher des passifs de l'entité.
- *Idem* pour les autres éléments significatifs présentés pour chaque secteur à présenter.

Actifs et passifs sectoriels d'Orange (en millions d'euros)	France
31/12/2017	
Écarts d'acquisition	14364
Autres immobilisations incorporelles	4099
Immobilisations corporelles	13637
Titres mis en équivalence	-
Éléments de l'actif non courant contribuant à l'endettement financier net	-
Autres	4
Total de l'actif non courant	**32104**
Stocks	402
Créances clients	1590
Charges constatées d'avance	76
Éléments de l'actif courant contribuant à l'endettement financier net	-
Autres	828
Total de l'actif courant	**2896**
Total de l'actif	**35000**
Capitaux propres	-
Dettes fournisseurs d'immobilisations non courantes	75
Avantages du personnel non courants	1601
Éléments du passif non courant contribuant à l'endettement financier net	-
Autres	663
Total du passif non courant	**2339**
Dettes fournisseurs d'immobilisations courantes	1438
Dettes fournisseurs sur autres biens et services	2487
Avantages du personnel courants	1451
Produits constatés d'avance	1142
Éléments du passif courant contribuant à l'endettement financier net	-
Autres	681
Total du passif courant	**7199**
Total du passif	**9538**

Figure 11.9 • Extrait du document de référence 2017, Orange (p. 146).

4.4. Informations à fournir relatives à l'échelle de l'entité

Les informations à fournir présentées dans la section précédente dépendent directement de l'organisation interne et des méthodes comptables internes choisies par l'entreprise. La diversité des méthodes d'évaluation et des principes de présentation qui en découle rend les comparaisons difficiles alors que c'est justement la possibilité de comparer l'information financière des uns avec celle des autres qui est un des arguments les plus souvent avancés pour justifier l'adoption des IFRS. Dans le domaine de l'information sectorielle, il sera certainement difficile de trouver beaucoup de groupes ayant des secteurs d'activité totalement comparables – notamment les grands groupes qui ont des profils tellement différents les uns des autres qu'une tentative d'harmonisation de l'information sectorielle pour tous les détails serait probablement impraticable et n'apporterait pas non plus d'informations pertinentes et comparables entre groupes.

Afin d'assurer un minimum de comparabilité entre les groupes, IFRS 8 exige la publication de quelques informations obligatoires. Cela déroge aux principes retenus pour les informations à présenter pour chaque secteur, détaillées à la section précédente. En effet :

- Ces informations obligatoires sont présentées dans tous les cas, qu'elles soient régulièrement analysées par le principal décideur opérationnel ou pas.
- Ces informations obligatoires sont établies selon les méthodes retenues pour l'établissement des états financiers, au lieu des méthodes utilisées en interne pour la préparation des informations par secteur à présenter.

Les informations à fournir à ce titre sont :

- Relatives aux produits et services :
  - Les produits des activités ordinaires provenant de clients externes pour chaque produit et service.
- Relatives aux zones géographiques :
  - Les produits des activités ordinaires provenant de clients externes. On distingue :
    - Ceux qui sont affectés au pays où se trouve le siège social de la société (ou de la société mère dans le cas d'un groupe).
    - Ceux qui sont affectés à tous les autres pays, dans leur ensemble.
    - Ceux qui sont affectés à un pays individuel, si ces produits sont significatifs.
  - Les actifs non courants avec un périmètre tel que défini pour les actifs des secteurs à présenter. On distingue :
    - Les actifs situés dans le pays où se trouve le siège social de la société (ou de la société mère dans le cas d'un groupe).
    - Les actifs situés dans tous les autres pays, au total.
    - Les actifs situés dans un pays individuel, si la valeur de ces actifs y est significative.

- Relatives aux principaux clients. Cela concerne les clients avec lesquels l'entreprise réalise au moins 10 % de ses produits des activités ordinaires. Doivent y être indiqués :
  - Le fait qu'un tel client existe (ou plusieurs clients), sans obligation d'en indiquer le nom.
  - Le montant total des ventes réalisées avec ce client ou individuellement pour tous les clients concernés s'il y en a plusieurs.
  - Les secteurs à présenter concernés par ces ventes, sans toutefois indiquer les ventes par secteur.

Les informations exigées ici ne sont pas à présenter séparément dans la mesure où elles sont déjà comprises dans celles qui sont données pour les secteurs à présenter.

Détermination de la segmentation à faire apparaître

La société L'Homme et l'Animal doit publier des informations sectorielles. Elle exerce trois activités différentes (bricolage, jardinage, animalerie) et elle est présente avec chacune d'elles dans trois zones géographiques (France ; UE hors France et pays de l'Est ; Europe de l'Est). Chacun des neuf secteurs définis par un couple activité/zone géographique est régulièrement examiné par un principal décideur opérationnel, son système d'information étant en mesure de fournir des informations financières isolées détaillées pour chacun d'eux.

	Total des produits par segment	**Résultats par segment**	**Actifs par segment**
Bricolage	4 000	150	4 200
Jardinage	3 600	400	3 000
Animalerie	2 400	360	1 500
France	**10 000**	**910**	**8 700**
Bricolage	2 500	100	2 500
Jardinage	3 000	350	2 500
Animalerie	2 020	300	1 000
Union européenne hors France et pays de l'Est	**7 500**	**750**	**6 000**
Bricolage	1 500	60	1 400
Jardinage	1 400	150	1 300
Animalerie	900	150	700
Europe de l'Est	**3 800**	**360**	**3 400**
Total des segments	**21 300**	**2 020**	**18 100**

Selon ce tableau, et sur la base des informations indiquées précédemment, quels sont les secteurs à présenter ?

Réponse

Une des règles essentielles de présentation concerne le seuil de 10 % des produits, du résultat, des actifs. Dès qu'un des critères dépasse le seuil de 10 %, le secteur devient automatiquement un secteur à présenter.

☞

Application 11.2 *(Suite)*

	Chiffre d'affaires	Résultats	Actifs	Présentation sectorielle
	21 300	**2 020**	**18 100**	
Seuil de présentation	2 130	202	1 810	
Bricolage France	4 000	150	4 200	Oui
Jardinage France	3 600	400	3 000	Oui
Animalerie France	2 400	360	1 500	Oui
Bricolage Union européenne	2 500	100	2 500	Oui
Jardinage Union européenne	3 000	350	2 500	Oui
Animalerie Union européenne	2 020	300	1 000	Oui
Bricolage Europe de l'Est	1 500	60	1 400	Non
Jardinage Europe de l'Est	1 400	150	1 300	Non
Animalerie Europe de l'Est	900	150	700	Non

Six secteurs sont ainsi identifiés. Leur chiffre d'affaires cumulé atteint environ 82 % du total du chiffre d'affaires de L'Homme et l'Animal. Le seuil de 75 % est respecté, et il n'y a pas besoin de regrouper d'autres secteurs.

Ainsi, l'information sectorielle serait structurée en sept secteurs : les six secteurs à présenter identifiés et un secteur « Autres » qui regrouperait, en substance, les activités en Europe de l'Est. En fonction du volume d'informations remontées au principal décideur opérationnel, entre 2 et 14 informations seraient à publier pour chacun des secteurs à présenter.

Quelles sont les informations à présenter à l'échelle de l'entité ?

Réponse

IFRS 8 impose la publication à part des ventes par secteur si cela n'est pas fait dans le cadre de l'information sectorielle par secteur à présenter. Dans le cas présent, le montant des ventes ne peut être que partiellement reconstitué car les valeurs pour l'Europe de l'Est sont regroupées en un seul secteur, mélangeant ainsi des fractions des ventes en bricolage, jardinage et animalerie. Une mention spéciale sera nécessaire, précisant le montant des ventes pour chacune des trois activités : bricolage (8 000), jardinage (8 000) et animalerie (5 320).

L'Homme et l'Animal doit également présenter des informations par zones géographiques, en distinguant au moins son pays d'origine (France) et les autres pays (UE hors France et pays de l'Est). Les valeurs à retenir seraient : 10 000 de ventes et 8 700 de valeurs d'actifs pour la France ; 11 300 de ventes et 9 400 de valeurs d'actifs pour la zone géographique regroupant les pays autres que la France.

Une analyse financière doit permettre de mettre en lumière la stratégie de l'entreprise. Le développement de l'information sectorielle est capital pour l'analyse financière de l'entreprise : il permet de passer ainsi d'une analyse globale à une analyse par activité. La stratégie de l'entreprise en termes de développement apparaît alors plus clairement et l'on peut en déduire plus facilement sa rentabilité future. L'analyse sectorielle permet de disposer de la même vision des secteurs opérationnels de l'entreprise comme celle poursuivie en son sein. L'analyse de l'évolution des différents secteurs permet de dégager les forces et faiblesses de l'entreprise et donc, les chances de réussite de sa stratégie.

À cette étape, l'analyste pourra raisonner en termes de portefeuilles d'activités et déterminer ainsi les avantages concurrentiels de l'entreprise. Ces derniers sont très variables d'une entreprise à l'autre : il peut s'agir d'avancées technologiques, de réseaux de distribution performants, d'une position de leader occupée sur telle ou telle activité. L'étude détaillée du compte de résultat par secteur permet d'apporter des réponses aux questions posées. Bien évidemment, l'analyse de la stratégie et des différents segments d'activité ne doit pas s'arrêter à un diagnostic. Le plus important réside dans les développements futurs.

5. Résultat par action

Le résultat par action permet aux actionnaires d'identifier les montants de richesse créée et potentiellement distribuable en fonction du nombre d'actions possédées. Il correspond à un ratio qui a pour numérateur le résultat net de la période appartenant aux actionnaires ordinaires. Le dénominateur représente la moyenne pondérée du nombre d'actions en circulation durant la période (IAS 33). La norme impose par ailleurs de publier un résultat par action dilué, c'est-à-dire qui tient compte des instruments relutifs ou dilutifs (options de souscription, obligations convertibles) qui modifieraient le résultat par action s'ils étaient exercés. Cette définition paraît simple, mais la détermination réelle du résultat par action est complexe.

Résultat par action : résultat net rapporté au nombre d'actions de la société en circulation.

5.1. Détermination et problèmes posés par le calcul du numérateur

- Le résultat à prendre en compte est celui attribuable aux actions ordinaires. Ce dernier doit être ajusté pour refléter au mieux la richesse (potentiellement) distribuable aux actionnaires ordinaires. Généralement, les entreprises émettent des titres qui ne correspondent pas à des actions ordinaires, mais qui constituent des actions préférentielles, c'est-à-dire rémunérées avant les actions ordinaires. C'est par exemple le cas des actions à dividendes prioritaires. Il est donc nécessaire d'ajuster le résultat net des dividendes attachés aux actions préférentielles.
- En cas d'abandon d'activité, la présentation de deux résultats s'impose : un résultat qui prend uniquement en compte le résultat des activités continues et un résultat qui tient compte de l'ensemble du résultat net de l'exercice. Cette double présentation présente un intérêt dans une perspective d'analyse financière. Il est important pour un investisseur de connaître le poids des activités abandonnées par l'entreprise dans le résultat, car selon celui-ci les perspectives de résultat futur peuvent être radicalement différentes.
- Il faut tenir compte des intérêts minoritaires. Les groupes ou les filiales ne sont pas toujours détenus à 100 %. La logique veut alors que le résultat net qui sert de numérateur soit uniquement celui correspondant à la part du groupe.

5.2. Détermination et problèmes posés par le calcul du dénominateur

Le dénominateur à prendre en compte dans le résultat par action nécessite également quelques ajustements. Les actions à prendre en considération correspondent à la moyenne pondérée du nombre d'actions ordinaires en circulation durant l'exercice. Trois étapes sont nécessaires :

- Les émissions d'actions nouvelles doivent être comptabilisées au prorata de leur existence durant l'exercice. La société Dubois est constituée de 5 500 actions ordinaires au 01/01/2018. Le 01/07/2018, une augmentation de capital en numéraire de 3 000 actions ordinaires est effectuée. Le nombre d'actions à prendre en compte pour l'exercice 2018 est le nombre moyen pondéré d'actions : (5 500 × 12 / 12) + (3 000 × 6 / 12) = 7 000.
- Il faut tenir compte des titres émis et qui seront convertis (de façon certaine) en actions au terme du contrat conclu avec le souscripteur. Il s'agit de titres tels que les obligations remboursables en actions (ORA). Lors de l'émission, il est prévu que ces titres obligataires seront obligatoirement remboursés sous forme d'actions. Le calcul du résultat de base par action doit inclure ces titres dans le calcul de la moyenne pondérée des actions ordinaires dès la date de leur émission et non à la date de la conversion effective.
- Enfin, pour l'analyse du résultat de base d'un groupe, il est nécessaire de préciser que le nombre d'actions ordinaires à prendre en considération correspond aux actions ordinaires détenues par les actionnaires de la société mère.

Application 11.3

Détermination du résultat par action

Au 01/01/2018, le capital de la société Duval est de 200 000 actions, dont 40 000 actions à dividendes prioritaires sans droit de vote. Ces 40 000 actions sont des actions préférentielles qui donnent droit à un superdividende de 3 € chacune. Le 01/09/2018, la société procède à une augmentation de capital par incorporation de réserves. Le nombre d'actions émises s'élève à 100 000. La société Duval verse en juillet 4 € de dividendes par action et 3 € de superdividendes pour les actions à dividendes prioritaires, soit un montant total de 920 000 €. Le résultat net de l'exercice est de 1 200 000 €.

Quel est le résultat par action ?

Réponse

L'augmentation de capital est réalisée par incorporation de réserves. Dans ce cas, les bénéficiaires de l'opération sont les actionnaires présents au 1er janvier de l'année considérée (en supposant l'exercice clos au 31 décembre). Ce détail compte pour le calcul du nombre d'actions en circulation, car l'augmentation de capital est censée avoir eu lieu le 1er janvier.

Il est ensuite possible de procéder au calcul du nombre d'actions ordinaires en circulation au cours de l'année 2018 : (200 000 – 40 000) + 100 000 = 260 000.

Pour calculer le résultat attribuable aux actions ordinaires, il convient de retrancher au résultat net le superdividende alloué aux actions à dividendes prioritaires :

1 200 000 – 120 000 (3 € × 40 000 actions) = 1 080 000 €.

Le résultat par action se détermine donc ainsi : 1 080 000 / 260 000 = 4,15 €.

Ce résultat constitue ce qu'on appelle un « résultat net ajusté ».

5.3. Détermination du résultat dilué par action

Les entreprises utilisent souvent des titres dits « hybrides » pour se financer. L'exemple typique de ce style de produits est l'obligation convertible (et/ou à bon de souscription). Il s'agit d'un emprunt accompagné d'une option de conversion (possibilité de transformer son obligation en fonds propres). L'exercice de l'option de conversion entraîne une dilution du bénéfice due à une augmentation du nombre d'actions en circulation. Cette dilution potentielle (si l'obligataire exerce son option) doit être prise en compte dans le **résultat dilué par action**. Le numérateur représentant le résultat net doit être augmenté du montant des dividendes et des intérêts financiers après impôts comptabilisés au cours de l'exercice qui concerne des actions ordinaires potentielles. Le dénominateur va être lui aussi modifié par la prise en compte des actions ordinaires potentielles qui seraient créées en cas de conversion.

Détermination du résultat dilué par action

Le résultat net de la société Durand en fin d'année 2018 (après déduction de l'impôt) est de 1 200 000 €. Le taux d'impôt serait de 33,33 %. Le nombre d'actions ordinaires est de 700 000. Afin de se financer, la société Durand a émis des obligations convertibles en actions. Cette émission précise que le coupon annuel est de 4 %. 1 600 obligations de 1 000 € pourront être converties contre 400 actions ordinaires.

S'il y a conversion, Durand économisera des charges financières de 4 % × 1 600 × 1 000 €, soit 64 000 €. Il faut toutefois prendre en compte l'économie nette d'impôt (les charges financières étant déductibles), égale à 64 000 × (1 – 0,333), soit 42 688 €.

Le résultat dilué par action peut être calculé : Résultat net + Charges financières (nettes d'impôts) = 1 200 000 + 42 688 = 1 242 688.

Le nombre moyen d'actions en circulation augmenté des actions en cas de conversion est le suivant : 700 000 + 640 000 = 1 340 000.

Le résultat dilué par action est de 1 242 688 / 1 340 000, soit 0,92 €.

Le résultat de base par action est de 1 200 000 / 700 000, soit 1,71 €.

Les investisseurs peuvent voir les conséquences potentielles de la conversion des obligations convertibles sur le résultat : la conversion aurait un effet dilutif sur le bénéfice par action, puisqu'il passerait de 1,71 € à 0,92 €.

6. Abandon d'activité et analyse financière

Les entreprises doivent fournir des informations et une présentation claire des opérations qu'elles ont l'intention d'abandonner. Cette présentation autonome des activités abandonnées, séparée des activités poursuivies, a été introduite par la norme IFRS 5. Il s'agit bien d'une norme de présentation pour ce type d'opérations ou activités, et pas d'une norme d'évaluation, car les valeurs à présenter sont celles établies selon les méthodes habituelles des autres normes. Le but ici est d'isoler dans la présentation de l'information financière les éléments relatifs aux actifs et passifs, aux produits et charges, ainsi qu'aux encaissements et décaissements dont l'entreprise ne disposera plus dans un bref avenir, généralement moins de douze mois.

Abandon d'activité : lorsqu'une entreprise se sépare d'une de ses composantes en quasi-totalité lors d'une transaction unique ou par lots, ou par un arrêt d'exploitation. Cette composante doit représenter une ligne d'activité ou une région géographique majeure et distincte qui peut être distinguée sur le plan opérationnel et pour la communication financière.

Il est à noter que la notion d'**abandon d'activité** ne concerne pas seulement la future cession pure et simple. Elle touche également l'abandon de contrôle sur des activités, par exemple dans le cadre de la mise en place d'un partenariat. Les actifs et les passifs dont l'entité va perdre le contrôle (exclusif) seront à présenter comme ceux faisant partie d'un abandon d'activité.

La déclaration en actifs ou activités à abandonner entraîne l'arrêt des amortissements des actifs concernés, leur évaluation à la valeur de cession moins les coûts de vente, etc. Il y a donc un signal fort vers l'extérieur d'un abandon imminent. Si l'abandon de l'activité est intervenu au cours de la période de référence, l'isolement des éléments liés à celui-ci a également pour objectif d'isoler le montant du gain ou de la perte réalisé au moment de l'abandon qui lui aussi ne sera pas récurrent. Ces informations permettent de donner une vue plus juste de la situation actuelle et future de la société examinée.

Concrètement, les informations à présenter au sujet d'opérations à abandonner ou abandonnées portent notamment sur :

- les éléments du bilan :
  - avec classement en actifs ou passifs courants de tous les actifs ou passifs concernés par l'abandon (y compris les éléments antérieurement classés non courants) ;
- les éléments du compte de résultat :
  - dans le compte de résultat, le montant du gain ou de la perte des activités abandonnées, regroupés en un seul montant,
  - dans les notes ou dans le résultat, les détails des charges, des produits et de la charge d'impôt sur le résultat associé ;
- les flux de trésorerie attribuables aux activités d'exploitation, d'investissement et de financement.

La figure 11.10 illustre l'impact, dans le compte de résultat et dans l'actif du bilan 2014, de la mise en partenariat, alors en cours, d'une grande partie des activités financières du Groupe PSA.

(en millions d'euros)	Notes	2014 Activités industrielles et commerciales	Activités de financement	Éliminations	Total
Résultat net des activités poursuivies		**(611)**	**(211)**	**-**	**(822)**
Dont part du groupe		*(753)*	*(215)*	*(5)*	*(973)*
Activités destinées à être reprises en partenariat					
Résultat net des activités destinées à être reprises en partenariat		**(34)**	**301**	**-**	**267**
Résultat net consolidé		**(645)**	**90**	**-**	**(555)**

ACTIF

(en millions d'euros)	Notes	31 décembre 2014 Activités industrielles et commerciales	Activités de financement	Éliminations	Total
Total des actifs des activités poursuivies		**36 857**	**6 488**	**(709)**	**42 636**
Total des actifs des activités destinées à être reprises en partenariat		167	18 529	(120)	18 576
Total actif		**37 024**	**25 017**	**(829)**	**61 212**

Figure 11.10 • Extrait du rapport financier 2014, Groupe PSA.

Abandon d'activité et analyse financière

Le groupe Morin est un acteur important dans la grande distribution en Europe. En 2015, l'entreprise a fait l'acquisition d'un concurrent, qui possède notamment un réseau de supermarchés en Hongrie et en Roumanie. Depuis l'acquisition, la situation de ces magasins a toujours été préoccupante et constitue pour le groupe Morin un foyer de pertes. Le conseil d'administration a approuvé un plan d'abandon et l'a annoncé au mois de novembre 2017. Au titre de la norme, les états financiers de l'année 2016 et de l'année 2017 doivent faire apparaître de manière spécifique les activités abandonnées en Hongrie et en Roumanie. Un résultat ordinaire de 6 000 apparaissait dans les états financiers de 2016, alors que celui des magasins de Hongrie et de Roumanie correspondait à une perte de (200).

Les états financiers de l'année 2017 font apparaître des charges spécifiques liées à l'abandon des activités. Le plan d'abandon prévoit des frais spécifiques liés aux opérations de licenciement du personnel des magasins de Hongrie et de Roumanie pour 150. Par ailleurs, l'examen des actifs possédés par le groupe dans les deux pays a indiqué qu'il faut s'attendre à une perte de (100), leur valeur recouvrable étant inférieure à la valeur comptabilisée dans les comptes du groupe. Ces éléments devront figurer séparément dans les états financiers de 2017.

Quelle est l'importance de ces informations pour l'analyse financière ? ☞

Application 11.5 *(Suite)*

Réponse

Les informations publiées sur les abandons d'activités intéressent à double titre les investisseurs.

En premier lieu, elles permettent de comprendre la stratégie des entreprises en termes de secteur d'activité et/ou géographique. On peut donc observer sur plusieurs années des axes de développement privilégiés par la société. La lisibilité de l'entreprise s'en trouve accrue.

En second lieu, ces informations sont précieuses pour l'étude de la rentabilité de l'entreprise. L'implantation en Hongrie et en Roumanie était un foyer de pertes. L'abandon de cette zone géographique devrait permettre à l'entreprise d'augmenter son résultat par rapport aux actifs engagés. La question est particulièrement sensible dans la mesure où l'un des critères essentiels retenus par les investisseurs est le retour sur capitaux propres (rentabilité financière). D'une certaine manière, les abandons d'activité sont des signaux envoyés au marché sur la stratégie de l'entreprise pour améliorer la création de valeur pour les actionnaires.

Au vu de son importance, le montant de 18 529 M€ pour les actifs des activités de financement est détaillé dans une note de l'annexe (voir figure 11.11).

L'effet sur le bilan au 31 décembre 2014 de cette opération est le suivant :

	31 décembre 2014			
	Avant IFRS 5	Déclassement IFRS 5	Autres effets liés à l'opération	Après IFRS 5
ACTIF				
Actifs d'impôts différés	30	31	-	61
Autres actifs non courants	319	(101)	-	218
Total des actifs non courants	**349**	**(70)**	**-**	**279**
Prêts et créances des activités de financement	21 060	(16 982)	-	4 078
Titres de placement des activités de financement	450	(258)	-	192
Autres actifs d'exploitation	624	(295)	-	329
Actifs d'exploitation	**22 134**	**(17 535)**	**-**	**4 599**
Trésorerie et équivalents de trésorerie	**2 602**	**(992)**	**-**	**1 610**
Total des actifs courants	24 736	(18 527)	-	6 209
Total des actifs des activités poursuivies	25 085	(18 597)	-	6 488
Total des actifs des activités destinées à être reprises en partenariat	-	18 649	(120)	18 529
Total actif	25 085	52	(120)	25 017

Figure 11.11 • Extrait du rapport financier 2014, Groupe PSA (note 3.3.A, p. 36).

Résumé

Afin de procéder à une analyse financière approfondie de la performance d'une entreprise, il est nécessaire de disposer d'un certain nombre d'informations supplémentaires. Ainsi, outre le résultat par action présenté dans le compte de résultat, l'état du résultat global permet de lire l'intégralité de la variation des capitaux propres de la période (hormis les augmentations ou les réductions de capital). Le « résultat global » offre une définition plus large que celle du « résultat net » en ce sens que d'autres éléments sont pris en compte, comme les réserves de réévaluation, les écarts actuariels sur les engagements de retraite, etc. L'état de variation des capitaux propres complète ces informations en présentant également les opérations sur capital, les dividendes et les rachats d'actions.

Les états financiers, dans leur ensemble, sont accompagnés d'annexes qui détaillent les bases comptables sur lesquelles ils sont établis. Elles précisent les méthodes comptables utilisées et donnent diverses informations, indispensables mais absentes des états financiers. C'est ainsi que les entreprises doivent faire une présentation sectorielle de leurs activités. Elles doivent identifier leurs secteurs opérationnels, puis proposer au minimum un indicateur de résultat et de total des actifs par secteur. Enfin, les activités que l'entreprise a l'intention d'abandonner doivent être exposées séparément, dans les états financiers, en distinguant les actifs concernés et les gains ou pertes résultant de cet abandon.

Activités

1. Résultat par action

La société Boulaye & Kan a réalisé en 2017 un résultat net avant impôts de 2 M€. Le nombre d'actions ordinaires est de 500 000.

Pour se financer, Boulaye & Kan a émis 2 000 obligations convertibles en actions. Cette émission spécifie que le coupon annuel est de 5 % et que 2 000 obligations de 500 € pourront être converties en 500 actions ordinaires. On estime que le taux d'imposition est de 40 %.

1. Quelle est l'économie nette effectuée sur les charges financières si les obligations sont converties en actions ?
2. Quel est le résultat de base par action ?
3. Quel est le résultat dilué par action ?

2. Rachat d'actions

Le 15 mars, le solde du compte Actions propres, d'ABC, est de 50 000 € (soit 1 000 actions rachetées à 50 €/action). Ce même jour, ABC procède à une revente de ces 1 000 actions, alors que leur cours de Bourse est de 45 €/action.

Quelles sont les écritures nécessaires ?

3. Revente d'actions propres

Le 20 août, le solde du compte Actions propres de BAB est de 400 000 € (soit 1 000 actions à 400 €/action). Ce même jour, BAB procède à une revente de 200 actions, alors que leur cours de Bourse est de 420 €/action.

Quelles sont les écritures nécessaires (le 20 août) ?

Index